中国文库
哲学社会科学类

语言学史概要

岑麟祥 编著　岑运强 评注

中国出版集团
世界图书出版公司

图书在版编目(CIP)数据

语言学史概要/岑麒祥编著;岑运强评注. –2 版. –北京:世界图书出版公司北京公司,2011.10
(中国文库·第5辑)
ISBN 978–7–5100–3896–9

Ⅰ.①语… Ⅱ.①岑…②岑 Ⅲ.①语言学史 Ⅳ.①H0–09

中国版本图书馆 CIP 数据核字(2011)第 171556 号

责任编辑:梁沁宁
整体设计:翁 涌 李 梅
责任印制:王铁生

语言学史概要
Yuyanxue Shi Gaiyao

岑麒祥 编著　岑运强 评注

世界图书出版公司北京公司　出版
http://www.wpcbj.com.cn
北京市东城区朝内大街 137 号　邮编:100010
北京瑞古冠中印刷厂印刷　新华书店经销
2011 年 10 月第 1 版　2011 年 10 月第 1 次印刷
开本:880 毫米×1230 毫米　1/32　印张:13
字数:353 千字　印数:1–4500
ISBN 978–7–5100–3896–9
定价:29.00 元

"中国文库"出版前言

"中国文库"主要收选20世纪以来我国出版的哲学社会科学研究、文学艺术创作、科学文化普及等方面的优秀著作。这些著作,对我国百余年来的政治、经济、文化和社会的发展产生过重大积极的影响,至今仍具有重要价值,是中国读者必读、必备的经典性、工具性名著。

大凡名著,均是每一时代震撼智慧的学论、启迪民智的典籍、打动心灵的作品,是时代和民族文化的瑰宝,均应功在当时、利在千秋、传之久远。"中国文库"收集百余年来的名著分类出版,便是以新世纪的历史视野和现实视角,对20世纪出版业绩的宏观回顾,对未来出版事业的积极开拓,为中国先进文化的建设,为实现中华民族伟大复兴做出贡献。

大凡名著,总是生命不老,且历久弥新、常温常新的好书。中国人有"万卷藏书宜子弟"的优良传统,更有当前建设学习型社会的时代要求,中华大地读书热潮空前高涨。"中国文库"选辑名著奉献广大读者,便是以新世纪出版人的社会责任心和历史使命感,帮助更多读者坐拥百城,与睿智的专家学者对话,以此获得丰富学养,实现人的全面发展。

为此,我们坚持以邓小平理论和"三个代表"重要思想为指导,深入贯彻落实科学发展观,坚持贯彻"百花齐放、百家争鸣"的方针,坚持按照"贴近实际、贴近生活、贴近群众"的要求,以登高望远、海纳百川的广阔视野,披沙拣金、露钞雪纂的刻苦精神,精益求精、探赜索隐的严谨态度,投入到这项规模宏大的出版工作中来。

"中国文库"所收书籍分列于6个类别,即:(1)哲学社会科学类

(哲学社会科学各门类学术著作);(2)史学类(通史及专史);(3)文学类(文学作品及文学理论著作);(4)艺术类(艺术作品及艺术理论著作);(5)科技文化类(科技史、科技人物传记、科普读物等);(6)综合·普及类(教育、大众文化、少儿读物和工具书等)。计划出版约1000种,分辑出版。自2004年以来,已先后出版四辑,每辑约100种,分精平装两类。2011年时值辛亥革命100周年,特将"中国文库"第五辑作为"纪念辛亥革命100周年"特辑推出,主要收选民国时期原创性人文社科类名著。

"中国文库"所收书籍,有少量品种因技术原因需要重新排版,版式有所调整,大多数品种则保留了原有版式。一套文库,千种书籍,庄谐雅俗有异,版式整齐划一未必合适。况且,版式设计也是书籍形态的审美对象之一,读者在摄取知识、欣赏作品的同时,还能看到各个出版机构不同时期版式设计的风格特色,也是留给读者们的一点乐趣。

"中国文库"由中国出版集团发起并组织实施。收选书目以中国出版集团所属出版机构出版的书籍为基础,并邀约其他数十家出版机构参与,共襄盛举。书目由"中国文库"编辑委员会审定,中国出版集团与各有关出版机构按照集约化的原则集中出版经营。编辑委员会特别邀请了我国出版界德高望重的老专家、领导同志担任顾问,以确保我们的事业继往开来,高质量地进行下去。

"中国文库",顾名思义,所收书籍应当是能够代表中国出版业水平的精品。我们希望将所有可以代表中国出版业水平的精品尽收其中,但这需要全国出版业同行们的鼎立支持和编辑委员会自身的努力。这是中国出版人的一项共同事业。我们相信,只要我们志存高远且持之以恒,这项事业就一定能持续地进行下去,并将不断地发扬光大。

"中国文库"编辑委员会

"中国文库·第五辑"编辑委员会

顾 问

(以姓氏笔画为序)

于友先　邬书林　刘　杲　杜导正　李从军　李东生　杨牧之
宋木文　柳斌杰　徐惟诚　龚心瀚　蔡名照

主　任　聂震宁

副主任　刘伯根

委 员

(以姓氏笔画为序)

于殿利　王大可　王兴康　马五一　王明舟　王瑞书　孙月沐
刘晓明　肖启明　李　岩　李　峰　李声笑　吴尚之　罗争玉
徐　岩　吴　斌　吴江江　宋焕起　宋一夫　陈庆辉　林国夫
贺圣遂　贺耀敏　祝君波　陶　骅　郭义强　黄书元　常汝吉
龚　莉　靳立华　樊希安　潘凯雄

"中国文库·第五辑"编辑委员会办公室

主　任　刘伯根
副主任　张贤明

成　员　(以姓氏笔画为序)
于殿利　刘晓东　李红强　李　昕　汪家明　林　阳
莫蕴慧　徐　俊　管士光　臧永清

编辑组
乔先彪　唐　俭　何　奎　杜　宇　董　易

印制组
王铁生　兰本立　陆南宸　何　奎　杜　宇

中国文库

（第五辑）

【哲学社科类】

孙中山著作选编　　陈铮选编 …………………… 中华书局
黄兴集　　湖南省社会科学院编 ………………… 中华书局
宋教仁集　　陈旭麓主编 …………………………… 中华书局
廖仲恺集　　广东省社会科学院历史研究所编 …… 中华书局
朱执信集　　广东省哲学社会科学研究所历史研究室编 … 中华书局
中国政治思想史　　陶希圣著 …………… 中国大百科全书出版社
民国政制史　　钱端升等著 …………………… 上海人民出版社
民国政党史　　谢彬撰　章伯锋整理 …………………… 中华书局
经学历史　　皮锡瑞著　周予同注释 …………………… 中华书局
清代学术概论　　梁启超著　朱维铮校订 ……………… 中华书局
新唯识论　　熊十力著 ………………………… 上海书店出版社
逻辑　　金岳霖著 …………………………… 中国人民大学出版社
科学与玄学　　罗家伦著 …………………………… 商务印书馆
中国古代经济史稿　　李剑农著 ……………… 武汉大学出版社
中国近代经济史　　汪敬虞主编 ………………………… 人民出版社
中国交通史　　白寿彝著 …………………………… 团结出版社
中国经济原论　　王亚南著 …………… 中国大百科全书出版社
中国经济思想史　　唐庆增著 …………………………… 商务印书馆
财政学　　何廉、李锐著 ………………………………… 商务印书馆
货币与银行　　杨端六著 …………………………… 武汉大学出版社
刑法学　　蔡枢衡著 …………………………… 中国民主法制出版社
乡土中国　　费孝通著 …………………………………… 人民出版社
文化人类学　　林惠祥著 ………………………………… 商务印书馆
优生概论　　潘光旦著 ………………………………… 北京大学出版社
西洋文化史纲要
　　雷海宗撰　王敦书整理导读 …………… 上海古籍出版社
西学东渐记　　容闳著　徐凤石、恽铁樵等译
　　钟叔河导读、标点 …………… 生活·读书·新知三联书店
中国现代语法　　王力著 ………………………………… 商务印书馆
语言学史概要　　岑麒祥编著　岑运强评注 …… 世界图书出版公司

1

蔡元培教育论著选	高平叔编	人民教育出版社
陶行知教育论著选	董宝良主编	人民教育出版社
中国报学史	戈公振著	生活·读书·新知三联书店
陆费逵文选	陆费逵著	中华书局
张元济论出版	张元济著 张人凤 宋丽荣选编	商务印书馆
韬奋文录新编	邹韬奋著	生活·读书·新知三联书店

【史学类】

国故论衡	章太炎撰 庞俊 郭诚永疏证	中华书局
国史大纲	钱穆著	商务印书馆
通史新义	何炳松著	商务印书馆
台湾通史	连横著	生活·读书·新知三联书店
武昌革命史	曹亚伯著	中国大百科全书出版社
辛亥革命与袁世凯	黎澍著	中国大百科全书出版社
北洋军阀史	来新夏等著	东方出版中心
中国国民党史稿	邹鲁编著	东方出版中心
中华民国外交史	张忠绂编著	华文出版社
西洋史	陈衡哲著	中国大百科全书出版社
欧化东渐史	张星烺著	商务印书馆
清末立宪史	高放著	华文出版社

【文学类】

秋瑾诗文选注	郭延礼 郭蓁编选	人民文学出版社
邹容集	张梅编注	人民文学出版社
陈天华集	刘晴波 彭国兴编 饶怀民补订	湖南人民出版社
于右任诗词选	杨中州选注	河南文艺出版社
南社诗选	林东海 宋红选注	人民文学出版社
鸳鸯蝴蝶派作品选	范伯群编选	人民文学出版社
文学研究会小说选	李葆琰编选	人民文学出版社
创造社作品选	刘纳编选	人民文学出版社
太阳社小说选	李松睿 吴晓东编选	人民文学出版社
湖畔社诗选	刘纳编选	人民文学出版社
浅草-沉钟社作品选	张铁荣编选	人民文学出版社
《语丝》作品选	张梁编选	人民文学出版社
未名社作品选	黄开发编选	人民文学出版社
新月派诗选	蓝棣之编选	人民文学出版社

象征派诗选	孙玉石编选	人民文学出版社
新感觉派小说选	严家炎编选	人民文学出版社
现代派诗选	蓝棣之编选	人民文学出版社
论语派作品选	庄钟庆编选	人民文学出版社
京派小说选	吴福辉编选	人民文学出版社
东北作家群小说选	王培元编选	人民文学出版社
七月派作品选	吴子敏编选	人民文学出版社
西南联大文学作品选	李光荣编选	人民文学出版社
九叶派诗选	蓝棣之编选	人民文学出版社
荷花淀派小说选	冯健男编选	人民文学出版社
山药蛋派作品选	高捷编选	人民文学出版社
红楼梦辨	俞平伯著	商务印书馆
中国诗史	陆侃如、冯沅君著	百花文艺出版社
中国文学发展史	刘大杰著	复旦大学出版社

【艺术类】

万木草堂论艺	康有为著	荣宝斋出版社
中国绘画史	潘天寿著	团结出版社
中国绘画理论	傅抱石著	江苏教育出版社
中国雕塑艺术史	王子云著	人民美术出版社
中国陶瓷史	吴仁敬 辛安潮著	团结出版社
中国戏剧史	徐慕云著	东方出版中心
洪深戏剧论文集	洪深著	东方出版中心
焦菊隐戏剧论文集	焦菊隐著	华文出版社
中国古代乐论选辑	吴钊 伊鸿书 赵宽仁 古宗智 吉联杭编	人民音乐出版社
素月楼联语	张伯驹编著	华文出版社
中国书法理论体系	熊秉明著	人民美术出版社
夏衍电影论文集	夏衍著	东方出版中心
银幕形象创造	赵丹著 赵青整理	东方出版中心

【科技文化类】

自然辩证法在中国	龚育之著	北京大学出版社
科学家谈21世纪	李四光等著	中国大百科全书出版社
继承与叛逆——现代科学为何出现丁西方 陈方正著		生活·读书·新知三联书店

中国医学史　　陈邦贤著……………………………团结出版社
化学史通考　　丁绪贤著……………………中国大百科全书出版社
科学概论　　王星拱著………………………………武汉大学出版社
竺可桢科普创作选集　　竺可桢著…………中国大百科全书出版社

【综合普及类】
书林清话　　叶德辉著………………………………华文出版社
文坛五十年　　曹聚仁著………………生活·读书·新知三联书店
张菊生先生七十生日纪念论文集
　　　胡适　蔡元培　王云五等编…………………商务印书馆
佛教常识问答　　赵朴初著…………………………华文出版社
词心笺评　　邵祖平著……………………………复旦大学出版社
西潮与新潮　　蒋梦麟著……………………………东方出版社

目 录

第三版前言 ·· 岑运强 15

引言 ·· 1
一、语言学史的对象和任务 ································· 1
二、语言学史的顺序问题 ···································· 4
三、语言学史的分期问题 ···································· 5

古代语言学史

第一章 上古时期 ··· 7
一、初民神话和宗教故事中关于语言的问题 ············ 7
    1.1 概说 ·· 7
    1.2 基督教圣经中关于人类语言的传说 ··············· 7
    1.3 古埃及关于语言起源的故事 ·························· 9
二、古印度人对于语言的看法和语法分析 ·············· 10
    1.4 古印度人对于语言文字的研究 ···················· 10
    1.5 波尼尼和其他古印度语法学家 ···················· 12
    1.6 古印度语文学的特点及其影响 ···················· 13
三、古代中国人对于语言文字的看法和解释 ··········· 17
    1.7 古代中国人关于仓颉造字的传说 ················· 17
    1.8 我国古代哲学家关于"名""实"问题的讨论 ····· 19
    1.9 我国古代字书的编纂和对于古书的训释 ········ 23
四、我国秦汉时代对于语言文字的研究 ·················· 27
    1.10 我国古代的字书和《说文解字》 ················ 27

1

1.11　《尔雅》及其体例 …………………………………… 30
　　1.12　扬雄的《方言》 ……………………………………… 31
　　1.13　刘熙的《释名》 ……………………………………… 34
　　1.14　古书的注释 …………………………………………… 36
五、古希腊、罗马哲学家、语文学家对于语言的看法和语法
　　分析 ……………………………………………………………… 37
　　1.15　希腊古代哲学家关于"词"与"物"关系的讨论和
　　　　　语法分析 …………………………………………… 37
　　1.16　希腊古代语文学家亚里士塔尔库斯和盛诺多图斯 … 39
　　1.17　希腊古代语法学家特拉克斯和他的《希腊语语法》… 40
　　1.18　古罗马的希腊语文教师克拉特斯 …………………… 41
　　1.19　古罗马语法学家瓦罗和多纳图斯 …………………… 42
　　1.20　古希腊、罗马语文研究中的缺点 …………………… 43

第二章　中古时期 …………………………………………… 47

一、我国魏晋时代音韵学的兴起及其以后的发展 ………… 47
　　2.1　我国反切法的兴起 …………………………………… 47
　　2.2　我国最早的韵书 ……………………………………… 48
　　2.3　《切韵》、《刊谬补缺切韵》和《唐韵》 ………………… 49
　　2.4　《广韵》和《集韵》 ……………………………………… 51
　　2.5　《五音集韵》、《壬子新刊礼部韵略》和《诗韵》 ……… 53
　　2.6　等韵学和韵摄图 ……………………………………… 56
二、阿拉伯和阿拉伯语文学研究 …………………………… 59
　　2.7　阿拉伯语的一般情况 ………………………………… 59
　　2.8　古阿拉伯语文学学派及其贡献 ……………………… 60
　　2.9　阿拉伯语文研究的特点及其所发生的影响 ………… 63
三、欧洲中世纪关于语言的研究 …………………………… 65
　　2.10　欧洲中世纪语言研究的一般特点 …………………… 65
　　2.11　耶稣会士关于语言翻译和文献搜集的工作 ………… 65
　　2.12　关于原始世界和天堂语言的拟测 …………………… 68

2.13　语言的比较和分类 …………………………………… 69

第三章　近古时期 ………………………………………………… 71
一、欧洲文艺复兴时代结合民族运动对于语言的研究和一般语法问题的考察 …………………………………………… 71
　　3.1　文艺复兴时代俗文学的兴起 …………………………… 71
　　3.2　文艺复兴时代对于语法的研究 ………………………… 72
二、波尔·洛瓦雅耳唯理语法或普通语法学派及其方法论原则 ……………………………………………………………… 74
　　3.3　波尔·洛瓦雅耳修道院和"唯理普通语法" …………… 74
　　3.4　唯理语法的方法论原则 ………………………………… 75
　　3.5　总结 ……………………………………………………… 77
三、我国元明时代北音系统韵书的兴起及其以后的演变 …… 78
　　3.6　元曲的兴起 ……………………………………………… 78
　　3.7　周德清的《中原音韵》 …………………………………… 79
　　3.8　乐韶凤、宋濂等的《洪武正韵》 ………………………… 81
　　3.9　兰廷秀的《韵略易通》 …………………………………… 83
　　3.10　毕拱辰的《韵略汇通》 ………………………………… 85
　　3.11　樊腾凤的《五方元音》 ………………………………… 86
四、我国关于古音的研究和存在的问题 ……………………… 88
　　3.12　我国古代学者对于古音的解释 ……………………… 88
　　3.13　陈第对于古音的研究 ………………………………… 91
　　3.14　顾炎武对于古音的研究 ……………………………… 92
　　3.15　江永的古韵分部 ……………………………………… 94
　　3.16　段玉裁的古韵分部 …………………………………… 95
　　3.17　戴震的古韵分部 ……………………………………… 97
　　3.18　孔广森的古韵分部 …………………………………… 99
　　3.19　王念孙、江有诰、夏炘、章炳麟、黄侃等的古韵分部 ………………………………………………………… 101
　　3.20　钱大昕、章炳麟和黄侃对于古声母的考究 …… 104

3.21　总结 …………………………………………… 106
五、十八世纪欧洲哲学家和科学家对于语言起源问题的
　　看法 ……………………………………………………… 108
　　3.22　概说 …………………………………………… 108
　　3.23　洛克论人类的抽象能力 ……………………… 109
　　3.24　亚当·史密斯、斯图瓦尔特和卢骚对语言起源问
　　　　　题的看法 …………………………………… 110
　　3.25　孔狄亚克的感叹说 …………………………… 111
　　3.26　赫尔德的摹声说 ……………………………… 112
　　3.27　赫尔德对语言研究的影响 …………………… 113

历史比较语言学史

第四章　历史比较法产生的前提 …………………… 116
一、绪论 ……………………………………………………… 116
　　4.1　概说 ……………………………………………… 116
二、世界语言标本的搜集 ………………………………… 117
　　4.2　十八世纪以前关于世界语言标本的搜集 …… 117
　　4.3　俄国的《全球语言的比较词汇》 ……………… 119
　　4.4　赫尔伐士的《语言目录》 ……………………… 120
　　4.5　阿德隆的《米特里达脱斯或普通语言学》 …… 122
三、梵语材料在语言比较研究中的运用 ………………… 123
　　4.6　梵语材料对于语言比较研究的意义 ………… 123
　　4.7　十八世纪以前欧洲人对于梵语的学习 ……… 123
　　4.8　十八世纪欧洲人对于梵语和欧洲语言有相同点的
　　　　　发现 …………………………………………… 124
　　4.9　史勒格耳的《论印度人的语言和智慧》及其意义 … 126

第五章　历史比较语言学的产生和发展 …………… 129
一、绪论 ……………………………………………………… 129

5.1 概说 ………………………………………………… 129
二、历史比较语言学的产生 ………………………………… 129
5.2 历史比较语言学的奠基者 ………………………… 129
5.3 拉斯克和他的《古代北方语或冰岛语起源研究》…… 130
5.4 波普和他的《论梵语动词变位系统》和《比较语法》… 132
5.5 雅各布·格里姆和他的《德语语法》 ……………… 135
三、历史比较语言学的发展 ………………………………… 139
5.6 历史比较语言学发展的意义 ……………………… 139
5.7 波特和他的《印度·日耳曼系语言领域内的词源研究》 ……………………………………………… 139
5.8 古尔替乌斯和他的贡献 …………………………… 141
5.9 施莱赫尔的贡献和缺点 …………………………… 142
5.10 费克和他的《民族分裂前印度·日耳曼基础语词典》 ……………………………………………… 147
5.11 历史比较语言学发展的新时期 …………………… 149
5.12 阿斯戈里和他的贡献 ……………………………… 150
5.13 维尔纳和"维尔纳定律" …………………………… 151
5.14 勃鲁格曼和"新语法学派"在历史比较语言学上的贡献 ……………………………………………… 153
5.15 索绪尔和他的贡献 ………………………………… 157
5.16 梅耶关于历史比较语言学的著作 ………………… 158

第六章 各语系语言的历史比较研究 ……………………… 161
一、绪论 ……………………………………………………… 161
6.1 概说 ………………………………………………… 161
二、印欧语系 ………………………………………………… 162
6.2 概说 ………………………………………………… 162
（一）印度·伊朗语族 …………………………………… 162
6.3 分类 ………………………………………………… 162
6.4 印度语支 …………………………………………… 163

6.5 伊朗语支 …………………………………… 164
(二) 希腊语族 …………………………………… 165
6.6 希腊语和希腊语方言 …………………………… 165
(三) 意大利·克勒特语族 ………………………… 167
6.7 分类 …………………………………………… 167
6.8 意大利语支 …………………………………… 167
6.9 克勒特语支 …………………………………… 169
(四) 日耳曼语族 ………………………………… 171
6.10 分类 ………………………………………… 171
6.11 峨特语支 …………………………………… 172
6.12 北部日耳曼语支 …………………………… 172
6.13 西部日耳曼语支 …………………………… 172
6.14 日耳曼族语言的历史比较 ………………… 173
(五) 波罗的·斯拉夫语族 ……………………… 174
6.15 分类 ………………………………………… 174
6.16 波罗的语支 ………………………………… 174
6.17 斯拉夫语支 ………………………………… 174
6.18 斯拉夫语支语言的历史比较研究 ………… 177
6.19 波罗的语语支语言的历史比较研究 ……… 179
(六) 阿尔巴尼亚语族 …………………………… 180
6.20 阿尔巴尼亚语的情况 ……………………… 180
6.21 关于阿尔巴尼亚语的研究 ………………… 180
(七) 阿美尼亚语族 ……………………………… 181
6.22 阿美尼亚语的情况 ………………………… 181
6.23 关于阿美尼亚语的研究 …………………… 181
(八) 吐火罗语族 ………………………………… 182
6.24 吐火罗族的情况 …………………………… 182
6.25 关于吐火罗语的研究 ……………………… 183
三、汉藏语系 …………………………………………… 184
6.26 概说 ………………………………………… 184

（一）汉语族 184
- 6.27 汉语的情况 184
- 6.28 关于汉语的研究 186

（二）泰语族 191
- 6.29 泰语族的情况 191
- 6.30 关于泰语族的研究 192

（三）藏缅语族 193
- 6.31 藏缅语族的情况 193
- 6.32 关于藏缅族语言的研究 194

（四）苗瑶语族 196
- 6.33 苗瑶语族的情况 196
- 6.34 关于苗瑶族语言的研究 196

（五）越南语和叶尼塞·奥斯提亚克语 197
- 6.35 概说 197
- 6.36 越南语及其特点 197
- 6.37 叶尼塞·奥斯提亚克语及其特点 198
- 6.38 关于汉藏系语言的历史比较研究 199

四、含·闪语系 202
- 6.39 概说 202

（一）含语族 202
- 6.40 含语族的情况 202
- 6.41 关于含族语言的研究 204

（二）闪语族 205
- 6.42 闪语族的情况 205
- 6.43 关于闪族语言和含·闪系语言的历史比较研究 209

五、芬兰·乌戈尔语系 210
- 6.44 芬兰·乌戈尔语系的一般情况 210
- 6.45 关于芬兰·乌戈尔系语言的历史比较研究 212

六、突厥·蒙古·通古斯语系 213
- 6.46 概说 213

（一）突厥语族 ·· 213
　　　6.47　突厥语族的情况 ····································· 213
　　　6.48　突厥语族语言的研究 ······························· 214
　　（二）蒙古语族 ·· 215
　　　6.49　蒙古语族的情况 ····································· 215
　　　6.50　关于蒙古族语言的研究 ···························· 216
　　（三）通古斯语族 ··· 217
　　　6.51　通古斯语族的情况 ·································· 217
　　　6.52　关于通古斯族语言的研究 ························ 218
　　　6.53　突厥·蒙古·通古斯系语言的历史比较研究 ··· 219
七、伊伯利·高加索语系 ·· 219
　　　6.54　概说 ·· 219
　　　6.55　南部高加索语言 ····································· 220
　　　6.56　北部高加索语言 ····································· 220
　　　6.57　关于伊伯利·高加索系语言的研究 ············· 221
八、南亚语系 ·· 222
　　　6.58　概说 ·· 222
　　（一）扪达语族 ·· 222
　　　6.59　扪达族语言的分布状况和特点 ·················· 222
　　（二）孟·高棉语族 ·· 223
　　　6.60　孟·高棉语族语言的分布状况和特点 ········· 223
九、马来亚·玻里尼西亚语系 ································· 225
　　　6.61　概说 ·· 225
　　（一）印度尼西亚语语族 ··································· 225
　　　6.62　印度尼西亚族语言的分布状况和特点 ········· 225
　　（二）美拉尼西亚语族 ······································ 226
　　　6.63　美拉尼西亚语族语言的分布状况和特点 ······ 226
　　（三）密克罗尼亚语族 ······································ 226
　　　6.64　密克罗尼西亚族语言的分布状况和特点 ······ 226
　　（四）玻里尼西亚语族 ······································ 227

  6.65　玻里尼西亚族语言的分布状况和特点 ………… 227
  6.66　马来亚·玻里尼西亚系语言的历史比较研究 … 228
十、达罗毗荼语系 ……………………………………………… 228
  6.67　概说 ……………………………………………… 228
  6.68　泰米尔语 ………………………………………… 229
  6.69　喀拿拉语 ………………………………………… 229
  6.70　铁鲁古语 ………………………………………… 229
  6.71　贡德语、科拉姆语、比尔语、库伊语、库鲁克语和
     马尔托语 …………………………………………… 230
  6.72　婆罗呼语 ………………………………………… 230
  6.73　达罗毗荼系语言的特点 ………………………… 230
  6.74　达罗毗荼系语言的历史比较研究 ……………… 231
十一、班图语系和非洲诸语言 ………………………………… 232
  6.75　概说 ……………………………………………… 232
  （一）班图语系 …………………………………………… 232
  6.76　班图系语言的分布状况和特点 ………………… 232
  6.77　班图系语言的研究 ……………………………… 233
  （二）苏丹·几内亚语系 ………………………………… 234
  6.78　苏丹·几内亚系语言的分布状况和特点 ……… 234
  6.79　苏丹·几内亚系语言的研究 …………………… 235
  （三）布施曼·霍登托特语系 …………………………… 236
  6.80　布施曼语和霍登托特语的分布状况 …………… 236
  6.81　布施曼语的研究 ………………………………… 236
  6.82　霍登托特语的研究 ……………………………… 236
  6.83　布施曼语和霍登托特语的主要特点 …………… 237
十二、美洲诸语言 ……………………………………………… 237
  6.84　概说 ……………………………………………… 237
  （一）北美洲诸语言 ……………………………………… 238
  6.85　北美洲诸语言的分布状况 ……………………… 238
  （二）中美洲诸语言 ……………………………………… 239

6.86 中美洲诸语言的分布状况 …………………… 239
（三）南美洲和安的列斯岛诸语言 …………………… 239
6.87 南美洲和安的列斯岛诸语言的分布状况……… 239
6.88 关于美洲诸语言的研究 ………………………… 241

普通语言学史

第七章 普通语言学的建立 ……………………………… 243
一、绪论 …………………………………………………… 243
　7.1 概说 ………………………………………………… 243
二、普通语言学的奠基者洪堡特 ………………………… 243
　7.2 洪堡特和他的学说 ………………………………… 243
三、石坦达尔对于洪堡特语言学观念的解释和他所建立的
　　心理主义理论 ………………………………………… 249
　7.3 石坦达尔和他的心理主义观念 …………………… 249

第八章 语言学中的自然主义学派 ……………………… 252
一、绪论 …………………………………………………… 252
　8.1 概说 ………………………………………………… 252
二、施莱赫尔的自然主义观点 …………………………… 253
　8.2 施莱赫尔的生平和著作 …………………………… 253
　8.3 施莱赫尔的自然主义观点 ………………………… 253
三、缪勒的自然主义观点 ………………………………… 258
　8.4 缪勒对于语言和语言学的看法 …………………… 258
　8.5 缪勒学说的反应 …………………………………… 258

第九章 语言学中的新语法学派 ………………………… 260
一、绪论 …………………………………………………… 260
　9.1 概说 ………………………………………………… 260
二、新语法学派的基本理论 ……………………………… 260

9.2 《形态学研究》发刊词 ⋯⋯⋯⋯⋯⋯⋯⋯⋯⋯⋯⋯⋯ 260
　　9.3 语言变化中的两个原则 ⋯⋯⋯⋯⋯⋯⋯⋯⋯⋯⋯ 261
　三、保罗的个人心理主义 ⋯⋯⋯⋯⋯⋯⋯⋯⋯⋯⋯⋯⋯⋯ 263
　　9.4 保罗和语言研究中的历史主义观点 ⋯⋯⋯⋯⋯⋯ 263
　　9.5 保罗对类推作用的解释 ⋯⋯⋯⋯⋯⋯⋯⋯⋯⋯⋯ 264
　四、新语法学派的新发展 ⋯⋯⋯⋯⋯⋯⋯⋯⋯⋯⋯⋯⋯⋯ 266
　　9.6 德尔勃吕克标志着新语法学派的新发展 ⋯⋯⋯⋯ 266

第十章　语言学中的心理社会学学派 ⋯⋯⋯⋯⋯⋯⋯⋯ 267
　一、绪论 ⋯⋯⋯⋯⋯⋯⋯⋯⋯⋯⋯⋯⋯⋯⋯⋯⋯⋯⋯⋯⋯ 267
　　10.1 概说 ⋯⋯⋯⋯⋯⋯⋯⋯⋯⋯⋯⋯⋯⋯⋯⋯⋯⋯ 267
　二、索绪尔的语言学理论 ⋯⋯⋯⋯⋯⋯⋯⋯⋯⋯⋯⋯⋯⋯ 267
　　10.2 索绪尔和他的著作 ⋯⋯⋯⋯⋯⋯⋯⋯⋯⋯⋯⋯ 267
　　10.3 索绪尔的语言学理论 ⋯⋯⋯⋯⋯⋯⋯⋯⋯⋯⋯ 268
　三、梅耶和房德里耶斯的心理社会学观点 ⋯⋯⋯⋯⋯⋯⋯ 276
　　10.4 梅耶和他的著作 ⋯⋯⋯⋯⋯⋯⋯⋯⋯⋯⋯⋯⋯ 276
　　10.5 梅耶的语言学理论 ⋯⋯⋯⋯⋯⋯⋯⋯⋯⋯⋯⋯ 276
　　10.6 房德里耶斯和他的语言学理论 ⋯⋯⋯⋯⋯⋯⋯ 280
　四、总结 ⋯⋯⋯⋯⋯⋯⋯⋯⋯⋯⋯⋯⋯⋯⋯⋯⋯⋯⋯⋯⋯ 281
　　10.7 心理社会学学派的理论基础及其来由 ⋯⋯⋯⋯ 281

第十一章　语言学中的结构主义及其主要派别 ⋯⋯⋯⋯ 283
　一、绪论 ⋯⋯⋯⋯⋯⋯⋯⋯⋯⋯⋯⋯⋯⋯⋯⋯⋯⋯⋯⋯⋯ 283
　　11.1 概说 ⋯⋯⋯⋯⋯⋯⋯⋯⋯⋯⋯⋯⋯⋯⋯⋯⋯⋯ 283
　　11.2 结构语言学及其主要派别的历史 ⋯⋯⋯⋯⋯⋯ 283
　二、结构语言学的基本原理 ⋯⋯⋯⋯⋯⋯⋯⋯⋯⋯⋯⋯⋯ 285
　　11.3 结构语言学的基本原理和索绪尔的语言学原理 ⋯ 285
　三、结构语言学的方法论原则 ⋯⋯⋯⋯⋯⋯⋯⋯⋯⋯⋯⋯ 290
　　11.4 结构语言学方法论的三个原则 ⋯⋯⋯⋯⋯⋯⋯ 290
　四、结构语言学三个主要派别的差异 ⋯⋯⋯⋯⋯⋯⋯⋯⋯ 294

11.5　布拉格学派、哥本哈根学派和美国学派间的差异
　　　　　及其意义 ……………………………………………… 294
　五、总结 ……………………………………………………………… 296
　　11.6　结构语言学的哲学基础评论 …………………………… 296

第十二章　语言学中的"词与物"学派、唯美主义学派和
　　　　　　新语言学学派 ……………………………………… 298
　一、绪论 ……………………………………………………………… 298
　　12.1　概说 ………………………………………………………… 298
　二、"词与物"学派 …………………………………………………… 298
　　12.2　舒哈尔德和"词与物"学派 ……………………………… 298
　　12.3　"词与物"学派基本理论评议 …………………………… 299
　三、唯美主义学派 …………………………………………………… 300
　　12.4　浮士勒和唯美主义学派 ………………………………… 300
　　12.5　浮士勒语言学观念的三个基础 ………………………… 301
　　12.6　唯美主义学派的基本理论 ……………………………… 303
　　12.7　浮士勒理论的评价 ……………………………………… 307
　四、新语言学学派 …………………………………………………… 308
　　12.8　新语言学的倡导者 ……………………………………… 308
　　12.9　新语言学的一般理论评价 ……………………………… 309

第十三章　现代美国语言学中的心理主义和机械主义 ……… 311
　一、绪论 ……………………………………………………………… 311
　　13.1　概说 ………………………………………………………… 311
　二、萨丕尔的心理主义 ……………………………………………… 311
　　13.2　萨丕尔的生平和著作 …………………………………… 311
　　13.3　萨丕尔的心理主义 ……………………………………… 313
　　13.4　萨丕尔思想的进一步发展和美国的民族语言学 …… 315
　三、布龙菲尔德的机械主义 ………………………………………… 317
　　13.5　布龙菲尔德的生平和著作 ……………………………… 317

  13.6 布龙菲尔德学说的继承人及其影响 ·············· 322
 附录一 美国的形式语言学 ································ 324
 附录二 社会语言学 ·· 332

第十四章 英国语言学 ·· 339
 一、英国古代有关语言研究的特点 ························· 339
  14.1 英国十八世纪关于词典的编纂和文字拼写改革
     的讨论 ·· 339
 二、语音学问题的研究 ······································ 340
  14.2 亨利·斯威特和但尼尔·琼斯的语音学研究 ··· 340
 三、英国语言学中的"伦敦学派" ························· 341
  14.3 弗斯和他所领导的"伦敦学派" ············· 341
 四、韩礼德的系统·功能主义 ····························· 346
  14.4 韩礼德的生平和著作 ······························ 346

第十五章 苏联语言学 ·· 350
 一、绪论 ··· 350
  15.1 概说 ·· 350
 二、十月革命前俄国的语言学 ····························· 350
  15.2 十月革命前俄国语言学的状况 ··················· 350
 三、苏联的语言学 ·· 352
  15.3 十月革命后苏联语言学的状况 ··················· 352
  15.4 马尔和他的"语言学新学说" ··················· 353
  15.5 斯大林关于语言学的著作及其影响 ·············· 356

第十六章 中国语言学 ·· 359
 一、中国传统的语文研究 ··································· 359
  16.1 中国传统的语文研究及其特点 ··················· 359
 二、鸦片战争后我国语文研究的转变 ····················· 360
  16.2 鸦片战争后我国对于语言文字的研究 ··········· 360

  16.3 汉语语法建立 …………………………………… 360
  16.4 汉字改革的倡议 ………………………………… 361
 三、五四运动后的语言文字研究 ……………………………… 362
  16.5 关于我国语言文字改革和研究的状况 ………… 362
 四、解放后我国语言文字研究的大改革 …………………… 365
  16.6 解放后中国语文研究概述 …………………… 365

参考文献 ……………………………………………………… 367

把握语言学发展史的总脉络
  ——试论"五段两线三解放" …………………… 岑运强 369

第三版前言

岑运强

《语言学史概要》(科学出版社，1958年第1版；北京大学出版社，1988年第2版)是家父岑麒祥最重要的代表作，也是中国最早的，迄今为止仍然是唯一的一本打通中外、涉及世界各类语言的普通语言学通史。

《语言学史概要》在中国具有极高的威望与知名度，这是因为：

它"详细地介绍了从普通语言学的奠基人洪堡德开始一直到二十世纪结构主义的一些流派的语言学观点，着重于各派的历史联系，和《普通语言学》的有关部分相辉映"。"在当时国内严重缺乏资料的情况下，作者作了相当艰苦的努力，在我国语言学领域开辟了一个新的园地，为我国语言学工作者提供了十分宝贵的学习参考资料。"(刘月华，1981)

"岑先生十分重视语言学情报工作。他自己掌握了好几种外国语文，可以直接阅读许多外文资料，能及时地了解国外语言学的动态和新的进展，对研究工作很有利。他还经常教导学生们在这方面多加努力。"(杨耐思，1981)

"首次尝试把中国语言学史纳入普通语言学年史框架中去论述的是岑麒祥的《语言学史概要》。"(科学出版社1958)"该书写作时，语言学史世界范围内研究得很不够，流行的语言学史只研究欧洲的语言研究情况。该书是第一部尝试将东西语言学史综合起来写的著作，它的出版不但为我国语言学史的研究填补了空白，也为世界语言学史作出了贡献。"(邵敬敏、方经民，1991)

由于众所周知的原因，我国政治生活在历史上曾经长期处在不正常的状态下，语言学界同样如此，家父的这本书的一些论述也多少反映了那个时代的"特色"，虽然 1988 年再版时，家父对该书作了某些调整，并且出了另一本《普通语言学人物志》作为补充，但毕竟年岁已高，略显力不从心。为了与当代的语言研究接轨，我觉得有必要一方面保持该书的原来历史面貌，一方面对该书进行适当的调整。

由于该书对语言教学很有参考价值但又很难买到，要求重新出版的呼声很高。有关出版社曾经向我提出再版的请求，我也曾经提出两种再版方案：一是采用两种字体的方式对该书从横向与纵向诸方面进行全面的扩展；二是采取小改小动的方式加标号进行评注向读者提供更多与更新的信息的方式。最后大家认为采取第二种方法快捷可行：保持原貌，添加适当评注，评注可包括对某一问题多家不同看法、当今的比较统一的认识、某些错误的纠正、对某些不足的补充及我本人多年在进行语言学史教学的心得等。希望这种方法能够在原来的基础上有所前进，对喜爱或研究语言学史的人有所帮助。由于水平有限，我的评注极有可能是"狗尾续貂"，望有更多的人不吝赐教！

参加本书誊录工作的有李静、陈秀娟、刘安敏、邱金萍、夏嫡、马洪超、陈晶晶、杜静、李海荣、沈芸芳、田永芳、张鹏、王丹丹，参加本书校对工作的有大连大学的刘江老师、南京大学的裴文老师和北京科技大学的薛琳老师，特此感谢。此外要特别感谢世界图书出版公司郭力等同志，没有他们的努力，本书是很难再次出版的。

参考文献：

时　生．《语文教育家——岑麒祥》．《语文战线》，1981（3）

刘月华．《岑麒祥》．《中国现代语言学家》（第 1 分册）．河北教育出版社，1981

邵敬敏、方经民．《中国理论语言学史》．华东师范大学出版社，1991

岑运强．《岑麒祥》．《中国现代语言学家传略》（第一卷）．河北教育出版社，2004

引　言

一、语言学史的对象和任务

自有人类社会以来就有了语言。[1]人类在一个很长的时期只有语言而没有文字。人类有了文字才进入了它的"有史"时期。

就我们所知，人类自有文字到现在最多不过五六千年——这和整个人类的历史比较起来只是一个很短暂的时期。从那个时候起，人类开始了一个新的时代，由于有了这种新工具，经验的积累逐渐丰富起来，技术提高了，生产增加了，文化一步一步地发达了，一部分人类开始有了"文明"。

可是人类社会的发展是不平衡的。有些在很早的时候就已经有了相当发达的文化，其后却衰落了，甚至消亡了；有些本来是比较落后的，其后却得到了很快的发展，赶到了其他的前头。语言是随着社会的产生而产生，随着社会的发展而发展，并且是随着社会的死亡而死亡的。[2]语言死亡后虽有文字也只成了历史上的陈迹。

语言是随着时代而演变的。那些记录古代语言的文字过了一定的期间就逐渐不易为人所了解。由于种种不同的动机，在二千多年以前就有人在不同的地区开始了各种语言的研究。可是在那个时候，他们所研究的都只限于古代的书面语言，其目的或在于作哲学上的探讨，或在于对古书作校勘和训诂的工作，一般缺乏科学[3]的眼光，很少能够找到语言的规律，并且没有历史主义观点，所作的研究多含有形而上学性质。

这样的研究继续了许多年代，直到十九世纪初，由于各种语言的比较研究，才逐渐找到了语言的生命，整理出语言发展的规律，使语言的研究变成了科学[3]的研究。其后出现了普通语言学，研究范围逐渐扩大开来。可是由于各人的观点不同，方法不同，加以各种思潮的影响，意见自然不能一致。林林总总，形成了许多学派。

依照马克思主义的观点，一个学派的产生必有它的历史条件、社会原因；一种思潮何以产生于这个国家而不产生于另一国家，何以产生于这个时代而不产生于另一个时代，都不是凭空从天上掉下来的，而必有其产生的因素。从远古到现在，语言的研究是发展的。在十九世纪以前，对语言虽然没有科学的研究，可是对于某些语言已初步整理出一个系统，为以后的研究奠下了基础。十九世纪以后，研究的范围逐渐扩大了起来，许多以前没有人接触过的语言开始成了研究的对象，方法也逐步有所改进。随着普通语言学的发展，意见日趋分歧，其中有正确的，也有错误的，如何正本清源，明辨是非，这些都是语言学史的任务。

无可否认，语言研究之成为一种科学[3]，是十九世纪头二十五年在欧洲建立起来的。但这不是说，在这以前，在其他各地就没有人对语言作过任何的研究。事实上，在东方许多文明古国，如埃及、亚述、巴比伦、印度、阿拉伯，都有人对各种语言作过一些研究。我国古代虽然没有语言学这个名目，可是自周秦时代起就有许多哲学家对各种语言现象作过一些很深刻的观察，发表过一些很精辟的议论。汉代以后，语言文字的研究更得到了很大的发展，文字学、训诂学，音韵学分别蔚为大观。历代从事这种研究的人很多，著作很丰富，在某些方面成就也很大。鸦片战争后，西方语言学说传入中国，开始有人采用来研究古代汉语。"五四"运动后提倡白话文，逐渐有人注意到现代汉语[4]、各地方言和少数民族语言的调查研究，在这些方面出版了不少的书，搜集了许多有用的材料，其中虽然也有不少错误的观点，但成绩是可以肯定的。如何批判地接受我们这份丰富的文化遗产，去其糟粕，取其精华，与马克思主义语言学理论相配合，指出今后发展的正确途径，这些都是我们无可旁贷的责任。

综上所述,语言学史的对象应该是语言学(一般的和本国的)发展的历史,其中包括:

(一)语言研究的一般情况和方法论原则发展的历史;

(二)历史比较语言学和各语系语言研究的历史;

(三)普通语言学的历史及其主要派别。

而其任务就是要了解这些发展的过程,明辨是非,指出今后发展的正确方向。

可是我们为什么要研究这些东西呢?可能有人这样想:我们现在要做的工作太多了,汉语规范化、推广普通话、调查各地方言和少数民族语言、为少数民族创立文字等等都是急迫而现实的工作,我们用全部人力、全部时间去应付恐怕尚且不够,还有什么时间和精力去考察这些古人的成绩以至全世界的古人的成绩呢?这样的看法是错误的。

当然,我们现在从事语言研究,最重要的是进行调查,搜集材料,"详细地占有材料"。没有这些材料我们就将寸步难移;但是有了材料我们还要进行科学的分析和综合,从其中引出正确的结论,而这种分析和综合的工作没有理论的指导是不行的。马克思主义经典作家常谆谆告诫我们:理论要和实际相结合。理论不和实际联系起来固然会变成空空洞洞的无对象的理论,而实践若不以理论为指南也将会变成盲目的实践。任何理论都不是无缘无故产生的,而必有它自己的根源,自己的发展过程。我们不了解这些过程就往往不能分辨其中哪些是正确的,哪些是错误的,而致迷失方向,甚至把语言学的发展带上错误的道路。我们研究任何问题,一方面固然要从实际出发,从中引出规律,另一方面也不能割断历史,忽视前人的经验和教训。语言学是一门科学。我们研究任何科学,说可以不知道它的历史,那是不可想象的。语言学史将可以使我们明了语言研究和各种理论产生和发展的经过,总结前人的经验和教训,使语言研究沿着正确的道路前进。

二、语言学史的顺序问题

语言学史的对象，如上所述，既牵涉到祖国语言研究发展的历史，又牵涉到一般语言研究发展的历史；既牵涉到语言学建立和发展的过程，又牵涉到各学派的观点和方法论原则等问题，范围如此之广，我们应该怎样去处理呢？这可以有各种不同的看法和主张。

有些人认为语言学史应该采取纯粹编年的方法，从古代到现代，不管国别，不管问题和派别，完全依照年代混合叙述下去。可是若采用这种方法，年代虽然很分明，但各个问题和派别将被切成许多小片断，很难找出它们的连贯性。并且语言的研究是多头的。我国古代对于语言的研究并不同于古代印度人对于语言的研究，更不同于古代希腊、罗马人对于语言的研究，虽然其间也曾有过一些相互的影响，尤其是在十八、十九世纪以后，但各自的传统力量还是很强的。处理语言学史若采取纯粹编年的方法，那么这种语言研究的传统性就将无法贯穿起来。

另有些人主张编述语言学史应该以问题为中心，从普通语言学中分出若干问题，如语言的本质、语言的起源、语言的发展、语言与思维的关系等等，然后按照各时代、各学派对于这些问题的看法依照年代的顺序叙述下去。可是我们知道，各时代有各时代的特点，各学派也有它们的一贯的观点和方法。若把他们对于各个个别问题的看法割裂开来分别加以叙述，也将无从理解它们的观点和方法的一贯性。

所以我们处理语言学史的材料时，唯一最好的方法只有按照语言研究发展的过程，根据历史原则分为若干时期，然后依次叙述各国对于语言研究的情况，分析各个最重要的问题，列举语言学中各个主要派别，评述他们的观点、方法和重要著作，指出其中错误之点和可取的地方，总结它们的成就和曾产生的影响。这样的顺序，我们管它叫综合的顺序。

三、语言学史的分期问题

这样说来,语言学史应该怎样进行分期和分为多少个时期呢?最简单的是把语言学史分为科学前的和科学的两个时期。主张这样分法的认为虽然从很早的时候起,在不同的国家里就已经有人对语言作过某些研究,但是他们并没有把语言当做真正的、唯一的研究对象,而只是把它当做了解古代的典籍和风俗、习惯、制度等的工具。虽然在二千多年以前在印度和希腊就已经有了所谓语文学语法,在三百年以前在欧洲并且有了唯理语法,那也不是为了研究语言而研究语言的,更与历史的原则无关。苏联契科巴瓦教授在《就斯大林著作的观点论语言学中的历史主义问题》一文中说:"只有在应用历史观点的基础上去研究语言的时候,语言的研究才变成了科学的研究。所以语言研究的整个历史可以分为两个意义并不相同,价值绝不相等的时期:第一个是科学前的时期(自古代起到十九世纪),第二个是科学时期(自十九世纪起)。"①

契科巴瓦教授所用的"科学前的时期"和"科学时期"这两个名称有些语言学家不同意,因为他们认为在十九世纪以前,有些学者例如俄国罗蒙诺索夫所作的关于语言的著作就已有很高的科学价值。但是谁也不能否认十九世纪初是语言研究的一个划时代的时期,自那个时候起语言研究才成了真正的科学。

我们认为语言研究中有两个不可忽视的转折点:第一个转折点就是十九世纪头二十五年。在这以前虽然不能说没有对语言的研究,这些研究也不能说完全没有科学的价值,但是在那个时候还没有人想到要对语言作个全面的、系统的、科学的研究。在那个时候,一般人对语言研究是另有他们的目的和任务的,方法也

---

① 见契科巴瓦等《语言学中的历史主义问题》,高名凯译,1954年,五十年代出版社,第1页。

很不对头，可是没有这些研究就不可能有语言科学。这个时期包括古代直到十八世纪末，它是语言科学的酝酿期。这个时期的语言研究，我们不妨把它叫做古代语言学。

真正的语言科学建立于十九世纪头二十五年。它是与语言的历史比较研究分不开的，由此产生了普通语言学。在这个时期，语言学的对象确定了，研究的范围也逐步扩大起来，但是由于大家对于语言的本质还没有正确的认识，方法上也还存在着许多缺点，它对于语言科学的建立虽然不无筚路蓝缕之功，但也还有不少错误的观点。

古代语言学的时间很长，我们还可以把它分成上古、中古、近古三个时期，每个时期各有它的特点。自十九世纪以后，语言的历史比较研究和普通语言学齐头并进，没有截然的分期，我们只好分开来叙述。随着马克思主义语言学的建立和发展，把马克思主义灌输到语言学中去将成为这一时代的一个重要的转折点。[5]

评注：

[1] 此话没有区分语言和言语。本书作者的导师法国语言学家房德里耶斯在其名著《语言》里说："语言在社会中形成，从人类到有交际需要的那天起开始存在。"（14页）岑先生遵从其师的说法。如果严格区分语言和言语的话，真正有系统的语言要晚于言语。

[2] 死亡常常指生物失去生命。语言不是生物，这里应改为"消亡"。

[3] 本书在引文中的"科学"是指普通语言学的理论科学，是十九世纪形成的一种语言分科知识体系，并非合乎与不合乎科学。本书作者把十九世纪之前的语言学称为"古代语言学"，这和王力先生说的"语文学"一样不应该认为是带贬义的。

[4] 现代汉语的划界问题有不同看法。大致有《红楼梦》、鸦片战争、"五四"、民国等说法。岑麒祥先生与吕叔湘先生等认为"五四"为界限比较合适。

[5] "马克思主义语言学"是"文革"前语言学界比较普遍的提法，现在很少这样提了。不管如何，马克思主义提倡的历史唯物主义辩证法仍然是语言学的研究必不可少的。

古代语言学史

第一章 上古时期

一、初民神话和宗教故事中关于语言的问题

1.1 概说

在初民时代,民智未开,对外边自然界的强大力量和各种天灾人祸等不能了解,因而产生出一种恐惧、畏忌的心理,把它们加以神秘化、人格化,从而造成了种种神话和宗教故事。

初民的神话和宗教故事几乎在任何原始的人类集体中都可以找到,虽然随着时代的发展,其间也曾逐步地发生过一些变化。语言是人类的最重要的交际工具,初民的神话和宗教故事既然把某些自然界现象加以神秘化、人格化,造成许多超自然的人物如上帝、天使、魔鬼、菩萨、夜叉等等,这些想象的、荒诞的人物在他们的眼中自然也像人类一样会吃东西,会说话,那是不足为奇。我们现在所说初民神话和宗教故事中的语言问题特别着重在它们对于人类最初怎样会说话,人类何以会有这许多语言的看法这一点上面。

1.2 基督教圣经中关于人类语言的传说

宗教故事中关于人类语言的看法流传最广,最为人所熟知的见于基督教圣经旧约的《创世纪》。它的来源出于犹太的传说,

所以也可以说是希伯莱的神话。根据《创世纪》第二章所说，上帝造成万物后，用泥土制成人，赋予生命，叫做亚当。亚当和夏娃住在乐园里。上帝叫他不要吃智慧之果，然后教他说话。至于各种事物何以会有各种名称，里面说：

> 耶和华上帝用土所造成的野地，各样走兽和空中各样飞鸟，都带到那人面前看他叫什么，那人怎样叫各样的活物，那就是它的名字。那人便给一切牲畜和空中飞鸟、野地走兽都起了名。

可见在他们看来，人类的祖先亚当起初是不会说话的，后来由上帝教会了他，至于各种飞禽走兽的名称都是亚当替它们起的。可是当时亚当所说的是哪一种语言呢？圣经里没有说明，这却引起了后来许多人的争论。

无论亚当那时所说的是哪一种语言，当时自然只有一种语言。可是后来人类何以会有许多种语言呢？圣经解释说这是由于上帝谴责人类罪过和妄行的结果，因为其后亚当不遵守上帝的劝诫，听从蛇的唆使，偷吃了智慧之果，后来子孙繁衍，他们往东边迁移，在示拿（Shinar）地方遇到一片平原，就在那里住了下来。他们彼此商量要做砖，把烧透了的砖当石头，又拿石漆当灰泥，建造起一座城和一座塔来，塔顶通天。耶和华上帝降临要看看他们所造的城和塔。耶和华说："看呐，他们成为一样的人民，所说的都是一样的语言，如今既做起这事来，以后他们要做的事就没有不成功的了。"于是下来变乱他们的口音，使他们的语言彼此不能相通。因为耶和华在那里变乱天下人的语言，使众人分散在地球上，所以那座塔叫做巴别（Babel）塔，就是"变乱"的意思。从此以后，世界上就分成了许多种语言。这些关于人类语言的起源及其所以分歧的原因的传说，用现代科学的眼光看来，显然都是荒诞无稽的。

1.3 古埃及关于语言起源的故事

关于语言的起源,希腊史学家希罗多图斯(Herodotus)在他所著的《史记》中载有一段埃及的故事。那故事说:在公元前六世纪的时候,埃及有一个法老(国王)叫做卜萨梅蒂库斯(Psammetichus),他很想知道世界上哪一个民族和哪一种语言是最古老的。经过长久考虑后,决定用一种"实验的"方法把它考究出来。他叫人把两个刚生下来的婴孩带到一个很荒僻的渺无人烟的地方去学牧羊,每天只给他们一些山羊乳吃,并且严禁人家对他们说话。经过两年后,有一天早上,他们的保姆拿山羊乳来。他们看见,高兴极了,于是跳起来高呼:"bekos"。那法老跟着传令察询哪种语言有这个词。后来查出佛里基亚(Phrygia)语里有这个词,是"面包"的意思,于是决定佛里基亚民族是世界上最古的民族,佛里基亚语是世界上最古的语言。

希罗多图斯的这段故事虽然载于正史,但是以常理推之,那只能算是古代埃及的一种传说,事实上决不会有这样的事情,因为假如那两个小孩从来没有听见过人家用"bekos"这个音组来表示"面包"这个意思,他们无论如何是不会自己凭空把它杜撰出来的。

由此我们可以得出一个结论:语言虽然是自有人类以来就有了的(我们不可能想象在初民时代人类没有语言),但是由于那时人们的一般知识还很简陋,所以对于他们每天使用的语言究竟是怎样来的也只能猜想,毫无认识。

评注:

以上关于语言起源的传说都属于神话传说,国外的神话传说如《圣经》及其他神话里的传说就解决了语言是如何出现的,世界上为什么有这么多的语言,甚至最早的语言是什么样的。中国少数民族也有不少关于语言起源的神话传说,有的学者(如姚小平)注意到汉族有女娲造人的传说,但缺乏关于语言的起源的神话,可能是被文字的起源所吸引。神话传说具有永久的魅力,是文学艺术取之不尽的源泉,但不能作为科学的依据,然而本书中几处关于语言起源问题从神话传说到各种学说的介绍大大增加了全书的科学性、趣味性与可读性。

二、古印度人对于语言的看法和语法分析

1.4 古印度人对于语言文字的研究

印度是东方的一个文明古国，地处热带，物产丰寓。它的人民热情勤劳而富于幻想。它是婆罗门教和佛教的发源地。

大约在公元前一千五百年的时候，印度就有了一种用古代梵文写成的典籍叫做《吠陀》（Veda）①。它分成三集：（一）《赞歌集》（Samhita），（二）《教义集》（Brâhmanas），（三）《奥义集（Upanishads）。这是婆罗门教最古老的经典著作。《赞歌集》所载的都是一些关于神的颂歌和祷文，大约是公元前一千五百年左右在当时印度文化发源地旁遮普编成的。其后印度文化中心由西北部的旁遮普移到了东部喜马拉雅和孟加拉之间，大约在公元前十世纪至八世纪继续完成了《教义集》和《奥义集》。《教义集》都是一些有关宗教祭祀仪礼的说明，《奥义集》则是在《教义集》的基础上产生的哲学著述。这两部分都是用散文体裁写成的。

《吠陀》的基础是一种唯心主义哲学。[1]它认为灵魂是实际存在、永恒不变的。生命比物质长久。物质死后，灵魂就转入新的躯体，即所谓"转生"。《吠陀》中广泛体现了印度人的一种万物有灵的观念，一切自然界现象如山、川、树木等等，都有它们的精灵。图腾的残余还广泛保存着，如天神、雷神等等都以公牛、熊、马等形象为人所崇奉。尽管这样，《吠陀》本身却具有高度的文艺技术。许多表现手段，如同义词、形容词和丰富多采的韵律等等，不禁使人想起古印度人曾有过很悠久的文学传统。

除《吠陀》以外，古印度还有六种有关仪礼、天文、语音、

---

① 即"智慧"的意思。

语法、词源和诗律的补充学问,[2]分别编成各种便于记忆的歌诀或指南叫做《诠释篇》（Sūtras），历代从事研究的人很多，起初都是综合性的，其后才逐渐发展成为独立的学科。

这几个部门中最先分出的是语法，因为在他们看来，语法就是一切知识、一切学问的基础。如上所述，《吠陀》是用古代梵语编成的。它在口头上不知传诵了多少年代，直到大约公元八世纪才用一种从闪族人民借来的天城体梵文字母记载下来，跟当时一般口头上流行的柏拉克里特语（prakrit）已有很大差别。在古代印度人看来，梵语是一种神的语言，其中连一个字母都是神圣不可侵犯的，谁也不能任意改变，这促使他们研究这种语言时不能不格外小心谨慎。

古印度人研究语法的方法主要是分析法，所以他们就把语法叫做"语法分析"（vyākaraṇa）。每一个词首先要分成词根（dhātu）、后缀（pratyaya）和词尾（vibhakti）几部分，没有后缀和词尾的词也被认为在理论上应该隐涵着这两部分，并把它们叫做"人为成份"（unādi）。每一个词都是由动词词根构成的，这叫做"原始词根"（kṛt），由动词变成名词构成的叫做"派生词根"（taddhita）。

其次是关于词源解释和词典编纂的工作。由于上述理论的指导，他们把词的各个成份加以比较然后作出的词源解释往往是很正确的。例如印度的火神叫做 Agni，他们经过分析认为其中含有 Ag-（火）这个成份，而这个成份又跟动词 ajāti（燃烧）有词源上的联系。

词典编纂是语法分析和词源解释的必然结果。一般的程序是先把从《吠陀》原文中摘录出来的词分成不可变的原始形式如 vid（知道）、tud（推动）等等，然后把它们编成各种词典。所以词典中所载的都是这种原始的词根或词干，不像别的印欧语的词典那样要列出动词的不定式和名词的主格形式。在原文中，这些词根或词干由于与其他的词或词的成份相结合而发生"连音变化"（sandhi），往往弄得面目全非。所谓"连音变化"实际上是一种语音现象,即一个音节的开头的音和另一个音节的收尾的音互相影响而发生变化。其中由一个词影响到另一个词的叫做"外部连音变化",如由 sat—hastâh 变成了 sad—dhastâh(六只手);由一个词的某一成分影响到另一成分的叫做"内部连音变化",如由 dögh—tum 变成了 dög—dhum(挤奶,不定式)。要准确地解释经文而进行这种分析是很不容易的,这需要注意到各个语音的性质及其所以发生变化的发音条件,因而大大推动了对语音的研究。

1.5 波尼尼和其他古印度语法学家

在古印度,在很早的时候起就已有人从事这种语言文字的研究工作,但一般都是比较零碎的。直到公元前四世纪,古印度伟大的语法学家波尼尼(pānini)[3]才把这些材料加以概括写成了著名的《梵语语法》。

波尼尼的这本《梵语语法》共计有三千九百九十六条,用诗歌体写成简练的规则,分章分段讲述各种语言现象,如形态、语音及其在句子中的相互作用。全书共一百多页,主要的研究对象当然是梵语,但是在某些地方也注意到东部地区某些方言的特点,常把《吠陀》所用语言和其他梵语方言加以比较。

波尼尼的《梵语语法》问世后,为它作注的,在公元前三世纪有梵罗鲁基(Vararuki),在公元前二世纪有波檀阇黎(Patañjali)和婆尔塔黎尔(Bhartṛhari)。波尼尼的这本语法写得非常简练,并已远远脱离了当时的实际口语,没有这些注解,它的原文是很不容易理解的。

梵语在古代主要为一般上层阶级所使用。它跟当时民间流行的柏拉克里特语已有很大差别。柏拉克里特语的种类很多,其中有的是已经整理出语法的,有的是从来没有经过整理的。例如梵罗鲁基曾把其中一种加以整理,称作摩诃罗什脱利文(Makārashtri),为婆罗门教徒所使用;另一种由加达耶纳(Kātyāyana)整理成巴利文(Pāli),为佛教徒所使用,公元前二百五十年左右阿育王在许多碑铭上所用的就是这种语言,现在我们所知道的许多佛经也都是用巴利文写成的。此外,印度还有许多未经整理的语言分别变成了各地的方言,其中包括后来定为印度正式语言的印地语。它们跟梵语、摩诃罗什脱利文和巴利文都有或亲或疏的亲属关系。

1.6 古印度语文学的特点及其影响

印度梵语属印欧语之一种,形态非常复杂,但是词的各个组成部份,由于获得音节文字的掩护,界限却比较分明。古印度人对于梵文的研究,多出于一种宗教的动机,其中连一个声音,一个字母都不能有丝毫的苟假。这大大推动了他们要对梵语作一番精心的研究。

古印度人对于语文研究的成果是卓越的,它所产生的影响也是很深远的。这主要表现在以下几个方面:

(一)构词法原则 大家知道,我国古代对于语文只知有字的概念,而不知有词的概念。虽然在相当早的时期,中国语文学家就已分出了实字、虚字、助字和连绵字等等,但是这些字和词的关系怎样,它们是怎样组成的和各有什么用途,并没有获得应有的重视。我们在下面将可以看到,在古代希腊和罗马,在一个很长的时期他们并不知道词根是什么。在他们看来,词只是模模糊糊的漆黑一团,分不出其中的各个组成部分。古印度人在二千多年前就已经知道把各个词分成词根、后缀、词尾几部分,并从其中分出原始词根和派生词根等等。后来这对阿拉伯和西欧各国都曾产生过很大的影响。

(二)词的分类 古印度人对于语法研究多采取一种经验主义的方法,特别着重分析,很少能够提高到理性认识,但是在某种程度上也曾采用过综合的方法。他们首先把词分成动词(ākhyāta)和名词(nāman)两大类,认为动词是表示动作的,名词是表示实际意义的。此外还有前置词(upasarga)和小品词(nipāta):前置词是限制名词和动词的意义的;小品词按意义可以分成比较小品词、联结小品词和只用于诗歌中作为形式成份而没有实际意义的小品词等三类。代词和副词虽各有自己的特点，但不能算作独立的词类，分别归入名词和动词。在他们看来，一切有实际意义的词根都是由动词词根变来的，所以必须想尽一切办法找出它们的原始词根。例如在 vidyā（知识）、vidma（我们知道）、vēda（我知道）、vēdas（神圣的知识）、vaidyas（学者）等词中，vid（知道）就是它们的原始词根，其中的元音 i 是基本的，由 i 变成 vēda 和 vēdas 中的 ē 叫做"重韵"（guṇa），再变为 vaidyas 中的 ai 叫做"增长"（vṛddhi）。波尼尼的《梵语语法》中附有一个很长的词根表，基本上都是这一类原始词根。

由词根构成词。每个词在句子中都按照一定规则发生变化。动词有人称、态、式等变位，名词也有各种变格形式。名词有八个格，分别用第一格、第二格等表示。我国唐代佛教徒把它叫做"八啭声"。例如《大唐大慈恩寺三藏法师传》卷三说："言八啭声者，一诠诸法体，二诠所作业，三诠作具及能作者，四诠所为事，五诠所因事，六诠所属事，七诠所依事，八诠呼召事。"即体、业、具、为、因、属、依、呼等八声，相当于我们现在一般所用的主格、宾格、工具格、与格、离格、属格、方位格和呼格。这对于西欧历史比较语法研究也曾有很大的帮助和启发。

（三）语音、字母的研究和分类　古印度人对于词的分析和词源的解释很自然会牵涉到语言中各个声音的性质及其相互关系的问题。由于语音研究的结果，他们曾根据生理原则和物理原则对语音作了如下分类：

（1）按照发音时声门的开闭分成无声音（aghoṣa）和有声音（ghoṣavant）两类；

（2）按照口腔开合的程度分成元音（svāra）、半元音（antaḥstha）、紧缩音（ioṣman）和闭塞音（sparśa）四类；

（3）按照发音部位分成喉音（kaṇthya）、腭音（tālavya）、头音（mūrdhanya）、齿音（dantya）和唇音（oṣthya）五类。

这对于我国等韵学和西欧语音学的建立都曾起过很大作用。

例如我国音韵学的清音和浊音就是按照第一个原则来分的；戛、透、轹、捺等就是按照第二个原则来分的；喉、牙、舌、齿、唇等就是按照第三个原则来分的。[4] 古希腊人和罗马人对于语音只知根据物理原则分为元音（Phōnēénta）、辅音（súmphōna）、半元音（hēmiphōna）、哑音（áphōna）、长音（makrà）、短音（brakhéa）、长短不明音（dikhròna）、复合半元音（diplā）、单纯半元音（hapiā）、流音（hūgra）、强音（daséa）、中音（mésa）和弱音（psla）等，对于生理原则毫无所知，等到他们接触到古印度人对于语音的这种分类法，才有所改进，建立了近代的语音学。[5]

对于语音，古印度人认为元音是构成音节所必不可少的要素，辅音只是从属的成份，不跟元音结合不能独立运用。元音中最自然的是 a，所以梵文中每一个字母都含有一个辅音跟元音 a 结合共同构成一个音节。元音单独使用可以各自构成一个字母，但是如果跟辅音结合构成另一个音节却要在有关辅音的前面、后面、上面、或下面加一个符号来表示。这个办法在好些东方语文如西藏文、缅甸文、泰文等等中都一直在沿用着。他们所用的符号不同，而结合的方式却是一样的。

（四）历史比较法的萌芽　历史比较语言学是十九世纪初在欧洲建立起来的，但是实际上他们所用的历史比较法早在波尼尼的《梵语语法》和梵罗鲁基的《摩诃罗什脱利》中就已经可以找到一些萌芽。例如波尼尼在他的著作中曾把《吠陀》语和其他梵语对比，发现梵语动词只有一个不定式词尾-tum，而《吠陀》语却有十五个；梵罗鲁基曾把梵语称为许多柏拉克里特语的"母亲"，并指出古梵语的短 ă 相当于柏拉克里特语的短 ă 和长 ā，同时详细叙述了语音演变在各亲属语言中的相互关系，如元音交替等等。这些都已寓有语言历史比较的意味，不过还没有成为有系统的研究罢了。[6]

由上所述，我们可以看到，古印度人语义研究的成果是巨大的，影响也是很深远的，可是由于缺乏适当的气候和丰腴的土壤,终于不能在原地蓬勃发展,开花结实。

评注:

[1]《吠陀》是印度上古时期一些文献的总称,在印度向来被认为是圣典。"吠陀"的本义是"知",即知识。"吠陀"作为文献名称有广狭二义,狭义只指最古的四部"吠陀"的本集部分,广义则兼指"本集"所附加的其他上古文献。"本集"中年代最长的作品可上溯到公元前1500年前。古文献中常称"三吠陀",加上"阿达婆吠陀"合称四部《吠陀》圣典,在被称为圣典后就成为神秘的著作,只许祭祀和属于高等种姓之人学习,不许低等种姓的人接触,直至19世纪末才刊印于世。《吠陀》反映了古印度早期文明史和文学创作以及古印度上古社会发展的情况,因此笼统说"唯心主义哲学观"似有不妥。大百科全书哲学卷《奥义书》条认为该书"是印度唯心论哲学和唯物论哲学思想的总源泉"。《吠陀》条则说吠陀的"原人说"是一种"客观唯心主义的理论模式";"原素理论"是一种"朴素唯物主义思想"。可参看《中国大百科全书》语言文字卷和哲学卷《吠陀》条。

[2] 印度的七种学问可与西方的七艺和中国的六艺相比较。

[3] 波尼尼有不同的译法,如巴尼尼等,王力译成巴倪尼,中国大百科全书翻译为波你尼。

[4] 戛类:指不送气清塞音和浊塞音,清浊塞擦音。包括:帮 非 端 知 见 影 精 照 并 奉 定 澄 群 从 床 15个字母。

透类:指送气清塞音,清塞擦音。包括:滂 敷 透 彻 溪 清 穿 7个字母。

轹类:指擦音和边音之声母,包括:晓 心 审 匣 邪 禅 非 奉 8个字母。

捺类:指鼻音,半元音之声母,包括:明 微 泥 娘 日 疑 6个字母。

古五音与现代音的对照:

	(古)	(现)
	喉	喉
	牙	舌根
舌头舌上	舌	舌尖中
齿头正齿	齿	舌尖前
重唇轻唇	唇	双唇

[5] 罗宾斯在他的《简明语言学史》中说:"印度语音学最值得注意的地方就是他在理论上和方法上,显然比了解印度语言学以前的西方及世界

其他任何地方的语音学都要先进得多。"（许德宝等译，中国社会科学出版社，1997，171页）

[6] 罗宾斯在上书167页上说："梵语研究是激发19世纪历史比较语言学的主要因素。"

三、古代中国人对于语言文字的看法和解释

1.7 古代中国人关于仓颉造字的传说

中国是东方一个伟大的文明古国，在公元前十四世纪就有一种文字，铭刻于龟甲和兽骨上面，我们习惯管它叫做甲骨文。

古代中国并不是一个统一的王国。史称黄帝设监以理万国；禹会诸侯，数达万余；周会诸侯于孟津，到的有一千八百人；《韩诗外传》说孔子登泰山观易姓而王，可得而数的有七十余氏，不可得而数的一万以上。这些都是古代中国境内独立的或半独立的氏族或部落。

古代中国既然有这么多的氏族和部落，他们所使用的语言当然不会是相同的。甲骨文字发现于殷墟，记录的只是一些商代的卜辞，所用的自然以商族语言为根据。其后文字的使用逐渐扩展到其他氏族和部落，不独意义分歧，形体也不完全相同。史传周宣王时，太史籀作大篆，为周代文字的标准，但是其他氏族和部落还各有他们的语言和文字，所以直到秦始皇统一中国时，还是"文字异形，言语异声"①。

我国是一个重文字的国家，语言虽然很纷歧，但自秦代以后，文字基本上是一致的。这种重形的文字起初是怎样来的呢？这就牵涉到古书上的一些传说。

古代相传我国先有画卦、结绳，然后有文字。比方《易·系传下》说：

---

① 见许慎《说文解字·叙》。

> 古者包羲氏之王天下也，仰则观象于天，俯则观法于地，观鸟兽之文与地之宜，近取诸身，远取诸物，于是始作八卦，以通神明之德，以类万物之情。

又说：

> 上古结绳而治，后世圣人易之以书契，百官以治，万民以察。

这是关于我国文字起源的最古的记载，其中只说到伏羲（包羲）画八卦，而结绳始于何人，书契是哪位圣人"易"的，都没有明说。可是汉代许慎《说文解字·叙》中却说：

> 及神农氏结绳为治而统其事，庶业其繁，饰伪萌生，黄帝之史仓颉见鸟兽蹄远之迹，知分理之可相别异也，初造书契。[1]

于是仓颉造字就为一般人所确信。就我们所知，任何文字都不是某一个人所能创造出来的，即使勉强创造出来了，没有群众的基础也没法使它通行。文字必然是人民在集体劳动的过程中创造出来以适应他们的需要的，后来也许有某些人搜集起来加以整理，使其更有系统性，但绝不会只出自一人之手，汉字自然也不例外，因此我国从前盛传仓颉造字的故事，只能算是一种不经之谈。[2]

评注：

[1] 本节提到的包羲氏（伏羲氏）、神农氏与黄帝涉及中国三大考古文化。李葆嘉先生在他的《中国语言文化史》（江苏教育出版社，2003）中较详细地探讨了这三个文化，即清莲岗考古文化、仰韶考古文化和北方细石器考古文化，他还探讨了黄帝（轩辕氏）、神农（炎帝）、伏羲等三大传说氏族系统、三代华夏语的演变以及涿鹿之战、冀州之战、坂泉之战三大史前氏族战争。探讨有益，但也会有争论。

[2] 有关汉字的起源向来有各种说法，比较有说服力的是起源于契刻

与图画。有人认为语言与文字同时起源,这是没有分清语言和言语、文字系统与个别笔画的关系。

1.8 我国古代哲学家关于"名""实"问题的讨论

我国自从有了文字之后,就替生产、学术、文化等的发展创造了有利的条件。

春秋战国(公元前770—221年)是我国古代学术文化极盛的一个时期。在这个时候,由于社会经济的剧烈变动,思想界受到刺激,引起了理论上的争辩,造成了"百家争鸣"的局面,其中有些是拥护封建等级制度的,有些是反映被压迫的农民意识的,有些是代表没落贵族的思想的,有些是替新兴的地主阶级提出政治上的要求的,形成了许多学派,即我们习惯上所称的"百家诸子"。

在先秦诸子争论的最激烈的各个问题中,与语言有关的,要算是关于"名""实"的问题。什么叫做"名",什么叫做"实"呢?用现在的话来说,"名"就是"名称","实"就是"事物",所以"名实"的问题其实就是"名称"与"事物"之间的关系的问题。这本来是哲学上一个根本的问题,但是也涉及语言的问题。

首先提出这个问题的是老子,他在《道德经》里说:

> 道可道,非常道。名可名,非常名。无名,天地之始。有名,万物之母。(一章)

老子认为万有生于无,在原始的时候是没有"名"的,所以说:"无名,天地之始",后来有了"名"才有万物,所以说:"有名,万物之母";因为无名先于有名,所以说:"道可道,非常道;名可名,非常名"(一章)。

可是"名"后来是怎样起的呢?他继续说:

> 道之为物,惟恍惟惚。惚兮恍兮,其中有象。恍兮惚兮,其中有物。窈兮冥兮,其中有精。其精甚真,其中有信。自古及今,其名不去。以阅众甫(万物),吾何以知众甫之

状哉？以此。（二十一章）

由此可见他认为"道"虽然是模糊恍惚的，但是其中有象（形象），其中有物（实物），其中有精（精子）。它的精子是最真实的，完全可信的，从而产生出名。从古到今，事物虽然有生死存灭，但是它的名字没有消失，我们通过这些名而知道万物的本原。这就代表了他的一种认识论。大家知道老子的哲学是反映春秋战国时代一般被压迫群众的心情[①]。为了使人民大众摆脱痛苦的现实，他要向当时的统治者侯王宣扬"无为"的理论，让万物自行变化。当万物自行变化的时候，如果侯王对它们有所作为，他就要"镇之以无名之朴"[②]（三十七章）。

继老子之后参加"名实"问题的讨论的有：孔子主张正名主义，所以说："君君，臣臣，父父，子子"；杨朱主张无名主义，所以说："实无名，名无实。名者，伪而已矣……实者，固非名之所与也"；墨子重实际，所以攻击当时一般所谓君子"誉义之名而不察其实"，都各有他们自己的立场观点，自己的哲学背景。墨子一派是当时科学界的代表，墨子在《经上第四十》和《经说上第四十二》里说：

名：达、类、私。

名'物'，达也，有实必待文名也。命之'马'，类也，若实也者，必以是名也。

命之'臧'，私也，是名也，止于是实也。

他把"名"和"实"都各定出一个范围了。

我国古代哲学家其后继续讨论这个问题最有名的有公孙龙子和荀子两人，尤以荀子为最出色。

[①] 参看杨兴顺《中国古代哲学家老子及其学说》，1957年，科学出版社，第112页。

[②] 参看杨兴顺《中国古代哲学家老子及其学说》，1957年，科学出版社，第57页。

公孙龙子约生于公元前325—315年,死于公元前250年,是我国古代一个重要的哲学家。他的著作现在保存的只有六篇,大都是讨论相对、绝对、个性、共性和知识论等哲学问题的,只有《指物篇》和《名实篇》是与"名实"问题有关的。

公孙龙子于《指物篇》中论及"指"和"物"的关系时说:

> 物莫非指。……天下无指,物无可以谓物。……天下无物,可谓指乎?

他这里所谓"指"显然就是指物的特征。凡物都有它的特征。没有特征固然不可以称为物,没有物也不可以称为特征。一切"名"都是由这些特征产生的,都是代表这些特征的符号。但是"名"不一定都是正确的。有了正确的"名",我们才能由"名"而知"实"。怎样的"名"才是正确的呢?他在《名实篇》中发挥说:

> 正其所实者,正其名也。其'名'正,则唯(应)乎其彼此焉。谓彼而彼,不唯乎彼,则'彼'谓不行。谓此而此,不唯乎此,则'此'谓不行……故彼彼止于彼,此此止于此,可;彼此而彼且此,此彼而此且彼,不可。夫名,实谓也。知此之非此也,知此之不在此也,则不谓也。

他的意思就是说,"名"与"实"本来是相应的,要"正其实",必须"正其名"。其名正,则彼此各自相应而不相乱。一切"名"都是由人定出来的,在"名"没有定出之前,我们把"黑板"叫做"书",把"书"叫做"黑板"都无不可。但是在"名"既定之后,我们就只能把"书"叫做"书",把"黑板"叫做"黑板",而不能把"书"叫做"书"又叫做"黑板",或把"黑板"叫做"黑板"又叫做"书"了。

荀子名况,当时人尊号为卿,赵国人,曾游学于齐国,后来到楚国去当兰陵令,据近人考据,约生于公元前313年,死于公元前238年,与公孙龙子差不多同时。他对于"名实"问题的看法主要见于他所著的《正名篇》。

荀子的哲学本属于儒家的一派,其他诸子都为其所"非"。儒家在春秋战国时代本来是拥护封建等级制度的;它与替新兴地主阶级提出政治上要求的法家和反映被压迫农民意识的墨子都有本质上的区别。荀子的哲学基本上是儒家的,但是也曾受过法家和墨子的影响,所以他一方面要"明贵贱",另一方面要"辨同异",做一番"正名"的工作,使民"一于道法而谨于循令"。

荀子在《正名篇》中首先说明无名的害处,认为这样一来就会弄到"贵贱不明,同异不别。如是则志必有不喻之患,而事必有困废之祸"。所以必须"制名以指实,上以明贵贱,下以辨同异",这样才能做到"志无不喻之忠,事无困废之祸"。

可是人们怎样制名以指实,也就是说,怎样制成各种不同的"名"来指各种不同的"实"呢?荀子认为那是因为"所缘而以同异"之故。凡是同种类、同感情的人,他们的"天官"对于外物引起的意象多是相同的,因此把它们互相比较,找出其相似的共同之点,互相期许共同定出个简约的名来①。但是"天官"之感于物,不仅可以知其同,而且能别其异,通过眼可以辨别各种形体和色理,通过耳可以辨别各种声音,通过口可以辨别各种味道,通过鼻可以辨别各种气味,通过形体可以辨别冷、热、轻、重等特性,通过心可以辨别喜、怒、哀、乐、爱、恶、欲等情感。心又能够证明各种知觉。因为心能够证明各种知觉,所以可以由耳而知道各种声音,由眼而知道各种形体,但是证明知觉还有待于"天官"之能记明其种类。假如五官记明了还不知道,心证明了还说不出来,那就是不知道了②。

---

① "凡同类同情者,其天官之意物也同;故比方之疑似而通。是所以共其约名以相期也。"

② "形体色理以目异,声音清浊调节奇声以耳异,甘苦咸淡辛酸奇味以口异,香臭芬郁腥臊洒酸奇臭以鼻异,疾养沧热滑铍轻重以形体异,说故喜怒哀乐爱恶欲以心异。心有征知。征知则缘耳而知声可也,缘目而知形可也。然而征知必将待天官之当簿其类然后可也。五官簿之而不知,心征之而无说,则人莫不然谓之不知,此所缘而以同异也。"

人们既然能凭五官来辨别各种事物的同异，那么怎样去制定各种名称呢？荀子接着说：

> 然后随而命之；同则同之，异则异之；单足以喻则单；单不足以喻则兼；单与兼无所相避则共，虽共，不为害矣。知异实者之异名也，故使异实者莫不异名也，不可乱也，犹使同实者莫不同名也。故万物虽众，有时而欲遍举之，故谓之'物'。'物'也者，大共名也。推而共之，共则有共，至于无共然后止。有时而欲偏举之，故谓之'鸟兽'。'鸟兽'也者，大别名也。推而别之，别则有别，至于无别然后止。名无固宜，约之以命，约定俗成谓之宜，异于约则谓之不宜。名无固实，约之以命实，约定俗成谓之实名。名有固善，径易而不拂，谓之善名。……此制名之枢要也。

荀子这段话对于"名""实"的关系可谓说得淋漓尽致。它不仅指出"名"可以按事物的同异而分为"大共名"和"大别名"，而且知道"名"是有社会性质的，所以说："名无固宜，约之以命。约定俗成谓之宜，异于约则谓之不宜"。事物与名称之间本来并没有自然的和必然的关系，用什么名称来指什么事物完全决定于社会的自由选择。这是语言学里面的一个基本原则，想不到这个道理早在二千多年以前已由我国的荀子明白指出，由此足可以证明我国古代学术的发达。

评注：

本节老子的"名与物"、孔子的"名与言与事"、墨子的"名与实"、公孙龙的"指与物"大都指语言符号与客观物的命名关系。只有荀子的"约定俗成"是指符号的音与义的音义关系。

1.9 我国古代字书的编纂和对于古书的训释

我国自有文字以后，由于社会发展，人事日繁，语言的词汇逐渐丰富，字数也不断有所增加。在很早的时候，就有人把这些字搜集起来，编成书籍，拿来教授贵族子弟。《周礼·地官司徒》里说："保氏掌谏王恶，而养国子以道，乃教之六艺：一曰五礼，二曰六乐，三曰五射，四曰五驭，五曰六书，六曰九数"。许慎《说文解字·叙》说："周礼：八岁入小学，保氏教国子，先以六书"。《汉书·艺文志》说："古者八岁入小学，故周官保氏掌养国子，教以六书"。可见至少自周代的时候起，文字的教学就已经列为一种正式的科目。为了适应这种需要，于是有人把搜集起来的字体加以整理，辑成字书，最著名的就是周宣王的太史籀所编的那本《史籀篇》。

我国古代没有"语文学"这个名目，也没有"语法"这个名目，可是一来为了解释古书，二来为了阐发先人的"微言大义"，自春秋战国的时候起，他们就曾做过许多所谓"训诂"的工作。例如《春秋》这一本书，据说是孔子编定的鲁国的历史。孔子自己很看重这本书，认为可以代表他的政治思想，所以他曾说过："知我者其惟春秋乎！罪我者其惟春秋乎！"因此之故，后来给这本书作传的就有左丘明、公羊高、谷梁赤等三人。他们的着眼点是不同的。大概说来，左丘明的用意是"据事以明经"；公羊高和谷梁赤的用意是"据经以立义"。左氏传是要用史实来注释《春秋》的，属史学一类的书；公羊传和谷梁传是要就义理辞章来注解《春秋》的，属训诂学一类的书。

我国训诂学的主要目的是就词义方面来解释古书的；但是要解释古书的词义，有时就不可避免地要牵涉到一些语法上的问题。我们现在试就《公羊传》和《谷梁传》里面举出一些例子来看看。

首先，古代汉语的动词有没有主动、被动、及物、不及物等的分别呢？由《公羊传》和《谷梁传》的解释看来是有的，虽然他们对于这些问题还没有明确的认识。例如：

　　《春秋·僖公十八年》："五月戊寅，宋师与齐师战于甗，齐师败绩。"

　　《公羊传》："战不言伐。此其言伐何？宋公与伐而不与战,故言伐。春秋伐者为客,伐者为主,曷为不使齐主之?与襄公之征齐也。曷为与襄公之征齐?桓公死,竖刁易牙争权,不葬,为是故伐之也。"

可见他那时已经看出动词"伐"有"主"、"客"的分别,但是还不了解它的实质,后来何休解释这句话说:

"伐人者为客,读伐长言之,齐人语也;见伐者为主,读伐短言之,齐人语也。"

就明白说出这个词有主动被动的分别了。

古代汉语的动词,不仅有主动被动的分别,并且有及物不及物的分别。例如:

《春秋·庄公二年》:"齐师迁纪、并、鄑、吾。"
《公羊传》:"迁之者何?取之也。"
《春秋·庄公九年》:"冬,浚洙。"
《公羊传》:"浚之者何?深之也。"
《春秋·庄公十年》:"宋人迁宿。"
《公羊传》:"迁之者何?不通也。以地还之也。"
《春秋·僖公三年》:"徐人取舒。"
《公羊传》:"其言取之何?易也。"

这里所谓"迁之"、"取之"、"浚之"、"深之"等等都表示这几个动词是及物动词,后面应该各带有一个宾语。此外如:

《春秋·僖公元年》:"夏六月,邢迁于夷仪。"
《公羊传》:"迁者何?其意也。迁之者何?非其意也。"

这里把"迁"和"迁之"互相对比,说明"迁"是出于自己的意图的,"迁之"却不是出予自己的意图,而只是"迁"所及的对象,越发可以表明两种动词的性质。

我国古代对于汉语的解释虽然没有"词类"这个名称,但是也已能够分出一些词类的现象。例如:

> 《春秋·桓公六年》:"春正月;寔来。"
> 《公羊传》:"寔来者何?犹曰是人来也。"
> 《谷梁传》:"寔来者,是来也。何为是来?谓州公也。"

这里所说的"寔"就是"是";"是"就是代替"州公"的代名词。

> 《春秋·桓公八年》:"祭公来,遂逆王后于纪。"
> 《谷梁传》:"遂,继事之辞也。"

这里所谓"继事之辞"就是后世所说的"助词"之一种。

> 《春秋·庄公十七年》:"春,齐人执郑詹。"
> 《谷梁传》:"人者,众辞也。"

这里所谓"众辞"就是表示复数的意思。可惜这些现象许多都是从意义方面去认识的,而不是从语法方面去辨认的。

不仅如此,有些句法现象和修辞现象也常为他们所注意。例如:

> 《春秋·僖公四年》:"八月,公至自伐楚。"
> 《谷梁传》:"有二事偶则以后事致。后事小,则以先事致,其以伐楚致,大伐楚也。"
> 《春秋·僖公六年》:"冬,公至自伐郑。"
> 《谷梁传》:"其不以救许致,何也?大伐郑也。"
> 《春秋·僖公十五年》:"九月,公至自会。"
> 《公羊传》:"桓公之会不致,此何以致?久也。"
> 《春秋·僖公十六年》:"春王正月戊申朔,陨石于宋五;是月,六鹢退飞过宋都。"
> 《公羊传》:"曷为先言陨而后言石?陨石,记闻。闻其磌然,视之则石,察之则五。……曷为先言六而后言鹢?六鹢退飞,记见也;视之则六,察之则鹢,徐而察之,则退飞。"

《谷梁传》:"先陨而后石,何也?陨而后石也,于宋四境之内,曰宋,后数,散辞也,耳治也。……六鹢退飞过宋都,先数,聚辞也,目治也。"

这里根据各种理由说明句法的倒装,都极精当。由此可见我国古书中有许多已经注意到古代汉语的各种现象,可惜所说到的都只限于一些艰僻难懂或有疑义的词句,还没有能够把各种现象就其表现形式加以整理,使成为有系统的研究。

四、我国秦汉时代对于语言文字的研究

1.10 我国古代的字书和《说文解字》

我国秦汉时代对于语言文字的研究,着重于文字的搜集整理和词义的解释;前者一般叫做文字学,后者叫做训诂学。[1]

我国古代的语言文字是相当纷歧的。在周代的时候虽然有太史籀编纂的《史籀篇》做标准,但是其他各地还是各有各的语言和文字。秦始皇统一天下后废除了许多与秦文不相同的文字,接着李斯作《仓颉篇》,赵高作《爰历篇》,胡母敬作《博学篇》,把文字由大篆改成了小篆。其后程邈作隶书,字体又起了一定的变化,到汉朝大致有大篆、小篆、刻符、虫书、摹印,署书、殳书、隶书等八体之异。汉初司马相如作《凡将篇》,史游作《急就篇》,李长作《元尚篇》,扬雄作《训纂篇》,班固作《太甲篇》或《在昔篇》,贾鲂作《滂喜篇》(晋人把李斯的《仓颉篇》,扬雄的《训纂篇》,贾鲂的《滂喜篇》合称《三仓》),都是一些小孩讽读的所谓"蒙书",把许多字编成三言、四言或七言的韵语,以便易于讽诵记忆。现在这些书都已经佚亡,只有《急就篇》还保存着。

我国古代的典籍,经过秦始皇焚毁后,已经丧失了许多。但是也有一些是通过当时的许多学者口耳相传保存下来的,如《周易》、《毛诗》、《左氏传》等等,这些都是用当时通行的隶书写

成的，一般叫做今文。另外有一些是后来由鲁恭王从孔子故居的墙壁中拆出来的旧本，如《古文尚书》、《礼古经》、《古文论语》等等，这些都是用古代字体写成的，一般叫做古文。汉代的经学家由于所用的本子不同，有所谓今古文的分别。今文经学家喜欢解释文字，但是因为他们所根据的都是一些已经改变了的简单的字体，所以不免有许多牵强附会的谬说，如"马头人为长"，"人持十为斗"，"虫者屈中"，"苟者止句"等等，被后世传为笑柄。

东汉和帝永元十二年（公元100年）许慎根据古文经《史籀篇》、《仓颉篇》以及另外的一些古书的材料依照"六书"的体系编成了我国第一本最完备的字书《说文解字》，里面共收9,353个字另重文1,163个字，按照它们的结构举一个简单的形体做部首，共分540部，始"一"终"亥"，凡同一部首的字都列在一起，每一个字先列字形，后解字义，有些并注明它的读音，解释它的结构，说明它属于"六书"中的哪一种。这9,353个字中，据清朝王筠的统计，计形声字7,697个，约占总数的百分之八十二；象形字264个，指事字129个，会意字1,260个，共1,653个，约占总数的百分之十七；其余转注字和假借字不及百分之一。

许慎的这本书显然是要就篆文古籀的形体，博采众说，解释字义，纠正当时一般人的谬误，使学者明了文字各种结构的神妙。他在这本书的"叙"里说：

> 今叙篆文，合以古籀，博采通人，至于小大，信而有证。稽撰其说，将以理群类，解谬误，晓学者达神恉。

它不仅与以前那些只知杂取所需用的文字，以文理编成韵语，以便小孩讽诵记忆的"蒙书"不同，就跟当时许多只知就隶书的字体"玩其所习，蔽所希闻，不见通学，未尝睹字例之条"的"俗儒鄙夫"也有很大分别。所以后来一般学者，对这本书极为推崇。北齐颜之推于《颜氏家训·书证》里说：

> 客有难主人曰："今之经典，子皆为非，《说文》所言，

子皆云是，然则许慎胜孔子乎？"主人拊掌大笑应之曰："今之经典，皆孔子手迹耶？"客曰："今之《说文》，皆许慎手迹乎？"答曰："许慎检以六文，贯以部分，使不得误，误则觉之，孔子存其义而不论其文也。……大抵服其为书，隐括有条例，剖析穷根源，郑玄注书，往往引其为证，若不信其说，则冥冥不知一点一画有何意焉。"

清代段玉裁于《说文解字·叙》注中更申述这个意思说：

> 许君以为音生于义，义箸于形，圣人之造字，有义以有音，有音以有形。学者之识字，必审形以知音，审音以知义。圣人造字实自象形始，故合所有之字分别其部为五百四十，每部各建一首，而同首者则曰凡某之属皆从某，于是形立而音义易明，几字必有所属之首，五百四十字可以统摄天下古今之字，此前古未有之书，许君之所独创，若网在纲，如裘挈领，讨源以纳流，执要以说详，与《史籀篇》、《仓颉篇》、《凡将篇》乱杂无章之体例不可以道里计。颜黄门曰："其书隐、括有条例，剖析穷根源，不信其说，则冥冥不知一点一画有何意焉。"

这些都是说得很恰当的。大家都知道，我国汉字是衍形的而不是拼音的。在秦汉的时候，虽然有了许多形声字，可是一个字究竟包含几个声音，大家连这一点也分不出来，也没有拼音的符号，要按照字音来编纂字书是不可想象的。《说文解字》能够根据文字形体的结构，从其中分出五百四十个部首，把九千三百几十个字都分别归纳进去，并加以说明，使便于查考，这不能不说是一个好的办法。这是由许慎开创的。以后许多字书如隋朝顾野王所编的《玉篇》，明朝梅膺祚所作的《字汇》，清代官修的《康熙字典》，以至最近的《辞源》、《辞海》等等也都采用了这个原则。在字义方面，许慎根据古文的结构去加以解释，确能纠正了当时许多"俗儒鄙夫"的谬说。可是我们也要知道，这本书的许多解说都是许慎"博采通人，稽撰其说"编成的，在当时那个环境里，哪些是正确的，哪些是错误的，他还没有能力去加以辨认，因此我们不能说其中就已经绝对没有一点谬误的地方。例如他于"一"字条下解释说："惟初大极，道立于一，造分天地，化成万物"；于"三"字条下解释说："数名，天、地、人之道也"，这就完全是一派道学家的胡诌。其实这些都是很简单的记数的符号，所表示的也只是很简单的数目，哪能与这些"玄之又玄"的谬论连在一起呢？至于所谓"一贯三为王"，"推十合一为士"，"甲象人头"，"乙象人颈"等等，那就简直与他所非议的那些"俗儒鄙夫"的谬误没有什么分别了。

1.11 《尔雅》及其体例

编纂字书的另一个办法就是按照字义来加以分类。这个办法本来在史游所编的《急就篇》就已经采用过了。例如他把姓名归成一部，衣服归成一部，饮食归成一部，器用归成一部等等。这是它与其他"蒙书"不同的地方，所以他在这本书的"自述"中说："急就奇觚，与众异也。"可是每一部中每个字是什么意义，他是不管的，能把许多意义相同或相近的字列成一条，用一个比较通行的字加以统一和概括的解释的，要首推《尔雅》这本书。

《尔雅》相传是周代初年（公元前十一世纪）周公编纂的。这种说法未见得可信，因为里面有许多后来新造的形声字，有些名称也不是我国三千多年前就能有的。比较稳健的估计大约是公元前三世纪秦汉之间编成的。

这本书的内容共分十九章，前三章释诂、释言、释训约占全书的三分之一。其中有一个区别，即释诂多举古今的异语，以今语释古语；释言多举动词和一部分形容词；释训多举性状形容词和副词，即旧说所谓"形容写貌之词"。至于第四章释亲到第十九章释畜约占全书的三分之二，都是各种事物的名称，按其性质予以分类。大家认为这本书是我国训诂学方面的一本非常重要的书，其优点是条理分明，分部严密，不相杂厕，可是每一条只列举了一大堆意义相同或相近的字，最后才用一个比较通用的字来加以解释，例如释诂第一条：

> 初、哉、首、基、肇、祖、元、胎、俶、落、权舆，始也。

每个字究竟见于何书，如何用法，却一点也没有说明，于实际应用上没有什么很大的帮助，尤其是有些字如"怃"和"庬"，前面既说"大也"，后面又说"有也"。它们的分别究竟在哪里，更使人没法看出，这不能不说是它的缺点。所以这本书要等到后来许多人如孙炎、郭璞、郝懿行、邵晋涵等加以注释才比较容易看得懂。

1.12 扬雄的《方言》

我国方言庞杂，在古代已经就是这样的。在先秦的时候，诸侯力政，在他们所管辖的地区，几乎自成一个小国，所以那时各地的人所说的话都只称"某某语"或"某某人语"，很少用上"方言"这个名目。《孟子·滕文公下》载有这么一段故事：

> 孟子谓戴不胜曰："子欲子之王之善欤？我明告子：有楚大夫于此，欲其子之齐语也，则使齐人傅诸？使楚人傅诸？"曰："使齐人傅之。"曰："一齐人傅之，众楚人咻之，虽日挞而求其齐也，不可得矣；引而置之庄岳之间数年，虽日挞而求其楚，亦不可得矣。"

于此可以想见，这样的例子，就在那时的经传当中也常见不鲜。例如《左传·宣公四年》："楚人谓乳为谷，谓虎於菟"；《公羊传·僖公十年》："晋之不言出入者，踊为文公讳也。"何休注说："踊，豫也，齐人语，若关西言浑矣。"就在《尔雅》的每一条里，除古今异言外，也有一些"方俗殊语"，不过没有明白指出罢了。

我国古代有一个习惯，每年八月秋收完毕的时候就由统治者派遣一些使臣乘坐轻便的车子到各地农村去采集诗歌、童谣和异语方言来做行政上的参考①。这种使臣后世叫做𫐐轩使或简称𫐐轩，"𫐐轩"就是指的他们所乘坐的轻车。这种风尚到了汉代已逐渐衰落了。可是到了西汉却有一个有名的辞赋家和语文学家扬雄趁他在当时首都长安做"黄门侍郎"的时候奏准皇帝汉成帝刘骜（公元前32—7年）给他机会常拿着一管笔和四尺涂上油的白布去访问"天下上计孝廉及郡内卫卒会者"，调查他们所说的各地方言，结果编成了他那本《𫐐轩使者绝代语释别国方言》十三卷。

扬雄是四川成都人，生于公元前53年，死于公元18年，"少而好学……博览无所不见，为人简易佚荡，口吃不能剧谈，然而好深湛之思，清静亡为，少嗜欲"②。他有一个特性，就是好模仿古人著书立说。他不仅模仿屈原和司马相如等人的作品写过许多篇有名的辞赋，而且曾模仿《易经》做过一部《太玄》，模仿《论语》做过一部《法言》，模仿《史籀篇》和《仓颉篇》做过一部《训纂篇》，他的这部《方言》大家相信就是要模仿《尔雅》做的。

《方言》的体例和《尔雅》比较起来确有许多很相似的地方：第一，这两部书都是把字按照意义来分类的；第二，我们上面说过，《尔雅》这本书里面不仅有古今异言，而且有一些"方俗殊语"，《方言》的全称是《𫐐轩使者绝代语释别国方言》，可见它里面除"别国方言"外还有"绝代语释"。所不同者，《尔雅》十九章，每章各有一个篇目，而《方言》没有篇目；《尔雅》的内容着重于古今异言，而《方言》着重于"别国方言"。

此外，《方言》还有一个极可宝贵的地方，就是它不仅把许多意义相同或相近的字汇集起来加以解释，而且分别注明各地的说法，有些各地通用的也有说明。例如卷一：

---

① 见应劭《风俗通义·序》："周秦常以岁八月，遣𫐐轩之使，求异代方言。"

② 见《汉书》卷八十七《扬雄传》。

> 娥、嬴，好也。秦曰娥，宋魏之间谓之嬴，秦晋之间凡好而轻者谓之娥，自关而东河济之间谓之媌，或谓之姣，赵魏燕代之间曰姝，或曰妦，自关而西秦晋之故都曰妍。好，其通语也。

由此我们可以看出，这书里所搜集的许多方言词，有些流行的区域是很窄小的，如"秦曰娥"；有些是相当宽广的，如"宋魏之间谓之嬴"、"自关而西秦晋之故都曰妍"等等；有些意义虽然相同，但在用法上却有一些细微的差别的，如"秦晋之间凡好而轻者谓之娥"；有些是有同义词的，如"自关而东河济之间谓之媌，或谓之姣"、"赵魏燕代之间曰姝，或曰妦"等等；同一个意义各地虽有不同的说法，但也有一些词是各地通用的，如"好，其通语也"，这里都分别加以说明了。

我国汉字是尚形的，每一个字有一个形体，即代表一种意义，虽然在很早的时候就已有了一些"依声托事"的假借字，可是人们往往不加注意，望文生义，以致引起许多误解，造成了研究上的一种障碍，用来调查方言更觉不便。扬雄在他的这部《方言》里对这个问题的处理有两个原则：（一）有适当的古字可用的用古字，如"儇，慧也"的"儇"①；（二）没有适当的字可用的或者创造新字如"俺，爱也"的"俺"，或者利用同音词标记而不管它的意义，例如"硕、沈、巨、濯、讦、敦、夏、於，大也。齐宋之间曰巨、曰硕，凡物盛多谓之寇；齐宋之郊楚魏之际曰夥，自关而西秦晋之间凡人语而过谓之祸，或曰金；东齐谓之剑，或谓之弩，弩就怒也"一条，其中"金"、"剑'、"弩"等在意义上跟"大"都毫无关系，实只是用来标音的一种符号。这也是《方言》里面的一个特点。

《方言》是我国两千年前专讲方言的一本书，它具有许多优点，但缺点也不是没有的。颜之推在《颜氏家训·音辞》里说：

---

① "儇"是我国的一个古字。《荀子·非相》："乡曲之儇子。"

后有扬雄著《方言》，其书大备，然皆考名物之同异，不显声读之是非也。

只搜集方言的词汇，不讲方言的声韵，这可以说是我国古代研究方言的一个通病。此外，就这本书的本身来说，它在字的安排方面也存在着一些不必要的重复之处。例如卷一里面有"娥、嬿，好也，……好，其通语也"这么一条；而卷二又有"釥、嫽，好也。……好，凡通语也"一条；在卷一里面有"敦、丰、庞、奔、怃、般、嘏、奕、戎、京、奘、将，大也"一条，同时又有"硕、沉、巨、濯、訏、敦、夏、於，大也"一条，并且其中有些字是相同的。我们看不出它们之所以要各分成两条的理由。卷十二和卷十三大部分只列某某，某某也①，而没有举出各地的说法。按扬雄的这本书，根据他于《答刘歆书》里所说，虽已花了二十七年的工夫去编纂，但是还没有写定，因此在刘歆所著的《七略》和班固所著的《汉书艺文志》里都找不到这本书的名目，就是东汉末年应劭作《风俗通义》也只在序里提到扬雄曾写过这么一部书，没有说到它是什么时候完成的和内容如何。我怀疑扬雄直到他于天凤五年死的时候还没有把这本书写成定稿。

1.13 刘熙的《释名》

东汉年间（公元二世纪）有一个刘熙也曾采用同样的方法编过一本字书叫做《释名》。全书共分二十七篇：一、释天，二、释地，三、释山，四、释水，五、释丘，六、释道，七、释州国，八、释形体，九、释姿容，十、释长幼，十一、释亲属，十二、释言语，十三、释饮食，十四、释彩帛，十五、释首饰，十六、释衣服，十七、释宫室，十八、释床帐，十九、释书契，二十、释典艺，二十一、释用器，二十二、释乐器，二十三、释兵，二十四、释车，二十五、释船，二十六、释疾病，二十七、

---

① 例如卷十二"爱、暖、哀也"，卷十三"纯、嫛、好也"等等。

释丧制,把许多性质相同的字都分别归成一类。

刘熙的这本书是想把许多不同的字搜集起来解释它们的意义的。任何语言都有各种不同的词。这是什么原故呢?这本书的"序"里说:

> 熙以为自古造化制器立象,有物以来迄于近代,或典礼所制,或出自民庶,名号雅俗,各方名殊。圣人于时就而弗改,以成其器,著于既往,哲夫巧士以为之名,故兴于其用而不易其旧,所以崇易简,省事功也。

这基本上是正确的。任何语言都有各种各样的词,这些词或者由于出处的不同,或者由于演变的结果,不免有些是比较古雅的,有些是比较通俗的,其间往往有一定的联系。谁也不能把一种语言中旧有的词完全废弃而另造新的。刘熙的这本书是企图从声音方面去解释意义,推究事物得名的来由的,所以叫做《释名》。这可以说是我国古代的一部词源学的著作。

刘熙根据声音解释意义有以下几个原则:

(一) 一个字有几个意义的,每个都有与它相联系的声音,如"乾,健也,健行不息也;又谓之玄,玄,悬也,如悬物在上也"(见释天);

(二) 一个字有几个声音的,每个声音又各有与它相联系的意义,如"车,古者曰车,声如居,言行所以居人也;今曰车,车舍也,行者所处,若车舍也"(见释车);

(三) 就本字的声音去推求它的意义,如"宿,宿也,星各止宿其处也"(见释天);

(四) 就本字的声音去推衍它的意义,如"喘,湍也;湍,疾也,气出入湍急也"(见释疾病)。

由上面所举的这些例子,我们可以看出,其中有许多都是牵强附会的。词的意义与声音的演变并不是平衡的。有些词,它的意义变了,而声音未必改变;另有些词,它的声音变了,而意义也未必改变。尤其是因为汉字同音的很多,同一个声音可以写成这个字,也可以写成那个字。若只就每个字的意义去加以解释,就很难找出它们的联系。例如"车"古读如"居",今读音近"舍"。那只是一种声音的演变,意义上并没有改变,我们不能说古读如"居"是"所以居人也",今读音近"舍"却是"行者所处,若车舍也"。

《释名》中的这种误解不是偶然的,而是一贯的。例如"释天第一"里说:

> 天,豫、司、兖、冀以舌腹言之,天,显也,在上高显也;青、徐以舌头言之,天,垣也,垣然高而远也。

好像同一样东西,各地的读音不同也应该有不同的解释似的。这些都是因为它不能摆脱汉字障碍的缘故。

1.14 古书的注释

上面所说的三部著作——《尔雅》、《方言》、《释名》——我国学者把它们归入训诂一类,意思就是说,都是为了解释古书的字义的。这几本书的内容比较简单,且因时代关系,里面有许多词后世已经不容易了解,所以后来为它们做注解和增补材料的很多,著名的有魏孙炎等的《尔雅注》、张辑的《广雅》等。晋郭璞用晋代的语言作《尔雅注》、《方言注》、《三仓注》等书,给我们留下了很宝贵的材料。

此外也有就原书作注的,如汉代经学大师郑玄所作的《诗经》、《周礼》、《仪礼》、《礼记》的注解都是很重要的著作。隋朝陆德明的《经典释文》和孔颖达的《五经正义》更把前人的见解做了个概括的总结。

总起来说,秦汉时代是我国语言文字研究开创的时代,但是由于汉字结构的特殊和方言的庞杂,一般人只着重于文字的搜集、整理和文字的解释,对于字音反不大注意。这两方面的研究构成了我国的文字学和训诂学的基础,对于后世的影响很大。

评注：

关于我国古代四部经典著作的再分类各家有不同的意见，列举如下：

一分：

周祖谟：《尔雅》、《方言》、《说文》、《释名》各有特色，是中国训诂学的基石。(见《中国大百科全书》（语言文字卷）)

二分：

岑麒祥：文字学《说文》；训诂学：《尔雅》、《说文》、《释名》。

王　力：训诂《说文》（形训）、《尔雅》（义训）、《释名》（声训）；《方言》。(王力，1981)

三分：

《四库全书》把小学分为：训诂之属；字书之属；韵书之属。

四分：

濮之珍：文字学《说文》；训诂学《尔雅》；词汇学《方言》；音韵学《释名》。(见濮之珍《中国语言学史》，上海古籍出版社，1987)

五、古希腊、罗马哲学家、语文学家对于语言的看法和语法分析

1.15　希腊古代哲学家关于"词"与"物"关系的讨论和语法分析

希腊是西洋哲学的故乡，欧洲文化的发源地，自很早的时候起就出现了许多哲学家，观察自然界的现象，探究天人的奥妙。语言是人类不能须臾或离的交际工具，自然也逃不出他们的视线。

可是希腊古代哲学家对于语言并不是把它当做一个对象去加以分析研究，而是为了要揭发思想的神秘的。最先引起他们注意的是关于"词"与"物"之间的关系的问题，就是说："词"与"物"之间的关系是自然的和必然的呢，还是由人规定的呢？他们为了讨论这个问题曾造出 phúsei（按性质）和 thései（按规定）这两个名词。柏拉图在他的著作《对话》（Kratylos）中早就曾讨

论到这个问题,其后引起了两派的纷争。一派主张语言是出于天然的,所以是有规则的和合乎逻辑的;另一派是主张语言是由人们规定的,所以它的结构中有许多是不规则的。前一派所用的是类比法,着重语言中的类似;后一派所用的是反证法,着重语言中的驳杂,各有各的理由,互不相让。[1]苏格拉底虽然承认在现存语言中,"词""物"之间没有自然的和必然的关系,但是希望能造出一种理想的语言,把"词"与"物"之间的关系紧密地联系起来,为以后许多人造语的拟制奠定了一个理论的基础。[2]

希腊古代哲学家对于语言的许多悬想都是先验的和抽象的,并没有事实上的根据,所以他们所作出的结论也多是错误的。例如他们有些主张语言是出于天然的,语言是有规则的,因此相信任何的词我们都可以就它们的形式求出它的来源和真正的意义。他们把这一种研究叫做词源学(不同于现代科学的词源学)。可是他们对于词的来源并不懂得从词的演变规律去寻求,而只是从各个词的表面上的相似去推断。例如他们相信古希腊语 lithos(石头)这个词是由 lian theein(跑得太快)这个词组变来的。但是它们之间究竟有什么历史上的关系,却不是他们愿意考虑的,因此他们那时的所谓"词源学",实际上只是一种猜谜的工作。

话虽这样说,可是他们对于语言,对于语言现象的许多看法确曾发生过很大的影响,尤其是他们所造出的许多术语直到现在还为一般语言学家和语法学家所采用。我们试从这一方面去加以探索,那是饶有趣味的。

看起来,许多像名词、动词、主语、谓语、格、数等这样的术语,希腊古代哲学家的著作中早就用上了。柏拉图在他的著作《对话》中早已分出了名词和动词这两个词类。他认为这是语言中的两个组成部分。亚里士多德于名词和动词之外还分出了连词和冠词,并且看出了"数"和"格"的分别。但是他们对于这些现象都只是从思想方面去认识的,并没有注意到与它们相适应的语言的形式,甚至没有想到要把它们列成任何有实用意义的规则。在亚里士多德看来,所谓动词(rhêma)差不多就等于谓语——任何谓语都可以叫做动词；所谓名词实际上就是我们现在所说的名词和形容词。换句话说，他们在那个时候虽然已经分出了一些词类和范畴，但都只是从思想方面去分的，而不是从语言的表现方面去分的。把这些名词从思想的领域转移到语言的领域，从逻辑的范畴转移到语法的范畴，这些都是以后的事情。

1.16 希腊古代语文学家亚里士塔尔库斯和盛诺多图斯

上述工作是什么人做的呢？不是希腊古代的哲学家，而是希腊古代的语文学家和语文教师。

自公元前三世纪起，许多希腊古代的典籍就已经不是一般人所能了解的了。那时在希腊京城亚历山大里亚（Alexandria）和贝尔加木斯（Pergamus）地方分别聚集了一批学者专门从事校订和出版的工作，尤其是关于古荷马史诗的校订和出版的工作。他们从各地收集来的稿本是不相同的，有些甚至差别很大。其中哪些形式是荷马史诗中所能容许的，哪些不是，他们都要经过一番仔细的考究才能确定，并且他们所要出的不是一种普通的版本，而是带有评注的版本。从事这种工作的分成了两个不同的派别，分别由亚里士塔尔库斯（Aristarchus）和盛诺多图斯（Zenodotus）领导。他们时常互相批评和指责，这更促使他们不能不对古代希腊语的语法结构作出一些比较深入的研究。

希腊古代语文学家既然要把语言的研究从思想的领域转移到语言的领域，于是对于以前一般哲学家所拟出的术语不能不重新加以估计。比方我们在上面说过，"冠词"这个名词是由哲学家亚里士多德拟出的，在古代希腊语叫做 árthron，原是"关节"或"枢纽"的意思。在他看来，凡一个句子的不同成分依靠它来转动的都叫做"冠词"。他们认为在一个句子中，指示代名词是第一个枢纽，关系代名词是第二个枢纽，因为句子中的一切成分都是依靠它们来转动，他们甚至把一切代名词都叫做"冠词"。其后盛诺多图斯第一个从里面分出了一个人称代名词叫做 antōnymiai，把"冠词"只限于指名词前的成分，而 árthron 的意义就起了变化。

另一个例子是关于"格"和"数"这两个术语的意义的确定。"格"在古希腊语叫做 ptôsis，本来是"堕下"的意思，即一个词"堕下"在另一个词上面，用来表示其间的关系。这个名词在斯多噶学派（Stoic）中曾引起很激烈的辩论，因为他们认为它不能适用于主格；在一个句子里，主语总是挺然矗立的，只有其他的词依靠于它，而它从不"堕下"在其他的词上面。希腊古代语文学家虽然沿用了这个术语，但是只用来表示词与词间的关系，而已没有"堕下"的意思。至于"数"这个术语本来在亚里士多德的著作里早就已经提到，但是"数"应该分为几种他却并没有确定的说法，也没有特别的名词，只说有些"格"是表示一个的，有些是表示一个以上的。到了古代语文学家才制拟出"单数"和"复数"这两个术语。并且盛诺多图斯第一次指出荷马史诗中除"单数"和"复数"之外还有一个"双数"的形式。

由此可见在古代希腊，到了亚历山德里亚和贝尔加木斯语文学派成立后才有人从语言方面用批评的眼光去研究语言，其中贡献最大的就是亚里士塔尔库斯和盛诺多图斯。他们开始着手分析语言，把分析的结果归纳成为各种范畴，分出了各种词类，为词在句子中的各种功能定出了适当的术语，就各种不同的题材写成了许多很有价值的论文，在语言科学的历史上开辟了一个新纪元。[3]

1.17 希腊古代语法学家特拉克斯和他的《希腊语语法》

但是一般地说来，希腊古代语文学家的工作还是比较零碎的，他们并没有把研究的成果写成有系统的语法。希腊语的第一本语法书是狄奥尼修斯·特拉克斯（Dionysius Thrax）写成的。

狄奥尼修斯·特拉克斯是什么人呢？我们由他的姓可以知道他的父亲是一个特拉西安（Thracian）人，但狄奥尼修斯本人却是在亚里山德里亚生长的。他是著名的荷马史诗的编辑者和批评家亚里士塔尔库斯的学生，其后到罗马去教授希腊文。他所教的都是罗马的青年。这当然跟教希腊人有所不同，因为希腊人已经懂得希腊语，他们所要知道的只是一些有关他们自己语言的理论；罗马人却不一样，他们还不懂得希腊语，所以对这种语言的名词是怎样变化的，动词是怎样变化的，哪些是有规则的，哪些是不规则的等等不能不有所认识。特拉克斯的那本《希腊语语法》就是要适应他们的这种要求而编成的。

特拉克斯的这本《希腊语语法》把由柏拉图、亚里士塔尔库斯一切关于希腊语研究的成果加以概括，使之成为一本有系统的书，其中包含六个纲目：一、音乐论，二、叙述，三、词的重叠，四、语源研究，五、动词变化表，六、文学批评。可见那时所谓语法的范围很广，跟现在只限于讲词的变化规则和联词成句的规则的语法不同。特拉克斯的这本著作对于后世曾发生了很大的影响。[4]

1.18 古罗马的希腊语文教师克拉特斯

特拉克斯当时在罗马本来并不是最早的和唯一的希腊语文教师。大家都知道，在公元前三世纪至二世纪，罗马的一切文化艺术，包括文学和宗教，都是从希腊输入的。希腊语成了他们唯一要学习的语言，甚至昆底连（Quintilian）在他的教育学论著中，虽然不赞成终身只学希腊语，如当时一般人所做的，却也主张先学希腊语然后学拉丁语。因此学习希腊语就成了当时一种非常盛行的风气。在特拉克斯之前已经有许多人，包括战犯和奴隶，在罗马教授希腊语。但是因为他们对于希腊语语法毫无研究，所以影响和效果都没有特拉克斯那么大。

除开特拉克斯以外，我们不能不提及另一个有影响的希腊语语文教师克拉特斯（Crates）。他是当时希腊驻罗马的大使，有一次因为爬山摔断了一条腿，使他任期已满后不得不留在罗马教授希腊语。他本来是贝尔佳木斯学派巨头克利西蒲斯（Chrysippus）的学生巴比伦纽斯（Diogenes Babylonius）的入门弟子。克利西蒲斯是主张反证法的，克拉特斯其后在罗马所传授的语法理论也属于与此同一的性质。

1.19 古罗马语法学家瓦罗和多纳图斯

克拉特斯在罗马曾做过许多次关于语法理论的公开演讲,引起了罗马人对于语法研究的热潮。自此以后,语法和语文的研究在罗马非常盛行。他的学生波利希司德(Alexander Polyhistor)曾在苏拉(Sulla)显赫一时。斯底洛(Lucius Aelius Stilo)采用克拉特斯讲授希腊语的方法讲授拉丁语。他有三个学生瓦罗(Varro)、卢西留斯(Lucilius)和西塞禄(Cicero),都是罗马历史上显著的人物。瓦罗曾著《拉丁语研究》(De Lingua Latina)一书,内分二十四卷,第一卷绪论,第二卷至第七卷语源学,第八卷至第十三卷名词变化和动词变化,第十四卷至第二十四卷句法论,一直被认为权威著作。卢西留斯曾著书讨论讽刺其中第九卷专论拼音法的改革。西塞禄以演说著名,也曾谈论到语法,但没有专著。凯撒(Caesar)是罗马帝国的大将,以武功著称。他也曾写过关于拉丁语语法的书,现在已大半失传,只残存着他所写的《论类比法》(De Analogiâ)的一部分,他在此书中曾创拟了拉丁语"离格"(ablativus casus)这个名词。这是以前从来没有人用过的,也不可能从希腊语借来,因为希腊语里没有这个格。凯撒自高卢战役凯旋后计划在罗马建立一间希腊语和拉丁语图书馆,推荐瓦罗任馆长。

公元后拉丁语语法的研究还是盛行不衰,其中比较著名的,在一世纪有法拉古斯(M. Verrius Flaccus)和昆底连,在二世纪有司高鲁斯(Scaurus)、狄斯戈鲁斯(Apollonius Dyscolus)和他的儿子希洛点奴士(Herodianus),在四世纪有柏洛布士(Probus)和多纳图斯(Donatus),尤以多纳图斯为最有名。他是著名的圣经翻译者圣杰罗姆(St. Jerome)的老师,曾著《语法术》(Ars Grammatica)一书,内分简编和详编两种:简编只有若干问答和八类词;详编包括音论、字母、拼音、诗律、重音、正误、诗歌语言、比喻几部分,特别注意实用方面,一直被采用做拉丁语课本,教人怎样正确地写作和说话。罗马帝国东渡以后,君士坦丁堡成了语法研究的中心，在那里讲授希腊语和拉丁语语法的达二十人以上。在六世纪研究语法的以柏里斯西安奴士（Priscianus）为最有名，他的著作直到中世纪还被称为语法界的权威。[5]

1.20 古希腊、罗马语文研究中的缺点

由上面所说的可以看到，拉丁语语法的体系基本上是模仿希腊语语法制订出来的，其中虽然也有过一些补充和修改，如上面所说的"离格"，但一般地说来却是非常细微的。这种模仿对于拉丁语语法的研究有什么好处和坏处呢？好处当然是可以肯定的，因为希腊语和拉丁语都属于印欧语系的两种古代语言，它们的结构基本上是相同的，因此凡适合于希腊语的基本上也适合于拉丁语。这种模仿可以省却他们许多暗中摸索的麻烦，不幸的是在古代希腊，一般语文学家和语文教师对于希腊语的许多语言现象并没有研究得很清楚，罗马的语法学家只知道把它照搬过来，有些地方并且任意加以歪曲，因此在他们的著作当中也就不免错误百出。

罗马人在模仿希腊语语法时所犯的错误最显著的首先表现在他们对于各种术语的翻译上面，其中有些甚至错误得非常离奇。

我们在上面说过，古代希腊人把"格"叫做 ptôsis，原有"堕下"的意思。这个名词是否妥当，在斯多葛学派当中已经引起很激烈的争论，而罗马人却不分青红皂白按照原意直译为 casus，其后复由拉丁语译成英语的 case，法语的 cas，俄语的 падеж 等，大家感到很难理解。

此外有些希腊语本来并没有错，而拉丁语却译错了的。例如希腊语的"属格"叫做 genikē，原来是"种类"或"属类"的意思，拉丁语译为 genitivus，却成了"来源"或"产生"的意思，因为他们把希腊语的 genikē 误认为 gennetikē 了。这可以说是一个很大的错误，因为希腊语的"属格"并没有"产生"的意思，它既可以表示 filius patri（父亲的儿子），也可以表示 pater filii（儿子的父亲）；如果认为是"产生"的意思，那么在后一个例子里就成了"儿子产生父亲"了。

另一个译得更糟的,就是希腊语的"宾格"本来叫做 aitiatikē,原是"宾词格"的意思,而罗马人却误认为是与 aitiae-mai(我控告)有关的,把它译为 accusativus casus,这样一来就成了"控告格"了。

罗马人的这种错误其实不是没有根源的,因为他们也和他们的老师希腊人一样对于词源学毫无所知。在他们看来,一个词只是一团模模糊糊的东西,连里面哪些是词根,哪些是附加成分也分不清楚,只要有些近似的地方就认为是在意义上有联系的,因此他们虽然也常常谈到词源学,也曾做过许多词源学的研究,而在这方面所犯的错误也最多。我们试举几个最著名的例子。比方拉丁语 vulpes(狐狸)这个词,属格是 vulpis,哪些是词根,哪些是词尾,本来是很容易辨认的,但是他们却认为原是"飞脚"的意思,因为它是由 volo(我飞)和 pēs(脚)构成的。同样,lepus(兔)这个词,属格是 leporis,他们也认为原是"轻脚"的意思,因为里面包含着一个 levis(轻)和一个 pēs(脚)。最没有理由的是,他们有时甚至把一些意义完全相反的词也联系在一起,任意加以解释。例如拉丁语 bellum(战争)这个词,他们认为是由 bellus(美丽)变来的,因为"战争"不是"美丽"的;feodus(和平,联盟)也认为与 foedus(丑恶)有关,因为"和平"不是"丑恶"的。这样的例子我们可以从他们的著作中举出许多来。

总起来说,古希腊、罗马人对于语言的看法和语法的学说,从雅典到亚里山德里亚,从亚里山德里亚到罗马,一步一步地扩充,一步一步地发展,对于后世的影响很大,直到现在还没有人能够完全摆脱。可是因为他们那时所研究的只限于他们自己的语言,把其他一切语言都看做"野蛮人"的语言,对于语言研究的方法和成果没有交流和比较的机会,所以进展得特别慢,错误也特别多。这对于后世也曾产生过许多障碍。丹麦裴特森(Holgar Pedersen)在他所著的《十九世纪的语言科学》一书中有几句话这样说:"古代世界给欧洲遗留下来的遗产是很沉重的,里面充满着对语言历史的误解;欧洲的语言科学在这份遗产下面继续辛勤劳动着，直到关于语言的知识扩展到超出了古人的梦境。"① 这不是完全没有根据的。[6]

评注：

[1] 本书的"天然"（本质）与"规定"（约定）说法与西方语言学家所说的不同。在汤姆逊的《十九世纪末以前的语言学史》（科学出版社，1960）和罗宾斯的《简明语言学史》中本质论与变则（参差）相联系；约定论（也叫规定论）与类比（整齐）相联系，在语言学史中往往约定论占主流（见《简明语言学史》，21 页，35 页）。王力先生的观点与本书作者的相似，他在《中国语言学史》（山西人民出版社，1981）的 54 页中说："声训也是时代的反映。不谋而合，古希腊哲学家们也正是争论事物之得名是由于本质还是由于规定（即约定俗成）。我们可以说，荀子是规定论者，声训家是本质论者。正如在希腊的争论中本质论者占了上风一样，声训曾经占了上风。"徐通锵先生的《语言论》（东北师范大学出版社，1997）23 页说"斯多葛派偏重规定说"有误，"规定说"应该换为"本质说"；同样，"类比论是约定说的继承与演化，而变则论是规定说的发展"中的"规定说"应该是"本质说"。但徐的整齐论在语言学史上往往占上风的判断是与西方语言学家的说法一致的。

[2] 本书这里没有区分古希腊的两次论争。按照罗宾斯（23 页）说法"本质与约定"问题的论争似乎出现得较早。而后来的类比论与不规则论的论争则持续了整个古代时期。苏格拉底的看法是在第一次论争即克拉底洛与赫尔摩根之争时发表的。论争过程还可参看汤姆逊书 8—20 页。两次争论我认为可概括如下：

上古上　第一次（前 427—348）
赫尔摩根：按习惯，任意性　　　　整齐论
　　　　名由人定，约定论　　　　　　　　西方正名之争
　　　　　　　　　　　　　　　（苏格拉底）
　　　　　　　　　　　　　　　　　　　　中国名实之争
　　　　　　　　　　　　　　　　　　　　（前 770—221）

---

① 参看斯巴尔哥（John Webster Spargo）英译本 "Linguistic Science of the Nineteenth Century"，1931 年，第 4 页。

克拉底洛：按本质，本质论　　　参差论
　　　　　名实相应，拟声词
上古下　第二次（前384—322）
亚里士多德：类比论，重类似　　整齐论　　　第2次论争长
　　　　　类比法，协商约定，　　　　　　　贯穿整个古代
　　　　　规则性
斯多葛学派：变则论，重驳杂　　参差论
　　　　　反证法，不规则论

[3] 希腊语言研究的第一批成就基本上属于"应用语言学"（罗宾斯，14页）。

罗宾斯还认为不同于从哲学观点出发研究语言的斯多葛学派，亚里斯塔尔库斯为代表的亚历山大里亚学派把语言看做文学研究的一部分，"他们坚持类比论的观点。他们把类比原则应用于文本的校订和可接受标准的确定。"（上书38页）

[4] 罗宾斯说："正如后来语法学家狄奥尼修斯所指出的那样，语法形态的变化主要是'进行类比'的结果。"（罗宾斯，1997，26页）可见狄氏倾向"整齐论"。罗宾斯还说："这本书基本上反映了亚里山大学派的观点，但作者显然也了解斯多葛学派的语言研究，所以该书也显示出斯多葛学派影响的某些印记。"（罗宾斯，1997，38页）

[5] 克利西蒲斯是主张反证法的，而恺撒是写《论类比法》的，两线仍然分明。

[6] 通过以上三个古文明发源地语言研究的比较可以看到许多共同点与不同点。系统的古文字、古经文、注释性的应用研究都是共同点。而最大的不同点是语言的"形态"。"在西方的语法理论史上，看来最先形成的是形态学。"（罗宾斯，1997，32页）"在中国语言学史上，训诂学最先出现，这是合乎发展规律的。汉语的特点决定了这样一个发展道路。印度在公元前二世纪或三世纪产生了一部梵语语法（巴尼尼语法）。中国上古时代不需要这样一部语法，因为汉语是分析语，很少形态变化。在梵语语法中，语音是语法的组成部分，所以语音在古印度也很发达；中国则由于汉字不是拼音文字，语音学的产生也要晚一些。只有训诂学是最能适应社会需要的，所以训诂学首先产生了。"（王力，1981，53页）

第二章 中古时期

一、我国魏晋时代音韵学的兴起及其以后的发展

2.1 我国反切法的兴起

我国魏晋时代是历史上变乱最多、矛盾最尖锐的一个时代。自魏朝建立（220年）到晋朝灭亡（420年）这二百年间，战祸纷乘，民生凋敝，佛教被认为是最好的精神安慰，在全国上下得到了很大的发展，不独统治者要假借它来麻醉人民，一般士大夫阶级也侈谈玄风，宣传轮回报应的宗教迷信，使佛教信仰普遍于全国。其后梁武帝萧衍（502—549年）且曾舍身佛寺为奴，公然提倡信佛，单建康一个地方的寺院就有五百多所，僧尼十余万人。北朝（386—581年）的统治者更把大量财富用于造庙度僧，洛阳寺庙有1,367所，全国达三万余所，僧徒超过二百万人，不独北魏如此，北齐、北周也差不多一样。

我国古代对于语言文字的研究本来只着重于字形和字义方面，遇有需要注音的，只知用"读若某"或"读与某同"等直音法。这种方法当然是非常笨拙的，因为正如清朝陈澧所说："然或无同音之字，则其法穷，虽有同音之字，而隐僻难识，则其法又穷"[1]。直到反切法发明后才知用两个字切一个字的音，上字但求与所切之字双声，下字但求与所切之字叠韵，使我国注音的方法跨进了一大步。

反切法大约起于汉朝中叶，[1]那时注经诸家如孔安国的《尚

---

① 见陈澧《切韵考·通论》。

书音》，毛公的《诗音》，马融注的《易经》，郑众注的《周官》等都曾经用过反切，卫宏的《古文尚书》，应劭的《汉书注》，王肃的《周易音》也间用过反语，可是到了汉魏间才开始风行。颜之推《颜氏家训·音辞》说：

> 孙叔言创《尔雅音义》，是汉末人独知反语。至于魏世，此风大行，高贵乡公不解反语，以为怪异。自兹厥后，音韵锋出。

可见那时虽已有反语，而一些贵族反不认识。

反切法既然起于汉朝，何以到了魏朝才风行起来呢？无可否认，那是因为受了梵音的影响。《高僧传》卷十三《齐释慧忍传》说：

> 自大教东流，乃译文者众，传传声盖寡。良由梵音重复，汉语单奇，若以梵音以咏汉语，则音繁而偈迫，若用汉曲以咏梵文，则韵短而辞长。是故舍言有译，梵响无授，始有魏陈思王曹植，深受声律，属意经音，既通般遮之瑞响，又感鱼山之神制，于是删治瑞应本起，以为学者之宗，传声则三千有余，在契四十有二。

"传声"和"契"既有了一定数目，于是反切之法风行于世，接着有人把许多字汇集起来按反切法加以分门别类，结果就成了各种韵书。

2.2 我国最早的韵书

我国的第一本韵书是魏朝李登所作的《声类》。唐朝封演《闻见记·文字》说到这本书时写道：

> 魏时有李登者，撰《声类》十卷，凡一万一千五百二十字，以五声命字，不立诸部。

这里所谓五声即宫、商、角、徵、羽五声，[2]把 11,520 个字分别纳入这五声当中，而不立韵部。其次是晋朝吕静的《韵集》。

《魏书·江式传》说:

> (吕)忱弟静别放(仿)故左校令李登《声类》之法,作《韵集》五卷,宫、商、角、徵、羽各为一篇。

这些都是我国最早的韵书。继此之后所作的韵书很多。根据《隋书·经籍志》和陆法言的《切韵序》所载计有段弘的《韵集》八卷,李概的《修续音韵决疑》十四卷,《音谱》四卷,释静洪的《韵英》三卷,周研的《声韵》四十一卷,阳休之的《韵略》一卷以及杜台卿的《韵略》和潘徽的《韵纂》等等,大都是按照宫、商、角、徵、羽五声排列的。到了齐梁之间,周颙作《四声切韵》,沈约作《四声谱》,接着王斌作《四声论》,张谅作《四声韵林》,刘善经作《四声指归》,夏侯咏作《四声韵略》等,韵书的组织才稍稍有了一些改变。五声和四声的关系究竟怎样,直到现在还没有定论。陈寅恪认为宫、商、角、徵、羽是中国的本体,平、上、去、入是西域输入的技术;平、上、去的分别是由于当时转读佛经的三声,与印度古时声明论(Sabdavidyā)的三声(Svara)相符,与入声相配成为四声①。这个推断无论是否正确,总之,齐梁以后的韵书都已按照四声分类,不再按照五声了。

2.3 《切韵》、《刊谬补缺切韵》和《唐韵》

魏晋以后,韵书出了许多,"各有土风,递相非笑"②,对于各地土音取舍不同,各有乖互。隋既统一,陆法言等"因论南北是非,古今通塞,欲更捃选精切,除削疏缓",集修成了我国规模最大的一本韵书《切韵》③。

陆法言等的这本《切韵》编成于隋文帝仁寿元年(601年),

---

① 参看陈寅恪《四声三问》,《清华学报》第 9 卷,第 2 期,第 275—287 页。

② 颜之推《颜氏家训·音辞》:"……自兹厥后,音韵锋出,各有土风,递相非笑。"

③ 见陆法言《切韵序》。

现在已经不存。根据巴黎国民图书馆所藏唐写本《切韵》残卷考证，里面计分平声上二十六韵，平声下二十八韵，上声五十一韵，去声五十六韵，入声三十二韵，共一百九十三韵①，所收字数，据封演《闻见记·声韵》所说，共有 12,150 字，凡同音的都列成一条，分别纳入所属韵部里面，每字之下加以义释，最后注明反切。到了唐朝，给它增字加注的有长孙讷言、王仁煦、孙愐诸人。王仁煦作《刊谬补缺切韵》，分平声五十四韵，上声五十二韵，去声五十七韵，入声三十二韵，比陆法言等的《切韵》多了上声'俨'一韵，去声'酽'一韵，共一百九十五韵，韵目

---

① 《切韵》残卷的一百九十三韵是：

平声上二十六韵：一东、二冬、三钟、四江、五支、六脂、七之、八微、九鱼、十虞、十一模、十二齐、十三佳、十四皆、十五灰、十六咍、十七真、十八臻、十九文、二十殷、二十一元、二十二魂、二十三痕、二十四寒、二十五删、二十六山。（较《广韵》少'谆''桓'二韵）；

平声下二十八韵：一先、二仙、三萧、四宵、五肴、六豪、七歌、八麻、九覃、十谈、十一阳、十二唐、十三庚、十四耕、十五清、十六青、十七尤、十八侯、十九幽、二十侵、二十一盐、二十二添、二十三蒸、二十四登、二十五咸、二十六衔、二十七严、二十八凡（较《广韵》少'戈'韵，次序也略有不同）；

上声五十一韵：一董、二肿、三讲、四纸、五旨、六止、七尾、八语、九麌、十姥、十一荠、十二蟹、十三骇、十四贿、十五海、十六轸、十七吻、十八隐、十九阮、二十混、二十一很、二十二旱、二十三潸、二十四产、二十五铣、二十六狝、二十七篠、二十八小、二十九巧、三十晧、三十一哿、三十二马、三十三感、三十四敢、三十五养、三十六荡、三十七梗、三十八耿、三十九静、四十迥、四十一有、四十二厚、四十三黝、四十四寝、四十五琰、四十六忝、四十七拯、四十八等、四十九豏、五十槛、五十一范（较《广韵》少'准''缓''果''俨'四韵，次序也略有不同）；

去声缺，但按照平声、上声推测，当然也没有'稕''换''过''酽'四韵，共应该有五十六韵；

入声三十二韵：一屋、二沃、三烛、四觉、五质、六物、七栉、八迄、九月、十没、十一末、十二黠、十三鎋、十四屑、十五薛、十六锡、十七昔、十八麦、十九陌、二十合、二十一盍、二十二洽、二十三狎、二十四叶、二十五帖、二十六缉、二十七药、二十八铎、二十九职、三十德、三十一业、三十二乏（较《广韵》少'术''曷'二韵，次序很凌乱）。

次序也略有变更。孙愐认为《切韵》"注有差错,文复漏误,若无刊正,何以讨论?"① 因参考古代许多字书韵书的材料"补其遗阙"取周易周礼之义叫做《唐韵》。这本书现在也已经不传。据近人考证,孙愐的《唐韵》有两种底稿:一种是开元时(公元713—741年)的初稿,部分与王仁煦《刊谬补缺切韵》的相同,也是平声上二十六韵,平声下二十八韵,上声五十二韵,去声五十七韵,入声三十二韵,共一百九十五韵。一种是天宝时(公元742—756年)的定稿,里面分平声五十八韵,比初稿多出'谆''桓''戈''栘'四个韵;上声五十四韵,比初稿多出'准''缓''果'三个韵,少去'俨'一个韵;去声五十九韵,比初稿多出'稕''换''过'三个韵,少去'酽'一个韵;入声三十四韵,比初稿多出'术''曷'两个韵,总共二百零五个韵,比初稿多了十个韵。字数增加到一万五千个,注解增加了许多,反切也有一些改变,并且多了一些解释,如平声"一东"下注"德红切,浊,满口声"等等。

2.4 《广韵》和《集韵》[3]

《广韵》是宋朝景德祥符间(公元1008年)由陈彭年、邱雍等重修的,正名是《大宋重修广韵》。它是承袭隋朝陆法言等的《切韵》和唐朝诸家的韵书而作的,所谓《广韵》就是《广切韵》的意思。现在因为《切韵》、《唐韵》等都已残缺不全,所以《广韵》这本书在我们音韵学史上显得特别重要。

大家知道,《切韵》这一系的韵书并不是纯粹为了实用的目的而编的,它里面包含古今南北的音。陆法言的序中说得很清楚:"欲广文路自可清浊皆通,若赏知音即须轻重有异"。"广文路"和"赏知音"之间是有一定矛盾的。要拿一本"赏知音"的书去作"广文路"之用自然会有一些扞格不入的地方。可是这实用的目的又是他们所不能不顾到的,例如祥符敕牒里说:"朕

---

① 见孙愐《唐韵序》。

聿遵先志，导扬素风，设教崇文，悬科取士，考核程准，兹实用焉"。为了解决这个矛盾，《广韵》曾采取了一些措施，就是注明哪些韵是"独用"的，哪些是"同用"的。

现在通行的《广韵》有详简两种版本。详本字数多，注也比较详细，简本字数较少，注也比较简略，而分韵完全相同，只"独用"、"同用"次序略有分别。这里所谓"独用"、"同用"就是指的各韵之间是否可以通用，不能与他韵通用的叫做"独用"，可以与他韵通用的叫做"同用"，例如'东'独用，而'冬''钟'同用。

《广韵》的韵共分二百零六部，内上平声二十八韵，下平声二十九韵，共五十七韵，上声五十五韵，去声六十韵，入声三十四韵，跟《唐韵》天宝时改定本比较起来，平声少去'栘'一个韵，上声多出'广'一个韵，去声多出'䤴'一个韵，入声相同。平声五十七韵而上声五十五韵，因为与平声'冬''臻'二韵相配的上声字太少，所以不另立韵部，实际上也应该有五十七韵；去声六十韵，因为与平声'臻'韵相配的没有去声字，而与去声'祭''泰''夬''废'相配的没有平声字和上声字，所以刚好六十韵；《广韵》的入声韵只跟平、上、去三声中的阳声韵即带有［m］、［n］、［ŋ］等鼻音韵尾的相配，阳声韵有三十五个而入声韵只有三十四个，因为与平声'痕'、上声'很'、去声'恨'相配的入声字太少，不另立韵部，实际上也应该有三十五韵。这些韵相配的次序很整齐，跟《切韵》和《唐韵》等显然不同。

我国像《切韵》这一类的韵书，因为是为了"赏知音"而编的，分韵虽然很细密，可是由于里面包含有古今南北的语音，以某一地方的人念起来常感到不易分辨，所以在唐朝初年，一般属文之士已嫌其分得太苛细，因此由许敬宗等详议，"以其韵窄，奏合而用之"①。《广韵》是承袭《切韵》、《唐韵》而编成的，它所分的韵部虽然已分别注明哪些是"独用"的，哪些是"同用"

---

① 见封演《闻见记·声韵》。

的，但是一般人还是觉得很不容易掌握。景祐四年（1037年）贾昌朝请把其中"窄韵"十三处许令附近通用，由丁度等集修成《集韵》，将《广韵》独用的'欣'合于'文'，'隐'合于'吻'，'焮'合于'问'，'迄'合于'物'，'废'合于'队''代'，'严'合于'盐''添'，'俨'合于'琰''忝'，'酽'合于'艳''㮇'，'业'合于'叶''帖'，'凡'合于'咸''衔'，'范'合于'豏''槛'，'梵'合于'陷''鉴'，'乏'合于'洽''狎'①，并且把《广韵》里面的一些注解依照《说文解字》或其他字书加以改变，字数增加到53,525个，比《广韵》新增了27,331个。在反切方面，《广韵》里面的所谓"类隔"的反语都改成了"音和"。书成于宝元二年（公元1039年），共分十卷，因为所撰集的比《广韵》更广，所以叫做《集韵》。

2.5 《五音集韵》、《壬子新刊礼部韵略》和《诗韵》

以上所述的各种韵书都是按"韵"来排列的，先分声调，然后分韵部，对于"声"的次序多不加以注意。其实在唐末的时候，沙门首温已经归纳《切韵》反切，参考梵藏体文加以增损，定为华音三十字母，其后宋人复增加六个字母，始'见'终'日'，就是我们所熟知的三十六个字母②。金韩道昭认为"以文学为事者必以音韵为心，以音韵为心者必以五音为本"，字母次第不可忽略，于是"引诸经训，正诸讹舛，序其次第，以'见'母牙音为首，终于'来''日'字"③，编成了一本别开生面的韵书《五音集韵》。

韩道昭的这本《五音集韵》是以《广韵》、《集韵》做蓝本

---

① 《集韵》合为通用的"窄韵"十三处，与《广韵》的"独用""同用"之例不尽相符；因此有人认为现今《广韵》所定的"同用"是后人窜改的，参看《四库全书提要》之《五音集韵》条。

② 参看罗常培《敦煌写本守温韵学残卷跋》，载前《中央研究院历史语言研究所集刊》，第三本，第二分册。

③ 见韩道昭《五音集韵·自序》。

的，字数比《广韵》、《集韵》的多，注也比较详细。字的先后次序完全按照三十六个字母和四等排列，条理井然。他把韵只分为一百六十部；上平声二十三部，下平声二十一部，共四十四部，'支''之'并入'脂'，'佳'并入'皆'，'臻'并入'真'，'删'并入'山'，'先'并入'仙'，'萧'并入'宵'，'耕'并入'庚'，'幽'并入'尤'，'谈'并入'覃'，'添'并入'盐'，'衔'并入'咸'，'严'并入'凡'，比《广韵》共少了十三部；上声四十三部，'纸''止'并入'旨'，'蟹'并入'骇'，'潸'并入'产'，'铣'并入'狝'，'篠'并入'小'，'耿'并入'梗'，'黝'并入'有'，'敢'并入'感'，'忝'并入'琰'，'槛'并入'豏'，'俨'并入'范'，比《广韵》少了十二部；去声四十七部，'寘''志'并入'至'，'卦''夬'并入'怪'，'裥'并入'谏'，'霰'并入'线'，'啸'并入'笑'，'诤'并入'映'，'幼'并入'宥'，'阚'并入'勘'，'㮇'并入'艳'，'鉴'并入'陷'，'酽'并入'梵'，比《广韵》少了十三部；入声二十六部，'栉'并入'质'，'黠'并入'鎋'，'屑'并入'薛'，'麦'并入'陌'，'盍'并入'合'，'帖'并入'叶'，'狎'并入'洽'，'业'并入'乏'，比《广韵》少了八部。

《五音集韵》把《广韵》的二百零六韵归并为一百六十韵，共少了四十六韵，基本上都是参照《广韵》的"同用"之例来决定的，所以从来没有人敢说他怎样"肆意妄为"。其后到了平水刘渊作《壬子新刊礼部韵略》更干脆把韵分为一百零七部，计上平声十五韵，下平声十五韵，上声三十韵，去声三十韵，入声十七韵，比后世流行的《诗韵》只多了一个上声'拯'韵。于是以"考古功深"著称的顾炎武就要批评他"师心变古，一切改并，其以'证'、'嶝'并入'径'韵，则又景祐之所未许，毛居正（毛晃）之所不议，而考之于古，无一合焉者也"[①]了。

---

① 见顾炎武《音论》。

平心而论，我国《切韵》一系的韵书始终不是以某一地的实际语音为根据而编成的，不仅《切韵》是这样，《唐韵》、《集韵》是这样，就是《五音集韵》也还是这样。这一类韵书对于"赏知音"虽然很有价值，但是在实用方面却会有很大妨碍。这一点以前的学者不是没有看到的。为了解决这个问题，《广韵》的二百零六韵当中，平声"独用"的只有十个，其他"同用"的可以合并成二十一个；上声"独用"的只有十一个，其他"同用"的可以合并成十九个；去声"独用"的只有十四个，其他"同用"的可以合并成二十个；入声"独用"的只有六个，其他"同用"的可以合并为十三个，总共不过一百一十四个。丁度等所集修的《集韵》更遵照贾昌朝的建议，将《广韵》中"窄韵"十三处许令附近通用①，但是始终不敢把这些韵部加以归并。韩道昭的《五音集韵》毅然决然把《广韵》的二百零六韵归并为一百六十韵，就这一方面看不能不说是一个大胆的尝试。刘渊的《壬子新刊礼部韵略》更把韵归并为一百零七部，虽然打乱了《广韵》、《集韵》的系统，但也不过把里面的一些"同用"的韵目删去罢了。

元明以后作旧诗的有一种《诗韵》，共只有一百零六个韵，即上平声十五韵，下平声十五韵，上声二十九韵，去声三十韵，入声十七韵，平声、去声、入声与刘渊的《壬子新刊礼部韵略》完全相同，只把上声的'拯'韵并入'迥'韵，所以少了一韵，这个韵的归并，以前大家相信是始于元朝阴时夫的《韵府群玉》。但据近人考证，金王文郁的《新刊韵略》和张天锡的《草书韵

---

① 《集韵》注明"通用"的十三处，除入声'迄'、去声'废'二韵《广韵》是"独用"的外，其余'欣'与'文'，'隐'与'吻'，'焮'与'问'，'严'与'凡'，'俨'与'琰'，'忝''酽'与'艳'，'㮇''业'与'乏'，'范'与'豏''槛'，'梵'与'陷''鉴'都是《广韵》"同用"的。最后七处《集韵》"通用"的与《广韵》"同用"的不相符，因此有人断定现在《广韵》通行版本所注明的"同用"不是原来所有的，而是后人窜改的。（参看《四库全书提要》之《五音集韵》条）

会》已经是这样的,因此断定这是金人的旧韵①。金人开科取士,也着重词赋,王文郁等大抵取金人官书加以合并。阴时夫等因袭于此,取金人官书增字加注,以为场屋之用。这一类韵书,既不合于古,也不是当时语音的实录,结果就成了一种非驴非马的东西了。

2.6 等韵学和韵摄图[4]

我国音韵学有所谓古韵之学、今韵之学和等韵之学的分别。清末音韵学家劳乃宣在《等韵一得序》里说:

> 有古韵之学,探源六经,旁证诸子,下及屈宋,以考唐虞三代秦汉之音是也。有今韵之学,以沈、陆为宗,以《广韵》、《集韵》为本,证以诸名家之诗与有韵之文,以考六朝唐宋以来之音是也。有等韵之学,辨字母之重视清浊,别韵摄之开合正副,按等寻呼,据音定切,以考人声自然之音是也。古韵、今韵以考据为主,等韵以审音为主,各有专家,不相谋也。

我们以上所说诸韵书都属"今韵之学"的范围,现在再来谈一谈"等韵之学"。

所谓"等韵之学",据一般音韵学家的理解,是以审音为主,以考人声自然之音的。这本来在我国先秦诸子的书中就已经零零星星地说过一些。例如《管子·小问》曾说过:"开口"、"阖口",《公羊传·宣公八年》曾说过:"内言"、"外言",《韩非子·外储说右上》曾说过:"徐呼"、"疾呼",刘熙《释名·释天》曾说过:"横口"、"叔口",《淮南子·修务训》注和刘熙《释名·释天》曾说过:"舌头"、"舌腹"等等。但是都只是一些不成系统的谈片,是很难令人了解的,所以颜之推在《颜氏家训·音辞》里说:

---

① 参看王国维《书金王文郁〈新刊韵略〉、张天锡〈草书韵会〉后》,《观堂集林》,卷八。

> 逮郑玄注六经，高诱解《吕览》、《淮南》，许慎造《说文》，刘熙制《释名》，始有譬况假借以证音字耳，而古语与今殊别，其闻轻重清浊犹未可晓，加以'内言'、'外言'、'急言'、'徐言'、'读若'之类，益使人疑。

这样说来，那么我国的"等韵之学"究竟始于何时和怎样产生的呢？陈澧于《切韵考外篇序》里说：

> 澧为《切韵考》以明隋唐以前切语之学，遂流览后来所谓字母等子者以穷其余波。盖自汉末以来，用双声叠韵为切语，韵有'东'、'冬'、'钟'、'江'之目而声无之。唐末沙门（守温）始标举三十六字谓之字母，至宋人乃取韵书之字，依字母之次第而为之图，定为开合四等，纵横交贯，具有苦心，遂于古来韵书切语之外，别成一家之学。

可见我国"声"、"韵"的分别虽已大备于唐末，而摘取各韵书中的字，依照字母的次序排列，制成各种等韵图，使成为一家之学的，实始于宋朝。

现存的等韵书，当以《韵镜》、《七音略》和《切韵指掌图》为最古。《韵镜》不知是谁作的，宋绍兴辛巳（公元1161年）由三山张麟之刊行。《七音略》是宋朝郑樵（公元1103—1162年）作的，在《通志》里面。这两本书都把韵分成四十三图，横列字母，纵列声调、四等和所代表的韵目，纵横交贯，于每一方格内举出一字为代表，按开口、合口和内、外转的不同各绘成一图。《切韵指掌图》相传是司马光作的，后经邹特夫考订实出于南宋杨中修之手[①]。书中共分二十图，第一图至第六图是独类的，即不分开口、合口的，其余十四个图都是有开、合的分别的，即开口与合口相配的，若把这些有开、合分别的合并起来，实得十三

---

① 陈澧说："今世所存者，《切韵指掌图》，相传以为司马温公作，《四库提要》已疑之。近者，邹特夫徵君考定为杨中修所作，有孙觌序，见孙觌《内简尺牍》确凿可据。"（见《切韵考外篇》，卷三，第14页）

个图。《切韵指掌图》和《韵镜》及《七音略》间最大的分别是前者的许多图都没有开合的分别,如'东'、'冬'合为一图,后二者却有开合和内外转的分别,如'东'为开口内一,'冬'为开合内二;前者按三十六字母排列,后二者却是舌头、舌上不分,重唇、轻唇不分,齿头、正齿不分。总而言之,无论《韵镜》、《七音略》或《切韵指掌图》,它们的等韵图中都已寓有韵摄之意,但还没有立摄的名称,直到元朝的《四声等子》和刘鉴作《经史正音切韵指南》(公元1336年)才各分成了'通'、'止'、'遇'、'果'、'宕'、'曾'、'流'、'深'、'江'、'蟹'、'臻'、'山'、'效'、'假'、'梗'、'咸'等十六个韵摄图。

评注:
[1] 有关反切的各家的划分:
章炳麟:后汉服虔、应劭
岑麒祥:起于汉朝中,风行于魏晋
王力:受梵语字母影响,齐梁间已经盛行
林焘:三国时孙炎《颜氏家训》
唐作藩:唐以前称反,宋以后称切
濮之珍:六朝称反,唐代改为切
沈括、刘熙、顾炎武:汉字产生就开始
[2] 有关五音、七音、五声、四声
五音:唇、齿、牙、舌、喉
七音:唇、齿、牙、舌、喉、半舌、半齿
五声:宫、商、角、徵、羽
四声:平、上、去、入
两种意见:1. 五声就是四声;
2. 五声是五个调类(何九盈《中国语言学史》,广东教育出版社,1995,101页)。
[3] 王力先生说:"我们试看《广韵》的反切,也基本上与《切韵》一致,可以把《广韵》的语音系统看成是《切韵》的语音系统。""我的意见是:《切韵》的语音系统是以一个方言的语音系统为基础(可能是洛阳话),同时照顾古音系统的混合物。"(王力,1981,65—67页)何九盈也

说:"我个人认为从陆法言的《切韵》到《广韵》、《集韵》、《五音集韵》以及平水韵,都应算是《切韵》系韵书。""(20世纪)60年代讨论过:一种意见认为《切韵》是一个'活音系'代表当时的洛阳话;另一派意见认为《切韵》是一个综合音系,大致以当时的'雅音'(即读书音)为基础。"何赞成后一派意见(何九盈,1995,121;132页)。关于《广韵》,唐作藩说:"206个韵并不等于206个韵母。""《广韵》206个韵,293类,142个韵母——这就是《广韵》的韵母系统。"(唐作藩《音韵学教程》,北京大学出版社,2002,133页)

[4] 唐作藩认为:研究先秦两汉诗歌韵文的"古音学"、研究南北朝到隋唐语音系统的"今音学"、以宋元以来等韵图为研究对象的中国特有的传统语音学的"等韵学"(相当于现代语音学、音位学,比西方音系学区别特征理论早数百年)和以元代《中原音韵》系统的韵书和分析近代语音的近代语音学合成汉语音韵学的四个部门(唐作藩,2002,3页)。

二、阿拉伯和阿拉伯语文学研究

2.7 阿拉伯语的一般情况

阿拉伯语现在是埃及、叙利亚、伊拉克、沙特阿拉伯、约旦、黎巴嫩、利比亚、也门和许多阿拉伯国家如摩洛哥、突尼斯、阿尔及利亚等所使用的语言。这些国家的情况是各不相同的。

阿拉伯语的老家是在阿拉伯半岛。用阿拉伯语文书写的文献可以一直追溯到很早的时期。前些时候在塔木狄克(Thamudic)地方发现的碑铭,大家都相信是公元以前的文物。由此足以证明在伊斯兰教未兴起以前很早,阿拉伯人就已经有了一种通用的文字。不久前在麦加(Mecca)公开展览过一些古代阿拉伯民歌叫《摩阿拉加特》(Mo'allakât),也是伊斯兰教创始人穆罕默德以前的作品。公元七世纪初,阿拉伯人在伊斯兰教的影响下,建立了萨拉森帝国(大食国)经过一系列的战争征服了东罗马的大部分地区和波斯全境。到公元八世纪,阿拉伯的疆界,东至印度河流域,西面沿着北非洲直达西班牙。八世纪中叶,阿拉伯分为东西两部分，东部建都在巴格达，西部建都在西班牙科尔多瓦。十世纪又有些阿拉伯贵族在埃及建立了另一个独立的国家，定都在开罗。七世纪以后，随着萨拉森帝国的扩张和伊斯兰教的传播，阿拉伯语的势力范围一直伸展到非洲和亚洲的许多地区。当时许多被阿拉伯人征服的民族，在社会经济文化等方面都具有比阿拉伯人高的水平。阿拉伯人在各地开设了各式各样的学院，逐渐掌握了这些民族的文化遗产，同时又极力向古希腊人、罗马人和印度人学习，逐步形成了他们的一种具有独特色彩的阿拉伯文化。

阿拉伯人在哲学、天文、化学、医学、数学和语文学等方面都曾有过他们的特殊贡献。为阿拉伯文化的建树出过力的也不只限于阿拉伯人，还有其他民族的学者。阿拉伯科学文化的发展是由于他们的政治经济的发展。在极盛时代，不只东方许多国家受过它的影响，西方许多国家也在某种程度上受过它的影响。十世纪，西班牙科尔多瓦设有许多高等学校，且有很大的图书馆，欧洲许多国家都派人到这里来学习，把阿拉伯人的科学文化知识带回去帮助他们发展本国的科学文化。

2.8 古阿拉伯语文学学派及其贡献

七世纪到八世纪，哈里法王朝是阿拉伯科学文化迅速发展的繁荣时期。当时巴施拉（Basra）和苦法（Kūfa）这两个城市成为两个文化中心。学者们除其它科学以外，也分别研究阿拉伯语语法，其后逐渐形成了两个不同的学派。

阿拉伯语语法的奠基者一般认为是七世纪的阿布尔·阿斯瓦德（Abul Asvad）。他的研究对象主要是伊斯兰教的《古兰经》。大家知道，阿拉伯语的书面文献是用阿拉伯字母书写的，一般只有辅音而没有元音，必要时才用一种元音符号标记出来，但是这种办法在古代文献中是没有的。阿斯瓦德的工作就是要用符号标记出《古兰经》中元音的性质，并研究了某些标点符号和句号的问题。

另一个是在波斯出生的萨卡费（Sakafi）。他对《古兰经》和阿拉伯的古代诗歌都有极其渊博的知识，曾写过七十多篇论文，企图对阿拉伯语的语法规律作出有系统的阐述。此外,当时寓居在巴施拉的一位波斯学者莫卡法(Mokaffa)曾把许多印度的寓言,波斯的《王书》和希腊亚里斯多德的哲学著作翻译成阿拉伯文,也在某种程度上推进了他们的研究工作。

在古阿拉伯语文学史上占特殊地位的首推巴施拉学派的领导者西巴维希(Sibawaihi)。他本来也是波斯人,曾根据亚里斯多德的逻辑学和印度的语法体系写出了第一部有系统的阿拉伯语语法《书》(Al-kitabu),一开始就谈词类,先确定了名词、动词和小品词的定义,然后陈述主格、属格、宾格、呼格的形式,助词、代词、数词的用法以及名词和动词的构词法,最后殿以句法,句法之后还举出了好些阿拉伯语的语音现象和词源现象。作者在这本书里不仅表示了他自己的见解,而且叙述了他的前辈和同时代学者的语法观点。他从《古兰经》和许多阿拉伯古代诗篇中援引了丰富的例子来加以说明,完整而有系统,使后来的好些阿拉伯语文学家都为之惊羡不已。此外,哈里尔(khalil)也是巴施拉学派的一个成员。他编出了第一部阿拉伯语词典,并建立了阿拉伯诗律的体系,直到现在对古典阿拉伯诗歌的研究还没有失去它的巨大意义。其他如阿斯马伊(Asma'i)、乌拜达(Abū Ubaida)、穆巴拉德(Mubarrad)和杜来德(Ibu Duraid)等人也都属于这个学派。

同巴施拉学派相对立的是苦法学派。它的代表人物是一位外号基赛(Al-Kisai)的好学深思的学者。他给后代留下了许多有关阿拉伯语文学的著作,其中包括一本《阿拉伯语语法简明指南》,深受读者欢迎。

在一个很长的期间,这两个学派对许多有关阿拉伯语的基本问题展开了激烈的辩论,大大推动了阿拉伯语文学的发展。一般地说来,巴施拉学派治学的态度比较严谨,偏重于古典阿拉伯语语法的研究,苦法学派却不仅研究古典阿拉伯语,而且着重研究了很多活的、游牧部落的语言。他们对于确立阿拉伯语成语和同义词的研究都曾有所贡献。

到了十世纪，这两个学派合并成了第三个学派——巴格达学派，古太巴（Ibn Qutaiba）就是它的最重要的代表。古太巴不仅是语文研究的理论家，同时也是诗歌新道路的探索者和卓越的文学史家。为了适应当时语文研究的新要求，他曾编写了一本《口语句法指南》，里面提出了许多有关成语的问题。在这本书里，他还按照古代同音词词典的模式编写了一个别开生面的同音词表并加以解释。

从十一世纪到十二世纪，阿拉伯的语文研究逐渐进入了它的古典时期的末期，其特点是把大部分精力集中在语法和词典的编纂上面。有一个波斯人札马赫沙利（Zamakhshari）为了说明阿拉伯语同义词的微妙用法，曾用他的祖国语言波斯语作比较编纂了一部《阿拉伯·波斯语词典》，并对许多古典著作作了精密的解释。在这个时期还出版了好几种规模很大的词典，例如十一世纪伊本·西德（Ibn Sid）所编的《阿拉伯语词典》十七卷；十三世纪寓居在巴格达的印度人萨加尼（Sagani）所编的《漫浪》二十卷；十四世纪开罗人曼殊尔（Ibn Manzūr）所编写的另一部《阿拉伯语词典》二十卷；十五世纪有一位波斯人费鲁札巴底（Firuzabadi）编出一部词典共六十卷，成了在这方面压倒一切的巨著，其中只有两卷称为《卡木斯》（海洋）的还流传到现在。其后有许多人为这部书作过注释、考订和补遗的工作，例如十八世纪埃及人遮滨尼亚（Zebinia）所撰的《释卡木斯中婚礼的王冠》就是其中最著名的一种。另一方面，为了实用的需要，在这个时期也出版了一些有关语法和修辞的通俗著作，如萨伽基（Sahkaki）的《标准修辞学课本》，叙利亚人马立克（Ibn Malik）的《简明语法》和开罗人伊本·希沙姆（Ibn Khisham）所编的一套通俗语法丛书等等。

从十六世纪起，阿拉伯的语文研究开始衰落。但阿拉伯语还是中亚细亚和小亚细亚一带最重要的国际通用语之一，各地学习和使用阿拉伯语的人也不少。可是到十八世纪，许多阿拉伯国家相继沦为西方帝国主义国家的殖民地，阿拉伯科学文化经受了真正的危机。这种情况直到他们从殖民主义的枷锁下解放出来后，才逐渐有了可喜的改变。

2.9 阿拉伯语文研究的特点及其所发生的影响

阿拉伯的语文研究也像其他国家的语文研究一样，具有它自己的特点。这特点主要决定于研究对象的特性和不同时代社会实践所提出的具体要求。

阿拉伯的语文研究在古代曾受印度人和希腊人的影响，这是无可怀疑的。但是如果认为那只是印度语文学和希腊语文学的简单的拼凑却是不正确的。因为阿拉伯语属于闪族语言的一种，它跟印度梵语和希腊语比较起来有很大差别。阿拉伯人不可能只把另外一些语文的范畴机械地硬套在他们自己的语文身上。他们实际上只是借用了印度语文学和希腊语文学的某些一般范畴和分析描写的原则，把它们运用于自己的语文中，所用术语纵使大致相同，但在应用上却往往是有他们的特殊解释的。

古阿拉伯语文学家在研究他们的语文的时侯，极其精确地分出了闪族语言所特有的由三个辅音组成的词根，并注意到其间元音变化和个别辅音所起的特殊作用。例如 kataba（他写，过去时），katabat（她写，过去时），katib（写者，即作家），kitab（被写者，即书）这几个词，表示词汇意义的只有 k—t—b 这三个辅音，即词根，其余的元音和辅音都是表示语法意义的语法成分。这一点后来对于欧洲的语法理论，特别是十九世纪初对于德国的历史比较语言学家波普（F. Bopp）和格里姆（T. Grimm）等人都曾发生过很大的影响。我们或者可以说，欧洲人知道有词根的概念和名词、动词等的构词法，在很大的程度上都是因为受了印度语文学和阿拉伯语文学的影响而建立起来的。

在语音方面，早在西巴维希的著作中就已根据发音的物理基础和生理基础确定了各种语音的类型，如清音和浊音、紧张音和非紧张音、开音和闭音、高音和低音并指出它们的发音部位。这些原则一般都是符合语音科学的原理的。

阿拉伯语文在书写上用一种很特殊的阿拉伯字母。这种字母一般只代表辅音而没有元音，同一个字母在词头、词中和词尾或独用时各有不同的符号，书写时自右至左横行。这个体系，直到现在，除阿拉伯文以外，其他如乌尔都文、波斯文、马来文以及很多信奉伊斯兰教的国家和民族都还在使用着。土耳其文和印度尼西亚文从前也采用阿拉伯字母，后来才改用了拉丁字母。

可是古阿拉伯语文研究的巨大成就不是在语音和文字方面，也不是在语法方面，而是在词汇、修辞和词典编纂方面。阿拉伯语的词汇丰富多采，这是众所周知的。古代阿拉伯的语文学家曾花了很大力气把这些材料收集起来，分门别类编成了各种不同类型的词典。例如关于"剑"这个词，他们就收集了五百多个同义词，"狮子"一词收集了五百个同义词，"骆驼"一词收集了一千个同义词，甚至"灾难"一词也收集了四百多个同义词。当然，他们在这些同义词的处理上是存在着缺点的，因为没有注意到其中哪些是文学语言的词，哪些是方言词或古词语，哪些是一般使用的，哪些是有特殊用途的，并分别加以说明，但他们在收集时所付出的辛勤劳动是足以令人咋舌的。

自阿拉伯国家先后摆脱殖民主义的羁绊后，纷纷建立了各种综合性大学和科学院，各国的首都也都设立了各种学科的图书馆。这对于阿拉伯语文研究的恢复和发展将会起巨大的积极作用。随着科学文化的发展，也将把它一步一步地推向前进。

评注：

中古两线之争：

中古上（7—8 世纪）

巴施拉学派：以西巴维斯的一本阿拉伯语法《书》（词法、句法）为代表，偏重古阿拉伯语法，强调整齐严谨。——整齐论

苦法学派：现译为库法学派，以基塞《阿拉伯语法简明指南》为代表，着重活的、游牧部落的语言。——参差论

三、欧洲中世纪关于语言的研究

2.10 欧洲中世纪语言研究的一般特点

欧洲中世纪在历史上被称为"黑暗时代"。在这个时期,宗教思想特别发达,罗马影响普及于全欧洲,拉丁语几乎成了各地学校里所教授的唯一的语言。他们对于语言的研究只知墨守陈规,毫无进展,对于古人的许多成见不仅没有改变,有时甚且变本加厉,尤其是表现在语源的解释上面。

当然,由于拉丁语显得日益重要,他们也曾作过一些钻研的工作,但是方法还是和以前的一样,甚至连一个词是怎样构成的也不知道,可是他们却偏偏喜欢寻求语源,这样就只能任意加以曲解。例如拉丁语 barbarus(野蛮人)这个词,属格是 barbar,它本来是从希腊语借来的,原有"哑吧"的意思,用来指一切不会说希腊语的外处人,但有人却认为是由拉丁语 barba(胡子)和 rūs(乡下)结合构成的,"因为住在乡下的男子的胡子总是很粗硬的",所以 barbarus 的原意就是"乡下的胡子"。这种情况在中世纪是非常普遍的。

2.11 耶稣会士关于语言翻译和文献搜集的工作

宗教思想本来是一种唯心主义的思想,其结果足以麻醉人民的意志,桎梏人们的理智的发展,对于人民是不会有什么好处的。马克思说过:"宗教是麻醉人民的鸦片烟",任何宗教都是这样的。[1]不过他们的宣教的方式却有不同,伊斯兰教的《古兰经》是规定了不能翻译成其他语文的,佛教和婆罗门教的有些咒语和经文也不能翻译,只能就原文来念;基督教的圣经却并没有这种规定,反过来,他们却要求把它尽可能译成世界上的各种语言和方言①。在中世纪已经就是这样的。并且各地的传教士负有一种

---

① 他们的口号是"到全世界去向一切人宣传福音"。

使命，即学习当地的语言或方言，用它来翻译圣经和祈祷文，因此随着基督教的传播，他们无意中搜集了许多语言的材料，使得一些没有文字的人民有了一种很草率的文字，打破了以前唯拉丁文独尊的局面。

最先把基督教圣经翻译成地方方言的是一个峨特族的神父乌斐拉士（Ulfilas）。他把《旧约》和《新约》都译成了峨特文，现在大部分已经失传，只剩下四福音书和诗篇里的一些片断。峨特语本来是峨特部落所用的语言，自峨特王国灭亡后，这种语言已于九世纪死亡，乌斐拉士的翻译也早已被人遗忘，只有一份五世纪时候的手抄本被保存在威尔顿（Werden）修道院里。十六世纪末有一个在德王威廉第四手下供职叫做美尔加特（Arnold Mercator）的人注意到了这些古老的译文，叫人把它移到布拉格去，1648年布拉格失守后被移到瑞典乌蒲萨拉（Upsala），现在还保存在那里，成了峨特语的唯一的文献。

此外，他们还有另一种工作，就是搜集各地的古代的文献，其中最有名的是关于斯干迭纳维亚神话的《艾达》（Edda，原是"曾祖母"的意思）。《艾达》分两种：一种是用诗体写成的神话，大约是七世纪的遗物，一般叫做《旧艾达》；一种相传是史诺里·斯图尔鲁宋（Snorri Sturluson, 1179—1241）作的，文体用散文，都是一些古代的神话故事，也有一部分是论及诗艺的，一般叫做《新艾达》。《旧艾达》于九世纪由一些爱尔兰的神父在冰岛发现，直到十二世纪才由西格夫宋（Saemund Sigfusson）编纂成集。1643年又发现了一种十四世纪的手抄本，正式刊印出来叫做《旧的或诗歌的艾达》，以示别于史诺里所作的《新的或散文的艾达》。

其后继续做这种翻译和搜集工作的很多，范围逐渐扩大，数量也不断地增加，其中编印成集的，就我们所知，约有以下十一种：

(1) 俺勃罗西奥（Theseo Ambrosio）的《却尔地语、叙利亚语、阿美尼亚语和其他十种语言的导论》（Introductio in Chaldaicam Linguam, Siriacam, atque Armenicam, et Decemalias Linguas），1539；

(2) 彼勃里安德（Theoder Bibliander）的《用一切语言文字注释的祈祷文》（De Ratione Communi Omnium Linguarum et Litterarum Commen Tarius），1548；

(3) 贝利雍（Perion）的《高卢语与希腊语同源谈》（Dialogorum de Linguœ Galliecœ Origine Ejusgue cum Grœcâ Cognatione），巴黎，1554；

(4) 盖斯纳（Gesner）的《米特里达脱斯》（Mitridates）①，1555；

(5) 埃斯占（Henri Estienne）的《论法语与希腊语的一致性》（Traicté de la Conformité du Langage Français avec le grec），1566；

(6) 洛查（Angelo Rocha）的《梵蒂冈使徒丛刊》（Bihlioheca Apostolica Vaticana），罗马，1591；

(7) 美基塞鲁士（H. Megiserus）的《四十种语言和方言的样品》（Specimen XL Linguarum et Dialectorum），法兰克福，1592；

(8) 美基塞鲁士的《五十种语言的祈祷文》（Oratio Dominica L'diversis Linguis），法兰克福，1593；

(9) 基沙尔（Estienne Quichard）的《希伯莱语、却尔地语、叙利亚语—希腊语—拉丁语、法兰西语、意大利语、西班牙语—德语、佛拉芒语、英语等的语源的和谐》（L'harmonie étymologique des Langues Hébraïgue, Chaldaïque, Syriaque-grequelatine, Française, Italienne, Espagnole-allemande, Flaman de, Angloise, etc），巴黎，1606；

(10) 斯加里格（I. I. Scaliger）的《欧洲语言论集》（Diatrida de Europœorum Linguis），巴黎，1610；

(11) 杜雷（Claude Duret）的《世界语言史库》（Trésorde l'histoire des Langues de cet Unives），1619。

---

① Mitridates，是古代小亚细亚本都（Pontus）国国王的名字，据说通晓二十五种语言，后人用来指"普通语言学"。

2.12 关于原始世界和天堂语言的拟测

以上所说的都是中世纪欧洲各国耶稣会士关于语言翻译和搜集的成果。由于材料的逐渐积累,他们也曾企图作过一些分类、比较和解释的工作,可是因为缺乏科学的方法,并且蔽于宗教的成见,所得结论许多都是错误的。

他们的出发点是这样的:即根据圣经《创世纪》所载,起初天下人的言语口音都是一样的,自从建造巴比塔后才分成了许多种语言。这样说来,在没有分成各种语言之前,他们所用的究竟是哪一种语言呢?

为了回答这个问题,著名的圣经翻译者圣杰罗姆在他给达马苏土(Damasus)的一封信里说:"全部古代文献(universa antiquitas,)证实写成《旧约》的希伯莱语是全人类的最早的语言。另一个有权威的耶稣会士奥里根(Origen)在一本书里也表示相信原由亚当传下来的希伯莱语仍然保存在上帝所选出的那一部分土地上,这一部分土地不像其他的土地那样只交给他的一个天使管辖。于是希伯莱语是人类祖先的语言在中世纪耶稣会士当中就成了一个普遍相信的"真理"。

可是他们接触的语言越多,这个"真理"也就不免引起了一些疑问,比方有些学者如基沙尔和托马辛(Thomassin)等,就曾提出过这样的一个问题,"希伯莱语无疑地是一切语言的母亲,我们要解释的是怎样由希伯莱语分裂成现在这许多方言,怎样由现在这许多方言如希腊语、拉丁语、科伯特语(Coptic)、波斯语、土耳其语去追溯出它们的共同来源希伯莱语"。

这个问题应该怎样解答呢?他们可真提出了不少的方案。基沙尔甚至主张希伯莱文的写法是由右到左的,希腊文的写法是由左到右的,我们只要把希腊文由右到左倒过来念就可以得出希伯莱文。这显然是非常荒谬的。

另有一些人不仅要知道人类祖先的语言,并且要知道天堂上的语言。例如有一个荷兰的传教士叫做哥洛庇乌士(Hermathena

Joannis Goropius Becanus）于 1580 年写过《论安特威尔泊语的来源》(Origines Antverpianœ) 一书，认为荷兰语是天堂上所说的语言。这在语言学史上叫做"哥洛庇乌士主义者"，用来指那些自高自大，随便把自己的语言抬到天堂上去的人。另一方面，也有一些相反的情形。比方有一个法国的传教士刚伯（André Kempe）在他的一本论天堂语的著作中，认为上帝对亚当说话时用瑞典语，亚当回答时用丹麦语，那可恶的蛇对夏娃说话时却用法兰西语。刚伯是法国人，却把法语诋毁为蛇的语言。那些随便看不起自己祖国的语言的人，我们只好把他们叫做"刚伯主义者"了。再根据另一位叫做却丁（Chadin）的传教士的记述，波斯人相信原始世界和天堂上曾经用过三种语言：亚当和夏娃说话用波斯语，蛇用阿拉伯语，大天使加勃里耶尔（Gabriel）用土耳其语。这些神话式的故事，想不到直到十九世纪还有人在编拟，例如 1814 年，有一位叫做埃洛（J. B. Erro）的传教士曾在西班牙马德里（Madrid）出过《论原始世界》(E Mondo Primitivo) 一书，居然宣称巴斯克语是亚当所说的语言。

2.13 语言的比较和分类

至于语言的比较，他们也曾做过一些，有些并且企图把它们加以分类，在这里我们可以举出彼勃里安德、贝利雍、埃斯占、基沙尔和斯加里格做代表。

彼勃里安德在《用一切语言文字注释的祈祷文》里说到各种语言的来源时认为威尔斯语和康尼施语（Cornish）是由希腊语来的，人们把它从马赛通过法国带到了英国；阿美尼亚语与却尔地语相差甚微，并且援引波斯特尔（Postel）的话说土耳其语是由阿美尼亚语来的，因为听说在阿美尼亚有人说土耳其语；波斯语是森姆语（Shem）的后裔；塞尔维亚语和格鲁吉亚语都是希腊语的方言。

贝利雍根据圣经的传说，认为自巴比塔建成后从那里分出了七十二种语言，其中没有提到法语，所以法语是由希腊语变来的。并且他援引凯撒的《论高卢之战》(De Bello Gallico) 证明古代克勒特的僧侣说希腊语，由此产生出现代法语。

埃斯占在《论法语与希腊语的一致性》中企图从句法和语法方面说明希腊语里许多不规则的表现法都可以用法语的类似的词语来加以解释，由此可以证明法语是由希腊语变来的。

基沙尔在《语源的和谐》中把语言分成了四类，即我们现在所知的闪语、希腊语、意大利语和日耳曼语，他还认为希腊语是由希伯莱语来的。

斯加里格在《欧洲语言论集》中把欧洲语言分成了四大类和七小类，每一大类用它表示"上帝"这个意思的词叫作 deus 语、heos 语、gott 语和 bog 语，即等于我们现在所说的罗曼语、希腊语、日耳曼语和斯拉夫语。这个分类看来好像没有什么错误，可是他不能引用更多的材料来证明他的看法的正确，也不敢承认其间有什么亲属关系，因为他所根据的只是一些偶然的现象；其他七小类是阿美尼亚语、鞑靼语、匈牙利语、芬兰语、爱尔兰语、不列颠语和巴斯克语，更没法找出其间的关系。所以他坦率地说这十一类语言间没有相互关系，其间相似之点只是由于借用，例如拉丁语借自希腊语，欧洲各近代语言借自拉丁语等等。

总而言之，在这个时候，他们虽然也曾作过一些比较和分类的工作，但是因为所根据的都只是一些词的表面上的相似，有时甚至是些以耳代目的传说，既没有充分的根据，也缺乏可靠和科学的方法，因此就没法摆脱旧时的非历史主义观点而再进行进一步的研究。

评注：

[1] 这种说法在"文革"前和"文革"时期是十分普遍的，现在则少多了。

[2] 补充中古下的两线之争：

中古下（1200—1351）（见罗宾斯《简明语言学史》，1997，77—105 页）

七艺和摩迪斯泰学派：面向理论，不考虑实际言语情景，思辩语法，普遍主义，崇尚亚里士多德，最有意义的进展在句法方面。——整齐论

古典文献和普利西安：面向拉丁材料，立足文学文献，重各种古典用法，重拉丁语教学实用，句法结构分析少。——参差论

第三章 近古时期

一、欧洲文艺复兴时代结合民族运动对于语言的研究和一般语法问题的考察

3.1 文艺复兴时代俗文学的兴起

"文艺复兴"这个名词，就它所固有的意义来说，是指十五世纪在意大利发起的一种对古代希腊罗马文化研究的"再生"，文学艺术的"复兴"，十六世纪由意大利发展到欧洲其他各国，蔚成了一个波澜壮阔的革新运动。[1]

在中世纪的时候，欧洲各国对于罗马文化的研究虽然没有完全中断，可是他们对于这种文化多是从宗教的角度去加以估量的；至于对于希腊文化的研究，除了通过拉丁文和阿拉伯文的翻译偶然有所接触外，那简直不能算是什么一回事了。文艺复兴运动激发于一种人文主义的思想，而人文主义的思想是跟资本主义和资产阶级的兴起分不开的。他们积累了一定财富之后逐渐想到要享乐，把注意力集中于人的现实生活，不再满足于像中世纪那样老纠缠在宗教事务里，把希望寄托于来世。因此，在文化方面，他们的主要任务就是要恢复、印行和重新介绍那些古代的文献，使其更接近于原意，作为当代文化的一部分。由于一些学者对于古代和古代文化发生了很大的兴趣，于是前些年代那些定了型的文学和思想已再也不能满足他们的要求。他们要进一步去发掘古代的作品和文籍加以整理和重新估价。许多从前没有人注意到的稿本都给他们收集了起来。由于分析研究的结果，在语文学方面也有了某种程度上的进展。

如上所述，欧洲文艺复兴运动是从古代希腊罗马文化的恢复

开始的,其后随着民族文化的发展,并且逐渐由古典文学的领域扩展到了俗文学的领域,这也是由意大利开始的。

在意大利,本来自十三、十四世纪初对于俗文学就已经有了一个很优良的传统。那时著名诗人但丁(Dante, 1265—1321)曾经采用他的故乡方言托斯堪语(Toscan)写过他的不朽著作《神曲》和《新生》等作品[2],并且1307年写过一篇《俗语论》(De Vulari Eloquentia)为俗语作辩护。在他看来,俗语是最自然的,它比许多人为的语法更为可贵;用俗语写诗也可以有韵律,也可以适用于各种文学的手法,其优美之处比之希腊语和拉丁语毫不逊色。其后有些作家如彼得拉克(Petrarch)和薄伽丘(Boccaccio)等也曾采用俗语写过许多很有价值的作品,可是在中世纪时代没有引起一般人的注意,到了十五世纪末叶,由于人文主义者的提倡,才逐渐为人所重视。用俗语写作的文人越来越多,大家都要以但丁等的作品为模范,使得托斯堪方言后来竟成了意大利民族语言的基础,这在语言学史上是非常有趣的。

文艺复兴运动由意大利扩展到欧洲其他各国,起初也是以从事古代文化的研究开始的。十五世纪末叶,许多学者从各国到意大利来听人文主义者的演讲,把这俗文学的提倡各自带回他们的祖国去,推动了欧洲各国民族文学的发展。那时印刷术已经发明,刊印书籍比较便利,大大推进了各国语言文字的交流,使得他们在研究方面起了很大的变化。

3.2 文艺复兴时代对于语法的研究

我们在上边说过,自罗马的影响普及于全欧洲以后,拉丁语几乎成了各地学校里所教授的唯一的语言。为什么这样呢?因为在那时封建主义的统治下,他们不懂得这种语文就不能置身于所谓缙绅之列,就不能参加宗教生活。那时一般人著书立说和发表言论都是用拉丁语的,不懂得这种语文也就根本不能写作,不能作公开演讲。那时的学校多是为贵族子弟设立的,尤其是一些比较高级的学校,在学校里学会用拉丁语写作和说话就是他们的主要目的之一。总而言之,他们学习拉丁语是为了实用的目的。

要学会拉丁语不能没有一种工具。这种工具就是语法。可是他们当时所谓拉丁语法并不是把它看成一种研究古代罗马人怎样变化语词,怎样使用语词的科学,而是把它看成一种人们应当怎样变化语词,怎样使用语词的技术。他们当时对于语法的定义是"说话说得好,写作写得好的技术"(ars bene dicendiet bene scribendi)。比方法国斯加里格就曾说过:"语法的唯一目的就是说话正确"(grammatici unus finis est recte loqui)。因此他们所关心的不是所观察到的事实,而是一大堆要遵守的规则,一系列表格和公式,而这些表格和规则又不一定是根据客观的事实归纳出来的,而是由少数的语法学家凭主观给规定下来的。换一句话说,他们那时的所谓语法在本质上不是描写的,而是规定的,不合于这些规定就是写作不好或说话不正确。[3]

随着资本主义的发展,许多新兴民族的语言逐渐为人所重视,资产阶级取得政权后也要求把他们的语言加以研究,可是他们对于语法的观念并没有改变。意大利和法国先后各自成立了他们的学院,其任务之一就是要按照他们的"使用"——所谓"优美的使用"(bel usage),仿效拉丁语的格式编成各种词典和语法,一切方言俚语都被排除。

他们也要进行规范化,把他们的用语和语法规则编成官方的词典和语法,特别着重哪些是正确的,哪些是"错误"的。他们对于语言的发展毫无所知或很少注意,遇到在使用上有所分歧的,就随便选择一种他们认为最好的定为大家必须遵守的规则,实际上他们所排除的往往是一样好的或者更好的。

最令人不满的是他们无论什么都要仿照拉丁语语法,好像拉丁语有的他们不能没有,而拉丁语没有的他们也不能有似的。例如大家知道关于名词和动词的变化,在欧洲各近代语言中比起拉丁语来已经变得简单得多了;可是因为拉丁语的名词有六个格,所以在他们的语法中也要区别出几个变格来。这种非真实的或半真实的语法,使得大家在使用时都捏着一把汗。

评注:

[1] 罗宾斯书106页说:"文艺复兴运动可以看做一场发源于14世纪的意大利,然后向外扩展,特别是在欧洲向北扩展的运动。另一场主要是宗教性的运动,宗教改革运动,发生在16世纪……"本书在后面谈到"在意大利,本来自十三、十四世纪对于俗文学就已经有了一个很优良的传统……"可见两人没有大矛盾,只是本书没有谈到宗教改革运动,罗宾斯认为:这两个运动是现代欧洲的发端。此外,罗氏还介绍了编写了西欧第一部希腊语的现代语法的曼纽斯·克拉索拉斯、现代格理论发端的彼得罗·本博、现代结构主义的先驱彼得罗·拉穆斯等人,可供读者参考。

[2] 一说指佛罗伦萨语。"在意大利半岛上,托斯卡纳地区的佛罗伦萨通俗拉丁语最具优势,逐渐成为意大利民族的共同语言。中世纪诗人但丁·阿利吉耶里(1265—1321)倡议以通俗拉丁语为意大利的统一语言,并用佛罗伦萨通俗拉丁语写出了著名长诗《神曲》。"(见《中国大百科全书》语言文字卷,中国大百科全书出版社,1988,448页)

[3] 这段话不但可以体现了语言和言语的理论,也可以体现胡明扬所说的传统语法、习惯语法和美国结构主义描写语法三大语法中习惯语法的前身。

二、波尔·洛瓦雅耳唯理语法或普通语法学派及其方法论原则

3.3 波尔·洛瓦雅耳修道院和"唯理普通语法"

到了十七世纪,在法国还出现了一种所谓唯理语法或普通语法,那完全是就逻辑去研究语法,或使语法去迁就逻辑的。[1]

唯理语法又叫做哲理语法。它是法国阿尔诺(Antoine Arnaud)和兰斯洛(Lancelot)在波尔洛瓦雅耳(Port-Royal)修道院里编写出来的。[2]

波尔·洛瓦雅耳修道院在法国塞纳和窝哇斯(Seine et Oise)省施佛勒斯(Chevreuse)附近,建立于十三世纪初(1204年),起初是一个女修道院。1598年,阿尔诺被委派为该院佐理,1626年他把许多女修道士都迁移到别的地方去,收受了一些"隐士"和非教士,大多数是该院院长的亲属,在里面住宿。他们愿意在那里过着一种半修道士的生活,从事研究工作,法国的著名学者如巴斯加

耳（Pascal）、德·萨西（De Sacy）、尼戈耳（Nicole）等都曾在那里住过。他们所研究的大都是一些哲学上的问题。1662年由阿尔诺和尼戈耳合编过一本逻辑方面的书叫做《波尔·洛瓦雅耳逻辑》（Logique de Port-Royal），一直被认为是一本很好的教科书。1664年，阿尔诺又跟兰斯洛合编了一本语法书叫做《普遍唯理语法》（Grammaire Générale et Raisonneé），也是在这本逻辑书的基础上编成的。

3.4 唯理语法的方法论原则

阿尔诺和兰斯洛的唯理语法有一个基本原则，就是以法国哲学家笛卡儿（Henri Descartes）及其学派对于良知（bon sens）和理性的理解为出发点的。笛卡儿曾经说过："良知是世界上分配最广的一种质……只有它使我们成了人类，把我们从动物界划分出来；我要相信它在每个人都是很完备的。"拉勃律耶尔（La Bruyère）更申述他的这个意思说："理性是普遍的，凡有人类的地方都得承认它的统治。"因此他们相信人类的心理，人类的概念是到处相同的，不可变易的。

至于人类的语言呢？他们认为语言是思想的表现，所以语言与思想之间有一种内在的联系。研究语言是语法的任务，研究思想是逻辑的任务；语言与思想之间既然有内在的联系，因此语法与逻辑之间也自然存在着一种内在的联系；语法应该依靠于逻辑，语法范畴应该看做逻辑范畴的表现。思想是普遍的，不可变易的，因此语法也应该是普遍的，不可变易的。

这种语法乍一看来好像很工整，很严谨，很能令人信服，其实是没有科学根据的。[3]

首先，他们认为人类的思想，人类的思维，是到处相同的，不可变易的，这一点就是不正确的。恩格斯在论到人类思想范畴和思维规律的历史性时写道："每一个时代，即我们这一个时代的理论思维就是历史的产物，它在不同的时代里具有非常不同的形式，也具有非常不同的内容。可见研究思维的科学跟任何其他的科学一样都是历史的科学，关于人类思维的发展历史的科学。

这一点对于把思维实际应用到经验的范围方面也是具有极大意义的。首先，因为思维规律的理论不管在什么时候都绝对不是永远确定了的'永恒不变的真理'，好像在一般庸人的思想里对于'逻辑'这个名词所具有的联想那样。"① 可见研究思维的"逻辑"和"逻辑范畴"并不是永远不变的。

至于语法与逻辑的关系也并不像唯理语法学家所想象的那样简单。在各种语言里我们时常可以看到同一的逻辑范畴表以不同的语法范畴或不同的逻辑范畴表以相同的语法范畴的现象，即使在同一种语言里，逻辑范畴的范围和语法范畴的范围也不是常常一致的。例如英语 I believe（我相信），法语 je crois（我相信），德语 ich glaube（我相信），在这些句子里，我们说动作的发出者用主格的形式表示出来；可是在俄语的 мне верится（我相信），这逻辑上的主辞却表以宾格的形式。英语 I hurt myself（我弄伤我自己），法语 je me fais mal（我弄伤我自己），用反身代名词来表示"中态"；可是在法语 la porte s'ouvre（门打开了），这反身代名词却用来表示"被动态"。英语 my brother's book（我的兄弟的书）和 the book of my brother（我的兄弟的书）意思完全相同，而语法形式不同。法语 le livre de Pierre（彼得的书），la vache à Colas（戈拉士的母牛），la rue Gambetta（贡贝达街）所具有的语法意义完全相同，而表达的方式却各不相同。古代汉语"赐也，非尔所及也"（论语·公冶长）中的"尔"表示单数，"二三子，以我为隐乎？吾无隐乎尔"（论语·述而）中的"尔"却表示复数，可见在古代汉语里代名词没有单数、复数的分别，而在现代汉语里复数代名词照例要在单数的后面加一个词尾"们"。如"你"——"你们"等等。古代俄语的名词和动词除单数和复数外还有一个双数，如 сыны（两个儿子）和 несевь（引带）等，现在却消失了。可见无论在不同的语言里，或者在不同时代的同一种语言里，逻辑范畴和语法范畴都并不是完全一致的。我们并不反

---

① 见恩格斯《反杜林论》，俄文本，第 311 页。

对从各种语言的语法范畴中考究有没有相同的逻辑范畴,也不否认各种语言的语法范畴是以逻辑范畴为基础的;但是如果一定要在逻辑范畴和语法范畴之间划上一个等号,那必然是错误的。[4]

3.5 总结

总的来说,唯理语法和语文学语法都是以古代书面语言为研究对象的,其研究材料常常受到很大的限制。其不同之点在于:语文学语法的理论根据依靠于古代语文的材料,没有这些材料就不可能得出任何的理论;而唯理语法的理论根据却依靠于逻辑,他们认为逻辑是不可变易的,因此语法也是不可变易的。语文学语法也好,唯理语法也好,都是与语言发展的观念格格不入的。[5]

评注:

[1] 胡明扬主编的《西方语言学名著选读》(中国人民大学出版社,1988,28页)在评论《普遍唯理语法》时认为:"作者只是试图尽可能地用逻辑来解释语法,并没有企图迫使语法处处屈从逻辑。"

[2] 该书不是在修道院里写成,所以书名加上"波尔·罗瓦雅尔"字样,实际上只是表明作者属于波尔·罗瓦雅尔学派或教派而已。(胡明扬,1988,21—22页)

[3] 胡明扬在评介该书时谈到:"《普遍唯理语法》可以说是西方第一部语法理论著作,并且从十七世纪后半叶起到十九世纪初期一直是语法学界权威性的经典性著作,对当时和后世的语法理论都产生了深远的影响。十九世纪历史比较语言学兴起,语言学家的注意力有所转移。随后语言科学进入了一个迅速发展的阶段,《普遍唯理语法》也就慢慢失去了光彩,终于被大多数人遗忘了。到本世纪六十年代初,这部著作在很多国家的图书馆都很难找到了。可是就在这个时候,乔姆斯基突然宣称《普遍唯理语法》是转换生成理论的先驱,并且在他的讲演和著作中一再推崇,备加赞扬。"可见该书还是很有价值的。家父在那个时代的话难免刻上该时代的烙印。

[4] 胡明扬认为:"《普遍唯理语法》的主要理论观点是:语言是表达思想的符号,因此思维的内容和方式决定语言的形式;逻辑和语法基本是一致的,逻辑规则可以用来解释语法现象。我们这样概括作者的观点,而不是简单地说作者就认为逻辑决定语法或逻辑等于语法,是因为作者并没有这样绝对化。"(胡明扬,1988,27页)

[5] 如前所说，对该书应该有正确认识。索绪尔曾说："在语言研究建立以前，那些研究语言的人，即受传统方法鼓舞的'语法家'，是怎样进行研究的呢？看来奇怪，在我们所研究的问题上，他们的观点是绝对无可非议的。他们的工作显然表明他们想要描写状态，他们的纲领是严格的共时的。例如波尔·洛瓦雅尔语法试图描写路易十四时代法语的状态，并确定它的价值。它不因此需要中世纪的语言；它忠实地遵循着横轴线，从来没有背离过。所以这种方法是正确的。但并不意味着它对方法的应用是完备的。"（索绪尔《普通语言学教程》，商务印书馆，高名凯译，岑麒祥、叶蜚声校，1980，121页）

三、我国元明时代北音系统韵书的兴起及其以后的演变

3.6 元曲的兴起

上面说到欧洲自十三、十四世纪起，一般人对于语言的研究，逐渐分成了古代语言和近代语言两部分，尤其是在文艺复兴时期以后是这样。凑巧得很，在我国也有类似的情况。自元朝开始，大家对于近代汉语的研究逐渐给予了更多的注意，这尤其表现在音韵学方面。

我国古代无论是官方文告或士大夫阶级文人学者著书立说都是用的"文言"文。这"文言"文一代一代地沿用着，虽然不是完全固定的，但基本上是以古代汉语做标准的。自唐宋以后才开始有人按照口语写出一些语录和通俗故事等，一般叫做"白话"。在士大夫阶级的眼里，它是不足以"登大雅之堂"的，更没有人想到要对它作任何的研究。[1]

自蒙古人于 1280 年入主中国，建立元朝以后，这种风气却起了很大的变化。他们对于汉族文化本来并不重视，却最喜欢听戏，并且以曲取士，设有十二科，因此使戏曲有了迅速的发展。根据元人的记录，元代的戏曲家有关汉卿、王实甫、郑德辉、白仁甫、马致远等 117 人，所作杂剧多到 458 种，成了元代最发达的一种文学。

元曲的最重要的关节在于诸宫调，并杂以道白，所以不能不顾到当时的口语。元以前的诗韵是为做诗用的，不适宜于作曲。明臧晋叔《元曲选》序二说：

诗变而词，词变而曲，其源本出于一，而变益下，工益难。何也？词本诗而亦取材于诗，大都妙在夺胎而止矣。曲本词而不尽取材焉，如六经语、子史语、二藏语、稗官野乘语，无所不供其采掇，而要归断章取义，雅俗兼收，串合无痕，乃悦人耳。此则情词隐称之难。宇内贵贱妍媸幽明离合之故，奚啻千百其状？而填词者必须人习其方言，事肖其本色，境无旁溢，语无外假。此则关目紧凑之难。北曲有十七宫调，而南止九宫，已少其半，至于一曲中有突增数十句者，一句中有衬贴数十字者，尤南所绝无而北多以是见才，自非精审于字之阴阳，韵之平仄，鲜不劣调，而况以吴侬强效伧父喉吻，焉得不至河汉？此则音律谐叶之难。

因此之故，为了适应作曲者的需要，就不能没有一种与诗韵迥异的韵书。这些韵书之中，最早的一本就是元朝周德清的《中原音韵》。

3.7　周德清的《中原音韵》[2]

周德清，字挺斋，江西高安暇堂人。生卒年无可考。他这本《中原音韵》成于元泰定甲子年（1324）；其特点是把韵只分为一东钟、二江阳、三支思、四齐微、五鱼模、六皆来、七真文、八寒山、九桓欢、十先天、十一萧豪、十二歌戈、十三家麻、十四车遮、十五庚青、十六尤侯、十七侵寻、十八监咸、十九廉纤等十九部，平声分阴、阳两类，上声、去声各只有一类，都不另立韵目，只于每一韵部下面分列声调，如在"一东钟"下面分别平声阴'东'等等，阳'同'等等，上声'董'等等，去声'洞'等等；至旧韵书原有的入声字，都分别派入了有关的平、上、去三声，如'实'、'直'等字派入'四齐微'平声阳，'谷'、'速'等字派入'五鱼模'上声等等，并加以注明。

为什么要这样呢？他在"自序"中说：

声分平仄者，谓无入声，以入声派入平、上、去三声也。……字别阴阳者，阴阳字平声有之，上、去俱无。上、去各只一声，平生独有二声，有上平声，由下平声。上平声非指'一东'至'二十八山'而言,下平声非指'一先'至'二十七咸'而言。

由此可见他的韵部是完全按照当时北方的实际语音来分的,而与《切韵》、《唐韵》等不同。《切韵》、《广韵》虽然也把平声分为上平、下平两部分,那只是因为平声的字太多,所以把它分成上下两卷,而不是由于平声本身有什么区别。可是到了元朝,由于所配声母清浊不同,平声已渐分成了阴阳两类,即与清声母相配的变成了阴平或上平;与浊声母相配的变成了阳平或下平。这些浊声母后来虽然也多变成了清声母(鼻音除外),而与它相配的平声韵母声调高低升降已有不同,于是同一平声就分成了阴阳二类,上声和去声却没有这种情形。入声本来都是收 [p]、[t]、[k] 的,到了元代,这些收韵塞音已经消失,入声已不存在,原有的入声字都分别变成了平声、上声或去声,现在普通话还是这样的。不同的地方是《中原音韵》里还保存有'侵寻'、'监咸'、'廉纤'这几个收 [m] 尾的韵母,现在普通话却连这几个韵母也没有了。

  周德清的这本《中原音韵》,无可怀疑,是为了作曲而编的。关于这一点,他在"自序"中说得很清楚:

> 欲作乐府,必正言语;欲正言语,必宗中原之音。乐府之盛、之备、之难莫如今时。其盛则自搢绅及闾阎歌咏者众。其备则自关、郑、白、马一新制作。韵共守自然之音,字能通天下之语。

除此以外,他还认为在一般使用上,我们应该有一种以中原之音为准则的"通济之言"。例如他在"正语作词起例"里说:

> 余尝于天下都会之所,闻人间通济之言。世之泥古非今,不达时变者众,呼吸之间动引《广韵》为证,宁甘受鴂舌之诮而不悔,亦不思混一日久,四海同音,上自搢绅讲论治道及国语翻译,国学教授言语,下至讼庭理民,莫非中原之音。不尔,止依《广韵》呼吸……如此呼吸,非鴂舌而

何？不独中原，尽使天下之人，俱为闽海之音，可乎？……合於四海同音，分豁而归并之，而与坚守《广韵》方语之徒，转其喉舌，换其齿牙。使执而不变，迂阔庸腐之儒，皆为通儒；道听途说，轻浮市廛之子，悉为才子矣。

这里有一点须要澄清的：《广韵》的前身是《切韵》、《唐韵》，《切韵》、《唐韵》本来是我国隋唐时代所修代表古今南北语音的韵书。后来北方的语音变得快些，东南江、浙、闽、广诸省的语音变得慢些，因此古音在这几省的方言中保存得特别多，但我们不能认为《广韵》是任何方言的音。周德清说《广韵》是"闽海之音"是不对的。可是他认为中原之音将成为人间"通济之言"是完全正确的。我国自金元以后，政治文化中心已渐移于黄河下游诸省，尤其是自元朝建都于北京，北京的语音更显重要，所以我们现在普通话要定以北京音为标准音就是因为这个原故。想不到关于这一点，周德清在八百多年以前就已经看得很清楚了。至于他对当时一般泥古非今，不达时变，只知有《广韵》一派所代表古代非今非古，非南非北的语音，而漠视当前实际语音的腐儒所提出的批评，认为是"板行谬语"，"务取媚于市井之徒，不求知于高明之士"[①]，尤其是一针见血的话。

3.8　乐韶凤、宋濂等的《洪武正韵》[3]

《中原音韵》出版后，因为它能严格遵守当时的实际语音，并且参考元朝以前词曲所用韵加以排列，所以一般作北曲的莫不奉为圭臬，连一个很看不起他的王伯良[②]也不能不说："古乐府悉系古韵，宋词尚沿用诗韵，入金未能尽变，至元人谱曲，用韵始

---

① 见周德清《中原音韵自序》。
② 王伯良，字骥德，明朝人，在《曲律·论韵》中说周德清是江右人，那个地方很多土音，距离中原很远，这本书未必每个字都校订过，难保没有不合于正音的，又说周德清学问浅薄，文理不通，他所谓的韵，不过杂采元以前词曲，掇拾成篇，不是"真有晰于五声七音之旨，辨于诸子百氏之奥也"。

严。德清生最晚,始辑为此韵,作北曲者守之,兢兢无敢出入。"① 其后以同一目的编纂韵书的,如元卓从之的《中州音韵》,明范榛的《中州全韵》以及清王鵕的《中州音韵辑要》等都遵守着这一个体系,只把其中'四齐微'、'五鱼模'两个韵,依照当时实际语音分为'机'、'归'、'鱼'、'模'四个韵,共得二十一部。无论如何,这一类韵书是以一种革命的手段,抛弃旧有韵书的传统,以实际口语为依据,重新安排,以便易于应用的。

可是正因为这样,它却遭受了当时许多正统的文人学士的嫉忌,说它所记载的都是方言,不合于古音。到了明朝洪武年间(公元 1368—1398),乐韶凤、宋濂等奉诏集修《洪武正韵》,一方面虽说"韵学起于江左,殊失正者",要"以中原雅音为定"② 更正其失,另一方面却又以今韵的平、上、去、入四声为正,取消《中原音韵》的把平声分为阴阳二类,恢复今韵的入声。全书共分韵为七十六部,内平、上、去声各二十二部,另入声十部③。我们若把它跟《中原音韵》和《中州音韵》相比较,它把

---

① 见《曲律·论韵》。
② 见宋濂《洪武正韵序》。
③ 《洪武正韵》的七十六韵部是:

平声	上声	去声	入声	平声	上声	去声	入声
(一)东	董	送	(一)屋	(二)支	纸	寘	
(三)齐	荠	霁		(四)鱼	语	御	
(五)模	姥	暮		(六)皆	解	泰	
(七)灰	贿	队		(八)真	轸	震	(二)质
(九)寒	旱	翰	(三)曷	(十)删	产	谏	(四)辖
(十一)先	铣	霰	(五)屑	(十二)萧	篠	啸	
(十三)爻	巧	效		(十四)歌	哿	箇	
(十五)麻	马	祃		(十六)遮	者	蔗	
(十七)阳	养	漾	(六)药	(十八)庚	梗	敬	(七)陌
(十九)尤	有	宥		(二十)侵	寝	沁	(八)缉
(二十一)覃	感	勘	(九)合	(二十二)盐	琰	艳	(十)叶

'齐'、'灰'、'鱼'、'模'各分为两部，这是跟《中州音韵》相同的，而与《中原音韵》不同；此外，它把'萧'、'肴'分为两部，而《中原音韵》和《中州音韵》都合为'萧豪'一部，其余虽然韵目多少不同，而实际上完全相同。所以《洪武正韵》与《中原音韵》、《中州音韵》间最大的差别在于平声阴阳两类的取消和入声的恢复。论者或说它是南北混合的韵书，而这在实际应用上就是一个最要不得的办法。所以这本书在明朝虽然"亟欲行之故也。然终明之世，竟不能行於天下，则是非之心终有所不可夺也"①，这决不是偶然的。

3.9 兰廷秀的《韵略易通》

继《中原音韵》和《洪武正韵》之后，还出了好几本与近代汉语有关的韵书，其中最著名的是兰廷秀的《韵略易通》、毕拱辰的《韵略汇通》和樊腾凤的《五方元音》。

兰廷秀名兰茂，廷秀是他的别字，又号止庵，云南人，生于明朝正统（公元1463—1449）年间，能通经史，擅长音韵。他的《韵略易通》成于正统壬戌（公元1442）年，现在流行的有吴允中刻本和高举刻本，都是明朝万历（公元1610—1614）年间刻成的。

兰廷秀的这本书为什么叫做《韵略易通》呢？他在该书"凡例"中解释说：

> 《玉篇》见字之形始知其音，《广韵》即字之声而寻其文，深有便于学者；然其间有古文、籀文、通用等字，又有形同音异，形异音同，数十万言，难于周览。此编只以应用便俗字样收入，其音义同而字形异者，止用其一，故曰"韵略"。（凡例一）
>
> 《篇》、《韵》之字，或有音切隐奥，疑似混淆，方言不

---

① 见《四库全书提要》，《洪武正韵序》条。

一,览者不知孰是。且字母三十有六,犯重者十六,似有惑焉。此编以"早梅诗"一首,凡二十字为字母,标题其上,即各韵平声字为子,叶调于下,得一字之平声,其上声、去声、入声字一以贯之,故曰"易通"。(凡例三)

可见它是以声、韵、调贯通所收"应用便俗字样",以便认识的。

《韵略易通》把韵分为二十部:

一东洪、二江阳、三真文、四山寒、五端桓、六先全、七庚晴、八侵寻、九缄咸、十廉纤、十一支辞、十二西微、十三居鱼、十四呼模、十五皆来、十六萧豪、十七戈何、十八家麻、十九遮蛇、二十幽楼。

我们试把它跟《中原音韵》相比较,里面除"十三居鱼"和"十四呼模"在《中原音韵》中合为"五鱼模"外,其余完全相同。其特异处是除平、上、去三声外还有入声韵十部,与前十个有收鼻音的阳声韵相配,这可能是因为受了《洪武正韵》的影响。

《中原音韵》和《洪武正韵》在体例方面,也像过去许多韵书一样,因为是为了解决押韵问题的,都只以韵为排列的依据,对于声的先后次序,却很少注意。《中原音韵》在同一个韵里面,凡声纽不同的用一个空圈隔开,并以一个容易认识的字冠其首①,本来已经含有依声纽排列的意思,但是每一空隔头一个字所代表的是哪一个声纽,却没有说明,我们也要仔细加以分析才能分辨出来。在这一方面,《韵略易通》有一个很好的办法,即把唐宋时的三十六字母删并成"东风破早梅,向暖一枝开,冰雪无人见,春从天上来"早梅诗一首,每一个字代表一个声纽,在每一个韵里面依次排列,使读者一目了然。这也是它的一个特点。

---

① 周德清《中原音韵·正语作词》:"音韵内每空是一音,以易识字为头,止依头一字呼吸,更不别立切脚。"

3.10 毕拱辰的《韵略汇通》

毕拱辰是山东掖县人,明朝万历丙辰(1576)年进士。他的《韵略汇通》一书,根据他于崇祯壬午(1643)年所作的"自序"中所说,是就兰廷秀的《韵略易通》加以"分合删补",以"期于简便明备,为童蒙入门"用的。他之所以把它叫做《韵略汇通》,据他说"汇者取水回而复合之义",就是说"虽合流别派",但是要"总合于元韵之渊源"。

他是怎样把《韵略易通》加以"分合删补"的呢?该书"凡例"中有详细的说明:

(一)《韵略》旧编止为求蒙而设,故前十韵'东洪'等为四声全者,后十韵'支辞'等为无入声者,较诸韵书至为简便。然'真文'之与'侵寻','先全'之与'廉纤','山寒'之与'缄咸',有何判别而更立一韵乎?今悉依集成例,合并为一,用省检览之烦。(凡例一)

(二)'真文'前三声虽同,而文字入声特异,旧混为一,一韵两呼,参差无当。今以'文'韵入声归'东洪',仍易'真文'为'真寻'焉。(凡例二)

(三)'庚晴'二韵入声亦各异,今以'晴'韵入声并归'真寻'韵内。(凡例三)

(四)'端桓'前三声与'山寒'相同,入声与'江阳'相同,亦各分割,并归同声焉。(凡例四)

(五)四声全者旧为十韵,今约为六。无入声十韵,尚仍其旧。但'西微'二韵亦自各异。今以'西'韵诸字并归'居鱼',复易'西微'为'灰微',如集成之目。(凡例五)

根据以上五点,他把《韵略易通》的"侵寻"并入"真文"改为"真寻","廉纤"并入"先全","缄咸"并入"山寒"并且取消了"端桓","西微"也改为"灰微",所以只有十六部①。按"侵寻"、"廉纤"、"缄咸"这几个韵部是收 [m] 尾的,在明末北方语音中已不能分别,所以把它们并入其他韵部是适当的,但是"端桓"之取消和各入声韵之保存并且乱与其他韵部相配都跟北京的语音不相符,这可能是因为受了他的方音影响的原因。

3.11 樊腾凤的《五方元音》

樊腾凤,字凌虚,河北省唐山县西良村人,清朝顺治甲午(1654)年例贡。据光绪年间重修《唐山县志·艺文门》所载,他"相貌魁梧,声若洪钟,嗜学不屑时艺,精易数,占休咎验如桴鼓。当时季,四海鼎沸,凤凰有拨乱反正志;然静验己运,难以有为,遂闭户潜修,留心韵学"。他的《五方元音》是根据兰廷秀的《韵略易通》删补而成的,约于顺治十一年(1654)至康熙十二年(1673)之间完稿。

《五方元音》把《韵略易通》的二十个韵并归为十二韵:

    天 人 龙 羊 牛 獒 虎 驼 蛇 马 豺 地

这十二韵中,他认为"前六韵轻清象天,其入声字音重浊不便混入,俱寄于后韵中,故别为上卷;后六韵重浊象地,其入声字音亦皆重浊,取同类相从,五声俱备,故别为下卷",又把《韵略易通》的"早梅诗"改为二十个声母,依次排列如下:

  梆 鲍 木 风   斗 土 鸟 雷   竹 虫 石 日
  剪 鹊 丝 云   金 桥 火 蛙

---

① 这十六部是:
一东洪、二江阳、三真寻、四庚晴、五山寒、六先全、七支辞、八灰微、九居鱼、十呼模、十一皆来、十二萧豪、十三戈何、十四家麻、十五遮蛇、十六幽楼。

其中经过，著者于《五方元音·序》中说：

> 因按《韵略》一书，引而伸之，法虽浅陋，理近精详。但从前旧本，韵拘二十，重略多弊；声止有四，错乱无门，且母失次序，韵失经纬。余不辞僭窃，妄行删补，于韵之重叠者裁之，减二十为十二，以象时月世会与天地之一元相配而不可增损；于声之错乱者而叙之，添四声为五声，以象行数方音与天地之五位相当而并无遗失，卷分上下，配两仪，前六韵入声俱无，轻清上浮以象天，后六韵入声全备，重浊下凝以配地，复韵复音，裁归简便，上平下平，叙循统属，删繁就简，韵有兼该，博收约取，音有同归，理出自然，法本天籁，归母入韵，不加勉强，横行直撞，各就经纬。

可见他之所以分韵为十二，分声为五，分卷为二，完全是跟时月世会、五行、两仪等相配的。关于这一点，他更申述说：

> 一元有十二会，一运有十二世，一岁有十二月，一日有十二时，日月一年有十二会，黄钟一年有十二律，韵亦十二，出于自然，增之不可，减之不可，谓非天地之元音亦不可。胡以韵名？以一声而摄众声，以众声而从一声，无遗无复，纵横不爽。一人之口，千万人之口同；一时之声，千万世之上，千万世之下之声又无不同。不以韵名，又乌乎可？

在他看来，时无古今，地无南北，人类的声音好像总不外这十二个元音似的。研究语音而不从实际出发，而只从时月世会、五行、两仪等出发，由此我们也可以看到唯心主义之害人。至于他把声母分为二十个，平心而论，是颇切合于明末清初的语音实际的，并且能就它们的发音部位依次排列，那更是相当合理的。但是像他关于《五声释》里面所说：

《指南》之三十六,并之止该十九,《韵谱》之七十六,四分之亦止十九,而'云''蛙'二母相近而实相分,亦经纬之所必至,理数所不能无,是在同志者加意而已。

那又是一派主观唯心主义的想法了。

总起来说,自元朝起,我国开始注意到了对近代汉语的研究,特别是在音韵学方面的研究,因而产生了许多以北音为主的韵书。这些韵书与以前《切韵》一系的韵书截然不同,但也还不能完全摆脱它们的影响,所以有许多地方仍是与实际语音不相符合的。可是,他们能够注意到并进行对近代语音的研究,这是十分可喜的。[4]

四、我国关于古音的研究和存在的问题

3.12 我国古代学者对于古音的解释

语音是随时代而演变的。这是世界语言的公例,汉语也不例外。

我国学者,本来自汉朝开始就已经有了古音的概念,例如郑康成《毛诗笺》说:"古声填、真、尘同";刘熙《释名》说:"车,古者曰车,声如居……今曰车,声近舍"。但是后来的人不明白这个道理,凡遇有古音和今音不相符的,往往用什么"协句"、"合韵"、"取韵"等来加以解释。例如《诗经·邶风·燕燕》首章:

> 燕燕于飞,差池其羽,
> 之子于归,远送于野,
> 瞻望弗及,泣涕如雨。

三章:

> 燕燕于飞,上下其音,

之子于归，远送于南，
瞻望弗及，实劳我心。

沈重《毛诗首》于首章"远送于野"下注说："协句，宜音时预反"，于三章"远送于南"下注说："协句，宜音乃林反"。这里所谓"协句"，徐邈《毛诗音》叫做"取韵"，陆德明《经典释文》叫做"协韵"，颜师古《汉书注》中叫做"合韵"，都是一些强改字音以就今读的臆说。到了唐朝更有改经的陋习。例如，《尚书》"无偏无颇，遵王之义"，开元十三年敕令改"破"为"陂"①；《易经·渐·上九》："鸿渐于陆，其羽可以为仪"，范谔昌把"陆"改为"逵"，流风所播，逐渐成了一种风气。顾炎武于《答李子德书》里说：

> 三代六经之音，失其传也久矣，其文之存於世者，多后人所不能通。以其不能通而辄以今世之音改之，于是乎有改经之病，始于唐明皇改《尚书》而后人往往效之，然犹曰旧为某，今改为某，则其文犹在也。至于近人，锓本盛行，而凡先秦以下之书，率臆径改，不复言其旧为某，则古人之音亡而文亦亡，此尤可叹者也。

宋代学者已知唐人改经陋习之不足取，但又无法加以解释，有些就只好说那是由于古韵的通转，例如吴棫作《韵补》，取上自古代经书、子书，下至欧阳修、苏轼、苏辙诸作凡五十种，就其用韵相通之处，按照《广韵》韵目归并为'东'、'支'、

---

① 开元十三年敕曰："朕听政之暇，乙夜观书，每读《尚书·洪范》，至'无偏无颇，遵王之义'，三复兹句，常有所疑。据其下文，并皆叶韵，惟'颇'一字，实则不伦。又《周易·泰卦中》：'无平无陂'，《释文》云：'陂字亦有颇音'。'陂'之与'颇'，训诂无别。其《尚书·洪范》'无偏无颇'，'颇'字宜改为'陂'。"

'鱼'、'真'、'先'、'萧'、'歌'、'阳'、'尤'等九部①,就是一个很好的例子。朱熹作《诗集传》却以"协句"、"取韵"等之例倡为"协韵"。其实他所谓"协韵"是并没有一定标准的。例如《诗经·召南·驺虞》:

> 彼茁者葭,壹发五豝。于嗟乎驺虞!
> 彼茁者蓬,壹发五豵。于嗟乎驺虞!

他于首章"虞"下注:"叶,音牙",于二章"虞"下注:"叶,五红反"。这显然是很不恰当的。焦竑于《焦氏笔乘》中批评他说:

> 诗有古韵今韵。古韵久不传,学者于《毛诗》、《离骚》

---

① 吴棫《韵补》分古韵为九部:一东(冬、钟、通,江或转入);二支(脂、之、微、齐、灰通,佳、皆、哈转声通);三鱼(虞、模通);四真(谆、臻、殷、痕、耕、庚、清、青、蒸、登、侵通,文、元、魂转声通);五先(仙、盐、沾、严、凡通,寒、桓、删、山、覃、谈、咸、衔转声通);六萧(宵、肴、豪通);七歌(戈通,麻转声通);八阳(江、唐通,庚、耕、清或转入);九尤(侯、幽通)。《四库全书提要》评它说:"此书则泛取旁搜,尤所持择,所引书五十种中,卜逮欧阳修、苏轼、苏辙诸作,与张商英之伪《三坟》,旁及《黄庭经》、《道藏》诸歌,故参错冗杂,漫无体例。至于韵部之上平注:'文'、'殷'、'元'、'魂'、'痕'通'真','寒'、'桓'、'删'、'山'通'先';下平忽注:'侵'通'真','覃'、'谈'、'咸'、'衔'通'删','盐'、'沾'、'严'、'凡'通'先';上声又注:'梗'、'耿'、'静'、'迥'、'拯'等六韵通'轸','寝'亦通'轸','感'、'敢'、'琰'、'忝'、'豏'、'槛'、'俨'、'范'通'铣';去声又注:'问'、'焮'通'震'而'愿'、'混'、'恨'自为一部,'谏'、'裥'通'霰'而'翰'、'换'自为一部,'勘'、'阚'通'翰','艳'、'㮇'、'㪘'通'霰','陷'、'鉴'、'梵'通'谏'割为三部;入声又注:'勿'、'迄'、'职'、'德'、'缉'通'质'为一部,'曷'、'末'、'黠'、'辖'、'屑'、'薛'、'叶'、'帖'、'业'、'乏'通'月'为一部,颠倒错乱,皆亘古所无之臆说"。

皆以今韵读之。其有不合，则强为之音曰：'此叶也'。予意不然。如《驺虞》，一'虞'也，既音'牙'而叶'葭'与'豝'，又音'五红反'而叶'蓬'与'豵'；《好仇》，一'仇'也，既音'求'而叶'鸠'与'洲'，又音'渠之反'而叶'逑'。如此，则东亦可音西，南亦可音北，上亦可音下，前亦可音后，凡字皆无正呼，凡诗皆无正字矣，岂理也哉？（见卷三《古诗无叶音》条）

3.13 陈第对于古音的研究

我国古代音韵学家中最能洞悉古今音变的道理的莫如明朝的陈第。他于1606年在所著的《毛诗古音考·自序》里说：

> 时有古今，地有南北，字有更革，音有转移，亦势所必至。故以今之音读古之作，不免乖剌而不入，于是悉委之'叶'。夫其果出于'叶'也，作之非一人，采之非一国，何'母'必读'米'，非韵'杞'、韵'止'，则韵'祉'、韵'喜'矣；'马'必读'姥'，非韵'组'、韵'黼'，则韵'旅'、韵'土'矣；'京'必读'疆'，非韵'堂'韵'将'，则韵'常'、韵'王'矣；'福'必读'偪'，非韵'食'、韵'翼'，则韵'德'、韵'亿'矣。厥类实繁，难以殚举，其矩律之严，即'唐韵'不啻。此其故何耶？又《左》、《国》、《易·象》、《离骚》、《楚辞》、秦碑、汉赋以至上古歌谣、箴铭、颂赞往往韵与"诗"合，实古音之证也。

他根据这个道理所撰的《毛诗古音考》中，于每个字的下面除注明古读、本证以外，并以其他经书、子书用韵的例子作旁证；又撰《屈宋古音义》一书，取《楚辞》上的韵语和《诗经》用韵相印证。此外，他还著有《读诗拙言》，提出了《说文解字》形声字从某得声之例往往与《毛诗》暗合之说，例如"我"读"俄"音，故"义"有"俄"音，而"仪"、"议"因之得声，并且以"莪"、"娥"、"蛾"、"鹅"、"峨"、"硪"、"哦"、"诶"之类作例,"我"也可以读平声,开了以后诸家就《说文解字》以研究古音的先河。

3.14 顾炎武对于古音的研究

陈第的这些书是用直音法来注明古音的,不足之处是没有说明古音应该分为几部,其中有些音也注得不很妥当①。到了明末顾炎武(1613—1682)作《音学五书》②,才把古音分为十部:

(一)东、冬、钟、江;

(二)支、脂、之、微、齐、佳、皆、灰、咍(尤半,去声祭、泰、夬、废,入声质、术、栉、昔半、职、物、迄、屑、薛、锡半、月、没、曷、末、黠、鎋、麦半、德、屋半);

(三)鱼、虞、模、侯(麻半、入声屋半、沃半、烛、觉半、药半、铎半、陌、麦半、昔半);

(四)真、谆、臻、文、殷、元、魂、痕、寒、桓、删、山、先、仙;

(五)萧、宵、肴、豪、幽(尤半、入声屋半、沃半、觉半、药半、铎半、锡半);

(六)歌、戈、麻(支半);

---

① 《四库全书提要·毛诗古音考》说:"其中如'素'音为'苏'之类,不知古无四声,不必又分平仄;'家'又音'歌'、'华'又音'和'之类,不知为汉魏以下之转韵,不可以通三百篇,皆为未密。"江永在《古韵标准·例言》里也说:"陈氏但长于言古音,若今韵之所以分,喉、牙、舌、齿、唇之所以异,字母清浊之所以辨,概乎未究心焉。故其书皆用直音,直音之谬,不可胜数。"

② 《音学五书》即:一、《音论》,二、《诗本音》,三、《易音》,四、《唐韵正》,五、《古音表》。

（七）阳、唐（庚半）；

（八）耕、清、青（庚半）；

（九）蒸、登；

（十）侵、覃、谈、盐、添、咸、衔、严、凡（入声缉、合、盍、叶、帖、洽、狎、业、乏）。

这个分部的特点是它虽然也沿用了唐韵的韵目，但是并不受唐韵系统的拘束，例如入声韵不一定与阳声韵相配，而是就古书中所用之韵分配于其他各韵；每个韵的字也不硬性地配入某部，有些应该分开的不惜把它配入不同的韵部，如'支'半入'支脂'，半入'歌戈'等等。

顾炎武对于古音研究的最大的缺点是一种复古的思想，例如他在该书的"叙"里说：

> 天之未丧斯文，必有圣人复起，举今日之音而还之淳古者。

《音学五书》中有一部叫做《唐韵正》，也就是要用古音来"正"唐韵的意思。关于这一点，江永有几句批评他的话，说得很有道理：

> 音之流变之久，休文（沈约）亦据今音定谱为今用耳。如欲绳之以古，'风'必归'侵'，'弓'必归'登'，'宜'必归'歌戈'，举世其谁从之？

又说：

> 顾氏又曰："天之未丧斯文，必有圣人复起，举今日之音而还之淳古者。"愚谓此说亦大难。古人之音虽或存方音之中然今音通行已久，岂能以一隅者概之天下？……观明初编《洪武正韵》就今韵书稍有易置，犹不能使之通行，而况，欲复古乎？顾氏《音学五书》与愚之《古韵标准》，皆

考古存古之书，非能使之复古也①。

这都是因为他不明白古音研究的效用的原故。

3.15 江永的古韵分部

顾炎武之后，有江永（1681—1762）精于音理，曾著《音学辨微》一书，说明等韵学上的各种名词和原理。他说顾炎武过信古人韵缓不烦改字之说，《音学五书》很多渗漏，《古音表》分古韵为十部，离合处还有未精，分配入声也多未当，这是因为他"考古之功多，审音之功浅"②的原故，因撰《古韵标准》以补正其讹阙。他把顾氏第四部'真'、'谆'、'臻'、'文'、'殷'、'元'、'魂'、'痕'、'寒'、'桓'、'删'、'山'、'先'、'仙'等十四韵分为两部：'真'、'谆'、'臻'、'文'、'殷'、'魂'、'痕'为一部，口敛而声细，'元'、'寒'、'桓'、'删'、'山'、'仙'为一部。口侈而声大，'先'韵界于二者之间，一半从'真'、'谆'，一半从'元'、'寒'；第五部'萧'、'宵'、'肴'、'豪'、'幽'、'尤'分为两部：'萧'、'宵'、'肴'、'豪'为一部，'尤'、'幽'另与'侯'相配为一部；第十部'侵'、'覃'、'谈'、'盐'、'添'、'咸'、'衔'、'严'、'凡'也分为两部，'侵'为一部，分'覃'、'谈'、'盐'三韵的一部分字属之，口敛而声细，'忝'、'严'、'咸'、'衔'、'凡'为一部，也分'覃'、'谈'、'盐'三韵的一部分字属之，口侈而

---

① 见江永《古韵标准·例言》。

② 江永《古韵标准·例言》说："细考《音学五书》，亦多渗漏，盖过信古人韵缓不烦改字之说，於'天'、'田'等字皆无音。《古音表》分十部，离合处尚有未精，其分配入声多未当，此亦考古之功多，审音之功浅，每与东原叹惜之。"

声大,共得十三部,另分入声韵为八部①。

3.16 段玉裁的古韵分部

段玉裁(1735—1815)是清朝研究《说文》学者的权威。他所著的《说文解字注》书末附有《六书音韵表》,把古韵分为六类十七部:

第一类
(一)之、咍(入声职、德);
第二类
(二)萧、宵、肴、豪;
(三)尤、幽(入声屋、沃、烛、觉);
(四)侯;
(五)鱼、虞、模(入声药、铎);

---

① 《古韵标准》分古韵为十三部:(一)东、冬、钟、江;(二)脂、之、微、齐、佳、皆、灰、咍(分'支'、'尤'韵字属之);(三)鱼、虞、模(分'麻'韵字属之);(四)真、谆、臻、文、殷、魂、痕(分'先'韵字属之);(五)元、寒、桓、删、山、仙(分'先'韵字属之);(六)萧、宵、肴、豪(此四韵字分属第十一部);(七)歌、戈(分'麻'、'支'韵字属之);(八)阳、唐(分'庚'韵字属之);(九)耕、清、青(分'庚'韵字属之);(十)蒸、登;(十一)尤、侯、幽(分'虞'、'萧'、'肴'、'豪'韵字属之);(十二)侵(分'覃'、'谈'、'盐'韵字属之);(十三)添、严、咸、衔、凡(分'覃'、'谈'、'盐'韵字属之)。又分入声韵为八部:(一)屋、烛(分'沃'、'觉'韵属之,又别收'锡'、'侯'韵字);(二)质、术、栉、物、迄、没(分'屑'、'薛'韵字属之,又别收'职'韵字);(三)月、曷、末、黠、鎋(分'屑'、'薛'韵字属之);(四)药、铎(分'沃'、'觉'、'陌'、'麦'、'昔'、'锡'韵字属之,又别收'御'、'祃'韵字);(五)麦、昔、锡(分属第四部,又别收'烛'韵字);(六)职、德(别收'屋'、'志'、'怪'、'队'、'代'、'咍'、'沃'韵字);(七)缉(分'合'、'叶'、'怗'韵字属之);(八)盍、帖、业、狎、乏(分'合'、'叶'、'洽'韵字属之)。

第三类

（六）蒸、登；

（七）侵、盐、添（入声缉、叶、帖）；

（八）覃、谈、咸、衔、严、凡（入声合、盍、洽、狎、业、乏）；

第四类

（九）东、冬、钟、江；

（十）阳、唐；

（十一）庚、耕、清、青；

第五类

（十二）真、臻、先（入声质、栉、屑）；

（十三）谆、文、欣、魂、痕；

（十四）元、寒、桓、删、山、仙；

第六类

（十五）脂、微、齐、皆、灰（入声术、物、迄、月、没、曷、末、黠、鎋、薛）；

（十六）支、佳（入声陌、麦、昔、锡）；

（十七）歌、戈、麻。

这十七部和江永的十三部相比，有三点不同：（一）'支'、'脂'、'之'、'微'、'齐'、'佳'、'皆'、'灰'、'咍'江永合为一部，段玉裁分为三部：'之'、'咍'为一部，'脂'、'微'、'齐'、'皆'、'灰'为一部，'支'、'佳'为一部；（二）'真'、'谆'、'臻'、'文'、'殷'、'魂'、'痕'、'先'江永合为一部，段玉裁分为两部：'真'、'臻'、'先'为一部，'谆'、'文'、'欣'（殷）、'魂'、'痕'为一部；（三）'尤'、'侯'、'幽'江永合为一部，段玉裁分为两部：'尤'、'幽'为一部，；'侯'独为一部。所以比江永多了四部。这十七部之分，段玉裁在他的《诗经韵分十七部表·序》里说：

> 十七部之分，于《诗经》及群经导其源派也。谛观《毛诗》用韵，第一步、第十五部、第十六部之分，第二、第三、第四、第五部之分，第十二、第十三、第十四部之分，

以及入声之分配，皆显然不辨而自明。……顾氏《诗本音》、江氏《古韵标准》，虽以三百篇为据依，未取三百篇之文，部分而汇谱之也。玉裁绅绎有年，依其类为之表，因其自然，无所矫拂，俾学者读之，知周秦韵与今韵异。凡与今韵异部者，古本音也；其于古本音有龃龉不合者，古合韵也。本音之谨严，如唐宋人守官韵；合韵之通变，如唐宋诗用通韵。不以本音蔑合韵，不以合韵惑本音，三代之韵昭昭矣。

段玉裁研究古音，处处守住周、秦的阵地，不与汉以后音相混，且从其中分出"古本音"和"古合韵"，以"古本音"为正，这是他比顾炎武和江永更严密之处。

3.17 戴震的古韵分部

戴震（1723—1777）是清朝著名的哲学家兼音韵学家，他曾著《声韵考》一书，说明等韵学的原理。在与古音有关的研究方面，他很赞赏段玉裁把'支'、'脂'、'之'分为三部[①]，但不同意他把'尤'、'侯'、'幽'和'真'、'谆'、'臻'、'文'、'殷'、'魂'、'痕'、'先'各分为两部，对于各入声韵的配置也有异言，因此在他所著的《声类表》一书中把它们都合并起来各成一部，另把'祭'、'泰'、'夬'、'废'四个去声韵立为一部，与九部入声韵相配共得九类二十五部，每部各用一个'影'母字作韵目，如下：

一、歌、戈、麻（阿）……⎫
　　　　　　　　　　　　⎬ 三、入声铎（垩），
二、鱼、虞、模（乌）……⎭

四、蒸、登（膺）…………⎫
　　　　　　　　　　　　　⎬ 六、入声职、德（亿），
五、之、咍（噫）…………⎭

[①] 戴震于《答段若膺论韵书》中说："'支'、'脂'、'之'有别，此足下卓识，可以千古矣。"

七、东、冬、钟、江（翁）⋯┐九、入声屋、沃、
八、尤、侯、幽（讴）⋯⋯┘烛、觉（屋），
十、阳、唐（央）⋯⋯⋯⋯┐
十一、萧、宵、肴、豪（夭）⋯┘十二、入声药（约），
十三、庚、耕、清、青（婴）⋯┐十五、入声陌、麦、
十四、支、佳（娃）⋯⋯⋯⋯┘昔、锡（戹），
十六、真、谆、臻、文、欣、
　　　魂、痕（殷）⋯⋯⋯⋯┐十八、入声质、术、
十七、脂、微、齐、皆、灰（衣）⋯┘栉、物、迄、没（乙）
十九、元、寒、桓、删、山、
　　　先、仙（安）⋯⋯⋯⋯┐二一、入声月、曷、末、
二十、祭、泰、夬、废（蔼）⋯┘黠、鎋、薛（遏）
二二、侵、盐、添（音）⋯⋯⋯二三、入声缉（邑）
二四、覃、谈、咸、衔、严、凡（醃）⋯⋯二五、入声合、盍、叶、帖、业、洽、狎、乏（諜）。

关于这九类二十五部之分，他于《答段若膺论韵书》中解释说：

> 古人用韵之文，传者希矣，或偶用此数字，或偶用彼数字，似彼此不相涉，未足断其截然为二为三也。况据其不相涉者分之，其又有相涉者，则不得不归之合韵，是合韵适以通吾说之穷，故曰，援古以证其分，不易明也。……仆谓审音本一类，而古人之文偶有相涉，有不相涉，不得舍其相涉者，而以不相涉为断；审音非一类，而古人之文偶有相涉，始可以五方之音不同断为合韵。今书内列十七部，（按：指段玉裁《六书音韵表》所分十七部），仆之意第三，（按：即'尤'、'幽'）、第四（按：即'侯'）当并，第十二（按：即'真'、'臻'、'先'）、第十三（按：即'谆'、'文'、'欣'、'魂'、'痕'）亦当并。

又说：

"仆已年分七类为二十部,上年以呼等考之,'真'至'仙','侵'至'凡',同呼而具四等者二,'脂'、'微'、'齐'、'皆'、'灰'及'祭'、'泰'、'夬'、'废'亦同呼而具四等者二,仍分'真'已下十四韵,'侵'已下九韵各为二,而'脂'、'微'诸韵与之配者亦各为二。……仆初定七类者,上年改为九类,以九类分二十五部,若入声附而不列,则十六部。'阿'第一,'乌'第二,'垩'第三,此三部皆收喉音;'膺'第四,'噫'第五,'亿'第六,'翁'第七,'讴'第八,'屋'第九,'央'第十,'天'第十一,'约'第十二,'婴'第十三,'娃'第十四,'卮'第十五,此十二部皆收鼻音;'殷'第十六,'衣'第十七,'乙'第十八,'安'第十九,'霭'第二十,'遏'第二十一,此六部皆收舌齿音;'音'第二十二,'邑'第二十三,'醃'第二十四,'䐑'第二十五,此四部皆收唇音。收喉音者其音引喉,收鼻音(按:即舌根音)者其音引喉穿鼻,收舌齿音者其音舒舌而冲齿,收唇音者其音敛唇,以此为次,似几于自然。"

由此可见他研究古音不是就古代文献中的材料加以分析,辨别其主要次要而分门别类的,而是以审音为主的。可是他的审音方法并不可靠,我们试看他所分的所谓收喉音、收鼻音、收舌齿音、收唇音的二十五部韵目就可以知道。因此他对于古韵的分部就不免含有"以意为之"的成分,反不如段玉裁所分的合理。

3.18 孔广森的古韵分部

孔广森(1752—1786)是戴震的学生,曾作《诗声类》一书,把'东'、'冬'、'钟'、'江'分为两部:'东'、'钟'、'江'为一部,'冬'另为一部;'祭'、'泰'、'夬'、'废'不另立;戴震把'尤'、'幽'、'侯'合为一部,他却依照段玉裁分为两部,分别与'萧'、'虞'相配;另外并把段玉裁第七、第八两部的入声并成一部,共得十八部,内阳声九部,阴声九部,

每部立一类名,如下:

阳声九部:

(一)原类:元、寒、桓、删、山、仙;

(二)丁类:耕、清、青;

(三)辰类:真、谆、臻、先、文、殷、魂、痕;

(四)阳类:阳、唐、庚;

(五)东类:东、钟、江;

(六)冬类:冬;

(七)侵类:侵、覃、凡;

(八)蒸类:蒸、登;

(九)谈类:谈、盐、添、咸、衔、严;

阴声九部:

(一)歌类:歌、戈、麻;

(二)支类:支、佳,入声麦、锡;

(三)脂类:脂、微、齐、皆、灰,入声质、术、栉、物、迄、月、没、曷、末、黠、镈、屑、薛;

(四)鱼类:鱼、模,入声铎、陌、昔;

(五)侯类:侯、虞,入声屋、烛;

(六)幽类:幽、尤、萧,入声沃;

(七)宵类:宵、肴、豪,入声觉、药;

(八)之类:之、咍,入声职、德;

(九)合类:入声合、盍、缉、叶、帖。

这十八部中,据他解释,"有本韵,有通韵,有转韵。通韵聚为十二,取其收声之大同;本韵分为十八,乃又剖析于敛侈,清浊,毫厘纤眇之际。……此九部者,各以阴阳相配,而可以对转。其用韵疏者,或'耕'与'真'通,'支'与'脂'通,'蒸'、'侵'与'冬'通,'之'、'宵'与'幽'通;然所谓通者,非可全部混淆,间有数字借协而已。至于入声,则自'缉'、'合'等闭口音外,悉当分隶自'支'至'之'七部,而转为去声。盖入声创自江左，非中原旧读"①。他的意思就是说，这阳声九部和阴声九部都是可以对转的，而以入声为枢纽。例如平声'之'，可以转为上声'止'，再转为去声'志'，再转为入声'职'，由入声'职'又可以转为去声'证'，再转为上声'拯'，再转为平声'蒸'。实际上古籍韵语，是否可以如此解释，不能不使人怀疑。至于他说入声创自江左，更是一种毫无根据的主观臆断。

3.19 王念孙、江有诰、夏炘、章炳麟、黄侃等的古韵分部

王念孙（1744—1832）的古韵分部，见于他的儿子王引之《经义述闻》卷三十一所载《与李方伯书》中，里面'盍'、'缉'别立，与戴震的略同，又把段玉裁附于'真'部里的'质'、'栉'、'屑'诸韵别立为'至'部，附于'脂'部里的'祭'、'泰'、'夬'、'废'和'月'、'曷'、'末'、'黠'、'鎋'、'薛'诸韵部别立为'祭'部，共得二十一部：

一、东（平、上、去），
二、蒸（平、上、去），
三、侵（平、上、去），
四、谈（平、上、去），
五、阳（平、上、去），
六、耕（平、上、去），
七、真（平、上、去），
八、谆（平、上、去），
九、元（平、上、去），
十、歌（平、上、去），
十一、支（平、上、去、入），
十二、至（去、入），
十三、脂（平、上、去、入），
十四、祭（去、入），
十五、盍（入），
十六、缉（入），
十七、之（平、上、去、入），
十八、鱼（平、上、去、入），
十九、侯（平、上、去、入），
二十、幽（平、上、去、入），
二十一、宵（平、上、去、入）。

---

① 参看《轩孔氏所著书》，卷二十七，第1—4页。

江有诰与段玉裁和王念孙同时，曾著《音学十书》①，也分古韵为二十一部，其中'祭'、'缉'别立，与王念孙不谋而同；另立'叶'部，把'盍'、'洽'的一半归'缉'部，一半归'叶'部；'质'、'栉'、'屑'诸韵不另立为一部而附于'脂'，只有这一点与王念孙不同。他并且依照孔广森的办法把'东'、'冬'、'钟'、'江'分为'东'、'中'两部。二十一部分韵如下：

一、之部：之、咍，入声职、德（又灰、尤三分之一，入声屋三分之一）；

二、幽部：尤、幽（又萧、肴、豪之半，入声沃之半，屋、觉、锡三分之一）；

三、宵部：宵（又萧、肴、豪之半，入声沃、药、铎之半，觉、锡三分之一）；

四、侯部：侯，入声烛（又虞之半，入声屋、觉三分之一）；

五、鱼部：鱼、模，入声陌（又虞、麻之半，入声药、铎、麦、昔之半）；

六、歌部：歌、戈（又麻之半，支三分之一）；

七、支部：佳（又齐之半，支、纸、寘三分之一，入声麦、昔之半，锡三分之一）；

八、脂部：脂、微、皆、灰，入声质、术、栉、物、迄、没、屑（又齐之半，入声黠之半，支三分之一）；

九、祭部：去声祭、泰、夬、废，入声月、曷、末、鎋、薛（又黠之半）；

十、元部：元、寒、桓、山、删、仙（又先三分之一）；

十一、文部：文、欣、魂、痕（又真三分之一，谆之半）；

---

① 《音学十书》是：一、《诗经韵读》，二、《群经韵读》，三、《楚辞韵读》，四、《先秦韵读》，五、《汉魏韵读》，六、《廿一部韵谱》，七、《唐韵四声正》，八、《四声韵谱》，九、《谐声表》，十、《入声表》。

十二、真部：真、臻、先（又谆之半）；

十三、耕部：耕、清、青（又庚之半）；

十四、阳部：阳、唐（又庚之半）；

十五、东部：钟、江（又东之半）；

十六、中部：冬（又东之半）；

十七、蒸部：蒸、登；

十八、侵部：侵、覃（又咸、凡之半）；

十九、谈部：谈、盐、添、严、衔（又咸、凡之半）；

二十、叶部：叶、帖、业、狎、乏（又盍、洽之半）；

二十一、缉部：入声缉、合（又盍、洽之半）。

江有诰之后有夏炘著《诗古韵二十二部集说》。他叙述了诸家的学说之后，独赞成江有诰的二十一部，并且赞同王念孙把'至'独立成为一部，共二十二部。这二十二部之分极为王国维所推崇。他在《周代金石文韵读·自序》里说：

> 古韵之学，自昆山顾氏，而婺源江氏，而休宁戴氏，而金坛段氏，而曲阜孔氏，而高邮王氏，而歙县江氏，作者不过七人，然古音廿二部之目遂令后世无可增损。故训诂名物文字之学，有待于将来者甚多；至古韵之学，谓之前无古人，后无来者，可也。①

章炳麟（1869—1936）是清末明初很有名的音韵学家，他的古音学说见于所著的《小学略说》、《二十三部音准》诸篇和《文始》等书。他起初也分古韵为二十二部，与夏炘的意见完全相同。后来因为他觉得'脂'部的去声字和入声字，在《诗经》里不跟平声字和上声字押韵，把它分成'脂'、'队'两部，总共成了二十三部。自宋朝的吴棫起到清末的章炳麟止，在这八百年间，我国学者对于古韵的研究是发展的。他们在研究中不仅从古代文献中找根据，并且联系到文字中的谐声、异文、音读、音训

---

① 见《观堂集林》，卷八，第27—28页。

等等，这些方法都是正确的，所得结论也一步一步更为完密，这些都是无可否认的事实。章炳麟之后有黄侃，却专从《广韵》中去考定"古本韵"。他认为《广韵》里面有"古本韵"三十二部，其中'歌'与'戈'，'曷'与'末'，'魂'与'痕'，'寒'与'桓'都是一开一合互相配合的，可以把它们各自合并起来成二十八部，内阴声'歌'、'咍'、'灰'、'齐'、'模'、'侯'、'萧'、'豪'八部，阳声'寒'、'先'、'痕'、'青'、'唐'、'东'、'冬'、'登'、'覃'、'添'、十部，入声'曷'、'屑'、'没'、'锡'、'铎'、'屋'、'沃'、'德'、'合'、'帖'十部，看起来很整齐，其实是与汉语古音实际相脱离的。

3.20 钱大昕、章炳麟和黄侃对于古声母的考究

以上所说的都是关于古音韵母的分部，对于古音的声母问题，宋明以来，直到清代的段玉裁、戴震、孔广森、王念孙、江有诰等都不加以论列，只有钱大昕（1728—1804）在他的《十驾斋养新录》卷五里有"古无轻唇音说"一文，证明今音'非'、'敷'、'奉'、'微'四母在古代都读成'帮'、'滂'、'并'、'明'；又有"舌音类隔之说不可信"一篇，说古代没有舌头、舌上之分，今音'知'、'彻'、'澄'三母在古代与'端'、'透'、'定'无异。此外，他在《潜研堂文集》卷十五《音韵问答》和《十驾斋养新录》卷五里更说古音'影'、'喻'、'晓'、'匣'四母多相混，而与'见'、'溪'诸母没有显著的分别。但是古代声母应该分为几类、他却没有说明。到了章炳麟在《国故论衡》上卷里有《古音'娘'、'日'二纽归'泥'说》一文，说古代没有'娘'、'日'二纽，这两个声母在古代都读如'泥'母。他在《新方言》卷十一里还说："'精'、'清'、'从'、'心'、'邪'本是'照'、'穿'、'床'、'审'、'禅'之副音"，因此在古代，正齿和齿头也不分。于是他根据这几点，在《古双声说》里断定说："今有九音，于古则六，曰：喉、牙、舌、齿、唇、半舌"，并且列成一个纽目表如下：

第三章 近古时期

喉音	牙音	舌音	齿音	唇音
见	晓	端（知）	照（精）	帮（非）
溪	匣	透（彻）	穿（清）	滂（敷）
群	影（喻）	定（澄）	床（从）	并（奉）
疑		泥（娘、日）	审（心）	明（微）
		来	禅（邪）	

黄侃既从《广韵》中考定三十二韵为"古本韵"，又从这三十二个"古本韵"中考定十九纽为："古本纽"，并且把它列成如下的十一表：①

深喉	浅喉	舌音	齿音	唇音
影（喻、于）	见	端（知、照）	精（庄）	帮（非）
	溪	透（彻、穿、审）	清（初）	滂（敷）
	晓（群）	定（澄、神、禅）	从（床）	并（奉）
	匣	来	心（山、邪）	明（微）
	疑	泥（娘、日）		

黄侃的这个结论是很可怀疑的，因为他所取材完全以《广韵》一书为标准，而《广韵》是隋唐时代的韵书，虽然沿古酌今，是其所长，但是南北是非，也为其所必论。里面哪些是古音，哪些是后来变化出来的今音，非经过一番仔细的考究很难断定。黄侃考定"古本韵"时往往心中先存有一种古代不可能有某种字母的想法，比如黏腭声母（即腭化音）的成见，然后根据这个标准去推断哪些是"古本韵"，接着又根据这些"古本韵"去推断哪些是"古本纽"。如果你问他怎样知道这是"古本韵"呢？他会回答你，因为这些"古本纽"中只有这些"古本韵"；如果你再问他怎样知道这些是"古本纽"呢？他也只能回答你因为这些"古本韵"中只有这些"古本纽"。这种以甲证明乙，又以乙证明甲的办法，在逻辑上就犯了"乞贷论证"的错误，所以他所得出的结

---

① 参看《华国月刊》，第一卷第五期。

论不能使人无疑。[5][6]

3.21 总结

总起来说，我国古代学者对于汉语古音研究虽然做了许多工作，但是一般只能从古代文献中构拟出一个系统，这个系统有些地方已经研究得相当清楚，例如古韵分部的问题；有些地方却还有待于进一步去研究，例如古代声母的问题和声调的问题。他们在研究时往往只知其然而不知其所以然。例如段玉裁把古韵'之'、'脂'、'支'分为三部，这本来是古音研究中一个很大的发现，可是他于晚年写信给江有诰说："足下能知其所以分为三乎？仆老耄，倘得闻而死，岂非大幸？"① 其他可以想见。尤其严重的，因为汉语不是拼音的，关于古代汉语的音值问题，他们就没法提出一个足以令人满意的回答。这个问题必须等待以后用历史比较法联系各地方言和同系属的语言加以研究，才能够得到一个总的解决。[7]

评注：

[1] 关于我国古代、近代和现代的分界有不同说法，如：

岑麒祥：元代以来——"五四"时期

黎锦熙：宋元以来——《红楼梦》

王　力：宋末以来——鸦片战争

周祖谟：南宋——"五四"时期

吕叔湘：晚唐五代——"五四"时期

胡明扬：隋末唐初——《红楼梦》

（参见黄征《汉语史分期有关"近代汉语"时限》，载《语文建设通讯》（香港），1994，45 期）

[2] 关于《中原音韵》，王力认为：《中原音韵》与《切韵》是中国的两大韵书，价值在于它基本上反映了元代大都的实际语音系统。可信的程度即使不达到百分之百，也在百分之九十五以上。它不是与个别方言的历史有

---

① 参看陈澧《切韵考》卷六。

关。我们可以说,现代普通话的语音系统也就是从《中原音韵》的语音系统发展来的。因此,在汉语史的研究上,它的价值是很高的(王力,1981,82页)。何九盈也支持此说(何九盈,2000,206页)。

[3] 王力也认为:《洪武正韵》的作者排斥《切韵》系统,以为"韵学其于江左,殊失正音",于是标榜"以中原雅音为定",排斥《切韵》为吴音;但是假使真能"以中原雅音为定",也可以与《中原音韵》媲美。现在这样不古不今,不南不北,参考价值就很低了……在明代也是行不通的(王力,1981,83页)。李葆嘉持有不同意见,他不同意吕叔湘"现代的官话区方言,大体可以分成北方(黄河流域及东北)和南方(长江流域和西南)两系"的说法,认为官话就是指以南京话为代表的明代江淮方言。金尼阁的《西儒耳目资》以《洪武正韵》收字为依据,撰成《西儒耳目资》稿本。明清官话或明清两代汉民族共同语就是:以南京音为标准音,以江淮话为基础方言,以通俗的明清白话小说为语法楷模的中国通行语(李葆嘉,2003,174—344页)。

[4] 王力总结我国古代韵书可分为两大类:第一类是以建立音系为主要目的的,如《切韵》、《五音集韵》、《中原音韵》、《洪武正韵》等;第二类是以增字增训为主要目的的,如广韵、集韵……等,至于《壬子新刊礼部韵略》(平水韵)只可认为是实用手册(王力,1981,83—84页)。

[5] 我国学者研究古音声母提出一系列演变规律。如钱大昕的"古无轻唇"、"古无舌上";章炳麟的"娘日归泥";黄侃的"照二归精"、"照三归知";曾运乾的"喻三归匣"、"喻四归定"等规律。

[6] 曹述敬主编的《音韵学辞典》(湖南出版社,1991)附有罗常培、王力等古音声母、韵母表和郑庠、顾炎武、江永、段玉裁、戴震、孔广森、王念孙、江有诰、夏炘、张惠言、严可均、刘逢禄、朱骏声、黄以周、章炳麟、黄侃、钱玄同十七家古韵分布对照表,可供参考。

[7] 邵敬敏、方经民著的《中国理论语言学史》(华东师范大学出版社,1991)曾指出:"该书(岑史)是第一部尝试将东西方语言学史综合起来写的著作,他的出版不但为我国语言学史的研究填补了空白,也为世界语言学史研究作出了贡献。不过,由于当时苏联影响较深,加上国内资料缺乏,书中对西方一些语言学流派的评价和批判有不少过激或失实之处。对我国古代语言学研究的介绍也不够全面,如魏晋以后只介绍音韵学的研究,略去了文字、训诂、语法的研究,该书出北京大学出版社出版修订本,在修订本里,作者对古代语言学史中的印度部分和阿拉伯部分作了必要的增订,对

历史比较语言学史中关于美洲印第安语的叙述作了适当的压缩,特别是普通语言学史关于美国、英国、苏联和中国的几部分都分立为章重新写过,在一定程度克服了原书的某些缺点。"(73页)我认为评价正确,这里适当简明地把我国古代语言学内容补充如下:

1. 虚字研究:有卢以纬的《语助》、袁仁林的《虚字说》、刘淇的《助字辨略》、王引之的《经传释词》四部书。

2. 古文字学研究:有罗振玉、王国维、董同龢、郭沫若的甲骨文研究;吴大澂的金文研究。文字学的说文四大家:段玉裁、桂馥、朱骏声、王筠。

3. 训诂学:乾嘉学派。主要代表人物有王念孙、王引之、段玉裁。

4. 语法学:马建忠的《马氏文通》,最大的特点是:(1)建立字类(词卷);(2)词次说(7词6次);(3)顿、读新解。《马氏文通》普遍被认为是第一部完整的汉语语法,姚小平提出异议,认为第一部完整、系统的汉语语法是德国人甲柏连孜的《汉文经纬》。《马氏文通》是第一部中国人自己用汉语写出的汉语语法(姚小平,《〈汉文经纬〉与〈马氏文通〉》,《当代语言学》,1999年2期)。

五、十八世纪欧洲哲学家和科学家对于语言起源问题的看法

3.22 概说

十八世纪在欧洲文化史上是一个非常重要的时期。在这个时期,由于资本主义的上升,社会制度的改变,许多科学都纷纷建立起来,人们遇到了一种新的精神。许多学者已不再满意于像从前那样只把一些偶然落在他们手里的材料罗列罗列,东贴西补,却要比较冷静地加以排比、考虑,认真做出一些探讨研究的工作。可惜在这个时期,对语言研究有兴趣的并不是什么专家,而只是一批一批的所谓"墨客",其中包括哲学家、旅行家、传教士、甚至是一国的国君,真正要以语言为研究对象的没有几个人,这就是造成许多不正确的方法论的主要原因。

在这个时候,他们提出与语言有关、最惹人注意的是一个理

论上的问题,即关于语言起源的问题。许多哲学家和科学家的注意力都给这个问题吸引住了。

我们在上面说过,在很早的时候,在不同的国度里,就已有人注意到了这个问题,但那不是一些宗教上的传说,就是一些妙想天开的"实验",实际上并没有接触到这个问题的本质。

在十八世纪,这个问题的提出是跟人类的认识,人类的理性有关的,其后又牵涉到了社会学和生物学的问题。

3.23 洛克论人类的抽象能力

什么使得人类区别于其他动物呢?这是在许多人的脑子里存在的一个问题。为了回答这个问题,许多人会想到那是语言,因为其他动物尽管也像人一样有感觉,有知觉,有情感,有记忆,能区别事物,有意志和欲望,但是没有一种动物像人一样会说话。所以说话无疑是人类所特有的机能。

可是语言,在他们看来,不过是一些外表的符号罢了。人们利用这些符号来表达他们的情意以求达到互相交际的目的。谈到交际,谁也不能否认其他动物也有它们的一套办法。比方一条鲸鱼被打中了,其他鲸鱼虽然分散得很远,但是很快就都能够知道它们的敌人就在海面;一只蚂蚁在路上遇见一只蟑螂的尸体,自己抬不动,很快就有办法找到一班伙伴来帮它的忙。因此语言就不只是一些人利用来相互交际的外表的符号,在这些外表的符号后面隐藏着一种内在的力量,使人类区别于其他动物。

这种内在的力量是什么呢?

英国哲学家洛克在他于 1690 年出版的《人类悟性论》(An Essay Concerning Human Understanding) 一书里解释那是一种抽象的能力。人们看见粉笔、雪、牛奶等有相同的颜色,会在他们的脑子里用"白"这个一般的概念概括这些个别的感觉。"其他动物呢,也许同样能够把它们的观念综合和扩大到一定程度,但是我想我可以确定它们绝对没有抽象的能力;一般概念的具有彻底划分了人兽的界限,这就是一般动物的机能所永远达不到的人类优胜之点"。

后来，洛克的所谓人类所特有的抽象能力被许多哲学家理解为理性（reason）。人类起初怎样把这些内在的机能和外表的声音结合起来构成语言，这就是十八世纪一般哲学家和科学家对于语言起源问题讨论的实质。[1]

3.24 亚当·史密斯、斯图瓦尔特和卢骚对语言起源问题的看法

十八世纪参加讨论这个问题的哲学家和科学家很多，我们没法在这里一一加以评述，并且也没有这种必要。我们只能找几个有代表性的来谈一谈。

我们首先要谈到的是英国经济家亚当·史密斯（Adam Smith）和苏格兰哲学家杜加尔德·斯图瓦尔特（Dugald Stewart）。他们两个都是拥护洛克的学说的。在他们看来，人类祖先有一个时期一定曾经过一种哑巴的生活，唯一的交际工具只有身体的姿势和面部的表情，等到后来观念增加了，再也不能用手指指出的时候，才产生了语言。"他们觉得有必要创造出一些人为的符号，大家经过相互的同意把这些符号的意义确定下来"①。

我们不必详细叙述他们认为这种人为的语言是怎样造成的。概括地说，亚当·史密斯相信最先造出的都是动词，因为在他看来，事物可以用手指指出或摹仿，而动作不能。当人们看见一只狼跑来的时候，他们只用手指指着它大声呼叫："它来了。"所以名词需要没有动词那么迫切。关于这一点，杜加尔德·斯图瓦尔特却有相反的意见。他认为最先造出的是名词，因为动词可以用手势来补充。当人们看见一只狼跑来的时候，他们呼叫的不是"它来了"，而是"狼呀！狼呀！"其他一切都任由听者自己去推

---

① 参见亚当·史密斯《语言起源论》（Essay on the Origin of Language），《论道德情操》（Treatise on Moral Sentiments）的附录。

想①。动词也好,名词也好,这在语言起源问题的讨论中其实都是无关紧要的。人们要知道的是人类起初怎样开始有语言,而他们相信是经过大家互相同意确定下来的。

卢骚(J. J. Rousseau)是法国十八世纪的一个天才作家。他曾著《论语言的起源》一书,也认为语言最初是人类经过详细考虑互相约定造成的。这种约定和他所创拟的"民约"相仿佛,都是社会秩序的基础。但是人们要问:人类起初还没有语言,他们怎能相互同意或约定用什么声音来代表什么意义呢?他们对于讨论这个问题所持的整个态度显然是不能令人满意的,因此他们的理论在语言学史上就不会占有什么重要的地位。[2]

3.25 孔狄亚克的感叹说

孔狄亚克(Condillac)属法国"百科全书派"的哲学家之一。他曾于1746年著《人类认识起源论》(Essai sur l'origine des Connaissances Humaines)一书,其中第二编就是专门讨论语言起源的问题的。在他看来,人类最初之所以有语言,是由于情感冲动而发出各种叫声,并且伴以各种手势;其后这些叫声变成指称各种事物的声音,结果就成了语言。人类起初能够发出的声音是很有限的,其后一代一代地增加,词汇也逐渐丰富,经过许多年代才能成为真正的语言,他在上述著作中有一段话这样说:

> 例如有一个人因为需要一样东西得不到而感到痛苦,就不能自禁地发出叫声来;他为了要得到这样的东西而作出许多努力,如摇动自己的胳臂或身体的其他部分……这些人既然获得了把某种观念和任意的符号结合起来的习惯,自然叫声就给他们造成新的语言的模式。他们继续发出新的声音,并且反复多次,伴以某种可以指出他们所需要的对象的手势,这样他们就习惯于给事物以名称了。

---

① 见《杜加尔德·斯图瓦尔特全集》,卷三,第27页。

可见孔狄亚克认为人类的语言是起源于表示情感的声音的。这种理论在语言学上叫做感叹说。可是表示情感的声音只能成为一些感叹词,它们与语言的其他表示思想概念的词有很大的差别,感叹词怎样能变成语言的其他的词是很难加以解释的。[3]

3.26 赫尔德的摹声说

在十八世纪欧洲的思想家当中,对这个问题讨论得最深入的,我们不能不提到德国的赫尔德(Johann Gottfried Herder)。他于1772年曾因撰《语言的起源》一书而获得"柏林学会"的奖金。他在这本书里一开头就尽力攻击当时那些说语言不是人造的,而是上帝赐与的正统的传说。他说假如语言是上帝创造然后赐与人类的,那么它应当更合逻辑,更富于纯粹的理性,而事实上现在的各种语言却很混乱,安排得很不妥当,所以它不会是上帝创造的,而是出于人们之手。可是另一方面,他又不相信语言真正是由人类经过精细的构思"创造"出来的,而实是由他们的内在本质产生的。在他看来,人类之所以有语言,正如妇人怀孕一样,在瓜熟蒂落的时候,自然会破胎而出。人类在体力和本能的准确性方面虽然不及其他动物,但是他们却有一种更广泛的注意力。人类的整个心境构成一种不可分析的整体,使他区别于其他较低级的动物。人类能够从许多冲击到他的心灵深处的各种宛如汪洋大海的感觉中挑选出一个波浪来,紧抓住它,把它转变为语词。例如一个人看见一只羊站在他的面前,他不是狼,当然没有什么不可控制的本能要扑上前去吃它,却要知道它究竟是怎样。依他的感觉判断,这只羊是白的、驯服的和多毛的。他要从它那里找出一个特征来。忽然间,那只羊咩咩地叫起来,哦,特征找到了,这咩咩的叫声就成了一种最强烈的印象,突破其他一切由视觉或触觉所造成的印象而深刻在他的心灵里。下一次,这只羊又来了,同样是白的、驯服的和多毛的。那个人看着,抚摸着,回想着要从它那里找出一个特征来。忽然间,那只羊又咩咩地叫起来,于是他认识了,心里想:"哦,你就是那个咩咩地叫的动物。"就是这样,这咩咩的叫声被看做羊的最突出的特征,变成了羊的名称。"我们的整个的语言不就是这类词的综合吗?"赫尔德肯定地说。

在赫尔德看来,语言中一切名词都是由动词变来的,这也可以证明语言不是上帝创造的。因为,据他说,假如语言是由上帝创造的,词的产生的程序不会是这样的;他会先造成名词,因为在逻辑上,这是最理想的程序。

原始语言的另一个特点是交织着各种不同的情调和用强烈的、大胆的譬喻来表达思想的需要,呈现出一种五色缤纷的图形。一方面是人们的心灵的贫乏和热情的奔放,另一方面却充满着许多同义词。这和贫乏的心灵对比起来实是一种不必要的浪费。他这里所说的原始的语言显然就是指的东方的语言,特别是希伯莱语。

赫尔德的这个关于语言起源的理论,在语言学上叫做摹声说。其中有些看法是相当深刻的;但是如果以为语言的词都是由人们摹仿自然界的声音而来的,那是不可理解的。感叹说也好,摹声说也好,它们都有一个共同的特点,就是只知从个人方面去推测语言的起源,而漠视了语言的社会性,好象语言只是由个人造成的似的。这种理论不可能是正确的。

3.27 赫尔德对语言研究的影响

赫尔德关于语言起源的理论虽然是不正确的,但是他本人对于语言科学的产生却发生了很大的影响。当然,我们说他曾影响到语言科学的产生,不是因为他曾提出过这种关于语言起源的理论,而是在于他对一切事物都是自然产生的这个观点有很高的评价和强烈的感觉。这为他的祖国的许多浪漫主义的作家广泛地去搜集和翻译各国的民间口头诗歌的热潮在思想上准备好了巩固的基地,并且使许多人注意到了德国中世纪的文学和民俗的价值,比方著名的格里姆(Grimm)就是其中一个。他看到了语言和古代诗歌之间有着密切的联系。这种朴素的、纯洁的原始人类的诗歌和后来的许多人为的诗歌显然是不相同的。在他看来，每种语言不仅是文学的工具，而且它本身就是一种诗歌，一种文学。

赫尔德很欣赏他的祖国的语言。他认为德语也许比不上希腊语，但是比它的许多邻国的语言都更优越。它的辅音的组合使它具有一种坚强的步调，但是并不向前猛冲，和元音配合起来恰到好处。许多擦音使得德语听起来很悦耳，很可爱。它的音节是丰富的和坚定的，它的句子是壮丽的，它的成语是有力的和严肃的，可是在某些地方，和路德所用的比较起来已经倒退了一步，所以必须把那些已经丧失了的词句发掘出来，恢复过来。赫尔德类似这样的见解不仅对哥德和许多浪漫主义的作家发生了很大的影响，而且刺激着许多青年从古典的园地走到了前此为他们所忽略的园地，推动了下一代的语言学的研究。[4][5]

评注：

[1] 洛克是一个值得注意的人。罗宾斯指出："在16、17和18世纪，哲学界的特征是经验主义和唯理主义的论争，两派思想家的观点在语言学问题上，都有各自的代表。""作为一种哲学观念的经验主义主要是英国人的贡献。培根强调一切知识来源于观察，强调归纳法比演绎法更重要。洛克、贝克莱和休谟的有关论著，就是至今公认的对这种哲学观点的阐释。""经验主义的核心是，人类的一切知识都来自外部、感官的印象，以及大脑对这些印象所进行的抽象和概括等活动。""经验主义和唯理主义之间争论的一个很有名的内容，是'天赋观念'的问题。洛克、贝克莱和谟否认人类头脑里会存在任何先于经验的观念；""洛克被一些人尊为现代欧洲语义学的鼻祖。"（罗宾斯，1997，126—127页）

[2] 史密斯和斯图瓦尔特拥护洛克学说即经验主义，属参差论；卢骚的约定论则可视为唯理整齐论。

[3] 罗宾斯认为："孔狄亚克的著作没有超出唯理智论即唯理论和经验主义的传统范围，在很大程度上依靠洛克关于知识的理论。而卢梭则预示着即将出现的浪漫主义运动。"（罗宾斯，1997，148页）徐志民认为"卢梭的研究完全是以孔狄亚克的观点为出发点的"（徐志民《欧美语言学简史》，学林出版社，2005，44页），罗宾斯则认为他们两人有共同点也有分歧（罗宾斯，1997，149页）。

[4] 罗宾斯指出:"赫尔德用词激烈,但并没有背离唯理论的观点。"他与后来的詹姆斯·哈里斯同属一线,而霍恩·图克则持强烈的经验主义观点,他承认洛克对他的影响极大,与哈里斯所宣传的哲理语法的传统强烈的对立。(罗宾斯,1997,151—156页)

[5] 近古的两线之争可概括如下:

近古上(17世纪):

波尔·罗尔瓦雅—唯理语法,普遍语法,从内部研究语言,重理性、思维,笛卡尔天赋观——整齐论

培根、洛克、贝克莱、休谟—经验主义,从外部研究语言,强调归纳法比演绎法重要——参差论

近古下(18世纪):

〔德〕赫尔德《语言的起源》(1772)—摩声说——唯理论

〔英〕哈里斯—普遍唯理——整齐论

〔法〕孔狄亚克—洛克理论——唯理主义和经验主义

〔英〕霍恩图克—强烈的经验主义,洛克理论——参差论

我们要认真注意语言学史两线之争。罗宾斯说:"经验主义和唯理论的对立,以不同的形式贯穿整个语言学史。在一定程度上也反映在两种对立的研究方法上:一种是通过观察到的语言用法,不管成名的作家,还是社会所认可的普通说话者,从外部对语言进行研究;另一种是把语言看做人的天赋才能的一部分,看做人类理性的表现,从人类语言内部研究语言。"(罗宾斯,1997,145页)

历史比较语言学史

第四章 历史比较法产生的前提

一、绪　　论

4.1 概说

语言科学建立于十九世纪的头二十五年。在这以前，在不同的国家里，虽然也有人对于语言作过不少的观察，在语法方面作过许多次关于语言系统的记述的尝试，并且发表过一些有关语言本质和语言起源的饶有趣味的意见，但是正如契科巴瓦教授所说："这些饶有趣味的意见绝非都是正确的，因为他们没有把有规律的和偶然的事实分别开来，致使语言的研究丧失了科学的基础。"① 直到十九世纪初，大家懂得运用历史主义观点去研究语言的各种现象，注意到其中的演变规律，语言的研究才成了科学的研究。

无可否认，语言科学起初在欧洲建立是跟历史比较法的运用分不开的，由此产生了比较语法或历史比较语言学。从此以后，语言的研究才从那些陈旧的、非科学的观点解放出来，成为一种真正的、独立的科学。

可是历史比较法也并不是一朝一夕，无缘无故地产生的。这

---

① 见契科巴瓦《就斯大林著作的观点来论语言学中的历史主义问题》，《语言学中的历史主义问题》，第 1 页。

里面有两个非常重要的因素：一个是世界语言标本的搜集，一个是梵语材料在语言比较中的运用。所以我们论述历史比较语言学的历史不能不说到历史比较法的产生，而要明了历史比较法之所以产生的前提又不能不说到这两个因素。[1]

二、世界语言标本的搜集

4.2 十八世纪以前关于世界语言标本的搜集

关于世界语言标本的搜集，我们在上边说过，在中世纪的时候就已经有许多耶稣会士做过这种工作。但是当时这种工作只是为了宗教上的目的的，或者只由于好奇心的驱使，还说不上什么比较研究。为了语言的研究，有意识地提出要进行世界语言标本的搜集的实始于德国的莱布尼兹（G. W. Leibniz）。

莱布尼兹（1646—1716）是德国的哲学家、历史学家、数学家、神学家和律师，同时对于语言的研究也很有兴趣。他不相信希伯莱语是世界一切语言之源。他在一封给田塞耳（Tensel）的信中说：

> 把希伯莱语叫做原始的语言，正如把一棵树的芽枝叫做原始枝，或者设想在某些地方砍下来的树干能够代替那棵树生长一样。这样的念头是可以想得出来的，但是不符合自然界的规律，不符合宇宙的和谐，也就是说，不符合神的智慧。

又说：

> 认为希伯莱语是人类的原始的语言，其理由正如采纳了哥洛庇乌士于1580年在安特威尔泊出版的一本著作中证明荷兰语是天堂上所说的语言的见解。①

---

① 参看辜劳尔（Guhrauer）《莱布尼兹传》，卷二，第129页。

因此他在一篇论文《论国家的起源》里说：

> 语言的研究，除了正确的科学原则之外，不能用其他的原则来进行。为什么不从已知的开始而从未知的开始呢？我们应当从我们所能得到的语言的研究开始，把它们互相加以比较，找出其中的相异点和相同点，然后进一步去研究那些前一代的语言，揭示它们的亲属关系和来源，再一步一步直追溯到最古的语言，这才是合理的；这些最古的语言的分析一定可以使我们得到唯一可以相信的结论。①

就从这一个信念出发，他要请他所认识的一切人，其中包括传教士、旅行家、大使、亲王以至皇帝，给他以帮助。为了响应他的这个号召，当时住在中国的耶稣会士曾为他工作。在俄国旅行的阿姆斯特丹（Amsterdam）市长魏特森（Nicolaes Witsen）也曾寄给过他一件很宝贵的礼物，即把《祈祷书》翻译成霍登托脱（Hottentot）土语。并且他曾写信给俄皇彼利大帝和副首相夏非洛夫（Schaffiroff）男爵，请求他们设法就俄国境内的各种语言编成词典，或者至少是一些小词汇。他自己也曾编过一份最简单的和最必要的词表用来比较各种不同的语言。在他的历史研究中，他搜集了许多可以解释德语起源的材料，并且鼓励他人，比如埃卡尔德（Eccard），也这样做。他特别指出了各地方言土语的词汇对于解释语言词源结构的重要性。他也曾做过一些语言的分类，但都是不成系统的，并且其中有许多是错误的，例如他把语言分成雅弗的和阿拉姆的两类，认为前一类是在亚洲和欧洲的北部，后一类是在亚洲和欧洲的南部。他相信语言有个共同的来源，人类是由东方移到西方的。但是他没法分出各种语言间的正确的亲属关系，并且把一些他系的语言如芬兰语和鞑靼语也混入了印欧系（即他所称"雅弗系"）语言里去。尽管这样，莱布尼兹对于

---

① 参看辜劳尔《莱布尼兹传》，卷二，第 127 页。

语言的研究实在已经拟订好了一个很好的计划。有些语言学家甚至认为假如这个计划能够很好地执行，并且得到他的同时代的学者了解和支持，那么作为一种归纳的科学的语言学将可以提前一个世纪建立起来。①

4.3 俄国的《全球语言的比较词汇》

另一位对语言标本的搜集最感兴趣的应该算是俄国的女皇伽德邻（1762—1796）。她在没有做皇帝以前就很赞同莱布尼兹所计划要编一本普遍词典的意见，并且曾鼓励圣彼得堡英国工厂里的一位牧师杜马列斯克（Daniel Dumaresq）从事这种工作；据说这位牧师曾依照她的意旨编成过一本《东方语言的比较词汇》。伽德邻女皇登基后，事情虽然很忙，但是并没有忘掉关于语言学的研究。有一次，她曾幽居将近一年，专门编纂她的比较词典。以下是她于 1785 年 5 月 9 日写给齐墨曼（Zimmermann）的一封信：

> 你的信把我从孤寂中拯救出来了。我已把自己关了快九个月，不思一动。你将猜想不出我在干什么。我来告诉你罢，因为这样的事情是不会每天都发生的。我正在做一张表，里面包含着两百到三百个俄语的基本词，把它们翻译成我所能找到的许多语言和方言。它们的数目已经超过两百了。我每天从这些词中挑出一个，把它写成一切我所能搜集到的语言。这使我知道克勒特语很像奥斯迭亚语（Ostiakian）：在一种语言是"天"的意思，在别些语言却是"云"、"雾"、"穹窿"的意思；"上帝"这个词，在有些方言是"善"、"至高"的意思，在另一些却又是"太阳"或"火"的意思。……我把巴拉士（Pallas）教授请到我这里来。在诚意地忏悔了我的过失之后，我们同意把这些搜集起来的东

---

① 参看缪勒《语言科学》，卷上，第 152—153 页。

西刊印出来，使对于那些喜欢研究别人舍弃了的玩意儿的人有些用处。我们现在只等着东部西伯利亚的一些方言。日后世界上一般人对这种工作能否看出一些光明的意图，这要靠他们的心地，与我毫不相干。①

伽德邻女皇既然对于语言标本的搜集有这样的癖好，在那个时候，自然有许多人愿意去帮她的忙。不仅一切俄国的驻外大使都接到训令要为她搜集材料，德国的教授如尼戈莱（Nicolai）也曾为她提供了许多语法和词典，连美国的第一任大总统华盛顿也曾把她的词表寄给各地方的首长和将军，要他们为她搜集美洲的语言和方言。于是那本俄国的钦定词典《全球语言的比较词汇》（Glossarium Comparativum Linguarum Totius Orbis）于1787年终于在彼得堡出版了，第一卷包含285个词，翻译成51种欧洲的语言和140种亚洲的语言。第二版由米里耶和（Jankiewitsch de Miriewo）主编，按照字母排列，共分四卷，于1790—1791年出版，里面包含185种亚洲的语言，52种欧洲的语言，28种非洲的语言，15种美洲的语言，共280种语言，比第一版的规模更大。

4.4 赫尔伐士的《语言目录》

此外还有两个人我们不能不在这里提到，这就是赫尔伐士（Lorenzo Hervasy Panduro）和阿德隆（Johann Christoph Adelung）。

赫尔伐士生于1735年，卒于1809年，原籍是西班牙，耶稣会士。当他在美洲各部落中传教的时候，就已经注意到要系统地研究他们的语言。后来他回到欧洲，大部分时间住在罗马，得到从其他各地回来的传教士的帮助，从事他的编纂和研究的工作。他的著作很多，大都是用意大利文写好，然后翻译成西班牙文的。其中贯穿着一个世界的观念，他自己用西班牙文叫做 Idea del Universo（宇宙观念）。我们现在要注意的是里面提及人类和语

---

① 参看缪勒《语言科学》，第159—160页。

言的那部分，尤其是他于 1800 年出版的那本《语言目录》(Catalogope las Lenguas)。

《语言目录》共分六卷，包含三百多种语言的材料，无论从内容的丰富方面看，或立论的正确方面看，都超过了许多前人的同类著作。

直到十八世纪末叶，许多人都只知道有法国谢伯冷（Court de Gebelin）的那本《原始社会与现代社会之分析与比较》(Monde Primitif Analysé et Comparé avec le Monde Moderne, 1773, 巴黎)，而不知道有赫尔伐士的《语言目录》。但是如果把它们加以比较，谁也不能否认，在许多地方，赫尔伐士的《语言目录》都优于谢伯冷的《原始世界的分析与现代世界的比较》。例如谢伯冷把波斯语、阿美尼亚语、马来语、科伯特语看做希伯莱语的方言。并且他说巴斯克语是克勒特语的方言，在美洲的语言中可以找到希伯莱语、希腊语、英语和法语的词。赫尔伐士的《语言目录》所搜集的语言虽多于谢伯冷所知道的五倍，但是他没有正确可靠的证据就从来不敢作这种轻率的判断。他自己曾经整理了四十多种语言的语法，第一次指出语言的真正的亲属关系主要应该决定于语法上的证据，而不是决定于词汇方面的相似。他曾用名词和动词变位的比较表证明希伯莱语、却尔地亚语、叙利亚语、阿拉伯语、埃塞俄比亚语（Ethiopie）[①]、阿姆哈利语（Amharic）同属一种原始语言的方言，并且确定了闪族语系。他否定了一切语言出于希伯莱语的论调，很清楚地看出了汉语和汉藏语系方言，匈牙利语、拉浦兰语和芬兰语间有亲属关系的迹象。他证明了巴斯克语不是如一般人所相信的克勒特的方言，而是早期住在西班牙的一个独立部落的语言，许多西班牙的山名和河流的名称都可以为证。他认为马来语和波利尼西亚语同属一个语系，这在语言学史上尤其是一个光辉的发现。

赫尔伐士自己不懂梵语，只从他的教友巴尔多洛美奥（S.

[①] 按：即阿比西尼亚语。

Bartolommeo）那里得到一些片段的知识。他曾把希腊语的 Theos（神）和梵语的 Deva（神）加以比较，并且认为希腊语的助动词 eimi（我是），eis（你是），esti（他是）和梵语的 asmi（我是），as（你是），asti（他是）相同。他甚至指出过希腊语表示阳性、阴性和中性的词尾 os, ē, on 和梵语的 as, â, am 是一样的。可是因为他相信希腊的哲学和神话是由印度来的，所以希腊语的有些词也是从印度借来的，没法确定这两种语言间的亲属关系。

4.5　阿德隆的《米特里达脱斯或普通语言学》

十八世纪末至十九世纪初，另一本最重要的有关语言标本的著作就是阿德隆的《米特里达脱斯或普通语言学》[2]（Mitridater-Soder Allegmeine Sprachenkunde）。这本书是一半依据于赫尔伐士的《语言目录》，一半依据于俄国的《比较词汇》编成的。全书共分四册，第一册出版于 1806 年。阿德隆死后由法特（Johann Severin Vater）续编，于 1809 年出版第二册。第三、第四册由法特和阿德隆的儿子续编，分别于 1816 年和 1817 年出版，规模比赫尔伐士的《语言目录》还要大，可是材料并不如一般人所想的那么可靠，甚至对于近在咫尺的斯堪的纳维亚的语言也弄出了一些很可笑的错误，有些新发现反而没有引起他们的注意。例如许多印欧系语言早已有人看出它们之间的亲属关系，而阿德隆却只按照地理上的分布——南亚的、西亚的、欧洲的——把它们跟非本系的语言连在一起讨论。他对于许多已经死亡的语言实际上毫无所知，却要把它们跟希腊语和拉丁语同列为一语系，造出了像"特拉西安-贝拉斯金-希腊-拉丁语系"① 这样一个稀奇古怪的名称。

总的说来，阿德隆的这本《米特里达脱斯》可以代表十八世纪一般人对于各种语言的知识，由此可能看到十九世纪欧洲的学

---

① "Thracian-Pelasgiah Græco-Latin family"。实际上特拉西安语和贝拉斯金语都是古代已经死亡了的语言，与希腊语和拉丁语毫无关系。

者在这方面曾经有了怎样巨大的进步。

三、梵语材料在语言比较研究中的运用

4.6 梵语材料对于语言比较研究的意义

上边所说的许多关于各种语言的搜集,就语言研究方面来说虽然很重要,比起以前有了很大的进步,但他们有关语言分类的原则还很难说是科学的。他们大体上只把各种语言按照地区加以类别,如什么欧洲的语言、亚洲的语言、非洲的语言、美洲的语言、玻利尼西亚的语言等等。当然,他们也从其中看出了一些相互间的相同点,但是具有这些相同点的语言往往相离很远,宛如汪洋大海中露出水面的一个一个小岛,它们何以会有这些相同点还是他们所不能了解的。要把这些浮游着的原素熔合成为一个固定的结晶体,还需要一把很强烈的火力,而这把火力就是把梵语材料运用到语言的比较研究中去。

4.7 十八世纪以前欧洲人对于梵语的学习

欧洲人认识梵语,并不是十八世纪才开始的。远在公元前五世纪,在一些希腊古代作家如赫卡代奥斯(Hekataeos)、希洛多图斯、克德西亚斯(Ktesias)等人的著作中,就已经可以找到一些关于印度的记载。梅伽斯德尼斯(Megasthenes)曾寄居印度,写过一本关于印度的书,可惜这本书现在已失传,只留下一些片段了。

直到十五世纪,欧洲人和印度才有了更频繁的接触。伽马(Vasco da Gama)于 1498 年 5 月 9 日在加里库特(Calicut)登岸,贝德洛(Padre Pedro)马上就开始在那里传教,跟着西方的传教士一批一批地到了印度,但是在他们的通信和报告中,没有一个曾提及梵语或梵语文学的。

圣芳济(St. Francis Xavier)是第一个在印度组织传教工作的

(1542年)，可是直到1559年才听说他在果阿（Goa）的教会里从婆罗门教人那里学习他们的神学和哲学。

意大利学者萨塞提（Filippo Sassetti）于1581年至1588年寄居于果阿。他在一封信里说，印度的科学都是用一种叫做Sanscruta的语言写的。印度人学习这种语言像欧洲人学习希腊语和拉丁语一样，通常要六七年才能学懂。这种语言不知是什么时候说的，它有许多词和意大利语很相似，特别是6、7、8、9等数词和"上帝"、"蛇"等名称。最后他说："我应该十八岁就到这里来，好把关于这些美丽的东西的知识带回去。"

欧洲人第一个精通梵语的是一位叫做诺比里（Roberto de Nobili, 1577—1656）的传教士。他是贝拉尔明诺（Bellarmino）大主教的侄子，1606年到印度，为了要得到与印度的贵族和上层分子接近的机会，曾混做婆罗门教徒，专门学习泰米尔语（Tamil）、铁鲁古语（Telugu）和梵语。他能看懂一切梵语的最难懂的文献，要把耶稣教义倡为一种新的吠陀。后来教皇责备他叛教，他曾为自己申辩，将婆罗门教的教义、风俗、文学等详细报告罗马，终归得不到谅解，以一个盲老人的身份死于印度。另一个耶稣会士洛德（Heinrich Roth）的梵语也学得很好。他曾在阿格拉（Agra）请了一个婆罗门教徒教他梵文。经过六年苦心学习后，他于1666年回罗马，作了一个十分有趣味的关于梵文字母的报告。

4.8 十八世纪欧洲人对于梵语和欧洲语言有相同点的发现

到了十八世纪，欧洲人已渐知东方有一个很大的文明古国。它有很丰富的语言学，并且有坚强的宗教组织。许多耶稣会士为了要战胜他们的敌人，不能不通晓他们的哲学和神学，要从他们的心脏里去进攻他们。据加尔美特神父（Père Calmette）于1733年1月24日所写的一封信说，他们有许多教士对梵文已很有基础，并且能读《吠陀经》的一部分。他们要建立一个东方图书馆，希望能在那里对宗教事业的推进得到很大的利益。其他如格尔都神父（Père Coeurdoux）、庞神父（Père Pons）、巴尔多洛美奥、东巴（Marco da Tomba）、汉克斯列顿（E. Hanxleden）等都曾对梵语下过苦功。格尔都是由法皇路易十四派到印度去的一法国耶稣会士。他曾于 1767 年写信给巴黎的巴尔德勒米院长（Abbé Barthélemy）回答"美文和铭志学会"向他提出的"何以梵语有这么多与希腊语和拉丁语，尤其是拉丁语，相同的词"这个问题，指出梵语与拉丁语确有许多相同的词和语法结构，例如 deva 与 deus（神）、mrityu 与 mors（死）、ganitam 与 genitum（产生）、gânu 与 genu（膝）、dattam 与 datum（给与）、dânam 与 donum（礼物）等等。并且他指出梵语 vidhavâ 与拉丁语 vidua（寡妇）相同，而梵语的 vi 是"没有"的意思，dhava 是"男人"的意思。这样的例子引起了欧洲学者很大的兴趣。要学梵语的人越来越多，但苦于没有词典和语法。直到 1790 年，那个从 1776 年到 1789 年曾在印度住过的德国教士巴尔多洛美奥（原名魏尔丁（Johann Philip Werdin））才在罗马编出了他的第一本《梵语语法》。

自印度沦为英国殖民地后，关于梵语和印度的文献资料几乎成了英帝国主义的专利品。他们于 1784 年在加尔各答成立了一个"亚洲学会"，豢养一班御用的学者在那里从事研究工作。其中最有名的是一个在东印度公司里任职的威廉·琼斯（William Jones）。

琼斯在没有到印度以前，就已经注意到波斯语和希腊语有许多相近的词。他在印度后，接触到了梵语，更觉得这种语言和欧洲的许多古代语言有个共同的来源。他于 1786 年在"亚洲学会"宣读论文时说："无论多么古老，梵的结构是最奇特的，它比希腊语更完备，比拉丁语更丰富，并且比这两种语言都更精美，可是它们无论在动词的词根方面，还是在语法形式方面，都有很显著的相同点，这不可能是出于偶然的；确实的，这些相同点是这样显著，使得考究这三种语言的语文学家，没有一个能个相信它们是出于共同的来源，虽然这个共同的来源现在也许已经不存在了；我们有同样的理由相信，虽然这理由并不那么有力，峨特语和克勒特语，虽然杂有不同语言的成分，也跟梵语有相同的来源。古波斯语也可以加入这一个语系里面。"[3]

可是这些相同点应该怎样去加以解释呢？大家都觉得莫名其妙。神学家说这是因为自巴比塔建成后，世界上分出了许多种不同的语言，这些都是原始共同语言的残迹。古典语文学家怀疑梵语是从埃及输入印度的，它与希腊语都是同一种语言的方言。最苦恼的是那时的哲学家，他们生怕这些事实所引出的结论会全部推翻他们关于世界历史的体系。因此有些人，例如斯吐瓦尔特，就干脆不顾事实，认为梵语是婆罗门教徒仿照希腊语和拉丁语的模样假造出来的，说他们是骗子、棍徒，整个梵语文献都是一个大骗局，希腊语和拉丁语不可能与皮肤黝黑的印度人的语言有什么亲属关系。[4]

4.9 史勒格耳的《论印度人的语言和智慧》及其意义

在这个时候，却有一个人，敢于挺身而出，排除一切成见，面对事实，拨云雾而见青天，那就是德国诗人史勒格耳（Friedrich von Schlegel）。[5]

史勒格耳是德国的一个浪漫派诗人，早年曾到英国从韩米尔顿（Alexander Hamilton）学习梵语，后来又到巴黎继续学习这种语文。他有浪漫主义的气质，因为梵语与欧洲许多语言有着不可否认的共同点。认为这不会是出于偶然的，也不是出于假借；同时印度人有高度的文化和智慧，也不是一般人所能抹杀的。他很想把它介绍过来，引起欧洲文化的革新，正如从前恢复希腊文化的研究曾造成欧洲的文艺复兴一样，结果于1808年写成了他那本脍炙人口的《论印度人的语言和智慧》（Über die Sprache und die Weisheit der Indier）。

史勒格耳的这本著作不仅使欧洲人对于印度文化发生了很大的兴趣，而且对于语言科学的建立也是非常重要的。他在这本书里第一次用上了"比较语法"这个名词，认为"比较语法将给我

第四章 历史比较法产生的前提

们以关于语言谱系的崭新的知识,正如比较解剖学曾给自然历史以光明一样"。① 并且他曾认识到语音对应对于比较语法的重要性,例如他在这本书里说过:"如果中介的阶段在历史上可以证明,我们就可以说 giorno 是由 dies(日)演变来的;当西班牙语常用 h 来代替拉丁语的 f,或者拉丁语的 p 在德语的同一个词里常变成了 f,c 在不少的时候变成了 h,那么这对于其他不大明显的例子就可以成为得到同样结论的基础。"② 这本来都是说得很对的,可惜史勒格耳究竟不是语言学专家,不能从这里得出什么"语音定律"来。并且他自己声明不准备在这本书里叙述什么字母(声音)的变迁或替代的规律,这还需要整套的相同的词作为后代语言的证据。在其他地方也还有不少的错误。此外,他过于相信德语与波斯语有近亲的关系,只把语言分为有机体语和无机体语两大类,认为有机体语是语言进化的最高阶段,无机体语只代表语言的原始状态,诸如此类的论点,现在看起来也都是错误的。

尽管这样,我们却也要知道,史勒格耳的这本书是在 1808 年出版的,比阿德隆的《米特里达脱斯》只后了两年,而其间真有天渊之差别。这本书虽然有它的许多缺点,但是对于语言科学的建立却有很大的影响。所以有些语言学家说史勒格耳的《论印度人的语言和智慧》这本书好像魔术师的手杖一样,它指出了一个可以开出矿物的地方;不久后就会有一些当时最优秀的学者开始开辟矿道,掘出矿苗。③

评注:

[1] 历史比较语言学产生背景的补充:

(1) 社会背景:十八世纪末、十九世纪初,西方资本主义迅速发展,

---

① 参见原书第 28 页。
② 参见原书第 6 页。
③ 参见缪勒《语言科学》,卷上,第 231 页。

殖民势力在全球扩张,加强了各种语言的接触。

(2) 科学背景:①社会科学由唯理主义转向历史主义;②自然科学中,达尔文的进化论标志着科学的新时代。

(3) 语言研究背景:①西方人对梵语研究取得巨大成果;②世界语言标本收集越来越丰富。

[2] 阿德隆的这本书是以普通语言学为标题的最早的一本。

[3] 威廉·琼斯于1783年起任英国驻印度法官。在1786年的学术会议上宣读了他的著名论文(罗宾斯,1997,164页;《中国大百科全书》语言文字卷,1988,324页)。

[4] 罗宾斯指出:"梵语研究是激发早期历史比较语言学的主要因素。"(罗宾斯,1997,180页)

[5] 弗·史勒格尔,又翻译成施莱格尔、史列格尔。弗·史勒格尔与奥·史勒格尔是两兄弟,都是语言学家,但谁是哥哥谁是弟弟,本书与其他书不同。一般认为弗·史勒格尔是弟弟,奥·史勒格尔是哥哥,本书颠倒了。

第五章 历史比较语言学的产生和发展

一、绪　　论

5.1　概说

历史比较语言学的建立在语言的研究中是一件大事。从此以后，人们才懂得跨出本族语言的范围去寻找它的亲属语言，从其中引出它的演变规律，找到它的生命，使各种语言的研究向前大大跨进了一步。

历史比较语言学自产生以至成长并不是一帆风顺的，其间经过许多波折，走过不少弯曲的道路，并且在许多语言里，这种工作直到现在还有待于进一步推进。因此明了它的产生和发展的经过和它在各种语言研究中的情况就具有特别重大的意义。

二、历史比较语言学的产生

5.2　历史比较语言学的奠基者

历史比较语言学从前又称比较语法。"比较语法"这个名目，我们在前一章说过，史勒格耳在他的《论印度人的语言和智慧》一书中早就已经用上了，可是他并没有从那里整理出任何的规律来。所以史勒格耳只能算是比较语法的先驱者，还不是历史比较语言学的奠基者。

历史比较语言学的第一个奠基者向来大家都认为是德国的佛兰兹·波普（Franz Bopp），因为他于1816年曾著《论梵语动词变位系统,与希腊语、拉丁语、波斯语和日耳曼语相比较》(Über des Conjugations System der Sanskrit Sprache in Vergleichung mit Jenem der Griechischen Lateinischen, Persischen und Germanischen Sprache)一书,产生了很大的影响。可是实际上在他以前,就已经有一个丹麦人拉斯克(Rasmus Rask)于1814年采用历史比较法写过一本《古代北方语或冰岛语起源研究》(Undersögelse om det Gamle Nordiske eller Islandske Sprogs Oprindelse)。这本书是用丹麦文写的,并且因为种种原因,直到1818年才出版,所以不大为人所注意。但是如果拿年代的先后计算,历史比较语言学的第一个奠基者实是拉斯克而不是波普。接着雅各布·格里姆(Jacob Grimm)的《德语语法》(Deutsche Grammatik)于1891年出版。这三本书都是历史比较语言学早期最重要的著作。[1]

5.3 拉斯克和他的《古代北方语或冰岛语起源研究》

拉斯克1787年生于丹麦的一个农民家里,自幼即酷爱语法。有一次,他的学校奖给他一本用冰岛语写的书,他毫不需要语法或词典的帮助就从里面整理出了一个动词的变位表,毕业时对于冰岛语和许多其他的语言都学得很好。后来他进了哥本哈根大学,专攻语言学,特别喜爱关于冰岛语的研究,于1811年写出了他的处女作《冰岛语语法》,以简明详备著称。《古代北方语或冰岛语起源研究》这本书是他在冰岛住了好几年之后才写成的,随即寄到哥本哈根去应征,获得了丹麦科学院的奖金,其中有些观点是非常重要的。

首先,拉斯克认为在没有书面文献以前,我们要找出任何民族的历史,语言就是一个最主要的工具,因为这个民族的宗教、风俗、法律和制度尽管起变化,而他的语言却常被保存下来,虽然不是没有改变,可是甚至在几千年后还可以辨认出来。但是要找出语言的亲属关系,我们必须有方法地考察它们的整个结构,而不是只比较其中一些琐碎的细节。在这里最重要的就是语法系统,因为词很容易从一种语言传到另一种语言,而语法形式却很少是这样的。这一点在以前常为人所忽略。一种语言无论怎么混杂，只要它具有最基本的、最具体的、最不可少的词和另一种语言相同，它们就是属于同一个语系的；其中语法最复杂的语言就是最接近于发源的语言。在这一方面，代名词和数词的相同是有决定性的意义的。如果两种语言间这些词大体相一致，并且我们有可能从其中找出一些语音对应的规律，那么这两种语言基本上就有亲属关系；如果整个结构和组织都有这种互相对应的相同点，那么它们的亲属关系就可以确定了。

拉斯克根据这些原则去考究古冰岛语的起源。他首先把它归入日耳曼语系（他把它叫做"峨特"语系），然后去找它和其他语言的亲属关系。他很快就把格陵兰语和巴斯克语剔除出去，因为它们的语法和词汇都相差得很远。对于克勒特语他起初踟蹰了一下，最后认为与冰岛语没有亲属关系（可是后来他认识到这样是错了的）。他把冰岛语跟芬兰语和拉浦兰语比较得相当详细，最后的结论认为它们的相似点都只出于假借，而没有原始的亲属关系。至于各斯拉夫语，他却从里面看出了许多与冰岛语有关的基本的相同点，认为它们属于一个更大的语系。立陶宛语和拉脱维亚语与斯拉夫语关系较为密切，他把这两种语言归入一个独立的语支。他把冰岛语和拉丁语，特别是希腊语比较得更为详细，最后在峨特语、斯拉夫语、立陶宛语、拉丁语和希腊语等之间找出了许多词汇上的对应关系，并且为这些语言整理出了一个比较语法，大体上都是非常正确的。他对于亚洲语言的关系还知道得很少，但是已经约略地看出波斯语和印度语与冰岛语有一个较远的共同来源。1818年6月11日，他在一封由圣彼得堡发出的信中很明显地表示了这个意见。那信里说："我们这样划分我们的语系：印度语（德干语、印度斯坦语）、伊朗语（波斯语、阿美尼亚语、奥塞特语）、特拉西安语（希腊语和拉丁语）、萨尔马替安语（拉脱维亚语和斯拉夫语）、峨特语（日尔曼语、斯堪的纳维亚语）和克勒特语（不列颠语和加爱力语）。"同时，他还为芬兰·乌戈尔系语言作了一个分类，大家认为比后来许多人所分的都还要好。其后他到印度去旅行，更认识到了禅德语（Zend）的正确地位，并且第一个看出了达罗毗荼语（Dravidian）与梵语不属同一个语系。他于1826年写的一篇关于禅德语的论文，直到1863年才有人把它刊印出来，被认为很有价值。

拉斯克于1816年至1823年间经常在瑞典、芬兰、俄国、高加索、波斯、印度等处旅行，调查研究各种语言，最后因贫病交困，于1832年逝世。在这短短的岁月中，他除了上边所说的冰岛语语法以外，还写了好几种语言的语法，尤以盎格鲁·撒克逊语法、弗里西安语（Frisian）语法和拉浦兰语语法写得最好。在语音研究方面他虽然也曾有过一些错误的见解，例如因为他太相信近代冰岛语的发音能反映原始时期的发音，给古峨特语拟出了一个"长元音"的系统（后经格里姆证明其实是后来才发展出来的），但是对于许多古音演变的规律却考证得非常细密，这一点曾对格里姆产生很大影响。他对他所研究的许多种语言拥有第一手材料，不只靠书本或古代的手抄本，这对于当时的许多语言学家说来是很少见的。

5.4 波普和他的《论梵语动词变位系统》和《比较语法》

波普1791年生于德国，二十一岁到巴黎学习东方语言，后来专攻梵语。他的第一本著作《论梵语动词变位系统，与希腊语、波斯语和日耳曼语相比较》出版于1816年。这一年在德国被称为历史比较语言学诞生的年头，其实波普在这本书里面真正作语法比较的只占157页，其余的155页都是梵语原文的编辑和翻译。1822年他返国担任教授，曾在"柏林学会"宣读过几篇论文，尤其是自1833年至1849年他的名著《梵语、禅德语、阿美尼亚语、希腊语、拉丁语、立陶宛语、古斯拉夫语、峨特语和德语比较语法》（Vergleichende Grammatik des Sanskrit, Zend, Armenischen, Griechischen, Lateinischen, Litauischen, Altslawischen, Gotischen und Deutschen）出版，那才是纯粹的比较语法的著作。他后来还发表了好几篇与比较语法有关的论文，于1867年逝世。

波普的主要目的，我们从他的书名就可以看到，是要把梵语和欧洲、亚洲的好几种语言相比较，以求出它的语法形式的来源。他对于这几种语言的关系有一个很正确的看法。他不相信希腊语、拉丁语和其他欧洲的语言是由梵语变来的，也不相信梵语是由其他语言变来的。他认为它们都出于一种共同的原始语言，不过梵语比其他语言保存有更多的原始形式。他说："婆罗门教徒的语言比之最古的作家和文物，常常更能使我们揣度出希腊语和拉丁语的原始形式"，因此"我们首先要了解古印度语的动词变位系统，然后把它跟希腊语、拉丁语、日尔曼语、波斯语的动词变位系统相比较；这样，我们将可以从其中看出它们的同一性和由一种单一的语言结构中出现的连续不断但是逐渐的破坏运动"。在他的《比较语法》中，他所比较的就不只限于这几种语言的动词变位系统，而把范围扩大到一切语法形式了。

无可否认，用梵语的形式确实可以解释许多拉丁语和希腊语的形式。例如拉丁语的 genus（种类）这个词，就它的变格有许多形式如 genus、generis、genere、genera、generum 等等；同样，希腊语的 génos，也有许多形式如 génos、géneos、géneï、génea、genéōn 等等。这些形式，假如我们把它们孤立地加以比较，那么一点也看不出来它们的原始形式。但是假如我们把它们跟梵语的ǵanas、ǵanasas、ǵanasi、ǵanassu、ǵanasām 等相比较，就很容易看出那原始的词根将是像 *ganas 这样的一个形式，那最后的 s 在希腊语的两个元音之间都脱落了，如 géne(s)os, géne(s)ï 等等，而在拉丁语里却变成了 r。这样就都清楚了。当然，梵语所代表的原始形式并不是每一个都保存得这样完整的，其中有些元音已经改变了许多，在这种情况下，我们反要借助于其他语言的比较才能够使它还原过来。可是把几种有亲属关系的语言加以比较可以揣度出那原始形式却是无可怀疑的。波普的这些书之所以宝贵的地方就在这里。

可是我们不能说这些书里面就绝对没有半点错误。最明显的，波普在巴黎念书的时候曾受他的老师德·萨西（Silvestre de

Sacy）的影响很深。我们在上面提到过，德·萨西属于唯理语法学派①。他和当时的许多语法学家如赫尔曼（Gottfried Hermann）等一样相信任何句子都包含有三个不可缺少的元素：主语、谓语和系词；系词把主语和谓语联系起来。系词的功用是把谓语归属于主语，所以语言中只有一个真正的动词，即系词。波普在这些书里重复了他们的这个意见说："一个动词，就这个名词的最严格的意义来说，是语言中的一个词类，人们用这个词类把主语和它的谓语联系起来。按照这个定义，语言中只能够有一个动词，即实体动词，在拉丁语是 cssc，在英语是 to be……像希腊语、拉丁语等这样结构的语言可以用一个这一类的动词来表达整个逻辑上的命题，但是里面那个表示主语和谓语的联系（即动词的最可以作为特征的功能）的词类可以完全省略或暗藏着。例如拉丁语的动词 dat 表示'他给'或'他正在给'这个命题；t 这个字母表示第三人称，是主语；da 表示谓语'给'；语法上的系词被隐藏着。可是在动词 potest（他能够）里，这个系词就被表现出来；potest 本身包含有这三个主要部分；t 是主语，es 是系词，po 是谓语。"② 波普根据这个理由，凡遇有 es-的地方就认为是跟拉丁语的 es-t（他是）有关的，遇有 s-的地方也认为是跟拉丁语的 s-unt（他们是）有关的，即完全没有这两个成分的时候也必牵强附会地加以解释，例如拉丁语 fac-ere（做，不定式）的-ere，他就认为是由古代的 ese 的，而 ese 却是 es 在古代的念法，后面加了一个 e，再把 s 双写成了拉丁语的 esse（是）。拉丁语的 amant-ur（他们被爱）他也认为是 amarunt 的倒换，-rent 是由-sunt 变来的，也包含有这实体动词"是"。再不能这样解释的时候，那就是把实体动词省略或隐藏了。这显然是非常错误的。任何句子都包含有主语、谓语和系词三个主要部分其实只是唯理语法学家根据逻辑上的一些理论假造出来的说法，实际上任何语言的句子都并不

---

① 参看本书第三章第二节。
② 见波普《论梵语动词变位系统》，1816 年，第 57 页。

完全是这样的①。波普随便把一些拉丁语的动词牵强附会地加以解释也是很不合理的。

波普这些书的价值在于本来想寻求语法上的原始形式而无意中发现了比较语法上的一些很重要的原则,正如法国梅耶所说"有点像哥伦布要寻求印度的航路而发现了美洲新大陆"。但是因为"它所致力的差不多只限于形态学,在形态学中又只限于形式变化的分析,而忽略了语音的发展及其确切的规律;它没有考察过这些形式的用法,也没有考察过句子的结构",所以"在波普之后还要详细地研究每种语言的发展,建立整个语音学、整个有关各种形式的用法和句子理论、定出严格的规则,尤其是清除波普采用的那些陈旧的观念对于各种来源所作出的空洞和投机的理论,虽然这些陈旧的观念不是由波普创始的。这个巨大的工作在这位大师在世的时候,并且从他早期的著作出版的时候起就已经开始了"②。

5.5 雅各布·格里姆和他的《德语语法》

雅各布·格里姆生于 1785 年。他是一个律师的儿子,起初学法律,很受法国萨维尼(Savigny)学说③的影响,后来到巴黎帮助萨维尼作法律史研究工作,在"国民图书馆"里找到许多有关古代德国民歌的材料,于 1811 年写了他的第一本著作《论古代德国的歌唱家》(Über den Altdeutschen Meistergesang)。那时搜集民间故事的风气正盛极一时。他和他的兄弟威廉·格里姆(Wilhelm Grimm)曾于 1812 年合作编成《儿童和家庭故事》(Kinder und Hausmärchen)一书,里面附有许多很有见地的注解和比较,奠定了德国民俗学的基础。他对于语言的研究起初只把

---

① 例如动词句就根本没有系词。
② 见梅耶《印欧系语比较研究导论》,法文本,第 3 版,第 446 页。
③ 萨维尼是法国的法学家。他主张法律制度是跟人民传统和人民的整个文化、道德生活有密切联系的,是它们逐渐发展的结果。

它当做一种副业,用旧的方法(或可以说是没有方法)去解释词源,受到了威廉·史勒格耳(August Wilhelm Schlegel)①很严厉的批评,因此发愤研究德语和它同族语言的历史,写成了他那本名著《德语语法》,于1819年出版。

格里姆在这里所用的"德语"这个名词是就它的最广的意义来说的,实际上就是"日尔曼语"。他特别指出他的这本书和当时的许多德语语法性质不同。他认为语言是自然发展的,他不准备在这本书里规定什么,而只想观察德语是怎样自然发展的,并且在发展过程中跟它的同族语言有着怎样的关系。很显然,这是跟萨维尼认为法律制度随着国家的生活而发展的观念相符合的,所以他在这本书的扉页写上"献给萨维尼"的字样,这不是没有原因的。

格里姆这本书的第一版出版于1819年。他在这一版里也跟波普的《论梵语的动词变位系统》一样只论及形态学,虽然偶然也谈到一些语音的变化,但是并不比波普有什么显著的进展。随后他看到了拉斯克的《古代北方语与冰岛语起源研究》一书,使他又了很大的启发,随即着手改编,于1822年出第一册,里面语音部分竟占了595页。

格里姆在历史比较语言学中最大的贡献就是他所谓的"格里姆定律"。其实他在这方面所致力的并不在于语音的分析和描写,而只是要找出各种语言间的语音对应,用来确定它们的词源上的价值。他很正确地指出古日耳曼语的有些长元音和短元音跟希腊语和拉丁语的完全一样,在各日耳曼族语言音素纵有改变、而长短并没有改变。例如古英语 mōdar(母亲)的 o 是长音,所以拉丁语跟他相对应的 māter 的 a 也是长音;古冰岛语 faðir(父亲)的 a 是短音,所以拉丁语跟他相对应的 pater 的 a 也是短音。此外,他还很

---

① 弗里德利希·史勒格耳的弟弟。他继他的哥哥之后研究语言学,在某些方面有了进一步的发展。(前面已有评注。史勒格尔兄弟在本书中可能被颠倒了,可参看其他语言学史有关著作。)

正确地、很清楚地解释了语音中的一种变化,叫做"变音"(Umlaut)。

所谓"变音"就是指的一个元音因受下一个音节的元音,特别是 i 或 j,u 或 w 的影响而起的变化。例如高德语 sohn(儿子,单数)与 söhne(儿子们,复数),瑞典语 son(儿子,单数)与 söner(儿子们,复数),其中的 ö 都是 o 的"变音"。这些词里的 o 何以会发生"变音"呢?我们光就这几个词的本身是很难看得出来的;但是如果把它们跟峨特语的 sunus 和 sunjus 相比较,就很容易看出那是因为受了下一个音节的 j 的影响。在这些例子里,峨特语的词常常保存着"非变音"的元音,并且我们可以从里面找到那些元音之所以发生"变音"的原因。

一个元音的"变音"有时要就不同语音的有关的词加以比较才能看得出来。例如古冰岛语的 bylla(充满)和高德语的 füllen 都是从峨特语的 fulljan 变来的。在这些例子里,也是峨特语的词保存着那"非变音"的元音。同样,英语 berry(浆果)和高德语 beere(浆果)的元音都是 a 的"变音",但是假如我们不知道峨特语的 basi(浆果)这个形式就没法看得出来。

格里姆认为峨特语的词可以用来解释一切其他日耳曼族语言的"变音"和考明它们的元音系统;峨特语的元音系统比任何其他日耳曼族语言的元音系统都更古老。峨特语只有三个短元音 a、i、u,因此他认为原始共同日耳曼语也只有这三个元音。这其实是错了的。实际上,峨特语的三个短元音并不能代表原始共同日耳曼语的元音系统;它除 a、i、u 之外至少还有一个 e,例如古冰岛语的 eta(吃),古英语和古撒克逊语的 etan(吃),高德语的 essen(吃),峨特语的 itan(吃)这几个词中,最原始的不是峨特语的 i,而是其他语言的 e,我们试把它跟拉丁语的 edo(我吃)等试一比较就可以知道;而格里姆并没有看到这一点。

除"变音"之外,格里姆发现了日耳曼语族中还有一种语音变化,叫做"转音"(Ablaut),即元音的交替,例如英语的 begin、began、begun(开始)等等。这种"转音"在日耳曼族任何语言中都可以找到，尤其是在格里姆所称的所谓"强动词"中最为明显。他在这方面作了一个很详尽的研究，对于了解日耳曼族语言语音的演变规律很有帮助。可是他因此认为一个词的核心只在于它的辅音，元音的交替只能表示词义的不同色彩（即指语法意义）却是错了的。其实在闪族语言例如阿拉伯语里我们可以这样说，而在印欧系语言，在许多情况下，元音的交替只是一个元音因受其他元音的影响而起的变化，例如古英语的 fōt：fōti > fēti > fēt（脚）等等。我们不能说它们也像闪族语言那样表示词义的只有它们的辅音，而元音的交替只表示词义的不同色彩。

在辅音方面，格里姆建立了他的所谓"语音变化规律"（Lautverschiebung），即希腊、拉丁语的清塞音 p、t、k 变成了峨特语的送气清音 f、ø、h；高德语的浊塞音 b、d、g；希腊、拉丁语的浊塞音 b、d、g 变成了峨特语的清塞音 p、t、k。高德语的送气清音 f、z、ch；希腊、拉丁语的送气清音 f、th、ch 变成了峨特语的浊塞音 b、d、g，高德语的清塞音 p、t、k。由希腊、拉丁语变为峨特语的这一阶段他叫做"第一次语音变化"；由峨特语变为高德语的这个阶段叫做"第二次语音变化"。大多数实际情况是跟格里姆的这个公式相符合的，但也不是全部都是这样。例如：第一，高德语并没有跟希腊、拉丁语的 p 和峨特语的 f 相对应的 b，试比较希腊语的 poûs（脚），拉丁语的 pedis（脚），峨特语的 fōtus（脚），高德语的 fuss（脚）等等；第二，高德语跟希腊、拉丁语的 k 相对应的也和峨特语一样是一个 h 而不是 g，试比较希腊语的 kardia（心），拉丁语的 cor（d）（心），峨特语的 hairto（心），高德语的 herz（心）等等。此外，跟希腊、拉丁语的 t 相对应的，峨特语固然有一个 ø，高德语固然有一个 d，例如希腊语 frāter，拉丁语 frater > 峨特语的 brøar > 高德语的 bruder（兄弟）；但是希腊的 pater，拉丁语的 pater 却变成了峨特语的 fadar，高德语的 vater（父亲）。这是什么原故呢？更不是格里姆所能看得出来的①。并且格里姆不长于语音的分析和描写。他这里所说的"送气清音",其中就包括有峨特语的f、ø [θ]、h;希腊、拉丁语的f、th、ch,高德语的f、z [ts]、ch [x];其实峨特语的f、ø [θ]、h,希腊、拉丁语的f和高德语的f、ch [x]都是清擦音,高德语的z [ts]是清塞擦音,把它们都叫做"送气清音",那是很不妥当的。

尽管有些错误,可是格里姆的这本《德语语法》在当时曾为语言的历史比较研究开辟了一个新世界,产生了很大的影响,这是谁也不能否认的。[2]

三、历史比较语言学的发展

5.6 历史比较语言学发展的意义

历史比较语言学自拉斯克、波普和格里姆等奠定基础后,马上在德国和欧洲其他各国掀起了一种对各种语言作历史比较研究的热潮,范围逐渐扩大,程度也逐步深入,对于普通语言学的建立起了很大的推动作用,尤其是对于印欧系语言的研究影响更大。

5.7 波特和他的《印度·日耳曼系语言领域内的词源研究》

历史比较语言学的发展,一般分为两个时期:1870年以前为第一期,1870年以后为第二期或新的时期。在第一期中我们首先要提到的是德国的波特(August Friedrich Pott)。他的主要著作《印度·日耳曼系语言领域内的词源研究》(Etymologische Fors-

---

① 这种不同的变化,后来为丹麦维尔纳(Verner)所发现,是因为重音前后位置不同的原故,在历史语言学里叫做"维尔纳定律",详见以下第121—122页。

chungen auf dem Gebiete der Indo-Germanischen Sprachen)①，出版于 1833—1836 年。这本书，按照他的计划，也像格里姆的《德语语法》一样是着重于就语音方面去作语言比较研究的；不过格里姆的主要着眼点是日耳曼族语言，波特却要把它扩大到整个印欧系语言，并且要把语音和语义结合起来，寻求出印欧系语言的词源。他选出了梵语和其他同系语言所共有的 375 个动词词根作为研究的对象，就它们的发音和词形变化去寻求它们的词源，所以这本书实际已含有词源词典的性质。

波特的这本书虽然标明是印欧系语言的词源研究，但是他很重视语音演变对于词源研究的意义。他在这本书的《绪论》中极力反对把当时流行的所谓"字母杀死生命而精神给予生命"这句话应用到语音研究上面来。他很热心于语音演变的研究，并且对于语音的演变具有比较成熟的理解。关于语音和意义的比较研究，他认为我们应该把那些完全的但是偶然的相同和表面上看来虽然没有直接的相同但是按照演变的规律却是绝对的相符区别开来。例如英语的 bad（坏的）和现代波斯语的 bad（坏的），无论在语音方面或意义方面都完全相同，但是这个词的古代伊朗语的形式可以证明它们之间毫无关系，所以这一类的相同是偶然的。反过来，现代波斯语的 xvāhar（姊妹）和英语的 sister（姊妹）表面上看来虽然相差很远，它们的词源其实是相同的。因此，他特别着重语音定律的历史性，认为它是词源研究的一把最重要、最可靠的钥匙。

但是波特也和他的前辈一样，还没有认识到语音定律不容许

---

① 波特把"印欧语系"叫做"印度·日耳曼语系"。这个名称在欧洲各语言学家的著作中用得很不一致。拉斯克起初把它叫做"欧洲语系"，"萨尔马特语系"（Sarmatic），最后又叫做"雅弗语系"。波普只在书名上列举各种有关语言的名称，但是在书中曾把它叫做"印欧语系"。另外有些人把它叫做"印度古典语系"或"印度·克勒特语系"，丹麦叶斯柏森主张叫做"阿利安语系"，都没有得到大家一致的同意。现在德国语言学家多把它叫做"印度·日耳曼语系"，其他各国的语言学家多叫做"印欧语系"。

有例外这个道理。所以他这本书里面虽然有许多对于历史语音学很有用的材料，但是也有不少是毫无价值的。他没有重建古印欧系语言系统的意图，在辅音方面差不多全以梵语的为标准，以它为出发点去作动词词根的比较，其他语言有而梵语没有的就任意把它删去。在他看来，梵语差不多就是印欧系语言的"母语"，虽然在其他方面他很能运用历史的观点去处理语言亲属关系的问题，例如他极力反对说拉丁语是由希腊语变来的。

波特的这本书结构松散，行文紊乱，喜争辩，常常节外生枝，令人难以卒读。1859 至 1876 年重版时，波特把它扩充到了十大册。

5.8 古尔替乌斯和他的贡献

其次，我们要谈到的是古尔替乌斯（Georg Curtius）、施莱赫尔（August Schleicher）[3]和费克（August Fick）三个人，通过他们历史比较语言学有了进一步的发展，他们对于语音演变的规律也有了更进一步的了解，但是还不可能得到完全正确的认识。他们都是历史比较语言学发展过程中的过渡人物。

古尔替乌斯是德国莱比锡大学的希腊语和拉丁语教授。他跟波普、格里姆和波特不是同一路线的。他反对他们用梵语和波斯语来做比较研究的材料。他对于历史比较语言学的贡献是推翻了格里姆认为古日耳曼语只有 a、i、u 三个基本元音的说法。他用许多事例证明古日耳曼语一开始就有了一个与希腊语和拉丁语相同的 e，例如古英语 etan（吃）的 e 跟拉丁语的 edo（我吃）的 e 相一致；在这一点上，峨特语 itan（吃）的 i 倒反是后来发展出来的。这个证明，一方面使人认识到峨特语在某些方面并不能代表古日耳曼的最原始的形态，打破过去认为梵语是印欧语母亲的观点，另一方面使人知道古印欧语在很早的时候就已经分成了梵语和波斯语所代表的亚洲的一支和其他语言所代表的欧洲的一支；亚洲的一支有三个基本元音 a、i、u；欧洲的一支却除了这三个基本元音外还有一个 e。

5.9 施莱赫尔的贡献和缺点

施莱赫尔是德国一个比较后起的历史比较语言学家，1821年生于波恩（Bonn），早年曾深受黑格尔哲学的影响。他通晓许多种语言，尤精于古斯拉夫语和立陶宛语。他在历史比较语言学方面最重要的著作是他于1861—1862年出版的那本《印度·日耳曼系语言比较语法纲要》（Compendium der Vergleichenden Grammatik der Indogermanischen Sprachen）。

施莱赫尔的这本书写得非常简练有条理，章节分明，跟波特的《词源研究》形成一个鲜明的对比。他跟波特的第二本著作虽然都叫做"比较语法"，但性质不同，因为波特的《比较语法》实际上只就语法形式作了一些比较，没有语音这一部分，而施莱赫尔这本书的整个第一册都是讲的语音部分。

施莱赫尔这本书的材料看来很新鲜，他好像很重视语音发展的规律性，但是在解释方面有许多地方却是不切合实际的，尤其是在形态学方面，并且在不少地方他重复了波普的错误。例如"十一"和"十二"这两个词，在峨特语是 ain-lif 和 twa-lif，在立陶宛语是 viénuo-lika 和 dvý-lika。这两个词都是复合词，第一个成分是"一"和"二"的意思，那是不成问题的。但是第二个成分是什么呢？波普把他跟希腊语的 déka 和拉丁语的 decem 相联系，认为是"十"的意思。可是峨特语的"十"叫做 taihun，立陶宛语的"十"叫做 dešim-t，跟 lif 和 lika 相差得很远。这应该怎样解释呢？波普只简单地解释说："同一个词有不同的用法，随着时间的进展可以变成不同的形式，许多例子可以援引来证明这种现象，不需要进一步的支持"。这显然是强词夺理的，因为在相同的情况下，比方"十三"、"十四"、"十五"等，在峨特语第二个成分都是用的-taihun，而不是-lif，在立陶宛语都是用的-dešimt 而不是-lika。施莱赫尔对于语音发展的规律性比波普重视得多，但是他也认为这两个词的第二个成分是跟希腊语的 déka 和拉丁语的 decem 有关的，因为由 d 变为 l 其他语言里也有这样的事例。可是证明一种语言的语音演变规律为什么要援引其他语言的事例呢？峨特语和立陶宛语的语音有没有这样演变的呢？却不是他要考虑的。这显然是不适当的。其实峨特语的 lif 跟古冰岛语的 leifa 有关，立陶宛语的 lika 跟 lik-ti 有关，都是"剩下来"的意思①，早已有人证明得确确实实了。

施莱赫尔对于历史比较语言学的最大的贡献是他对于古印欧语的"重建"。

所谓"重建"就是就所比较的语言材料用历史统计的方法为每个形式、每个词构拟出一个对每种语言来说都适合的"一般历史性的公分母"，用来代表那最原始的形式，并表明各有关的个别语言以后的演变。例如就梵语的 aśva-a（马），希腊语的 hippos，拉丁语的 equu-s，古英语的 eoh，古爱尔兰语的 ech，西吐火罗语的 yakwe，东吐火罗语的 yukə 等构拟出一个象 * ekwo-s 或更正确些像 * äkwå-s 这样的形式②。这个"重建"的形式可以表明在这几个词中，梵语的 áva-s 虽然可以看做是最原始的，但是它的两个元音却分别各有一些不同的色彩，即第一个元音有点像拉丁语的 equu-s 的 e，第二个元音有点像希腊语的 hippos 的 o；头两个辅音都跟梵语的不同，我们可以用许多事例来加以解释，在其他语言的也是一样。这种"重建"的工作不仅可以使人很清楚地看到在印欧系各种语言中，虽然有些是比较古老的，但是没有一种可以说是其他语言的"母语"，它们都同出于一种原始的基础语；并且它可以使人聚精会神地注意到每个语音发展的细节，所以在历史比较语言学里是非常有用的，甚至是不可少的。但是假如有人问它是否可以代表当时说这种语言的人的最正确的发音，谁也答复不出来。

---

① 峨特语的 ain-lif 和 twa-lif，立陶宛语的 viénuo-lika 和 dvý-lia，即（除十之外）剩下"一"，剩下"二"的意思，拉斯克在他的著作《古代北方语或冰岛语起源研究》第 253 页曾有说明。

② "重建"的形式通常用星号标出，表示它是构拟的。

语音"重建"的需要，本来本飞（Theodor Benfey）在他于1837年所作的对波特的《词源研究》一书的评论中就已经指出过了，可是把它付诸实践的，施莱赫尔实是第一个人。他在《纲要》的第一版里曾采用这个方法分章"重建"出了古印欧语的元音、辅音、词根、词干结构、名词变格、动词变位等等，但是没有说明。等到这本书于1866年出第二版的时候才举出了许多理由，特别是指出这种"重建"的工作可以把各方面对这些问题的研究的最近结果很具体地表明出来，使大家一目了然。其中大部分都是构拟得很妥善，很正确的，但是也有一些是以意为之，令人难以索解的。例如根据梵语的 mātā（母亲，宾格是 mātar-am），希腊语的 mātēr，拉丁语的 mater，立陶宛语的 mōtē（妇人，宾格是 mōter-i）这几个词，我们应该构拟出一个像 * mātē 这样的形式（在变格中词干应为 * māte），这样不仅对于任何语言都可以适合，而且每个音都有了历史上的证明（希腊语的 mātēr 和拉丁语的 mater 最后有一个 r，因为在变格中词干的尾音 r 已影响到了主格的形式）。可是施莱赫尔却把这个词构拟成 * mātar-s，这最后的 s 是在任何语言中都找不到历史上的证明的，并且这个词里的两个元音在任何语言里都是长音，他却把第一个元音拟为长音，第二个元音拟为短音，也是没有根据的。

"重建"的形式其实只是一种符号，人们利用这些符号来简单地表明各有关语言间的语音的对应。我们不可能想象它可以代表任何原始共同语的发音的真实情况，因为经验告诉我们，这种原始共同语的有些语音很可能在任何由它发展出来的语言中都已经消失，在这样的情况下，我们只根据这些语言的发音就没法把它们构拟出来。这是我们在作任何语系的历史比较研究时所应有的基本认识。可是施莱赫尔在他的《纲要》中却违背了这个原则，要为古印欧语构拟出一个语音系统，并且在1868年出版的《比较语言研究集刊》（Beiträge zur Vergl Sprachforschung）第五期上用他所构拟的这种语言写了一篇寓言叫做《山羊和马》与德语

第五章 历史比较语言学的产生和发展

相对照①。这是很难令人想象的。

施莱赫尔根据他的"重建"的结果认为古印欧语只有九个元音和十五个辅音,依次排列如下:

元音:

基本元音(grundvokal):   a   i   u

第一次增长(erste steigerung):   aa(ā)   ai   au

第二次增长(zweite steigerung):   āa(ā)   āi   āu

辅音:

r   n   m

j   v   s

---

① 施莱赫尔所构拟的寓言原文如下:

avis akvasas ka

Avis, jasmin varna na ā ast, dadarka akvamas, tam, vāgham garum vaghantam, tam, bhāram magham, tam, manum āku bharanam. Avis akvabhjams ā vavakat: kard aghnutai mai vidanti manum akvams agantam.

Akvāsas ā vavakant: kruohi avai, kard aghnutai vividvant svas: manus patis varnām avisāms karnanti svabhjam gharmam vastram avibhjams ka varrā na asti.

Tat kukruvants avis agram ā bhugat.

德语对照

[Das] Schaf und [Die] Rosse

[Ein] schaf, [auf] welchem wolle nicht war (ein geschorenes schaf) sah losse, das [einen], schweren wagen fahrend, das [eine] grosse last, das [einen], menschen schnell tragend. [Das] schaf: sprach [zu den] rossen: [Das] herz wird beengt [in] mir (es thut) mir herzlich leid sehend [den] mennschen [die] rosse treibend. [Die] rosse sprachen: Höre schaf, [das] herz wird beengt (in den) gesehen-habenden (es thut uns herzlich leid, da wir wissen): [der] mensch, [der] herr macht [die] wolle [der] schafe [zu einem] warmen kleide [für] sich und [den] schafen ist nicht woll (die schafe aber haben keine wolle mehr, sie werden geschoren; es geht ihnen noch schlechter als den rossen).

Dies gehört hahend bog (entwich) [das] schaf [auf das] feld (es machte sich aus dem staube).

k	g	gh
t	d	dh
p	b	bh

在这个系统里有一个很显著的特点，即无论元音或者辅音都是以"三"来区分的。这就是他受了黑格尔哲学影响的思想方法的具体表现。我们先别看他所构拟的这些元音和辅音是否与实际情况相符合，光就这些音的排列来说其中有许多地方就是不合理的。例如他把 r 和 n、m 并列；j、v 和 s 并列就是不合于音理的。其实 r 是颤音，n、m 是鼻音，性质不同；j、v（实际上古印欧语并没有 v，而只有 w）和 s 也不能等量齐观。何况这里面还有许多音的构拟是跟事实不相符的呢！

第一，施莱赫尔所构拟的古印欧语的三个基本元音 a、i、u 是以梵语的元音为根据的，而他所谓"第一次增长"和"第二次增长"却依据于几种古印欧系语言的"转音"（Ablaut），例如峨特语 bitans（被吃）的 i 是"基本元音"，而 báit（被吃，过去时）的 ái 是"第一次增长"等等。但是梵语的 a、i、u 这三个元音是否可以代表古印欧语的元音系统呢？这是很可怀疑的。根据许多古印欧系语言的材料我们可以断定古印欧语有的并不只这三个元音；就是这三个元音当中也还各有长音和短音的分别，而施莱赫尔所构拟的古印欧语的元音系统里长 a 出现了两次（他说"第一次增长"里的长 a 是 aa，"第二次增长"里的长 a 是 āa，这是很难令人理解的），而长 i 和长 u 却完全没有地位，这是跟实际情况不相符的。

第二，施莱特尔把古印欧语的塞音只分清音、浊音和送气浊音三种是既不符合于希腊语的实际情况，也不符合于梵语的实际情况的。大家知道希腊语的塞音有清音、浊音和送气清音三种，如 k、g、kh、t、d、th、p、b、ph 等，梵语的塞音有清音、浊音、送气浊音和送气清音四种，如 k、g、gh、kh、t、d、dh、th、p、b、bh、ph 等，一般说来，希腊语的 kh、th、ph 跟梵语的 gh、dh、bh 相对应，如希腊语的 steicho（我跑路）和梵语的 stigh-nōtis 等，但也有一些是跟梵语的 kh、th、ph 相对应的，如希腊语的 koncho-s（贝壳）和梵语的 śaṅkha-s 等。关于这一点，德国的数学家兼语言学家格拉斯曼（Grassmann）曾于 1862 年证明梵语的这些辅音无可怀疑地是古印欧语的直接继承。可是施莱赫尔在他的《纲要》第二版出版时并没有根据这一点予以更正。

第三，施莱赫尔所构拟的古印欧语的辅音系统里只有 r 而没有 l，这也是跟实际情况不相符的。实际上，印欧系语言中，除禅德语外，其他任何古代语言里都有这两个音的分别，古印欧语里不可能只有 r 而没有 l。可是施莱赫尔却因为在他那个系统里摆不下，竟把 l 删去了。

总的来说，施莱赫尔对于古印欧语的"重建"工作尽管在历史比较语言学上有很大的贡献，但是因为他不明了这种工作的性质，并且沉迷于黑格尔哲学的三分法，所以不免出了许多主观上的错误。

5.10 费克和他的《民族分裂前印度·日耳曼基础语词典》

费克（1833—1916）的工作和他的前辈有些不同。他的主要著作《民族分裂前印度·日耳曼基础语词典》（Wörterbuch der Indogermanischen Grundsprache in ihrem Bestande vor der Völkertrennung）出版于 1868 年，特别着重于古印度语的词的构拟和汇集，自第二版起改名为《印度日耳曼系语言比较词典》（Vergleichendes Wörterbuch der Indogermanischen Sprachen），性质已有些不同。第二版出版于 1870—1871 年，还只有一册；第三版扩充为四册，于 1874—1876 年出版。这几年是历史比较语言学新旧交接的年头，第三版刚一出版，里面有许多材料已嫌陈旧，他接着和其他学者合作着手改编，于 1890 年出了第四版。

这本书第二版的内容共分七部分：第一部分是古印欧语没有分为东西两支以前的词汇，第二部分是印度·伊朗语时期的词汇，第三部分是共同欧洲语时期的词汇，第四部分是南欧语（希腊语、意大利语）的词汇，第五部分是北欧语（日耳曼语、波罗的语、斯拉夫语）的词汇，第六部分是共同波罗的·斯拉夫语的词汇，第七部分是共同日耳曼语的词汇。由此我们可以看到费克是怎样把印欧系诸语言加以分类的。

可是我们怎样知道一个词是属于哪一种语言的词汇呢？他有这样的一个原则；即凡是一个词在两支的语言里都可以找到的，它就是属于那共同语的词汇的词；反过来，一个词只在一支的语言里找到而在另一支的语言里找不到的，它就只是那一支语言的词汇的词，而不是共同语的词汇的词。因此他所谓印度·日耳曼语的词必须在至少一种印度·伊朗语的方言和至少一种欧洲的语言里找到，不管是哪一种语言和方言；反过来，一个词，哪怕在任何欧洲的语言里都可以找到，但是假如在印度·伊朗语的方言里找不到，它就不能看做印度·日耳曼语的词，其他支系也是一样。假如一个词必须在至少一种南欧语和一种北欧语同时找到才能看做共同欧洲语的词，如此等等。

很显然，依照费克所定的这个原则去断定一个词属于哪一种语言的词汇是会碰到很多困难的，并且也是不可靠的。例如在他那个时候，欧洲有些语言比方克勒特语、阿美尼亚语、阿尔巴尼亚语等，尤其是印度·伊朗语的方言，还没有调查研究得很清楚，材料很缺乏，他怎能断定有些词是否在两支的语言或方言都可以找到呢？此其一。其次，一个词就算在两支的语言或方言里都可以找到，我们也不能断定它就是那共同语的词，因为词的变动性很大，有些词很可能是由一种语言传到另一种语言的，尤其是在那些小支的语言里是这样。此其二。此外，一个词只在某一支的语言或方言里可以找到而在另一支的语言或方言里找不到，我们也不能断定它就不是那共同语的词，因为很可能那些语言或方言本来有这个词后来却消失了或变成了另一个词，这在语言的流变中是常会有的。此其三。所以费克的这本书虽然曾经过几度改编，不断得到补充和修正，但是他所定的原则却是不足取的。

可是应该承认，费克编这一本书的用意是好的，这一类书对于历史比较语言学也是非常有用的。但是要断定一个词属于哪一种语言必须结合它的性质，它的表现方式，各种语言发展的内部规律，用词源学的眼光去考察，不能机械地看它是否在两支的语言或方言里都可以同时找到。

5.11 历史比较语言学发展的新时期

历史比较语言学自建立后发展到十九世纪七十年代，引起了不少人的注意，不独专门著作出了许多，有关的期刊也出了好几种。其中最有名的是库恩（Adalbert Kuhn）主编的《比较语言学杂志》（Zeitschrift für Vergleichende Sprachforschung）。这个杂志自1852年起发刊，多只限于日耳曼、希腊、拉丁诸语言的比较研究。1858年，库恩还和施莱赫尔合编一种《比较语言学期刊》（Beiträge zur Vergleichenden Sprachforschung），研究范围兼及于其他语系。1876年这两种刊物合并起来成了一般历史比较语言学家共同耕耘的园地。

十九世纪七十年代是语言历史比较研究的一个转折点。在这个时候，许多以前没有人注意到的问题都暴露了出来。新的发现不断出现，把语言的研究一步一步地带到了一个完全成熟的境地。

这新的时期是从语音的进一步研究开始的。在旧的时期，大家虽然也时常谈到语音演变的规律性，但那是从一个错误的出发点提出来的。从波普到施莱赫尔，他们都认为梵语的三个元音 a、i、u 可以代表古印欧语的元音系统，但是如果把它跟其他同系的语言相比较，单单一个短 a，和它的相对应的就有 a、o、u、e、i 等好几个元音；施莱赫尔所构拟的一个古印欧语的 k，在拉丁语有时等于 e，有时等于 qu，在希腊语有时等于 k，有时等于 p，有时等于 t。诸如此类的现象应该怎样解释，大家都觉得莫名其妙。后来经过许多人进一步细致的研究，才发觉他们所确定的发展的出发点和"重建"的形式有许多地方实际上都弄错了。

在这个时期，从事这种研究工作的语言学家各国的都有，其中最重要的是意大利的阿斯戈里（Graziadio Isaia Ascoli），丹麦的维尔纳（Karl Verner），德国的勃鲁格曼（Karl Brugmann），瑞士的索绪尔（Ferdinand de Saussure）和法国的梅耶（A. Meillet）等人。他们对于历史比较语言学都曾有一定的贡献。

5.12 阿斯戈里和他的贡献

阿斯戈里（1829—1907）是意大利的语言学家，对印欧系语言和其他系的语言都有广泛的认识。他的主要著作《语言学教程》(Corsi di Glottologia) 出版于 1870 年，极力反对波普和施莱赫尔认为梵语的 k 可以代表原始共同印欧语情况的说法。他举出了许多实例证明古印欧语的 k 不只有一组。（如施莱赫尔所构拟的 k、g、gh），而实是有三组。第一组的 k^1 和梵语的 k、希腊语的 p、拉丁语的 qu 相对应，如梵语的 ka-s（谁），katara-s（两个谁中哪一个）= 希腊语的 pótero-s（两个中哪一个）= 拉丁语的 quis（谁）；第二组的 k^2 和梵语的 ś、希腊语的 k、拉丁语的 c 相对应，如梵语的 śatám（一百）= 希腊语的 hekatón（一百）= 拉丁语的 centum（一百）；第三组的 k^3 和梵语的 č、希腊语的 t、拉丁语的 qu 相对应，如梵语的 ča（并且）= 希腊语的 te（并且）= 拉丁语的 que（并且）。所以梵语的 k 并不能代表古印欧语的情况；古印欧语的一个 k 实际上就等于梵语的 k、ś、č。

阿斯戈里认为古印欧语的 k 有三组而不只有一组是完全正确的，但他所举的第三组的例子却是错了的。实际上梵语的 č 不能与 k、ś 并列作为一组的代表，它其实是另一个 k 因为受了下一个前元音 e 的影响起腭化作用而变成的。我们试把梵语的 ča，希腊语的 te 和拉丁语的 que 相比较，应该承认希腊语和拉丁语的 e 比梵语的 a 更古老，这一个问题经丹麦的语言学家汤姆森（Vilhelm Thomsen）等的研究已经得到证明。因此梵语的 ča 其实是一个 k 因受 e 的影响变为 č 再把 e 拉下来成为 a 而变成的。所以在某一期间，大家只接受了阿斯戈里的第一组和第二组的说法而对他所拟定的第三组表示怀疑，直到 1890 年才由贝岑伯格（Bezzenberger）、奥斯脱霍夫（Hermann Osthoff）和布格（Sophus Bugge）等人发现梵语里其实还有这三组 k 的残迹,如 kékara-s(斜视的)这个词所表现的。

由此我们可以看到,在这个时期,他们对于语言的历史比较研究比前一时期是一个怎样巨大的进步。我们在上面说过,施莱赫尔认为古印欧语只有 k、g、gh 三个舌根塞音是不对的;它实际上还有一个送气清音 kh。经过这次证明后,这四个舌根塞音其实还可以各分为三组,于是施莱赫尔所构拟的三个音实际上就成了十二个音。我们有了这次证明才能够把以前许多人认为很混乱的现象理出一个头绪来。

5.13 维尔纳和"维尔纳定律"

维尔纳(1846—1896)是丹麦哥本哈根大学的俄语教授,对于历史比较语言学也很有研究。他于 1875 年曾撰《第一次语音变化的一个例外》(Eine Ausnahme der Ersten Lautverschiebung)一文①,证明日耳曼族语音变化中有许多腭化的现象,大为人们所赏识。他在历史比较语言学上最大的贡献是解决了"格里姆定律"中一个大家认为没法解决的问题。

我们在上边说过,"格里姆定律"证明希腊、拉丁语的 p、t、k = 峨特语的 f、ø、h = 古高德语的 b、d、g;希腊、拉丁语的 b、d、g = 峨特语的 p、t、k = 高德语的 f、z、ch;希腊、拉丁语的 f、th、ch = 峨特语的 b、d、g = 古高德语 p、t、k,其中虽然有些不完全相符的地方,但基本上是正确的。可在另一方面,我们也可以找到不少例外。例如:

拉丁语	nepos(孙子)	aper(野猪)
古高德语	nevo(侄子)	ebur(野猪)
高德语	Neffe(侄子)	Eber(野猪)

---

① 见《比较语言学杂志》,第 23 卷,1876 年,第 97—130 页。

拉丁语	frāter（兄弟）	pater（父亲）
峨特语	broøar（兄弟）	fadar（父亲）
高德语	Bruder（兄弟）	Veter（父亲）

拉丁语	dacru-ma（眼泪）	maher（薄的）
古高德语	zahar（眼泪）	magar（薄的）
高德语	zähre（眼泪）	mager（薄的）

由此可见拉丁语同一个 p 音，在峨特语或古高德语有时变为 v，有时变为 b；同一个 t 音，在峨特语或古高德语有时变为 ø，有时变为 d；同一个 c [k] 音，在峨特语或古高德语有时变为 h，有时变为 g。这是什么原故呢？大家都认为是一个猜不透的谜。

维尔纳有一天无意中看到这些变化不同的词在梵语的相当的词里面，它们的重音的位置都是不同的，例如与拉丁语 frāter 和峨特语 brōøar 相当的 bhrátā，它的重音在 t 之前，而与拉丁语 pater 和峨特语 fadar 相当的 pitá，它的重音却在 t 之后。他觉得很奇怪，于是把许多有关的材料拿来比较研究，结果找出了这个谜底。

原来希腊、拉丁语的 p、t、k，凡与峨特语或古高德语的 v、p、h 相对应的，它们的重音都在这个音之前；凡与峨特语或古高德语的 b、d、g 相对应的，它们的重音都在这个音之后。这个重音的位置不同在梵语里还保存得很好，可是到了共同日耳曼语却已把这一点消失了。因此他断定希腊、拉丁语同一个音在峨特语或古高德语所以有不同的变化，无论如何，那是因为古代重音位置不同之故。

维尔纳的这个发现解除了许多历史比较语言学家的疑虑。他们开始认识到一切语音的演变都是有规律的；如果有些表面上看来没有规律,那是因为我们还没有找到它的规律①。维尔纳所发现的这个规律,语言学上就叫做"维尔纳定律"。

5.14 勃鲁格曼和"新语法学派"在历史比较语言学上的贡献

勃鲁格曼(1849—1919)是古尔替乌斯的学生。他在莱比锡大学念书的时候就已为他的老师所赏识。那时古尔替乌斯正在主编一种刊物叫做《希腊语和拉丁语语法研究》(Studien zur Griechischen und Lateinischen Grammatik),出了八卷。自第九卷起,他邀请勃鲁格曼跟他合编。正当这一期的稿件就要付印的时候,古尔替乌斯刚好有事要到别的地方去,把编辑的责任交给勃鲁格曼。他在里面登了他的一篇论文《印度·日耳曼基础语的鼻音领音》(Nasalis Sonans in der Indogermanischen Grundsprache),后来古尔替乌斯看见了很不满意,但是因为稿件已经排好,没法抽出,只得于卷末声明他因事不在莱比锡,对这篇论文来不及提出意见,其中结论应由作者自己负责。勃鲁格曼看了很不高兴,以后再也不肯给他写文章,另外跟他的朋友奥斯脱霍夫等办了一个刊物叫做《形态学研究》(Morphologische Untersuchungen),想不到他的这篇文章竟是历史比较语言学里面一篇非常重要的文献。后来勃鲁格曼跟他的几个朋友组成了一个"新语法学派"(die Junggrammatische Richtung)。他于1886年出版《比较语法纲要》(Grundriss der Vergleichenden Grammatik)一书,1904年还出了一本《比较语法简编》(Kurze Vergleichende Grammatik),都是历史比较语言学的重要著作。

"新语法学派"在语言的历史比较研究中坚持着两个原则:一个是语音定律没有例外,一个是类推作用,结果把历史比较语言学大大地推进了一步。

---

① 维尔纳于1875年曾写一篇论文叫做《不规则中必定有规律:问题在于去找它》,主张把许多人所说的"没有一个规律没有例外"改为"没有一个例外没有规律",并且说:"语言的每一个规律的例外都有原因。"

勃鲁格曼在那篇《印度·日耳曼语的鼻音领音》中认为古印欧语曾有两个做领音的鼻音ṇ和ṃ，就是说，这两个鼻音在古印欧语中是单独可以成音节的。例如许多古代印欧系语音表示否定的前缀如梵语的 a-，希腊语的 a-，拉丁语的 in-，峨特语的 un-等都是由ṇ变来的；希腊语的 déka（十），拉丁语的 decem，峨特语的 taihun，以至英语的 ten，在古印欧语应为 * dekṃ。此外，古印欧语还有两个做领音的ṛ和ḷ，在梵语和一些斯拉夫语言里还保存着，但在其他语言里却多已在它们的前面加上了一个元音，例如梵语的 ṛkṣă-s（熊）= 希腊语的 árktos = 拉丁语的 ursus，梵语的 Vṛka-s（狼）= 峨特语的 wulf-s = 捷克语的 vlk 等等。

关于古印欧语的元音，施莱赫尔认为只有三个"基本元音" a、i、u，"第一次增长"为 ā、ai、au，"第二次增长"为 ā、āi、āu。勃鲁格曼极不以为然。他认为其中的 ai、au 至少代以 ei、oi 和 eu、ou，这一点我们还可以从希腊语和日耳曼族语言动词的元音交替中看得出来。在这一方面，希腊语把这几个古老的复合元音保存得最好，日耳曼族语言已按照它们的语音演变规律起了一定的变化。例如：

	ei	oi	i
希腊语	peíthomai :	pépoitha :	e-pépıthmen
	（我服从）	（我相信）	（我们曾相信）
峨特语	beidan :	baid :	bidum
	（等候）	（我从前等候）	（我们从前等候）
	eu	ou	u
希腊语	peúthomai :	—— :	e-puthómen
	（我问）		（我们曾问）
峨特语	biudan :	baud :	budum
	（命令）	（我从前命令）	（我们从前命令）

e、o 这两个音不仅可以跟 i、u 相配，并且可以跟 n、ṛ、ḷ、t 等相配。例如：

	en	**on**	**n**
希腊语	teinō (< *tenjo) (我伸出)	tónos (自能伸出的)	tatós (< *tn̩tos) (能伸出的)
古冰岛语	finna (我找到)	fann (我从前找到)	fundum (我们从前找到)
	er	**or**	**r**
希腊语	derkomai (我看)	dèdorka (我已看)	é-drakon (我从前看)
古高德语	werdan (变成)	ward (我从前变成)	wurtum (我们从前变成)
梵语	vártē (我转到)	varárta (我已转到)	vavrtmá (我们已转到)
	el	**ol**	**l**
峨特语	hilpan (帮助)	halp (我从前帮助)	hulpum (我们从前帮助)
古高德语	helpan (帮助)	halp (我从前帮助)	hulfum (我们从前帮助)
古英语	helpan (帮助)	healp (我从前帮助)	hulpon (我们从前帮助)
	et	**ot**	**t**
希腊语	pétomai (我飞)	pepótēmai (我已飞)	é-ptómēn (我从前已飞)

所有这些都是很确实的，只有最后像 éptōmēn 这样的形式因为辅音的组合不方便，在印欧系的其他各种语言中已经废弃。至于和 a 相配的，也不像施莱赫尔所构拟的只有两个长 a，而是 ē、ō 或 ā、ō。例如：

	ē	ō	a
希腊语	rhēg-ny-mi ：	érrhōga ：	errhágēn
	（我打破）	（已被打破）	（从前已被打破）
峨特语	lētan ：	lailōt ：	lat-o
	（离开）	（我从前离开）	（懒惰）
	ā	ō	a
希腊语	phā-mi ：	phōnē ：	pható-s
	（我说）	（声音）	（被说）

这样一来，施莱赫尔所构拟的那个古印欧语的"元音系统"就完全改观了。

关于语音变化的"类推作用"，勃鲁格曼等也有一些新的发现。例如：

> 梵语　bhárā-mi（我带）　é-mi（我去）　dádā-mi（我给）
> 希腊语　phēr-ō（我带）　　ei-mi（我去）　dido-mi（我给）

这些形式中，向来大家相信梵语的那个表示第一人称单数的动词词尾-mi 是最古的，而希腊的 phérō 却把这词尾丢了。可是经过勃鲁格曼等的比较研究，希腊语的这个词尾-o 其实是一个最古的形式，其他许多印欧系语言如拉丁语的 fer-o，峨特语的 bair-a，古爱尔兰语的 ＊beru （＜biur）等都可以证明，而梵语的 bhárā mi 实是由 é-mi，dádā-mi 等"类推"而来的。这些成就由那些老一辈的历史比较语言学家看来，不能不说是一个莫大的革新。我们在上边说过，古尔替乌斯一开始就是反对用梵语和波斯语的材料来做比较研究的，在晚年的时候更跟他的几个学生如勃鲁格曼等处于完全相反的地位，可是因为看见他们得到了这样的结论，却也情不自禁地高兴起来说："梵语曾经是这门新兴科学的神启，且曾为许多人盲目地信从过，现在却要把它搁在一边了；传统上所说的 ex oriente lux （从东方升起的曙光）现在却要代之以 in oriente tenebræ（东方的黑暗）了"①。他用这样的态度去对待科学研究当然是不对的，但是经过这些证明后，梵语在许多方面确实不像一般人所相信的那么古老。

5.15 索绪尔和他的贡献

正当勃鲁格曼、奥斯脱霍夫等在莱比锡大学一方面跟他们的老师古尔替乌斯，另一方面跟校外的施莱赫尔的门徒史密德（Johannes Schmidt）和费克学派的贝岑伯格、戈里兹（Collitz）等辩论得最激烈的时候，1876年忽然从日内瓦来了一个青年，也是学语言学的，那就是后来知名的瑞士语言学家索绪尔。

索绪尔1857年生于瑞士日内瓦。他的祖先原是法国人。他于1875—1876年在日内瓦大学刚念完了一年就转学到莱比锡大学要跟古尔替乌斯念语言学。那刚好是勃鲁格曼因稿件问题跟他的老师古尔替乌斯闹别扭的一年。其后"新语法学派"成立，索绪尔跟他们很要好，时常跟他们在一起讨论问题。1878年他转学到柏林大学，就在这一年发表了他那篇惊人的代表作《论印欧系语元音的原始系统》(Mémoire sur le Système Primitif des Voyelles dans les Langues Indo-Européennes)。这篇文章于1879年印成单行本。它把古印欧语的四个领音元音n、m、l、r、和整个元音系统都概括成了一个完整的理论，并且很巧妙地解释了印欧系语言中大家认为很难解决的 a：ē：ō 和 a：ā：ō 几个元音交替的问题。那时他只有二十一岁，大家都很惊奇于他的学识的早熟。1880年他回莱比锡大学考博士学位，1881年到法国巴黎去任高等研究所教授，在那边任教了十年，1891年回日内瓦大学担任语言学教授，1913年去世。在这个期间，他没有发表过什么重要的著作，却培养出了好几个杰出的学生，如法国的梅耶、格拉蒙（Maurice Grammont）、瑞士的巴利（Ch. Bally），薛施蔼（Sechehaye）等都

---

① 见古尔替乌斯《新语言学的批评》，莱比锡，1885年，德文版，第97页。

出于他的门下。索绪尔逝世后，由巴利和薛施蔼两人把他在日内瓦大学的讲稿整理成《普通语言学教程》（Cours de linguistigue générale）一书出版，在欧洲语言学界发生了很大的影响。我们留在第十章再谈。

5.16 梅耶关于历史比较语言学的著作

梅耶是索绪尔的学生，1866年生于法国巴黎，1906年起继勃雷阿尔（H. Bréal）之后任法兰西学院教授，直到1936年逝世前没有离开过。他生平的著作很丰富，多是与历史比较语言学有关的。其中尤以《印欧系语言比较研究导论》（Introduction à l'étude Comparative des Langues Indo-Européennes, 1903）、《印欧语方言》（Les Dialectes Indo-Européens, 1908）、《日耳曼族语的一般特征》（Caractères Généraux des Langues Germaniques, 1917）、《共同斯拉夫语》（Le slave Commun, 1923）等最为重要。1925年他应邀到挪威奥斯洛"比较文化研究所"去作学术演讲，讲后将讲稿整理成《历史语言学中的比较方法》（La Méthode Comparative en Linguistique Historique）一书出版，一般认为是关于历史比较法的最好的书。

梅耶博闻强记，掌握有许多语言的实际材料；他对于历史比较语言学所做的差不多都是一种总结性工作，从来没有抹杀前人的成绩，也毫不迁就他们的错误的见解。每本书都先说明有关各种语言的情况，然后分论它们的语音、形态、句法和词汇。这些有关历史比较语言学的著作可以说是比较全面的。

评注：

[1] 波普，《中国大百科全书》译为博普；罗宾斯《语言学简史》译为葆朴。格里姆即《格林童话》的格林兄弟之一。

[2] 关于格里姆定律的内容、例外及后人解决的历史比较难懂，这里综合岑麒祥、徐通锵、《中国大百科全书》、罗宾斯、徐志民等多家说法试析如下：

第五章 历史比较语言学的产生和发展

一、格里姆定律：语音三次飞跃（转移）

```
        T1
      ↗    ↘
    M2 ←── A3
```

t tenues　　清塞音
m mediae　　浊塞音
a aspiratae　送气音

拉丁	希腊	梵语	英语	汉语	一次飞跃
					（古无清唇）

1. T → A

   P → f　　pēs　　　　　　　　foot　　脚
   　　　　 pater　　　　　　　 father　父
   t → θ　　trēs　　　　　　　 three　　三
   　　　　 tenuis　　　　　　　thin　　薄
   k → h　　caput　　　　　　　head　　头
   　　　　 cornū　　　　　　　 horn　　角

2. M → T　　拉丁　　希腊　　梵语　　英语　　汉语（第二次飞跃）

   b → p　　　　　　[kennabis]　　hemp　　麻　（浊音轻化）
   d → t　　duo　　　　　　　　　two　　　二
   　　　　 dens　　　　　　　　 tooth　　牙
   g → k　　granum　　　　　　　corn　　　谷
   　　　　 genus　　　　　　　　kin　　　亲属

3. A → M

   f f bh → b　　fero　　[bhara:mi]　　bear　　忍（送气变不送气）
   　　　　　　　frater　[bhra:ta:]　　brother　兄弟
   th th dh → d　　　　　[the:so:] [a-dha:t]　do　　做
   ch h gh → g　　hostis　　　　　　　　giest　客（古英）
   　　　　　　　　　　　[hasah]　　　　goose　鹅

二、语音演变的三种例外和后人解决的方法

　　　　拉丁　　　梵语　　　英语　　　汉语

1. T A → T [p t k]

   spuò　　　　　　　　　Spew　　　吐
   captus　　　　　　　　captured　捕获

2. A M M → M T → T

　　　　[bho: dha: mi]　[b: dha: mi]　　我观察
　　　　[phew thomaj]　[pew thpmaj]　　经历

3. T A → M

　　ante　　　　anti-　　　　and-　　　反对
　　anka-m　　　uncu-s　　　angan-m　　钩

1. 罗德纳：前如有清辅音则不变。

2. 格拉斯曼：古梵语，古希腊两个相邻的音节都包含送气音第一个异化为不送气（1862 年）。

3. 维尔纳：重音位置—弱化而浊化（1876 年）（参见本书 151—152 页，野猪 p-b；父亲 t-d；薄的 c-g）。

[3] 施莱赫尔，现在一般译为施莱歇尔（见《中国大百科全书》、罗宾斯书、伍铁平文）。施莱歇尔受到达尔文的影响对探索与建立原始印欧语有重大的贡献，他的谱系树说（见本书 255 页）有很高的价值，但他的用原始印欧语拟构的《山羊和马》受到一些语言学家的质疑，例如法国的梅耶说这种做法是"一种天才的大胆"，也是"一个严重的错误"（参见胡明扬主编《西方语言学名著选读》，169 页）。

第六章 各语系语言的历史比较研究

一、绪 论

6.1 概说

世界上有许多种语言,有的有很悠久、很丰富的书面文献,可是有的直到现在还没有文字。历史比较语言学建立于十九世纪初,它所研究的并不只限于印欧系语言。随着这种学问的发展,其他语系的语言也逐渐有人去着手研究。由于各种语言的比较研究的结果,他们造出了许多术语如孤立语、粘着语、屈折语、合体语等去描述各种语言的类型,并且把它们分成了许多语系。其中有些是就某一个地区去加以考察的,如克拉普洛特(J. Klaproth)于 1823 年在巴黎出版的《多语言的亚洲》(Asia Polyglotta)等;有些是涉及全人类的语言的,如弗里德里希·缪勒(Friedrich Müller)的《语言学纲要》(Grundriss der Sprachwissenschaft, 1876—1888, 维也纳)和芬克(Frans Nikolous Finck)的《世界语言的谱系》(Die Sprachstämme des Erdkreises, 1909)等等。

缪勒在他的书的《绪言》里首先说明各种语言的谱系和各有关的重要著作,然后分卷叙述各种类型的语言,每种语言都举出了一些样品,使人对它有些感性的认识。这部书刚一出版,语言的研究已有了进一步的发展。芬克把当时研究的结果收集起来编成了那本《世界语言的谱系》,里面共包含约二千种语言,按照它们的亲属关系加以排列,没有语法也没有样品,实际上只等于一种语言的目录。

缪勒和芬克的书里虽然都提出了语言的谱系这个名称,但是他们所说的语言的亲属关系并不是就它们是否有共同来源来理解的。缪勒分出了曲发种族的语言，平发种族的语言和卷发种族的语言；芬克也分出了高加索种族的语言，蒙古种族的语言，美利坚种族的语言和埃塞俄比亚（Ethiopian）种族的语言，可见他们是把语言跟种族结合起来区分的。姑且不论人类学上对于种族直到现在还没有一个令人满意的分类，其实经验证明语言和种族也并没有什么内在的联系。1924年，法国梅耶和柯恩（Marcel Cohen）特约十三位语言学家撰稿编成《世界语言》（Les Langues du Monde）一书，那才真正是就语言的谱系来区分的。1926年德国威廉·史密德（Wilhelm Schmidt）出版《世界语言谱系和语言系属》（Die Sprachfamilien und Sprachkreise der Erde），里面虽然有许多不正确的地方，也很值得我们参考。我们现在把各语系语言历史比较研究的情况按照研究先后的顺序分别加以叙述。

二、印欧语系

6.2 概说

印欧系的语言包括印度、伊朗、希腊、意大利、克勒特、日耳曼、波罗的、斯拉夫、阿尔巴尼亚、阿美尼亚、吐火罗等几个语族。这些语族的历史比较研究有些已经做得相当彻底，有些还有待于进一步去进行。

（一）印度·伊朗语族

6.3 分类

印度·伊朗语族分为印度和伊朗两个语支。这两个语支之间有许多共同的特点，但是也各有一些不同的特点，尽管这些不同的特点之间的差别并不比高德语和低德语之间的大。古代说这种语言的人一般叫做阿利安人。

6.4 印度语支

我们在上边已经说过,印度最古的文献大约是公元前1500年的《吠陀》,但是直到公元前三世纪才有《波尼尼语法》,其后出现了许多史诗、寓言和哲学论文等等。公元前250年阿育王给我们留下了许多碑铭,大抵都是用柏拉克里特文写的。其后就是佛教徒所用的巴利文和婆罗门教徒所用的摩诃罗什脱利文,都是印度中古的语言。近代印度语直到十二世纪才有书面文献。现在印度大约有二十五种语言,使用的人数在四亿以上,其中以兴地语、孟加拉语、马拉提语等使用的人数最多。

印度语言于东汉时代传入我国。唐人称梵语的格为"八转声",即体、业、具、为、从、属、依、呼。佛教徒称语言文字为"声明",称语法为"记论",对我国音韵学曾有很大影响,但是一般人只把它当做谈经论道的资料,没有专门研究的著作。苏曼殊从前曾著有《梵文典》一种,没有刊行。

欧洲人认识梵语始于中世纪的一些耶稣会士,那时已开始有了一些梵语语法的书籍。自印度沦为英帝国主义殖民地前后,梵语文献大量流入英法两国,引起了欧洲人学习梵语的热潮。但是利用梵语的材料来做比较研究的实始于波普所作的《论梵语的动词变位系统》。其后格里姆、波特、施莱赫尔、费克、阿斯戈里、维尔纳、勃鲁格曼、索绪尔、梅耶等在他们的著作中都曾采用过梵语的材料。

1808年弗里德里希·史勒格耳在他的《论印度人的语言和智慧》一书中指出了梵语的重要性,并且建议要用比较语法的方法去研究这种语言。其后他的弟弟威廉·史勒格耳在波恩担任梵语教授,和他的学生挪威人拉森(Christian Lassen)曾就梵语做过许多研究工作。从此以后梵语的研究才在欧洲奠定了巩固的基础。欧美各大学纷纷设立梵语讲座,威斯脱加尔德(Ludvig Westgaard)、本飞、保德林克(Otto Böhtlingk)、格拉斯曼、惠特尼(William Dwight Whitney)、瓦克拿格耳(Jacob Wackernagel)、兰曼（Charles Lanman）等人都曾先后写过关于梵语词典和语法的书籍。十九世纪末德国布勒（G. Bühler）曾把他们当时研究的成果简单扼要地收进了他所写的《印度阿利安语文学和考古学》(Grundriss der Indoarischen Philologie und Alteruns Kunde) 一书中。另外有些人如波特、米克洛希奇（F. Miklosich）、芬克等也曾热心研究过一种流浪在欧洲各地的印度人吉普赛（Gypsy）的语言。1886 年格里孙（G. A. Grierson）在维也纳"东方学者会议"上建议调查研究印度境内的一切语言。1894 年他开始进行调查，1903 年写成了那本巨大的《印度语言调查录》（Linguistic Survey of India），1927 年出版。这些都是比较研究的很好的资料。

6.5 伊朗语支

波斯语分古代、中古和近代三个时期。古代波斯语用楔形文字，见于阿契门尼德（Achœmenides）王朝大流士（Darius）等的碑铭，大约是公元前五世纪至三世纪的语言。中古波斯语见于火祆教的经典《阿昧斯达》(Avesta)，分为两部分：《阿昧斯达》是它的正文；另一部分是它的注释叫做"禅德"（Zend），代表当时所流行的贝尔维语（Pehlevi），与古代波斯语有很大的差别。这些都是萨散尼（Sassanides）王朝自三世纪至九世纪搜集起来加以解释的。其他如安息语（Parthian）、粟特语（Sogdian）和萨基安语（Sakian）等都属这种语言的方言。近代波斯语包括波斯语、泊米尔语、阿富汗语、俾路支语、库尔德语（Kurdish）、高加索语的奥赛特语（Ossetic）等和许多种方言。近代波斯语自九世纪起才有书面文献，十世纪的诗人费尔都西（Firdousi）曾用它写成了他那本著名的史诗《王书》。

波斯人与印度、中国、希腊发生接触很早，但是对于他们的语言都没有专门的著作。欧洲人自十六世纪末叶起就有了关于波斯的著述，但是也没有关于波斯语的文献。1633 年和 1723 年曾有两份原抄本先后流传到英国，可是没有人能够认识。后来裴龙（Anquetil du Perron）由法国政府资助于 1754 年到印度从避居在那里的火袄教徒学波斯语，1761 年返欧洲，经过十年的苦心研究，于 1771 年刊行了一部波斯人的圣书叫做《火袄教的著作——禅德阿味斯达》(Zend-Avesta, Ouvrage de Zoroastre)，共三册。

其后，拉斯克到印度去旅行，在孟买得到了许多波斯文的手抄本，确定了波斯语和梵语的亲属关系。法国的梵语学家布尔奴夫（Eugène Burnouf）也曾用过一种十五世纪的梵语译文。1852—1854 年威斯脱加尔德根据拉斯克所搜集的手抄本在哥本哈根刊行了一本《阿味斯达》。德国格尔德纳（Karl F. Geldner）于 1895 年又在斯吐特加尔特（Stuttgart）刊行了另一个版本。他的学生美国人杰克逊（A. V. Williams Jackson）于 1892 年曾写过一本《阿味斯达语法》。德国巴尔托洛迈（Christian Bartholomae）于 1904 年在斯特拉斯堡出版了一本《古伊朗语词典》（Altiranisches Wörterbuch），用词典的形式解释原文。

近代伊朗语和方言大部分是欧洲的一些旅行家和学者于十九世纪发现的，如克拉泊洛特（Klaproth）之于奥塞特语，法国戈蒂约（Gauthiot）之于粟特语，特龙布（Ttumpp）之于阿富汗语等等。盖格（Wilhelm Geiger）和库恩曾把他们当时研究的结果总结于 1895 年出版的《伊朗语文学纲要》（Grundriss der Iranischen Philologie）一书中。至于与历史比较研究有关的，如波普、施莱赫尔、费克、勃鲁格曼、梅耶等都曾采用过波斯语的材料。

（二）希腊语族

6.6 希腊语和希腊语方言

古代希腊语是相当纷歧的，根据它们所固有的特点，其中至少可以分为以下四组：（1）东部的意奥尼亚语（Ionian）和阿狄克语（Attic），流行于希腊的极东部分和京城雅典一带，古代希腊的史学家和哲学家如希罗多图斯和苏格拉底、亚里斯多德、柏拉图等都用这些语言写作；（2）北部的爱奥利语（Aeolic），流行于爱琴海的东北部和西北部一带，古代希腊的抒情诗人如阿尔给士（Alcaeus）和萨芙（Sapho）等多用这种语言；（3）南部的阿尔加底亚语（Arcadian），流行于阿尔加底亚和极南的塞浦路斯一带；（4）西部的多利亚语（Doria），流行于希腊的西部以至中部一带，希腊古代品达尔（Pindar）的感怀诗就是用这种语言写成的。其后随着希腊政治和文化的发展，首都雅典的阿狄克语和其他方言融合成了希腊的普通话叫做"科以内"（Koiné），在亚历山大大帝极盛的时候曾流传到其他各地。可是自从土耳其人侵入后，希腊语又分成了许多种方言。近代希腊的文学语言直到十九世纪才建立起来，但因受古代语言的影响，还保存有一种半人为的性质，发音和写法上有着很大的距离。

希腊的古代碑铭可以追溯到公元前八世纪，荷马的史诗可能比这个时期还要早，起初只在民间口头上流传，后来才把它记录下来。这些史诗共有二万八千余行，说的是古代希腊人和特洛伊（Troy）人作战的故事，从前大家相信是出于一个古代诗人之手，后来经过许多人的考证才确定了只是一种古代民间诗歌的编集，用的是一种意奥尼亚语和爱奥利语的混合体。这种语言和希腊古代许多作品所用的很不一致。这一方面可以反映出希腊古代语言的纷歧，另一方面也为希腊语的比较研究提供了许多宝贵的资料。十九世纪自印欧系语历史比较语言学建立后，希腊语古代方言的材料不断有所发现，阿伦士（H. L. Ahlens）曾根据这些材料写成《论希腊语方言》（De Graecae Linguae Dialectis）一书，于1839—1843年出版。这本书出版后不久又继续发现了许多古代的碑铭，都是用希腊古代的方言写的。戈里兹和许多人合作于1884—1915年辑成了一本《希腊方言碑铭汇编》（Sammlung der Griechischen Dialektinschriften），共四千余页，里面包含有一些语法规则和词表，对于历史比较研究很有用处。1921—1924年贝希德耳（F. Bechtel）还出过一本《希腊语方言》（Die Griechischen Dia-lekte），也有一定的贡献。

希腊语在印欧系语历史比较语言学上是一种非常重要的材料，任何作印欧系语历史比较研究的都少不了它，但是把希腊语语文学和历史比较语言学结合起来研究的要以古尔替乌斯最为努力。他于1852年采用历史比较研究的结果写成了一本希腊语语法,虽曾受吕格(K. W. Krüger)的猛烈攻击,但是这本书却一直出了十六版。他的另一著作《希腊语源学入门》(Grundzüge der Griechischen Etymologie)也是同样重要的。他在这本书里企图根据语音的发展来建立词源学的理论,于1858年出版;可是因为他把语音的演变分为有规则的和不规则的或自发的两类,对于语音演变的规律性还没有正确的认识。古尔替乌斯对于历史比较语言学的最大贡献是在他引起了许多人对这种学问的兴趣。他本来是在布拉格和基尔(Kiel)教授希腊语的,1862年受聘到莱比锡大学讲学,起初预料听讲的只有二十余人,可是不多几时已超过了一倍以上,最后竟达到了三百人。他的讲学很能吸引听者的注意,自那个时候开始莱比锡大学一直成了德国一个历史比较语言学的中心,由他培养出了不少杰出的人才。

(三) 意大利·克勒特语族[1]

6.7 分类

许多人认为意大利语族和克勒特语是印欧系语的两个语族,但是其间有许多共同的特点是其他语族所没有的,所以我们不妨把它们看做同一个语族的两个语支。

6.8 意大利语支

古代意大利并不是一个语言统一的国家。大约公元前四世纪在北部有高卢人所说的高卢语,在南部有希腊移民所说的希腊语,更早一些还来了许多埃脱鲁利亚人,占据着意大利的很大的一部分,他们所说的是非印欧系的埃脱鲁利亚语。这些都是从国外来的,原来在意大利的,除开一些个别的小部落所说的以外,意大利的语言大致可以分成拉丁语和奥斯干·昂伯里安语(Osco-Umbrian)两大类。拉丁语本来只是古代拉提庵(Latium)一个地方的人所说的语言,在埃脱鲁利亚之南,约有 2500 公里的土地,其中虽然也有一些小方言,但是以罗马人所说的最占优势。埃脱鲁利亚之东有昂伯里安语,东南有奥斯干语,所占区域比拉丁语的要广阔得多,其中也有许多小方言。奥斯干语和昂伯里安语很相近似,所以一般把它们列成一类。

拉丁语自公元前三世纪就有了书面文献,其后随着罗马人势力的膨胀,其他语言都为其所吞并。在罗马帝国极盛的时候,拉丁语成了西部全部地区的人所说的语言,并且侵入了巴尔干半岛的某些部分。自八世纪起由这种语言逐渐分成了各罗曼族语言,即意大利语、法兰西语、葡萄牙语、西班牙语、加答朗语(Catalan,在西班牙东部)、勃罗旺斯语(Provençal,在法国南部)、罗马尼亚语、列托罗马语(Rhaetoromanic,散布在格里孙、杜洛尔、弗里乌里等处)、达尔马提安语(Dalmatian,后来为意大利语所消灭)等。

关于拉丁语的研究从古代到近代从来没有完全间断过,可是利用各种有关的材料从事历史比较研究的实始于十九世纪。在十九世纪初叶,大家连埃脱鲁利亚语和意大利语的界限也分不清楚,直到 1828 年卡尔·缪勒(Carl O. Müller)著《埃脱鲁利亚人》(Die Etrusker)一书才开始分出了昂伯里安语和埃脱鲁利亚语的界限。其后经过拉森、格罗特芬德(G. F. Grotefend)、莫木森(Theodor Mommsen)、勃雷阿尔、布施勒(Franz Bücheler)、普兰达(R. Von Planta)、康威(R. Seymour Conway)、布克(Carl Darling Buck)等人的研究,更对奥斯干·昂伯里安语有了比较正确的认识。这对于意大利语的历史比较研究都曾有很大的帮助。此外,拉丁语看来虽然好像只有一种,其实古代作家所用的语言也不是完全一样的。例如勃劳图斯(Plautus,约生于公元前 254 年,死于公元前 184 年)于公元前所写的喜剧里所用的语言,在许多方面,就比 150 年后大家所认识的拉丁语要古老得多。可是这些喜剧的手抄本却一直没有得到很好的维护,并且里面也有不少的错误,直到 1815 年才有人在米兰的一间图书馆里找到了一本重写本,里面包含有几个喜剧,是公元后五世纪抄写的。这个重写本虽然也有些残缺,但是经过许多学者的考订,大部分已经能够阅读。瑞兹耳(F. Ritschl)最后把这些喜剧编印成集,于1848—1854年陆续出版。另一方面,拉赫曼(Karl Lachmann)和布施勒也解读了许多古代拉丁语的碑铭,这对于拉丁语的历史比较研究也有一定贡献。德国狄兹(F. Diez)根据这些材料写成了《罗曼族语语法》(Grammatik der Romanischen Sprachen)一书,于1836—1844年出版;1853年还出了一本《罗曼族语词源词典》(Etymologisches Wörterbuch der Romanischen Sprachen),这些都可以说是把历史比较法运用于罗曼族语言的最早的著作。其后接着做这种工作的,在法国有立特雷(E. Littré)、巴黎(Gaston Paris)、梅耶尔(Paul Meyer),在意大利有阿斯戈里,在德国有梅耶尔·吕布克(Meyer-Lübke)、舒哈尔德(Hugo Schuchardt),在丹麦有尼洛泊(Kristoffer Nyrop)等人。

6.9 克勒特语支

罗曼族语言的历史比较研究因为有一种很确实的语言——拉丁语做印证,所以不像日耳曼语族和斯拉夫族语那样需要重建出一种原始共同语,这是它有利的一个方面,但是我们也不要忘记各罗曼族语言并不是从古典拉丁语直接演变而来的,而是从当时所谓民间拉丁语发展出来的。所以罗曼族语的历史比较研究对于历史比较法说来尤其是有重大的意义。

至于克勒特语却与此完全不同。这种语言在公元前许多世纪以前曾流行于爱尔兰、苏格兰、欧洲大陆现在法国和西班牙部分,南部延伸到多瑙河和阿尔卑斯山,并且曾一度控制着罗马,蔓延到巴尔干半岛和小亚细亚。可是自公元一世纪以后已经一蹶不振,现在除法国不勒丹尼一带和爱尔兰、苏格兰等地外,会这种语言的已经不多了。

克勒特语,就我们所知,可以分为以下三支:(一)高卢语,即法国古代的语言,后来为拉丁语所篡夺,现已死亡;(二)不列颠语,包括;(1)皮克特语(Pictish),早已死亡,(2)康恩华尔语(Cornish),曾流行于英格兰康恩华尔(Cornwall)和达坊(Davon)一带,后来为英语所压制,到十八世纪只有一个妇人叫做铎利·盘特里绥(Dolly Pentreath)的还懂得这种语言,她于1777年12月26日以102岁去世,以后就再没有人会说了,(3)威尔斯语,自十一世纪起有书面文献,现在还有一些人懂得,(4)不勒丹尼语,自十四世纪起有书面文献,现在还流行于法国不勒丹尼一带;(三)加爱力语(Gaelic),包括:(1)爱尔兰语,自七世纪起曾有很丰富的文献,并且传播很广,现在还流行于爱尔兰,(2)苏格兰·加爱力语,流行于苏格兰北部,(3)曼语(Manx),流行于英国曼岛(Isle of Man)一带。

因为克勒特语大部分已经失传,爱尔兰语虽然保存有很丰富的文献,但因受其他语言的影响,现已改变了许多,尤其是在形态方面很是特殊,所以在十九世纪初,许多语言学家怀疑它不是属于印欧语系,比方我们在上面说过的拉斯克就是其中一个。他虽然也看出了其中有许多词语与印欧系语的很相近似,但是怀疑那是出于假借的,直到1817年才放弃了这种主张。波普于1838年曾著《就比较语言学观点论克勒特语言》(Über die Celtischen Sprachen vom Gesichtspunkte der Vergleichenden Sprachforschung),很正确地指出这种语言的形态虽然改变了许多,但是从它的语音演变看来确实曾有过像印欧系语言一样的屈折形式。例如爱尔兰语的"她的朋友"叫做 a cara [kara], "他的朋友"叫做 a chara [xara], "他们的朋友"叫做 a gcara [gara], "她的手斧"叫做 a tál [tal], "他的手斧"叫做 a thál [hal], "他们的手斧"叫做 a dtál [dal] 等等。在这些词里,同一个词之所以有不同的开音,那是因为前一个词的收音不同的原故,我们试把爱尔兰语的这个 a (她的、他的、他们的) 和梵语的 asyās (她的)、asya (他的)、ēšām (他们的) 加以比较就可以看得出来。可惜因为他所根据的只是一些已经改变了许多的近代爱尔兰语的形式,没法构拟出原始克勒特语的屈折形式。

1805 年，法国成立了一个"克勒特学会"，企图"借助于不勒丹尼语、威尔斯语和爱尔兰语研究和刊行欧洲一切语言的词源"①，可是因为他们不知道运用古代的材料，也不懂得历史比较法，结果弄出了许多笑话。直到十九世纪中叶，才有一个巴瓦利亚的小学教师邱斯（Johann Kaspar Zeuss, 1806—1856）尽量利用他的业余的时间、假期和有限的储蓄，凭着他语言学的才能和知识，到处查访中世纪爱尔兰学者于欧洲大陆上各地图书馆遗留下来的文献，把它们跟威尔斯语、康恩华尔语、不勒丹尼语的古代文献和有限的高卢语的名称加以比较研究，用拉丁文写成了他那伟大的著作《克勒特语语法》（Grammatica Celtica），1853 年在莱比锡出版。他曾多次申请巴瓦利亚大学给他一个讲座，结果都被拒绝了。可是他这本著作确曾奠定了克勒特语的历史比较语言学的基础。其后古爱尔兰语的文献不断有所发现，到了十九世纪末叶，经过斯特拉汉（John Strachan）和洛特（J. Loth）等人的研究，复由最古的威尔斯语的诗歌构拟出了古不列颠语的形式。丹麦裴德森于 1909—1913 年陆续出版了《克勒特语言比较语法》（Vergleichend Grammatik der Keltischen Sprachen），共二卷，用历史比较方法解决了不少克勒特语的语法问题，尤其是不规则动词的问题。

克勒特语因为用它的特殊结构和这些结构的发展规律可以弄清楚许多其他印欧系语言里已经消失的现象，所以对于印欧系语言历史比较语言学也曾有极大的意义。

（四）日耳曼语族

6.10 分类

日耳曼族语可以分成三个语支：（1）峨特语，（2）北部日耳曼语，（3）西部日耳曼语。

---

① "D'étudier et de publier l'étymologie de toutes les langues de l'Europe à l'aide du celto-breton, du gaulois et de la langue erse".

6.11 峨特语支[2]

峨特语最古的文献是乌裴拉士于四世纪所翻译的圣经，现在还有一部分保存在瑞典乌蒲萨拉大学图书馆里。1665 年朱尼乌士（Francis Junius）曾把它印出，1671 年斯提恩希尔姆（Stiernhielm）又在斯德哥尔摩出了另一个版本。在六世纪的时候，有一部分峨特人曾到达意大利，也在拉丁文献中留下了一些名称和词语。十六世纪法兰达人布斯贝克（Von Bushecq）曾在克里米亚遇到一些峨特人的遗族，记述了他们的语言。这些都是关于峨特语仅存的文献。至于在其他各地，峨特语早已死亡了。

6.12 北部日耳曼语支

北部日耳曼语支包括：（1）冰岛语，（2）挪威语，（3）瑞典语，（4）丹麦语。冰岛语自十二世纪末叶起有书面文献，习惯上叫做古冰岛语，常被看做北部日耳曼语或北方语（Nordish）的代表；挪威语与冰岛语很相近似，也是自十二世纪起才有书面文献；瑞典语和丹麦语都自十三世纪起才有书面文献。

6.13 西部日耳曼语支

西部日耳曼语支包括：（1）高德语，（2）低德语，（3）佛里西亚语和古英语。高德语自八世纪起有书面文献，其中包括有巴瓦利亚、阿冷曼（Alemannic）和法兰克三种主要方言，每种方言又各有许多土语。近代德语的文学语言主要是以法兰克方言为基础的。低德语在古代又叫做撒克逊语，自九世纪起有书面文献，最著名的是一首宗教的诗歌叫做《救主》（Heliand）。这种语言起初流行在德国北部，一直蔓延到荷兰和比利时等处，但是自从德语的文学语言建立后在德国境内已经降为次要的方言，在杜塞多尔夫（Düsseldorf）地区与高德语相接触，现在荷兰语、比利时和法国北部的法兰达语都属于这种语言。荷兰语的文献自十三世纪开始得到了很大的发展，且曾随荷兰帝国主义殖民政策的发展一度传到了非洲南部各地。法兰达语与荷兰语相差甚微,现在还流行于比利时和法国的某些区域。佛里西亚语自十四世纪起有书面文献,流行于佛里斯兰（Friesland）一带,现在已经日趋衰微。古英语自八世纪起有书面文献,其后与盎格鲁·撒克逊语合流,变成了近代英语。

6.14 日耳曼族语言的历史比较

关于日耳曼族语言的文献虽然不断有人加以搜集和研究,但是用历史比较法进行研究的始于拉斯克的《古代北方语或冰岛语起源研究》。他于 1811 年和 1817 年还分别写成一本古北方语语法和一本古英语语法。格里姆的《德语语法》把峨特语当做印欧系语言中的梵语看待,共比较了十五种日耳曼族语言和由它们所代表的各个阶段,奠定了日耳曼族语历史比较语言学的基础,其他许多进行印欧系语言历史比较研究的也都采用过日耳曼族语的材料。其后还由布格和文墨（Ludvig Wimmer）解读了许多古代北方语的碑铭,汤姆森（Vilhelm Thomsen）研究了芬兰语里面古峨特语和北方语的借词,对于日耳曼族语的历史比较研究都曾有一定贡献。接着出版与日耳曼族语有关的刊物,如保罗、卜劳纳（W. Braune）、西佛士（E. Sievers）主编的《德语和文学史集刊》（Beiträge zur Geschichte der Deutschen Sprache und Literatur）和郭克（Axel Kock）主编的《古北方语语文学集刊》（Arkiv för Nordisk Filologi）等,更把这种研究向前推进了一步。有些人利用这些研究的结果编成了各种语言的词典和词源词典,如英国的《牛津英语词典》（Oxford English Dictionary）,克鲁格（F. Kluge）所编的《德语词源词典》和斯克特（W. W. Skeat）所编的《英语词源词典》等等。此外,保罗、卜劳纳、西佛士、法兰克（J. Franck）、斯维特（Henry Sweet）、文墨、诺伦（Adolf Noreen）等还分别研究了一些古代的语言。保罗主编的《日耳曼族语语文学纲要》（Grundriss der Germanischen Philologie）出版于 1889 年,更是要把语言的历史比较研究和语文学结合起来的一本著作。

（五）波罗的·斯拉夫语族[3]

6.15 分类

有些人把波罗的语和斯拉夫语看做印欧系语的两个语族，但是经过许多人的研究，它们在古代确实有一个共同的来源。

6.16 波罗的语支

波罗的语支包括：（1）古普鲁士语，（2）立陶宛语，（3）拉脱维亚语。

古普鲁士语自十七世纪起已经死亡，现在只遗留下一个词汇，约有八百个词和三篇《教理问答》的译文，那是1561年翻译的，但是译得很不好。

立陶宛语和拉脱维亚语自十六世纪起才有书面文献，现在是苏联立陶宛苏维埃社会主义共和国和拉脱维亚苏维埃社会主义共和国[4]的国语，其中除增加了许多新词语外，在语法方面还保存有古语的特征，和最早的文献比较起来没有很大的差别。

古普鲁士人、立陶宛人和拉脱维亚人都住在波罗的海沿岸，所以他们所说的语言习惯上叫做波罗的语。波罗的语有一个特点，就是比印欧系的任何语言都保存有更多的古代特征，尤以立陶宛语保存得最多，例如立陶宛语的 ēsti = 梵语的 ásti，希腊语的 esti（是）；立陶宛语的 gývas = 梵语的 jivah，拉丁语的 uiuos（活的）等等。古普鲁士语和拉脱维亚语所保存的古代特征虽然少些，但是比起立陶宛语来也只有程度上的差别。

6.17 斯拉夫语支

斯拉夫语分为三个语支：（一）南部斯拉夫语，（二）东部斯拉夫语，（三）西部斯拉夫语。

南部斯拉夫语包括：（1）保加利亚语，（2）塞尔维亚·克罗地亚语和斯洛文尼亚语。保加利亚语是保加利亚人民共和国的国语,塞尔维亚·克罗地亚语和斯洛文尼亚语都在南斯拉夫境内。

东部斯拉夫语包括:(1)俄语,(2)乌克兰语,(3)白俄罗斯语。

西部斯拉夫语包括:(1)捷克语和斯洛伐克语,(2)索尔比亚语(Sorbian),流行于劳西兹(Lausitz)一带,使用人数只有约十五万人,(3)波拉比亚语(Polabian),曾流行于易北河下游,十八世纪已经死亡,(4)波兰语,有许多种方言,包括卡输比亚语(Kashubish)和斯洛温兹语(Slovintzish)。

斯拉夫语的最早的文献是基利耳(Kyrillos)和美多底(Methodios)两兄弟于九世纪所翻译的《福音书》。他们特别依据希腊字母为这种语言创制了一种斯拉夫字母,用的是他们本乡的马其顿·保加利亚方言。这种语言习惯上叫做古斯拉夫语,常被看做古代斯拉夫语的代表,但是我们不要忘记,它里面包含有许多方言特点,只能算是斯拉夫族的一种最古的方言,认为一切斯拉夫族语言都由它发展出来,那是不对的。这种语言在中世纪常在教堂里使用,所以又叫做"教堂斯拉夫语",有些像拉丁语在西欧各地所起的作用。至于斯拉夫族各语言的文献是另各有它们自己的传统的。保加利亚语的近代文献到十九世纪才建立起来,与"教堂斯拉夫语"已有很大差别。塞尔维亚语的文献分三个时期:第一个时期的文献流行到十四世纪末叶,第二个时期的文献流行到十八世纪中叶,至于第三个时期即近代时期的文献却是由它的语法学家吴克(Vuk Stephanovitch Karayitch,1787—1864)和他的朋友们建立起来的。克洛西亚语与塞尔维亚语非常近似。俄语自很早的时候起就有了书面文献,但是近代俄语实际奠基于普希金,自此以后才得到了很大的发展。捷克语在古代叫做波希米亚语,自九世纪起有书面文献,但是直到十九世纪才有近代文献。索尔比亚语又叫做鲁萨提亚语(Lusatian),最早的文献是1512年刊印的一本祈祷书。波拉比亚语虽已死亡,也还留下了一些词汇、赞歌和祈祷书。波兰语自十四世纪起有书面文献,到十九世纪有了很发达的文学。

斯拉夫语的文献始于九世纪基利耳和美多底所翻译的圣经。这种语言名义上是共同的，但实际上只代表保加利亚的一种方言。要研究古斯拉夫语的共同语必须比较许多古代的文献才能够把它理出一个头绪来。这种工作开始于十九世纪初的一个捷克学者杜布洛夫斯基（Joseph Dobrovský）。

杜布洛夫斯基生于 1753 年，死于 1829 年。他是一个非常沉毅而冷静的学者，具有近代语言科学的丰富知识，但是不像吴克等那样富于浪漫主义色彩。他的著作都是跟捷克语和斯拉夫语有关的，如 1809 年出版的《波希米亚语详细教案》（Ausführliches Lehrgebaüde der Böhmischen Sprache）。他的主要著作《斯拉夫语古代方言基础》（Institutiones Linguae Slavicae Veteris Dialecti）出版于 1822 年。这不仅是一本奠定了斯拉夫语语言学基础的著作，他还通过这本书唤起了捷克人的民族情感，恢复了他们的民族自信心，使捷克语的研究联系过去找到了它原有的地位，获得了应有的重视，因此杜布洛夫斯基一直被称为捷克文学之父和斯拉夫语语言科学的奠基者。

与杜布洛夫斯基同时做这种工作的还有哥比达尔（W. Kopitar）和沙法里克（P. J. Šafařík）二人。他们在许多问题的讨论上是跟杜布洛夫斯基相对立的，可是对于古斯拉夫语的研究方面也做出了不少贡献，哥比达尔是斯洛文尼亚人，生于 1780 年，死于 1844 年，曾著《斯拉夫一切方言中的语言和文学史》（Geschichte der Slavischen Sprache und Literatur in allen Dialekten）一书，1826 年出版，专门讨论各斯拉夫方言中所反映的语言和文学的历史。沙法里克是斯洛伐克人，生于 1795 年，死于 1861 年，他的主要著作是《斯拉夫语的古代性》（Starožytnosti），于 1831 年出版，特别指出了斯拉夫语的古代特征。

关于俄语的研究，我们首先要提到的是俄国十八世纪的伟大学者罗蒙诺索夫（М. В. Ломоносов，1711—1765）。他的《俄语语法》（Российская Грамматика）出版于 1755 年，用具体的材料研究了俄语语法。全书共分六部分：第一部分说明作者对于语法的观点，第二部分讨论语音和正词法的问题，第三部分讨论名词、形容词、数词的构词法和构形法，第四部分讨论动词变位的类型，第五部分讨论其他词类的特征，第六部分讨论造句法。这本书因为受了西欧语法体系的限制，虽然有些地方现在看来是不够正确的，例如他把俄语动词的"时"分成十个，而没有谈到"体"，但是他极力反对当时一般人所用的那种先验的方法，主张研究语法必须从具体的实际材料出发，奠定了以后俄语语法研究的基础。同时，特列贾科夫斯基（В. К. Тедиаковский，1703—1769）于 1748 年出版《外国人和俄罗斯人间关于新旧正词法的谈话》（Разгово между чужестранным челевеком и Российским об орфографий старинной и иовой），详细讨论了俄语语音和新旧正词法的问题，俄国科学院（1783 年成立）于 1789—1794 年出版了《俄国科学院词典》（Словарь Академии Российской），里面包含有 43,257 个斯拉夫语和俄语的词，对于俄语各方面的研究都曾起了很大的作用。

6.18 斯拉夫语支语言的历史比较研究

采用历史比较法研究斯拉夫语言的，应该以伏斯托可夫（А. Х. Востоков）为第一人。他的《关于斯拉夫语的讨论》（Рассуждении о славянском языке）出版于 1820 年。他在这本书里不仅讨论了斯拉夫语和俄语史分期的问题，而且利用许多斯拉夫语言如波兰语、塞尔维亚语等的语音和俄语语音的比较，建立了斯拉夫语的历史语音学。他于 1842 年还出了一本《鲁明切夫斯基博物馆所藏俄语和斯拉夫语手抄本记述》（Описание русских и славянских Рукописей Румянцевского Музея）一书，划清了保加利亚语、塞尔维亚语、俄语（北部俄罗斯语）、乌克兰语（南部俄罗斯语）许多文献的界限。

到了十九世纪中叶，做斯拉夫语历史比较研究的，以斯洛文尼亚人米克洛希奇（F. Miklosich, 1813—1891）最为有名。他的《斯拉夫语比较语法》（Vergleichende Grammatik der Slawischen

Sprachen）出版于 1852—1874 年，共分四册，第一册语音和第三册形态学都于 1876 年出了第二版。1862—1865 年他还出了一本《古斯拉夫语词典》（Wörterbuch der Altslavischen Sprachen），1886 年又出了一本《斯拉夫语词源词典》（Etymologisches Wöterbuch der Slavischen Sprachen），阐明了斯拉夫语和其他语言的关系。

此外，施莱赫尔于 1871 年出版《波拉比亚语的语音学和形态学》（Laut-und Formen-lehre der Polabischen Sprache），雷斯琴于 1886 年出版《古保加利亚语手册》（Handbuch der Altbulgarischen Sprache），对于斯拉夫语的历史比较研究都很有用处。

在俄国，有许多人利用这些研究的成果写成了俄语史的著作，但是方向略有不同。布斯拉耶夫（Ф. И. Буслаев，1818—1897）的《俄语历史语法》（Историческая грамматика русского языка）出版于 1858 年，特别着重于解释语法现象的意义。斯列士涅夫斯基（И. И. Срезневский）的《俄语史的意义》（Мысли об истории русского языка）出版于 1849 年，着重于用历史语音学的观点去解释俄语史发展的意义，1893 年还出了他的一部遗著《古俄语文献词典资料》（Материалы для словаря древнерусского языка по письменным памятникам），共三册，包含有许多关于古代俄语语词的材料。波铁布尼亚（А. А. Потебня，1835—1891）于 1874 年出版《俄语语法札记》（Из записок по русской грамматике），1865 年出版《论俄语方言的语音特点》（О звуковых особенностях русских наречий），都是要就心理方面去解释语言现象的。到了十九世纪末叶，俄国的历史比较语言学分成了两个派别：一个是由佛尔图纳托夫（Ф. Ф. Фортунатов，1848—1914）领导的莫斯科学派，与德国的新语法学派相接近，参加者有东方学者米勒（В. Ф. Миллер，1848—1913）和哥尔诗（Ф. Е. Корш，1843—1915）等人；一个是由博杜恩·德·库尔特内（И. А. Водуэн де Куртэнэ，1845—1929）领导的喀山学派，接近于心理语言学，参加者有他的学生克鲁舍夫斯基（Н. В. Крушевский，1851—1887）等人，可是他们所研究的已不限于俄语和斯拉夫语的历史比较,而是涉及到一般的历史比较语言学和普通语言学了。

6.19 波罗的语语支语言的历史比较研究

以上所说的都是关于斯拉夫语的比较研究,至于波罗的语,就历史比较学的观点看来,虽然很重要,可是直到十八世纪末叶,并没有引起人们的注意,因此它们在印欧系诸语言中应该占一个怎样的地位,一直没有得到正确的认识。阿德隆在他的《米特里达脱斯或普通语言学》里把波罗的语看做一种日耳曼语和斯拉夫语的混合体,这种观点当然是错误的。拉斯克在他的《古代北方语或冰岛语起源研究》里虽然已经把它当做印欧系语言中一个特殊的、很古老的支系,但是因为没有充分的材料,也不能十分肯定。后来施莱赫尔亲自到立陶宛去从农民的口中研究他们的语言,于1856—1857年就他所搜集的材料写成了他的唯一的有科学价值的《立陶宛语手册》(Handbuch der Litauischen Sprache),提供了一些很有用的材料。

在施莱赫尔之前已经有一位立陶宛的教士古尔沙提士(Pridrikis Kuršatis)对于立陶宛语里一个很重要的现象——声调——作过研究。他于1849年出版了一本著作,把它分成一个有规则的降调(\)和一个不规则的升调(/),认为这两个调在词形变化中有很大的作用。施莱赫尔对古尔沙提士的这个研究曾给予很高的评价,说如果没有它的帮助,他将不知要在暗中摸索多少时间,但是在许多例子中还是分辨不出来,因此责怪他定的规律还不够严格。接着,古尔沙提士继续研究了这个问题,不久写出了一本词典和语法,并且翻译了一本《新约》,他自1849年至1880年主编一种通俗周刊《流浪者》(Keleīvis),都是用的这个体系。后来经过维尔纳、佛尔图纳托夫、雷斯琴、贝岑柏格、索绪尔等人的研究,肯定了立陶宛语的这两个声调都是原始印欧语的残迹,通过它们可以了解立陶宛语和斯拉夫语的许多现象。并且索绪尔因此确定了波罗的语和斯拉夫语的关系,认为这两种语言虽然有很大的差别，但是在古代是同一种语言；就立陶宛语的古老面貌看来，也可以说是斯拉夫语的更早的阶段。至于与拉脱维亚语和古普鲁士语有关的，虽然也有人搜集了一些材料，但是还没有作出深入的研究，大家认为这些方面的研究将可以对印欧系语的历史比较有很大的帮助。

（六）阿尔巴尼亚语族

6.20 阿尔巴尼亚语的情况

阿尔巴尼亚语现在是阿尔巴尼亚人民共和国的国语，自十五世纪起开始有书面文献，可是因为阿尔巴尼亚人民过去长期在异族的压迫下，他们的语言已经有了很大的变化。他们起初所用的是一种很特殊的字母，不能很好地记录这种语言的丰富的语音，到了 1879 年才由爱国诗人萨米·弗拉舍利（Sami bey Frashɛri）为它创制了一种民族字母表，共有字母三十六个，多以拉丁字母为基础，遇有必要时才采用一些希腊字母和斯拉夫字母来补充，没有附加符号，没有双字母，非常适合这种语言的发音。可是因为那时阿尔巴尼亚正处在土耳其的统治下，许多书籍只能在国外出版，印刷很不方便。他们于 1908 年在摩纳斯提尔（Monastir）召开了一个拼写委员会，决定采用一些双字母符号，如用 sh 来代表 š 等等。

6.21 关于阿尔巴尼亚语的研究

阿尔巴尼亚语因为在语法方面已经发生了很大的变化，并且有许多外来的借词，所以在历史比较语言学初建立的时候，许多语言学家如拉斯克和波特等都怀疑它是否属于印欧系的语言。后来拉斯克看见它里面有三个性，即阳性、阴性和中性，与印欧系语言的相符，才确定了它是印欧系语言的一种，但是他和施莱赫尔都认为阿尔巴尼亚语跟希腊语有近亲关系，那却是错了的。直到 1854 年，波普在一篇论阿尔巴尼亚语的论文里才确定了这种语言不与印欧系的任何语言有近亲关系，它在这个语系中应该另成一个语族。

古斯达夫·梅耶尔（Gustav Meyer，1850—1900）是一个以研究阿尔巴尼亚语为主要工作的学者。他在许多外国人的帮助下搜集了不少关于这种语言的材料，于 1883 年和 1892 年确定了阿尔巴尼亚语的语音定律，1891 年写成了一本阿尔巴尼亚语的词源词典，把许多阿尔巴尼亚语原有的词和外来的借词区别开来。他于 1888 年曾出过一本《阿尔巴尼亚语语法》，对于要学习这种语言的人很有帮助。

（七）阿美尼亚语族[5]

6.22 阿美尼亚语的情况

阿美尼亚语是苏联阿美尼亚苏维埃社会主义共和国的国语，但是它的流行区域并不限于现在的国境，在小亚细亚以至叙利亚西北部，在斯木尔纳（Smyrna）、君士坦丁堡、伊斯密德（Ismid）、在洛多斯托（Rodosto）、苏察伐（Sutchava）、古提（Kuty）以至顿河附近的罗斯托夫（Rostov）等地都有人使用着这种语言。

阿美尼亚语自五世纪起就有了书面文献，字母共三十六个（其后增加到三十八个），据说是由梅斯洛浦（Mesrop）创制的，大半依据于希腊字母，也增加了一些新的符号。尽管口语起了很大的变化，但是这种文字一直保存了许久。除这些古代的文献外，还有一种中古的文献。近代阿美尼亚语分东西两支，各有自己的文献。

6.23 关于阿美尼亚语的研究

古代阿美尼亚语，就它的文献看来，已经发生了很大的变化，有些变化比十九世纪的阿尔巴尼亚语还要显著。例如阿尔巴尼亚语的"二"叫做 dy，"三"叫做 tre，它的印欧语的面目还很容易看得出来；阿美尼亚语的"二"叫做 erku，"三"叫做

erekh，那就差得很远了。可是在词形变化方面，阿美尼亚语却比阿尔巴尼亚语保存有更多的古代特征。

由于阿美尼亚语有许多波斯语的借词，所以许多语言学家起初都认为它是伊朗语支的语言。拉斯克在他的《古代北方语或冰岛语起源研究》里很正确地看出了阿美尼亚语的 h 与希腊语的 p 相对应，例如阿美尼亚语的 hayr = 希腊语的 patēr（父亲），阿美尼亚语的 hur = 希腊语的 pur（火），因此断定阿美尼亚语是印欧系的一种语言，但也以为是属于伊朗语支的。施莱赫尔在他于 1850 年出版的《欧洲语言》（Die Sprachen Europas）一书中也是这样的看法。直到十九世纪七十年代，由于各种材料的比较研究，大家才认识到了阿美尼亚语只是印欧系语的一个特殊的语族，而与伊朗语没有直接的关系。许伯诗曼（Heinrich Hübschmann）自 1875 年起发表了许多科学的论文，把阿美尼亚语原有的词和外来的借词区别开来，并且确定了它的语音演变的规律，奠下了阿美尼亚语语言学的基础。他于 1895 年还出了一本《阿美尼亚语语法，第一部分，阿美尼亚语词源学》（Armenische Grammatik, I Theil, Armenische Etymologie），可惜语法部分还没有出版。梅耶的《古典阿美尼亚语比较语法纲要》（Esquisse d'une Grammaire Compareé de l'arménien Classique），大家认为是这方面的一本权威著作。

（八）吐火罗语族[6]

6.24 吐火罗族的情况

吐火罗族是十九世纪末和二十世纪初在我国新疆发现的。起初有些残缺的文献偶然流传到了加尔各答、圣彼得堡、伦敦等处，引起了人们的注意，于是各国的探访队纷纷由芬兰、俄国、英国、德国、法国、日本派到吐鲁番、和田这些古代的废墟来，把一批一批的文献、版画、古物等抢运了去。例如，1906 至 1908 年，由一位匈牙利人石坦恩（M. A. Stein）率领的英印队在一个洞穴里发现的手抄本放在一起就可以达到五百立方英尺高。德国队由勒郭克（A. von Le Coq）和格伦卫德尔（Grünwedel）率领，运走了好几百箱古物和文献。法国队由伯希和（Pelliot）率领，也把许多手抄本运回了巴黎。这些文献中有些对印度来说是非常重要的，因为在印度，由于气候和虫蚁的关系，只保存有一些十一世纪的文献，在这以前的都已经丧失了，而在这里所保存的印度文献，有些却是一世纪的。这些文献都是用婆罗门字体书写的，其中共分两种：一种在和田发现，后来经德国律曼（Leumann）和挪威科诺夫（Sten Konow）鉴定是一种伊朗语支的语言叫做萨基安语，这是除安息语和粟特语之外在我国新疆发现的第三种伊朗语支的语言；另一种在吐鲁番发现，经德国缪勒（F. W. F. Müller）命名为吐火罗语。

6.25 关于吐火罗语的研究

吐火罗语，由它的词汇和语法看来，无疑是一种印欧系的语言，但是不属于我们上面所说的任何一个语族。它不像东方语支的伊朗语和印度语，但很像西方语支的欧洲语言，特别是像意大利语和克勒特语。它包含由两种方言：一种在焉耆（Karashar）附近，属东吐火罗语；一种在库车附近，属西吐火罗语。东吐火罗语经德国西格（Sieg）和西格灵（Siegling）研究后，曾于1908年印出了一本语法概要，并附有一些样品，1921年还印出了一本原文。西吐火罗语经法国雷卫（Sylvain Lévi）和梅耶研究，认为比东吐火罗语还要古老得多。雷卫断定这些文献中有些是七世纪的，可是就我国的史书考证，库车的史实可以由八世纪直追溯到一世纪。他们在当时曾有过很高的文化，尤长于音乐，佛教传入中国还是发源于这个地方的，可是到了十世纪，经过土耳其人的破坏，他们的文化生活就结束了。

评注：

[1] 意大利·克勒特语族现今一般叫做拉丁语族（罗曼语族）和凯尔

特语族。意大利语属于拉丁语族的东部语支（参见《中国大百科全书》语言文字卷该条目）。

[2] 峨特语支属于日耳曼东部语支，已消亡。

[3] 波罗的·斯拉夫语族现今一般叫做波罗的语族和斯拉夫语族。下面的波罗的语支和斯拉夫语支都应叫波罗的语族和斯拉夫语族。

[4] 立陶宛和拉脱维亚已经分别于1990年3月11日和1991年8月22日脱离苏联独立，并分别改国名为"立陶宛共和国"和"拉脱维亚共和国"。

[5] 阿美尼亚语族现今叫做亚美尼亚语族。

[6] 吐火罗语族现今叫做安纳托利亚语族。该语族包括吐火罗语和赫梯语，均已消亡。

三、汉藏语系

6.26 概说

汉藏语系从前又叫做印度·支那语系。那完全是仿照印度·欧罗巴（简称印欧）语系来的，因为它所包括的语言自克什米尔，中经西藏高原，沿着亚洲大陆南部一直延展到中国东部的太平洋海岸。可是这些语言虽然有些是在印度境内，其实都是属于西藏语系统的，所以后来人家认为把它叫做汉藏语系更为妥切。

汉藏语系语言可以大致分成四个语族：（一）汉语，（二）泰语[1]，（三）藏缅语，（四）苗瑶语。

（一）汉语族

6.27 汉语的情况

汉语是汉族人民的语言，这个名称是从汉朝来的，现已成了一个民族的特别名称。它自公元前十四世纪就有了书面语言，用的是一种世界闻名的象形文字，字体曾经过篆、隶、行、草、楷几种变化，形声字逐渐增加，但并不是纯粹表音的。随着汉族文化的扩展,这种语言和文字曾伸展到东亚其他各国,在文字方面演变成了日本的片假名,朝鲜的谚文和越南的字喃,在语言方面也有所谓汉日语、汉朝语和汉越语等。

汉语从古代起即有很丰富的文献,中间虽曾几度遭受过外族的统治,而这种语言从没有被破坏过,这在世界各国语言史上是很少有的,由此可见它力量的坚强。关于汉语的研究,我们自很早的时候起就把它分成文字学、音韵学和训诂学三个部分,分别研究汉字的形、音、义,可是在很长的期间多只是限于古代语言的范围,目的是在对古书作校勘和训诂的工作,对近代语言反而很少注意。直到1919年"五四"前后,一直继承着唐宋以来的优良传统,以近代汉语为基础的"白话文"在人民的日常使用上逐渐取得了统治地位后,才开始有人注意到现代汉语的研究,并且进展得相当快。

现代汉语的"普通话"是以北方话尤其是北京话为基础发展起来的,流行区域占全国的大部分地区,其间虽然也有一些差别,但是并不很大。除此之外,汉语方言约可分为以下七区:

(1) 吴语区 包括江苏省和浙江省大部分的方言。

(2) 湘语区 包括湖南省大部分的方言,西北部除外。

(3) 赣语区 包括江西省一部分和湖北省东南角的方言。

(4) 客家话区 包括江西省南部、福建省西部和广东省东北部的方言,广东南部、广西南部以至湖南、四川省的某些地区也有说这种方言的。

(5) 闽北话区 包括福建省北部和台湾一部分的方言。

(6) 闽南话区 包括福建省南部、广东省南部以及海南岛大部分和台湾大部分的方言,广东中部和南部沿海一带也有说这种方言的。

(7) 粤语区 包括广东中部、南部和广西南部的方言。

这些方言中有些保存有很丰富的古代特点,对于研究古代汉语和汉语发展的历史很有价值。[2]

6.28 关于汉语的研究

汉语虽然在三千多年前就已有了书面文献,但是用的是一种象形文字,声音多隐蔽着看不出来。历代研究语言文字的多只在几本字书和韵书上面兜圈子,理不出一个很明显的系统。明清两代研究古音的已渐知利用古代韵语和谐声字等做考证的工具,但也只能拟出一个大致的体系,至于每个声母、韵母应该怎样念法,大家都说不出一个道理来。总而言之,长久以来,我国学者所做的多只限于语义学的范围,还不知运用语言学的科学方法来处理有关汉语的问题。

西洋学者研究汉语的始于明代的利玛窦(Matteo Ricci)作《西字奇迹》和金尼阁(Nicolas Trigault)作《西儒耳目资》。接着有加贝伦兹作《汉语语法》,艾·约瑟(Joseph Edkins)作《汉语官话语法》等,这些都是为了便利西方传教士和旅行家学习汉语用的,多以汉语的材料去迁就西方语言的体系,未达科学门径,不能称为专门之学。武披齐利(Volpicelli)的《汉语音韵学》出版于 1896 年,也只是一本初步探索的著作,价值很低。到了 1900 年商克(Schank)的《古代汉语语音学》(Ancient Chinese Phonetics)在巴黎《通报》(T'oung Pao)上发表,才算较有科学条理,具有一定的价值。他在这篇论文里第一次提出了声母腭化的观念和古双唇音在三等合口呼前变为唇齿音的条理,并且发现一二等没有 i 介音,三四等有 i 介音[①],定下了汉语古音研究的一些原则。继商克之后,瑞典高本汉(Bernhard Karlgren)的《汉语音韵学研究》(Études sur la Phonologie Chinoise)于 1915—1919 年在斯德哥尔摩出版[②]。他利用我国音韵学的知识和

---

① 参看罗莘田《中国音韵学的外来影响》,《东方杂志》第 32 卷,第 14 期。

② 我国有赵元任、罗常培等译本,名《中国音韵学研究》,1940 年,商务印书馆出版。

各地方言比较研究的结果为隋唐中古音拟定了一个完整的系统。法国马伯乐（H. Maspéro）的《唐代长安的方言》（Le dialecte de Tch'ang-ngan sous les T'ang）于 1920 年在河内《法国远东学院集刊》（Bulletin de l' École Française d'Extrême-Orient）上发表，利用多方面的材料以考求我国唐代长安的方言，在这方面也有不少的贡献。与上古汉语有关的，高本汉的《原始汉语是屈折语》（Le Proto-chinois, Langue Flexionelle）发表于 1920 年的《亚细亚学报》（Journal Asiatique），企图用历史比较法证明原始汉语是一种屈折语。此外他还写有《古汉语的重建》（The Reconstruction of Ancient Chinese，1922 年发表于《通报》第 21 卷），《上古汉语问题》（Problems in Archaic Chinese，1928 年发表，我国有赵元任译文，载《历史语言研究所集刊》第 1 本，第 3 分），《藏语和汉语》（Tibetan and Chinese，发表于《通报》，我国有唐虞译文，载前《中法大学月刊》第 4 卷，第 3 期），《诗经研究》（Shïking Researches，1932 年发表于《远东古物博物院集刊》〔The Bulletin of the Museum of Far Eastern Antiquities〕第 4 期），《老子韵考》（The Poetical Parts in Laotsï，1932 年发表于《格特堡大学丛刊》〔Göteborgs Högskolas Ärsskrift〕第 38 卷），《汉语词系》（Word Families in Chinese，1934 年发表于同上刊物第 5 卷，我国张世禄译为《汉语词类》，商务印书馆出版）等论文和《汉语和汉日语分析词典》（Analytic Dictionary of Chinese and Sino-Japanese），《语文学和古代中国》（Philology and Ancient China，我国贺昌群译为《中国语言学研究》，商务印书馆出版），《汉语音韵和文字》（Sound and Symbol in Chinese，我国张世禄译为《中国语与中国文》，商务印书馆出版）等书，都是出于同一的企图的。自此以后，一般学者已渐明白要研究汉语古音不能专靠我国古代的几本韵书，除此之外还要广泛结合古书的韵语、谐声字、外来语的转写和各地方言以及同族语言的材料去进行。在这一方面，如西门（Walter Simon）的《论古代汉语词末辅音的重建》，龙果夫的《关于古代汉语的重建》，钢和泰的《音译梵书与中国古音》

（载北京大学《国学季刊》第 1 卷，第 1 期）和汪荣宝的《歌戈鱼虞模古读考》（载同上刊物第 1 卷，第 2 期）等都曾有一定贡献。接着李方桂《切韵 â 的来源》（载前《历史语言研究所集刊》第 3 本，第 1 分）和《东冬屋沃的上古音》（载同上刊物第 3 本，第 3 分），罗常培作《切韵闭口九韵之古韵及其演变》（载前《历史语言研究所集刊外编》），董同龢作《上古音韵表稿》，对高本汉所构拟的古音音值都曾提出过一些修正的意见。

汉语方言庞杂，每种方言对于研究汉语史都是很宝贵的材料。在这方面，从前西洋传教士为了传教上的便利，也曾做过不少搜集的工作，但多是不很可靠的，其中写得比较好的有爱特尔（E. J. Eitel）的《广州方言词典》（A Chinese Dictionary in the Cantonese Dialect, 1877 年在香港出版），商克的《陆丰方言》（Het Loeh-Foeng Dialect, 1897 年在莱顿 Leyden 出版），瑞雷（Ch. Rey）的《客家话语法词典》（Dictionnaire Chinoisfrançais, Dialect Hacka, 1901 年在香港出版）等。近几十年来，我国学者也做了许多调查研究的工作，比较重要的有赵元任的《现代吴语的研究》（清华大学研究院出版）和《钟祥方言记》（前历史语言研究所出版），罗常培的《厦门音系》（前历史语言研究所出版），白涤洲的《关中方音调查报告》（中国科学院出版），赵兀仕等的《湖北方言调查报告》（前历史语言研究所出版）等；至于罗常培的《唐五代西北方音》（前历史语言研究所出版），是要就一些汉藏对音的古代文献去研究唐朝和五代时候西北方言的语音系统的。

从语音方面考察，一般把汉语发展的历史分为以下四个时期：

（1）从原始时代起到公元六世纪为上古时期。这时期内的许多问题还有待于进一步的研究。

（2）从六世纪到十世纪为古代时期。在这个时期，三等合口呼的双唇音变成了唇齿音，古代浊声母变成了送气浊音。

（3）从十世纪到十三世纪为中古时期。在这个时期，北部方言的韵母系统开始变简单，入声韵逐渐消失，送气浊音声母继续起变化，平声变为送气清音，仄声变为不送气清音。

（4）十三世纪以后为近代期。在这个时期，阳声韵韵尾 m 逐渐失去，为 n 所代替。

由于声韵系统的简化，同音词增加，为了避免意义不明起见，构词法也跟着起了变化，复合词大量增加，词尾出现，许多简单词变成了派生词，在语法方面也起了一定的变化。

至于关于上古时期的汉语的问题，虽然各方面都提出了一些，并且有些已经得到了很好的解决，例如关于某些韵母方面的，但是也有许多还有待于进一步的研究，比如上古汉语是否有复辅音和有哪些复辅音就是其中的一个。向来研究这个问题的多以汉字的谐声成分为主要依据，例如"各"古音［kak］，"洛"古音［lak］，而"洛"从"各"得声，可见里面有一种［k］:［l］的交替；同样，"变"古音［pian］，"䜌"古音［liwan］，而"变"从"䜌"得声，可见里面也有一种［p］:［l］的交替。这种语音的交替我们把它跟其他语言例如泰语相比较，那似乎是由于古代复辅音演变的结果。例如汉字"监"古音［kam］，"蓝"古音［lam］，而"蓝"从"监"得声，可见里面有一种［k］:［l］的交替，查考泰语有一个 k'ram，是"靛青"的意思，较古的形式是 gram，因此汉语"蓝"字的上古音应该是［glam］。另一方面，"变"古音［pian］，这个字跟泰语的 plien 相符合，"变"从"䜌"得声更可证明它的上古音该是［pliwan］。这似乎是很可信的，但是实际上问题并不这么简单。

高本汉在他的《汉语词系》里认为在"各"："洛"等字中哪个有复辅音可以有三个可能性：

A "各"［klak］："洛"［lak］；

B "各"［kak］："洛"［klak］；

C "各"［klak］："洛"［glak］。

A 的说法在"监"［kam］："蓝"［lam］的例子中是要排除的，因为泰语的 k'ram（靛青）＜ gram 足以证明上古汉语从

"监"得声的"蓝"应该是[glam]而不是[lam];另一方面,汉语的"变"[pian]符合于泰语的plien,而"变"所得声的"挛"是[liwan]而不是[piwan],因此B的说法也要排除。所以在这三个可能性中,他独赞成C的说法①,后来他在他所著的《汉字形体与音韵》(Grammata Serica Seript and Phonetics in Chinese and Sino-Japanese,1940)一书中就广泛地采用了这个原则去构拟上古汉语的音。

高本汉对于这个原则的运用并不是没有漏洞的。后来董同龢在《上古音韵表稿》中批评他说:

> 当高氏以'挛'为[bl-]以及'翏'为[gl-]的时候,他就是忽略了'挛'与'翏'对所用跟它们接触的各系字的关系是平等的。'挛'与'变'的关系是[bl-]:[pl-],'翏'与'膠'的关系是[gl-]:[kl-];但是'挛'与'挛'则不过如[bl-]:[sl-],'翏'与'谬'又不过如[ml-][gl-]。他是何所据而作此轻重之分呢?到了'龙'这个例,他到底被迫放弃了C式。但是我也不知道他为什么又只承认'龙'跟'宠'的关系。'庞'既误认为l-母字,'聋'又是无缘无故的摆在'廾'的系统中去了。我觉得凡是这一类的现象,当然是用A式最为合宜②。

其实汉字谐声系统里的问题是非常复杂的。例如"贪"音"他含切",而它所从得声的"今"却是"居音切",以k谐t';"唐",音"徒郎切",而它所从得声的"庚"却是"古行切",以[k]谐[d'];"頢"音"匹各切",而它所从得声的"革"却是"古核切",以[k]谐[p'];"别"音"凭列切",而它所从得声的"呙"却是"古瓦切",以[k]谐[b'];"出"音"尺聿切",而从它所得声的既有"九物切"的"屈",又有"当

---

① 参看高本汉《汉语词类》,张世禄译本,第103—105页。
② 参看董同龢《上古音韵表稿》,第29—30页。

没切"的"咄",可见这里面不仅仅是复辅音的有无的问题,而且有古今音和方音的问题。这一方面固然可以给我们以许多很宝贵的研究资料,另一方面在汉语历史语言学没有很好地建立以前也很难得到完美的解答。

(二) 泰 语 族

6.29 泰语族的情况

泰语族包括自印度边境到我国云南、贵州、广西和广东的海南岛以至老挝、泰国和缅甸许多地区的语言,一般可以分为南北两大系:南系叫做泰[t'ai],包括泰语和老挝语等;北系叫做傣[ţai],包括缅甸北部以至我国东南各省许多种语言和方言,其中又可以分为三个语支:(一) 壮傣语支,包括(1) 壮语,(2) 布依语,(3) 侬语,(4) 沙语,(5) 傣语,(6) 掸语等;(二) 侗水语支,包括(1) 侗语,(2) 水家语(和它的许多种方言);(三) 黎语支,包括海南岛的黎语(和它的许多种方言)。这个名称是由一个古代的名词 [dai] 来的,在南系的语言里变成了送气清音 [t'ai],在北系的语言里变成了不送气清音 [tai],海南岛黎人自称为 [ɗai](侾黎语)或 [ɫai](本地黎语),也与这个名词有关,汉人把他们叫做"黎"。说这种语言的人民又叫做"掸",缅甸语的形式是 shan,泰国以前又叫做暹罗(Siam),也与这个名词有关。

泰族人民,有许多迹象可以表明,在古代大约居住于我国南部的许多地方,其后逐步向南推移,一部分迁到了湄公河流域,建成了泰国和老挝国,另一部分到了阿萨姆,即阿含姆人(Āhom),其余的都留在我国境内,因此分成了南北两大系。泰语、老挝语和阿含姆语等都曾采用印度字母书写。泰语的文字是 1284 年创立的,最早是 1293 年的一些碑铭,现在是泰国的国语。阿含姆语现已死亡,但也留下了一些古代的文献。

6.30 关于泰语族的研究

泰语的语音特点是有一种半清半浊的塞音 ɓ、ɗ 等；这种声母现在许多泰族语言中还保存着，但也有一些 ɓ 变成了 m，ɗ 变成了 l。声母的清浊对于声调高低有很大的影响。一般地说，浊声母的词声调略低，清声母的词声调略高，这是跟汉语声调的变化相一致的。半清半浊的塞音对声调所起的作用与清声母的相同。泰语的声韵系统也有简化的倾向，但是还保存有许多复辅音，如阿含姆语的 [p']、[k']、[m]、[h]、[p]、[t]、[k] 等都可以跟着一个 [l] 或 [r]，泰语也有这种情况，就是其他泰族语言也或多或少保存有一些复辅音。

泰族语言与汉语有许多共同的特点，如有声调，声母的清浊影响到声调的变化，有类别词，形态比较简单，数词大致相同①等等，因此有人把它跟汉语合成一个语族叫做汉泰语族，如果古代汉语有复辅音可以成立，那么还可以多一个证据。但是除此之外，我们也可以找到许多不同的特点，例如它们的许多基本词汇如"天"、"地"、"人"、"猪"、"狗"、"牛"、"山"、"水"、"田"等等都相差很远，人称代词和指示代词与汉语完全不同，而与越南语和孟·高棉语却很相近似②。所以在没有得到更可靠的证明以前，我们不如把它独立成为一个语族。

泰族语言虽然分布很广，互相距离得很远，但其间的差别并不很大，互相了解没有很大的困难。其中除泰语、老挝语和阿含姆语等曾有比较长久的书面语言之外，许多语言都还有待于调查研究。近二十年来我国学者在这方面曾做过一些工作，搜集了不少的材料，已刊行的李方桂的《龙州土语》等等，罗常培的《莲山摆夷语文初探》，喻世长的《布依语语法研究》等，有些还没

---

① 海南岛黎语的数词与汉语的却相差得很远。

② 泰语的"我"叫做 kǎu，kău 或 kāu，与越南语的 tāo 和孟高棉语的 ao 很相似，而与汉语的却相差很远。其他人称代词和指示代词也是这样。

有发表，至于整个语族的历史比较研究还有待于进一步的努力。

（三）藏缅语族

6.31 藏缅语族的情况

藏缅语族主要分布在我国西藏自治区、四川、云南、贵州、青海、甘肃、湖南诸省以及缅甸联邦社会主义共和国，其中可以分为以下四个语支：

（一）藏语支 包括：（1）藏语（和约十三种方言），（2）嘉戎语（和喜马拉雅山附近的约七八种语言或方言），（3）阿卡语（Aka）（和阿萨姆北部的约五六种语言或方言）。

（二）藏缅语支 包括：（1）藏缅语（和许多种方言），（2）库启钦语（和约二十七种方言）。

（三）景颇语支 包括：（1）景颇语（又称克钦语），（2）波多语（Bodo）（和约五六种语言或方言），（3）拿加语（Naga）（分为约三十种语言或方言）。

（四）彝语支 包括：（1）彝语（和诺苏、乃苏、山苏、撒尼、阿细、他鲁等方言），（2）傈僳语，（3）拿喜语，（4）哈尼语（和且他、布都等方言），（5）拉祜语，（6）阿昌语，（7）民家语等。

在这个语族中，就文化方面说，以西藏语和缅甸语为最重要。西藏语自七世纪起就有了书面语言，其后用这种语言翻译了许多佛经，保存了许多重要的文献。缅甸语最早的文献是七世纪的一些碑铭，但是一般文献要比西藏语的晚得多。西藏语和缅甸语的文字都是用的一种印度的字母。其他语言有些直到现在还没有文字，可是甘肃省的彝族在十一世纪曾有过一种西夏文，是仿照汉字的字体制成的。劳佛（B. Laufer）曾把它整理写成《西夏语》(The Sihia Language)一文载于 1916 年《通报》，那其实只是一个朝代的名称，而不是一种语言的专名。

6.32 关于藏缅族语言的研究

关于藏缅族语言的研究，以西藏语和缅甸语的居多，比较重要的有拉鲁（M. La lou）、巴戈（J. Bacot）、德斯哥当（Desgodins）等人所写的有关西藏语的语法和词典①。兰德斯达尔（Landsdale）于1899年出版的《缅甸语语法》也很有名。从前有些西洋传教士在我国西南各省传教，也曾搜集过一些材料，写成论文发表，如法国李埃达（Alfred Lietard）的《阿细彝语语法概要》（Notions de Grammaire Lo-lo, Dialecte A-hi, 载《通报》第12卷，1911年，第627—663页）和邓明德（Paul Vial）的《撒尼法彝词典》（Dictionnaire Français Lo-lo, Dialecte Gni）等等，格里孙的《印度语言调查》里面也载有一些关于这方面的材料，但多是很不可靠的。我国学者在对日抗战期间在云南也搜集了一些材料②，现在还继续调查研究，已出版的专刊计有马学良的《撒尼彝语研究》（1951年，商务印书馆出版）和袁家骅的《阿细民歌及其语言》（1953年，中国科学院出版）等等。

藏缅族语言虽然有些直到现在还没有文字，但是西藏语和缅甸语都曾有很古老的文字。这些文字是用印度字母拼音的，跟现代语言比较起来发音方面已起了很大的变化，但是它们的写法并没有改变。这一点对于我们研究这些语言的古代语音可以有很大的帮助。

藏缅语中的古代浊塞声母都有变为清音的倾向。这些浊塞声母在写法上还保存着，但是在现代实际口语里已经念成送气清音

---

① 参看拉鲁（Marcelle Lalou）的《古典西藏语初阶》（Manuel élémentaire de Tibétain classique），巴戈（Jacques bacot）的《西藏文学语言语法》（Grammaire de Tibétain littéraire），德斯哥当（Desgodins）的《西藏·拉丁·法语词典》（Dictionnaire thibé ain-Latin-Français），叶施克（H. A. Jäschke）的《藏语词典》（A Tibetain-English Dictionary）等。

② 参看罗常培《语言与文化》，1950年，第172—187页。

或不送气清音（特别在西藏中部的方言里是这样，上层社会的文雅语里念成送气清音，一般念成不送气清音），例如西藏语的ཕུ（bu > p'u 或 pu，儿子）。古代声母的清浊可以影响到声调的高低。一般地说来，清声母的声调略高，浊声母的声调略低。这也是跟其他的语族声调变化相一致的。

在古典西藏语里，一个词的结构，除词根外可能还有前缀和后缀，例如 bshags（已使裂）这个词，shag 是词根，b-是前缀，-s 是后缀。这些前缀都是不成音节的，并且在东部现代方言里已不发音，可是在一些同族的语言里却还与元音结合成为独立的音节，例如：

西藏语	景颇语
"鼻子" s-na	se-na
"老虎" s-tag	sa-t'añ
"推" g-non-pa	ga-noñ 等等

因此可以断定西藏语的这些不成音节的前缀起初都是自成音节的，后缀方面也有同样的情况，不过有些已缩减到与词根相结合，例如 rde'u（石子）这个词显然是由 * rdo-bu 变来的，里面包含有词根 rdo（石头）和后缀-bu（子）。现代口语里许多单音节的词都是由词根和前缀、后缀结合而成的。这些前缀和后缀一部分可以由西藏的古老的文字里看出来，一部分要把西藏语和其他更保守的语言相比较才能重建出来。

藏缅族语的这种重建工作没有做好，因此这些前缀、后缀究竟有些什么词汇意义和语法意义一时也还很难确定，但是至少有些迹象可以使我们看到，比方一个像西藏语 S-这样的前缀是可以表示及物动词和使成式的，例如：

nad-pa（病的）：s-nad-pa（伤害），
rifi-pa（长的）：s-rifi-pa（延长）等等；

有些是可以用来表示不同的词类的，例如：

nad（疾病）：nad-pa（病的）：s-nad-pa（伤害）等等。至于如 gafi（满的），hgefis-pa（充满，不定式），hgefis（充满，现在时），b-kafi（充满，过去时），d-gafi（充满，将来时），k'ofi（充满，命令式）等，那更是用辅音或元音交替来表示不同的语法意义的了。

（四）苗瑶语族

6.33 苗瑶语族的情况

苗瑶族语言主要分布于我国贵州、云南、广西、广东、湖南、四川诸省和越南、缅甸、泰国的某些地区，其中可以分为两个语支：

（一）苗语支 主要在云南、广西和湘西一带，里面包括有许多种方言。

（二）瑶语支 主要在广西、广东两省，名目繁多，有些名义上叫做瑶语，实际上已不属于瑶语系统。

6.34 关于苗瑶族语言的研究

苗瑶族语言一般还没有文字，十九世纪末曾有一些西洋传教士在云南、贵州等省作过一些调查，英国柏格理（Samuel Pollard）曾为苗语创制过一种文字叫做柏格理文（Pollard's Script），用来翻译基督教圣经，但是里面缺点很多，懂得的人也很少。我国学者近年来在这方面曾做过不少工作，尤其是自解放战争胜利后，曾由中国科学院语言研究所和少数民族语言研究所先后派人进行调查，为之创立了文字。已出版的著作有赵元任的《广西瑶歌记音》（1930 年，北平版），凌纯声、芮逸夫的《湘西苗族调查报告》（1947 年，商务印书馆出版）和马学良、邰昌原的《贵州省东南部苗语语音的初步比较》（载《语言研究》，1956 年，第 1 期）等。

苗瑶族语还没有很好地研究，曾有人把它列入汉泰语族，但是其间差别很大,在没有得到可靠的证据以前,我们不妨把它列为一个独立的语族。

(五) 越南语和叶尼塞·奥斯提亚克语

6.35 概说

此外,越南语和西伯利亚叶尼塞河流域的叶尼塞·奥斯提亚克语(Yenisei-Ostiak)等是不是属于汉藏语系的语言呢?这可直到现在还有各种不同的意见。

6.36 越南语及其特点

越南语是越南社会主义共和国的国语,里面可以分成南、北圻和中圻两种方言,但是差别并不很大,互相了解毫无困难。一般地说来,中圻方言比南、北圻的方言略为保守,保存有更多的古音。与越南同一系统的还有一种芒语(Muong),流行于东京西部和越南北部的山林间,比中圻方言保存有更多的古代特征,对于研究古代越南语很有价值,可是直到现在还没有人好好地加以比较研究。

越南人古代写作用汉文,直到十四世纪才仿照汉文创制字喃,最早的文献是一些碑铭,到十五世纪才有用字喃书写的文籍。十七世纪欧洲传教士曾用罗马字母书写越语,即后来所称的"国语"(qu'ôc-ngư')。

越南语与其他语言的关系,早年许多语言学家都把它跟孟·高棉语(Mon-khmer)同列为一个语系叫做孟·高棉·越南语系,后来又把它列入汉泰语系。普勒胥鲁斯基(J. Przyluski)又把它跟孟·高棉语和扪达语(Munda)同列为南亚语系[①]。

普勒胥鲁斯基之所以主张把越南与孟·高棉语同列一系,是因为这种语言除大部分与文化有关的词是由汉语借来的以外,许

---

① 参看梅耶、柯恩,《世界语言》,第 395—398 页。

多日常使用的词都是与孟·高棉语相同的,并且语音演变的倾向也很相近似,例如:

	古高棉语	孟语	芒语	现代高棉语	越南语
三	piy	pi	pa	bey	ba
四	puon	pan	pôn	buon	bôn
地	tiy	ti	tät	dey	dät
夜	—	betám	têm	—	dêm

这种由清塞音变为浊塞音的倾向,并不是汉藏系语中所有的,而且越南语的数词和代词也与孟·高棉语的相同,而与汉藏系语的不同。唯一可疑的是,越南语的词有声调,而孟·高棉语的词却没有声调。马伯乐却认为越南语的声调系统和语音系统与泰语特别相似,因此怀疑它们是同一个系统的,但是也不能十分断定。王力教授也有此倾向[1]。可是假如我们相信拉斯克的话,在历史比较研究中,两种语言的数词和代词的相同有决定性的意义[2],那么普勒胥鲁斯基把越南语和孟·高棉语同列一系也不是没有理由的。

6.37 叶尼塞·奥斯提亚克语及其特点

叶尼塞·奥斯提业克语流行于西伯利亚叶尼塞河流域纬度60度到70度之间,大多数在北极圈之南,能说这种语言的大约只有1100人,多以渔猎为业。同属这个语族的还有阿林语(Arinish),阿散语(Assanish)和科特语(Kottish),曾流行于安加拉河附近,加斯特伦还曾在那里遇到过五个说科特语的人,现在都已死亡,只有克拉普洛特的《多语言的亚洲》一书中搜集有一些材料。

这些语言流行的区域刚好在乌拉尔语和阿尔泰语之间,因此

---

[1] 参看王力《汉越语研究》,《岭南学报》,第9卷,第1期,第4页。
[2] 参看本书第五章,第一节。

引起许多人纷纷推测。有些认为其中有些词语和斯堪的纳维亚语和芬兰语的相同，它们可能是这些地方的原始居民的语言。但是后来有些语言学家证明这些相同的词都是出于假借的，它们的老家其实是在远东地区。如斯特伦之后许多芬兰的语言学家认为它们与汉藏系语有许多相似的地方，可能是古代汉藏族遗民的语言，但是直到现在也还只是一种假设罢了。

6.38 关于汉藏系语言的历史比较研究

关于汉藏系语历史的比较研究的论著，最早的一本是雷顿（B. J. Leyden）于 1808 年在《亚洲研究》（Asia Researches）第 10 卷发表的《论印支诸民族的语言和文学》（On the Languages and Literature of Indo-Chinese Nations）。这也是弗里德利希·史勒格耳发表他的《论印度人的语言和智慧》的一年，因此我们可以说它的历史是和印欧语比较研究的历史一样长久的。其后继续做这种工作的如德国的孔好古（M. Conrady）、劳佛，华德·西门，法国的伯希和和马伯乐，瑞典的高本汉，瑞士的戴密微（Demieville），俄国的华西里也夫（Vassiliev）等①，他们的工作虽不能说没有一点进展，可是跟印欧语的研究比较起来，确实差得太远了。

汉藏系语历史比较研究之所以赶不上印欧系语的原因，李方桂和罗常培都认为主要的有以下五个：(1) 从前真正对于这系语言作研究的是西方人，中国学者不单对这种学问一向不感兴趣，而且也没有准备。欧洲学者专门研究汉藏语的究竟不能跟他们研究印欧的人数比。(2) 欧洲人研究汉藏语的也没有充分准备，大部分的工作还是传教士做的。但是一个传教士往往在一个地方

---

① 他们的重要著作有孔好古的《印支系语的使成指示结构及其与声调的关系》（Eine Indo-Chinesische Causativ-Denominativ Bildung und ihr Zusammenhang mit dem Tonaccenten, 莱比锡, 1896)，西门的《藏汉语词的比较》（Tibetisch chinesische Wörtgliechungen），华西里也夫的《汉语与中亚细亚语言的关系》等等。

住一二十年，结果只能给我们一点宝贵的材料，如字典等。若让他们做科学的语言工作，那就未免太苛求了。(3) 研究汉藏语的西洋学者往往有别的主要兴趣，语言反是次等兴趣。例如劳佛的主要兴趣在文化传播上，伯希和的主要兴趣在历史上。(4) 还有一个缺点就是专门做语言工作的人志愿太广泛，他们不肯精密地研究一种语言，却同时兼顾好些语言做浅尝的摸索。(6) 最后一个原因是许多汉藏系语言没有文字的记载，要想得到这些材料必须实际调查，而这种实际调查必须受过严格语音学训练的人才能办得到的。有以上这些原因，难怪汉藏系的语言研究不能进步了①。这些都是说得很恰当的。此外我们认为还有一个原因，就是汉藏系语言文字结构的特殊。印欧系语言多有很复杂的形态，我们在无论什么地方碰到一种这样的语言（例如吐火罗语）只要把它稍加诠释就可以认识到它的印欧系语的面孔。汉藏系语言的形态多很简单，并且一部分语言是用象形文字的，声音不很显著，所以要加以比较就会感到特别困难。上面所说的没有准备，应该包括材料的缺乏和方法论的不健全。为了实施我国的民族政策，为各少数民族创立文字，曾在这方面搜集了不少的材料，这是一件极可喜的事情。但是由于汉藏系语言结构的特殊，在印欧系语言研究中卓有成效的那些方法，对我们来说固然是一份极可宝贵的参考资料，但有许多地方，在我看来，是不能原封不动地搬运过来的，至少在基本词汇和语法构造的比重上是这样。

就各方面看来，泰族诸语言间和藏缅族诸语言间各有亲属关系，那是不成问题的。但是它们跟汉语的比较还多只限于一些泛泛的普通观察如单音节化的倾向、有声调的倾向、声调和声母的关系、调的位置等上面，在许多方面还没有深入的研究。在没有弄清楚它们之间的相互关系和确定其间的对应关系之前，我们就不能有任何的决定。

---

① 参看罗常培《语言与文化》第 104 页，及李方桂《汉藏系语言研究法》，1939 年 12 月 29 日，为北京大学文科研究生的讲演。

第六章　各语系语言的历史比较研究

评注：

[1]"台"和"泰"都是英语 Thai 的翻译,我们现在的研究这两个词的意思已有分工,"台"指语族,"泰"指语言(徐通锵《历史语言学》,商务印书馆,1991,48 页),可见这里的"泰"语族应该改为"台"语族。《中国大百科全书》语言文字卷191 页指出壮侗语族(或称侗台语族、侗泰语族、台语族),可见这里的"泰语族"也可以叫壮侗语族、侗泰语族。

[2]近来关于汉语方言有十大区 24 种方言的说法,它们是:

1. 官话区(东北、北京、鲁冀、胶辽、中原、兰银、西南、江淮等官话)
2. 吴语区
3. 闽语区(闽南、闽北、闽东、闽中、溥仙、琼支、雷州、邵将等区)
4. 赣江区
5. 粤语区　　　8. 晋语区
6. 湘语区　　　9. 徽语区
7. 客家区　　　10. 平语区(广西)

[3]关于汉藏语系的研究与争论:

20 世纪初,挪威科诺认为壮侗语属于汉藏语系;法国马伯乐把汉藏语系分为藏缅、汉台两大语族。

1934 年,赵元任的《中国分省新图》和《语言区域图》把中国语言分为两大类:一是汉藏语系(汉、太、苗瑶、藏缅);二是乌拉尔语系(通古斯、蒙、突厥)。

1937 年,李方桂的《中国年鉴》把汉藏语系分为四大语族,大多数中国学者赞成;1987 年他在《中国语言地图》中确定五大语系:汉藏语系[汉、壮侗(台)、藏缅、苗瑶]、阿尔泰语系、南亚语系、南岛语系、印欧语系(朝鲜语、京语未定)。

1942 年美国白保罗(本尼迪克特)在《美国人类学家》44 卷第 4 期提出台语(壮侗、壮傣与国外泰语)和印度尼西亚(南岛)有亲属关系,随后又提出澳泰(台)语系说,为国外接受。

1972 年马提索夫编辑加注白氏《汉藏语概论》,将汉藏语系分为三个语族:汉、藏缅、卡伦,主要依据是同源词。

美国学者谢飞仍将台(壮侗)归入汉藏语,但认为汉与藏比汉与台更接近,把苗瑶排除;中国闻宥则把台排除;罗美珍坚持认为台语是在汉藏母语基础上发展起来的。

法国学者沙加尔认为汉语与南岛语在发生学上有亲属关系;邢公畹、郑张尚芳支持并提出华澳大语系(参见游汝杰《中国语言系属研究述评》《云梦学刊》,1996年3期)。

本书写作于20世纪50年代,但在介绍泰(台)语族(最后一段)时已指出"整个语族的历史比较研究还有待于进一步的努力"(见本书192页);在介绍苗瑶语族(最后一段)时指出"苗瑶语族还没有很好地研究,曾有人把它列入汉泰语族,但是其间差别很大,在没有得到可靠的证据以前,我们不妨把它列为一个独立的语族"(见本书196页)。结合当今关于汉藏语系的争论,不得不说本书作者的意见是很有见地和远见的。

四、含·闪语系[1]

6.39 概说

含·闪语系包括含和闪两个语族。这两个名称是西欧的一些学者如莱布尼兹等于十八世纪的时候提出来的。根据基督教圣经《创世纪》第五章所载,人类祖先诺亚有三个儿子:长子名叫闪,次子名叫含,三子名叫雅弗。他们相信后世说闪族语言的人都是闪的后裔,说含族语言的人都是含的后裔,因此把这两个名字来叫他们的语言。这显然是完全出于牵强附会的,可是现在已经成了语言学里的两个专门名词了。

(一) 含语族

6.40 含语族的情况

含族的语言分三个语支:(一)埃及语,(二)柏柏语,(三)库希特语,流行区域在东非洲和北非洲,东部自赤道起到西部塞内加河一带。

埃及语自公元前四千年起就有了书面文献,用的是世界上一种最古的象形文字叫做"希埃洛格利夫"(Hieroglyph),这个名称是由希腊语 hieros（神圣）和 gluphein（雕刻）组成的，所以含有"神圣刻文"的意思。自公元前 2200 年后发展成了"希埃拉特"（Hieratic），即"僧侣"的意思，为当时埃及的僧侣所用。公元前四世纪末叶又出现了一种文字叫做"德谟特"（Demotic），即"平民"的意思，字体比较简单，也比较接近于当时的语言。

公元三世纪，埃及在希腊和罗马的统治下改信基督教，它的书写文字也一度起了变化。那时许多圣书都是用科泊特文（Coptic）翻译的。所谓 Coptic 是一个阿拉伯语的形式，与埃及的希腊语名称 Aigüptos 相当，只减少了第一个音节。它包含有 24 个希腊字母和 7 个由德谟特文取来的补充字母，多在各地的民间使用，一般叫做新埃及语。到了七世纪，埃及人改用阿拉伯语，这种语言文字已大受限制，十五世纪还为基督教徒所普遍使用，可是到了十七世纪，除了一些老年人把它当做文化语言使用外，已经没有人会说这种语言了。

柏柏语（Berber）流行的区域在非洲北部，埃及之西，包括有约三十种语言或方言，在古代曾经历过许多王朝，其中尤以公元前 238 年至 148 年马西尼萨（Massinissa）王朝最为有名。可是这种语言除了一些古代的碑铭和比较近代的圣书之外，几乎没有留下什么文献。他们书写最早用布尼克文（Punic），其后用拉丁文，自七世纪后用阿拉伯文，到了十一世纪，连口语也彻底阿拉伯化了。现代柏柏语还零散地使用于撒哈拉南部、毛里塔尼亚、摩洛哥、阿尔及利亚、突尼斯、的黎波里塔尼亚等某些地区，利比亚语也属柏柏语之一种，其中分成了许多种方言，分别从阿拉伯语和各罗曼族语言输入了许多借词，语音系统也已大不相同，以致各地的人说起话来已不能互相理解。

库希特语（Cushitic）包括着六七种语言，其中贝渣语（Bedia）、萨河语（Saho）、阿法尔语（Afar）和索马里语（Somali）在埃及之南，红海附近，在形态方面跟闪族语和柏柏语最接近，阿高语（Agaw）和西达马语（Sidama）在阿比西尼亚高原一带，比较起来相差得远一些，加拉语（Galla）正处于二者之间，形态方面跟阿高语和西达马语相接近,词汇方面却跟萨河语、阿法尔语和索马里语相近似,因此有些人,例如蓝尼诗(Leo Reinish),把它分成了低库希特语和高库希特语两大类。

库希特语直到现在还没有书面文献,到了十九世纪末才有一些语言学家作过一些初步的调查。

6.41 关于含族语言的研究

在含族诸语言中,埃及语虽然有很悠久的书面文献,但是其中变化很大,并且古代用的是象形文字,语音现象不很明显。其他如柏柏语和库希特语,有些文献很少,有些直到现在还没有书面文献,因此要就它们进行历史比较研究很不容易。直到十九世纪,一般语言学家所做的多只限于调查整理的工作。在这方面特别值得提起的,普拉托里乌斯(Franz Pratorius)曾著有《论加拉语语法》(Zur Grammatik der Gallasprache),于1893年在柏林出版,1894年著《论东非洲的含族语言》(Über die Hamitischen Sprachen Ostafrika's),载《亚西利亚学集刊》(Beiträge zur Assyriologie)第2期;罗西尼(Carlo Conti Rossini)曾著《阿比西尼亚克曼特人的语言》(La Langue des Kemant en Abyssinie),于1912年在维也纳出版,把这种语言跟其他阿高语的方言相比较。与柏柏语有关的,巴塞(René Basset)曾著《柏柏语方言研究》(Études sur Les Dialecte Berbères),1894年载《阿尔及利亚文学院专刊》第14期,德斯登(Edmond Desteing)曾著《爱特塞格鲁森柏柏语方言研究》(Étude sur le Dialecte Berbère des Aït Seghrouchen),1920年载同刊物,第56期。其后他还写了一篇《论柏柏语指示代名词》(Note sur le Pronom en Berbère),载《巴黎语言学学会学术报告》(Mémoire de la Sociéié de Linguistique de Paris)第22期。1913年杜德(E. Doutté)和哥济野(E. F. Gautier)的《阿尔及利亚柏柏语分布调查》(Enquête sur la Dispersion de la Langue Berbère en Algérie)出版,里面也包含有许多关于这方面的材料。

埃及语虽然有很悠久的书面文献，但是直到十九世纪，大家所说的埃及语实际上都是指的科泊特语，等到认识了埃及的古代文字，才知道那只是一种新的埃及语。在这一方面，斯坦恩多尔夫（Georg Steindorf）于 1904 年在柏林出版的那本《科泊特语语法》（Koptische Grammatik）曾起过很大的作用。埃尔曼（Adolf Ermann）的《埃及语语法》（Aegyptische Grammatik）于 1911 年在柏林出版，可以说是比较完备的。此外，莫雷（Alexandre Moret）的《埃及神圣书体文字》（L'écriture Hiéroglyphique en Egypte）载《科学》（Scientia）杂志 1919 年 2 月号，索达士（H. Sottas）和德里约顿（E. Drioton）的《神圣书体文研究导论》（Introduction à l'étude des Hiérogryphes）于 1922 年在巴黎出版，所讲的虽偏重于文字，但是对于古埃及语的研究也有很大的帮助。

含族语的历史比较研究一直没有很好地进行过。迈恩霍夫（Carl Meinhof）曾于 1912 年在汉堡出版《含族语言》（Die Sprache der Hamiten），那只是一个初步的尝试，其中许多问题还有待于进一步的研究。

（二）闪语族

6.42 闪语族的情况

闪族语言分东、西、南支。东支包括：(1) 亚西利亚语，(2) 巴比伦语，统称亚加底西语（Accadian）；西支包括：(1) 腓尼基语，(2) 希伯莱语，(3) 摩亚布浯（Moabitic），统称伽南语（Canaantic），(4) 亚拉姆语（Aramaic）；南支包括：(1) 阿拉伯语，(2) 埃塞俄比亚语（Ethiopian）。

巴比伦语在大约公元前 3800—2700 年就有了书面文献，用的是一种楔形文字，曾流行于美索不达米亚、却尔地亚、苏美尔和巴比伦一带，现在还保存有一些碑铭和义籍。自公元前 2000 年后，巴比伦为外族所征服，这种语言已渐衰亡。到了公元前 626 年，巴比伦建立了一个新的王国，他们曾使用一种"新巴比伦语"。公元前539年，巴比伦为波斯王居鲁士所灭亡，这种语言再次失去了作用。公元前四世纪还作为一种宗教语被使用着，可是到了公元后就完全被亚拉姆语所代替了。

亚西利亚语与巴比伦语非常近似，在大约公元前2400年的时候，曾流行于亚西利亚和尼尼微一带，用的是一种向苏美利人借来的楔形文字，在极盛的时候曾是一种世界性的语言，直到公元前十五世纪还是亚西利亚以及西亚细亚和埃及之间的国际语，可是到了公元前606年以后也逐渐被亚拉姆语所代替了。

把巴比伦语和亚西利亚语统称为亚加底亚语最先是由法国奥柏尔（J. Oppert, 1825—1905）提出的，可是后来有些人研究苏美利语，有时也把它叫做亚加底亚语。其实苏美利语是既不同于巴比伦语又不同于亚西利亚语的。其后出现了"亚西利亚学"这个名词，他们所谓亚加底亚语却又专指新巴比伦语。所以直到现在，这个名称还没有一定的界限。

至于伽南（Canaan）这个名词是由希伯莱语如 Könaʻan 来的，起初用来指腓尼基和巴勒斯坦这个地区和它的居民。所谓伽南语就包括着这个地区的腓尼基语、希伯莱语和摩亚布语。

腓尼基语自公元前九世纪就有了书面文献，用的也是一种楔形文字，曾流行于叙利亚、巴勒斯坦以至塞浦路斯一带，直到公元初才为亚拉姆语所代替。伽太基在古代是腓尼基的殖民地。他所用的也是腓尼基语，人们把它叫做布尼克语（Punic），这其实就是腓尼基的拉丁语的形式。这种语言所用的文字和腓尼基文稍有不同，但是所代表的语言却并没有很大的差别。它自公元前四世纪起开始有书面文献。公元前146年伽太基为罗马帝国所灭亡，语言和文字都起了一定变化，人们习惯上把它叫做新布尼克语，直到公元四世纪才为阿拉伯语所代替。

希伯莱语在古代是巴勒斯坦犹太人的语言，自公元前十三世纪末到公元前三世纪末曾作为口头用语存在了约一千年，并且基督教圣经是用这种语言写成的。此外还有一些简短的碑铭和其他文献，大抵是公元前九世纪的产物。公元前六世纪初，耶路撒冷被毁,犹太人被集体俘虏到巴比伦,这种语言已离开了巴勒斯坦,但是并没有死亡。公元前538年,一部分犹太人回到耶路撒冷重整家园,集修圣经,希伯莱语才有了一个定型,但已渗入不少亚拉姆语的成分。直到公元前332年,亚历山大大帝占领了巴勒斯坦,那个地方的犹太人才改用了阿拉姆语,有些迁移到希腊化了的地方的就都改用希腊语了。公元前三世纪后,基督教圣经翻译成希腊文,所以最早的基督教教徒都用希腊文做书面语言,只有一些犹太的知识分子还继续使用希伯莱文。公元后一世纪到二世纪,有些犹太的正教徒曾用希伯莱文编成了一种宗教法典叫做《弥施拿》(Mišnā),里面已经混有许多亚拉姆语的成分,注解也是用亚拉姆语写的,这不过是一种新的希伯莱语的书面语言罢了。这种语言直到中世纪还在各国的犹太教教徒中使用着,十九世纪末耶路撒冷的犹太殖民主义者曾企图把它恢复过来作为他们跟其他各国的教友间的交际工具,但是实际上会这种语言的人并不很多。现在欧洲许多国家的犹太人都会说一种语言叫做"伊迪施"(Yiddish),那其实是一种日耳曼语的方言,可是里面也掺杂有一些希伯莱语的词语。

摩亚布语和希伯莱语很接近,现在只留下一个碑铭,是跟死海东南部一个摩亚布(Moab)国的国王美萨(Meša)有关的,讲的是他于公元前九世纪中叶与以色列王纠纷的故事。这个碑铭是用一种伽南文写的,共有22个字母,可以说是伽南语的最古的文献。

亚拉姆语包括着许多种方言,互相间很相近似,流行区域在阿拉伯北部以至叙利亚、巴勒斯坦和巴比伦的边界。说这种语言的人起初是以游牧为业的,后来文化特别发达,许多人当了亚加底亚人的官吏,有些并且成了波斯帝国的干部,把他们的这种语言提高到了一个统治的地位,自公元前三世纪到公元后六世纪极盛的时候,许多闪族语言如腓尼基语和希伯莱语等都为其所代替,然后让位给了阿拉伯语,现在会这种语言的已不到二十万人了。

亚拉姆语由它的基本词汇和语法构造看来与伽南语很相近，其中可以分为东西两支，由幼发拉底河和叙利亚沙漠隔开。西部亚拉姆语在古代流行于叙利亚和埃及的某些地区，我们现在还可以找到一些公元前八世纪到四世纪的碑铭和文籍，并且基督教圣经的一部分也是用这种语言写的，公元前三世纪到公元后五世纪曾流行于巴勒斯坦，其后为阿拉伯语所代替，可是在西北部的某些山区却直到十八世纪还有人说这种语言。东部亚拉姆语在古代曾流行于叙利亚和亚西利亚以及巴比伦一带，最古的文献是公元前九世纪的一些刻文。自八世纪到十三世纪东都的基督教教徒在口头上已改用阿拉伯语。自十世纪末到十三世纪，叙利亚的作家用阿拉伯语同时也用亚拉姆语，可是自十三世纪以后再没有亚拉姆语的文献了。

南支的闪族语言以阿拉伯语最为重要。它起源于阿拉伯半岛，其中还可以分成北部阿拉伯语、中部阿拉伯语和南部阿拉伯语三种，一般所说的阿拉伯语都是指的中部阿拉伯语。

中部阿拉伯语就是七世纪初穆罕默德用来写《古兰经》的麦加语言。它不是阿拉伯语中之最古老的。在阿拉伯北部特马地方人们可以找到一些公元前二世纪到公元后六世纪的文物，这才是代表原始阿拉伯语的北部阿拉伯语。至于中部阿拉伯语，在伊斯兰教未兴起以前，也曾有人用它写过一些诗歌，不过自《古兰经》写成后，它的势力才日渐膨胀罢了。其后随着伊斯兰教和阿拉伯人所建立的大食国的发展，这种语言被传到了亚、非、欧洲许多地方，现在非洲北部和中亚细亚许多国家都使用着阿拉伯语。南部阿拉伯语主要流行于也门一带，现在还留下一些碑铭，大抵是公元前八世纪的文物。直到公元后四世纪，阿比西尼亚人在也门建立了统治权，这种语言还没有改变。六世纪的时候，也门落于波斯人之手，七世纪伊斯兰教的胜利赶走了波斯人，南部阿拉伯语才为中部阿拉伯语所同化了。

埃塞俄比亚是一个希腊语的名词，用来指定居在非洲的南部阿拉伯人,原名阿比西尼亚,在古代又叫做格俄斯(Gö'oz),十六世纪有些欧洲学者把它叫做却尔地亚,那是没有根据的。古埃塞俄比亚语的文献见于四世纪的一些碑铭,五世纪阿比西尼亚王埃萨拿('Ezana)信奉基督教,曾用这种语言翻译过圣经,十世纪这个王国解体,在异族的统治下发生了一定的变化。十三世纪他们又建立了一个阿比西尼亚的王国,采用阿比西尼亚高原的阿姆哈拉语(Amharegna)为口语,那是一种受含族语尤其是库希特语影响很深的语言,跟原有的埃塞俄比亚语已大不相同,但是古埃塞俄比亚语还被使用为宗教语。现在埃塞阿比亚语与阿拉伯语很近似,但是辅音系统已经缩减了许多,其中已没有小舌辅音,那是因为受了阿姆哈拉语影响的缘故。

6.43 关于闪族语言和含·闪系语言的历史比较研究

关于闪族诸语言,鲁多尔夫(Job Ludorf)于 1702 年就曾作过一些比较研究。十九世纪勒南(E. Renan)和纽尔德克(T. Nöldeke)都曾研究过闪族语言的历史,1890 年莱特(William Wright)且曾写过一本闪族语言的比较语法,在剑桥大学出版,但只能算是一个初步的尝试。比较合乎标准的是勃洛克尔曼(Carl Brockelmann)于 1908—1913 年在柏林出版的那部《闪族语言比较语法纲要》(Grundriss der Vergleichenden Grammatik der Semitischen Sprachen),但是正如他所说的,这还只是一个开始,而不是已经结束了。1909 年兰尼诗的《含·闪系语言的人称代词和动词变化》(Das Persönliche Fürwort und die Verbalflexion in den Chamito-Semitischen Sprachen)在维也纳出版,是企图把这两个语族的语言结合起来作比较研究的。

含族语言和闪族语言之间有亲属关系,那是没有疑问的。比方我们试把这两族语言的动词的不同人称加以比较:

阿拉伯语	索马里语
'a- 我……	ahai 我是
ta- 你……	tahai 你是
ya- 他……	yahai 他是
ta- 她……	tahai 她是
na- 我们……	nahai 我们是
ta- 你们……	tahai 你们是
ya- 他们……	yahin 他们是

其中的相同点是显而易见的，柏柏语也有相同的形式，可是有些语言却已把它失去，例如加拉语，一切都跟索马里语很相近似，但是它的动词已经没有这些前加成分，埃及语也已消失。在数词方面，所有闪族语言，由亚西利亚语到埃塞俄比亚语，从"三"到"十"都很一致，埃及语只有"六"、"七"、"八"跟闪族语的相一致，"三"、"四"、"五"、"九"和"十"却完全不同。从"二"到"十"，柏柏语只有"二"和"六"跟埃及语的相似。至于南支含族诸语言的数词不仅与埃及语的完全不同，它们之间也不相同，由此可见它们之间的关系是怎样疏远。因此要把它们加以比较并不是一件很简单的事情，其中还存在着不少的问题。

五、芬兰·乌戈尔语系[2]

6.44 芬兰·乌戈尔语系的一般情况

芬兰·乌戈尔语系语言分布于北欧西、东、南三个地区，分属两个语族。在西区的有：（一）芬兰语，流行于芬兰，瑞典北部和挪威极北等处，自十六世纪起有书面文献；（二）爱沙尼亚语，流行于苏联爱沙尼亚苏维埃社会主义共和国，自十七世纪起有书面文献；（三）拉普兰语，流行于挪威、瑞典、芬兰的某些地区和苏联的可拉半岛。在东区的有：（一）莫尔多沃语，流行于苏联莫尔多沃自治共和国和奔萨、萨拉托夫一带;(二)马里语,流行于苏联马里自治共和国;(三)科密语,流行于苏联科密自治共和国和科密彼尔米亚茨民族区;(四)乌德穆尔特语,流行于苏联乌德穆尔特自治共和国,与科密语很相近,从前合称帕尔米亚语;(五)汉提·曼西语,流行于苏联汉提曼西民族区,又称鄂毕·乌戈尔语。在南区的只有一种匈牙利语,它与汉提语和曼西语,即鄂毕·乌戈尔语很相近,合构成乌戈尔语族;其他语言统属于芬兰语族。此外还有一种萨摩耶德语,流行于苏联极北伯绍拉河和哈坦加河之间,包括卡宁半岛、涅涅茨民族区以至西伯利亚泰麦尔半岛一带,里面分成许多种方言和土语,具有很古老的特征。它与芬兰·乌戈尔语合称为乌拉尔语。

共同芬兰·乌戈尔语在古代无疑是在伏尔加河中流地区居住的一个部落的语言,在很早的时候就曾与说印欧语的人民发生过接触,所以里面有许多很古的印欧语的借词。这些借词是在什么时候从什么地方借来的,现在已很难考明。但是由它的形式方面看来,我们可以断定那是向梵语和伊朗语借来的,试比较芬兰语的 sata (一百),匈牙利语的 száz [saz] (一百) 和梵语的 śata-(一百),阿昧斯达语的 satā (一百) 等等。由此可见他们起初是靠近东方的,然后由这个地区向南、西,东三方面迁移。最先离开这个基地的是乌戈尔部落,他们向东北迁移通过乌拉尔山直到鄂毕河流域,即苏联汉提曼西民族区,另一部分向南迁移,于九世纪定居于匈牙利。其次是帕尔米亚部落向东北迁移,定居于苏联的乌德穆尔特自治共和国和科密自治共和国。莫尔多沃部落和马里部落大致还留在原来的地区,芬兰部落和爱沙尼亚部落等不断向西推移,大抵于公元初到达波罗的海沿岸。芬兰部落于六世纪定居于芬兰,因此先后又受到了波罗的族语言和日尔曼族语言的影响。现在芬兰语里,我们可以找到一些很古的日尔曼语的词,如 Kuningas (王) 这个词所表现的。这显然是公元初向峨特语借来的。至于拉普兰人,他们在文化上与芬兰人截然不同,但是语言却很相近,因此有人怀疑他们的语言是向芬兰人借来的，时间可能很早，因为里面有许多词语对芬兰语来说是很古老的。

6.45 关于芬兰·乌戈尔系语言的历史比较研究

芬兰·乌戈尔系语的历史比较研究，从某一方面看来可以说比印欧系语言的还要早。在 1799 年，贾尔马提（S. Gyarmathi, 1751—1830）就曾从语法上证明匈牙利语和芬兰语有亲属关系，并且他所用的方法曾对拉斯克有过很大的影响。可是芬兰·乌戈尔系语言毕竟都是一些比较年轻的语言，不适宜于发展这种学问。匈牙利语自十三世纪起才有书面文献，帕尔米亚语自十四世纪起才开始有过一些文籍，芬兰语和爱沙尼亚语的文献都是十六世纪才开始的，并且里面各种语言的借词很多，要进行历史比较研究；并不是一件很容易的事情。

在十九世纪，拉斯克由于贾尔马提的启发，曾写过一本拉普兰语法，并且为这种语言设计了一种拼音方案。汤姆森也曾研究过芬兰语中日耳曼语和波罗的语的借词，引起了芬兰语言学家很大的兴趣。跟着芬兰的赫尔辛基和匈牙利的布达佩斯分别成了芬兰·乌戈尔系语言研究的中心。在赫尔辛基成立了一个芬兰·乌戈尔语学会，曾出过许多期学报和学术报告，在它的创办人加斯特伦（M. A. Castrén）和他的继承者塞塔拉（E. N. Setälä）和巴孙宁（H. Paasonen）的领导下登出了许多有关芬兰·乌戈尔系语言研究的文章。在匈牙利，最重要的领导者是布达佩斯大学教授布顿士（József Budenz），他的主要著作是一本比较词典。此外西蒙伊（Simonyi）于 1907 年出版《匈牙利语》，（Die Ungarische Sprache），辛芮（J. Szinnyei）于 1922 年出版《芬兰·乌戈尔语语言学》（Finnisch-Ugrische Sprachwissenschaft），都是这方面的重要著作。

六、突厥·蒙古·通古斯语系[3]

6.46 概说

在十九世纪三十年代,有些语言学家常用到"乌拉尔·阿尔泰语系"这个名词,认为那是由"乌拉尔族语"和"阿尔泰族语"构成的。所谓"乌拉尔族语"即我们上一节所说的芬兰·乌戈尔系语言加上萨摩耶德语;所谓"阿尔泰族语"即指突厥语、蒙古语和通古斯语。随着芬兰·乌戈尔系语言历史比较研究的发展,已不再有人像早年那样把突厥语和芬兰·乌戈尔系语言联系在一起了,但是突厥语和蒙古语以及通古斯语之间有许多共同的特征,却是无可否认的。因此我们不妨把它们列为一个语系。这个语系可以叫做阿尔泰语系。

突厥·蒙古·通古斯语系包括三个语族:(一)突厥,(二)蒙古,(三)通古斯。

(一)突厥语族

6.47 突厥语族的情况

突厥语族流行的区域,东自我国新疆维吾尔自治区,中经小亚细亚,西达土耳其伊斯坦布尔和罗马尼亚的多布鲁查地区,北至苏联雅库特自治共和国,所占面积很广,其中包括:(1)维吾尔语,在我国新疆维吾尔自治区;(2)乌兹别克语,在苏联乌兹别克苏维埃社会主义共和国;(3)哈萨克语,在苏联哈萨克苏维埃社会主义共和国;(4)鞑靼语,在苏联鞑靼自治共和国;(5)巴什基尔语,在苏联巴什基尔自治共和国;(6)楚瓦什语,在苏联楚瓦什自治共和国;(7)吉尔吉斯语,在苏联吉尔吉斯苏维埃社会主义共和国;(8)雅库特语,在苏联雅库特自治共和国;(9)土库曼语,在苏联土库曼苏维埃社会主义共和国;

(10) 阿塞拜疆语,在苏联阿塞尔拜疆苏维埃社会主义共和国和伊朗北部某些地区;(11) 土耳其语,在土耳其。以上所说的还只是一个大概的情况,有些语言流行的范围并不只限于上述的地区,如在我国新疆和甘肃的某些地点也有说乌兹别克语、哈萨克语、鞑靼语和雅库特语的。此外如我国新疆的撒拉尔语、柯尔克兹语和撒里维吾尔语,苏联达格斯坦的库米语,卡拉卡尔巴克自治共和国的卡拉卡尔巴克语,戈尔诺阿尔泰自治省的戈尔诺阿尔泰语,哈卡斯自治省的哈卡斯语,图瓦自治省的图瓦语等都可以列入这个语族。

6.48 突厥语族语言的研究

突厥语族之有书面文献,比芬兰·乌戈尔系语言为早。十八世纪初,在西伯利亚南部叶尼塞河上游就曾发现过一些很长的碑铭,都是七世纪的文物,用的是一种很特殊的突厥的字体。1807和1888年,芬兰的"芬兰·乌戈尔学会"先后派出了两个调查队到西伯利亚去,又找到了许多碑铭,于1899年刊印出来,并且由顿纳(O. Donner)编成了一个索引。同年,在俄国和蒙古边界额尔古纳河附近又发现了一些同样的碑铭,用汉文和一种很古怪的文字分别刻在两块墓碑上面,经证实是公元后732年和735年竖立起来纪念两个突厥族的王太子的。这两块墓碑所用的文字直到1893年才由丹麦汤姆森解读清楚,于该年十二月五日在哥本哈根科学院提出报告,奠定了突厥语比较语音学的基础。

关于突厥语族其他语言的,保特令克(Otto Böhttingk)曾写过一本雅库特语的著作,巴孙宁(H. Paasonen)曾写过一本楚瓦什语的词典,兰姆斯铁德(G. J. Ramstedt)也写过一篇《关于楚瓦什语位置的问题》(Zur Frage nach der Stellung des Tschuwassisches),1922年载赫尔辛基《芬兰·乌戈尔学会学报》第38期,德尼(J. Deny)曾写过一本《土耳其语语法》,1920年在巴黎出版。至于与整个语族有关的,德国拉德洛夫(W. Radloff)曾写过一本《试论突厥族的民间文学》(Proben der Volkslitteratur der

Türkischen Stämme) 和一本《突厥方言词典试探》(Versuch eines Wörter buches der Türk-Dialekte), 德尼曾写过一篇《突厥族语言》(Langues Turques), 载梅耶和柯恩主编的《世界语言》, 但是只属于试探的性质, 离完备的阶段还很远。苏联语言学家在这方面做了不少工作, 其中如巴斯卡可夫 (Н. А. Баскаков) 的《联系语言发展和形成的历史阶段决定突厥语言的分类》(Классификация тюркских языков в связи с исторической периодизацацей их развития и формирования, 载《苏联科学院语言研究所集刊》第一集, 1952 年) 和《关于突厥语言的分类问题》(К вопросу о классификации тюркских языков, 载《苏联科学院通报文学与语言部分》, 第 11 卷, 第 2 期, 1952 年) 都是很有价值的参考资料。

(二) 蒙古语族

6.49 蒙古语族的情况

蒙古语是蒙古族的语言, 在十三世纪成吉思汗统治的时候, 他的领土由朝鲜直达到了波兰的边界, 但是蒙古族的语言并不像突厥语那么分散, 现在除了一部分在苏联境内, 一部分在阿富汗以外, 其余的都相当集中在它原有的基地: 蒙古人民共和国和我国的内蒙古自治区, 并且其间的差别很小, 实际上只是一些蒙古语的方言。

蒙古语的方言一般分为以下六种:

(1) 内蒙方言 主要分布在我国内蒙古自治区。

(2) 喀尔喀方言 主要分布在蒙古人民共和国, 在我国内蒙古昭乌达盟和乌兰察布盟各有一旗说这种方言, 青海蒙族也有说这种方言的。

(3) 布里亚特方言 主要分布在苏联布里亚特, 蒙古人民共和国和我国内蒙古呼伦贝尔盟的陈巴尔虎旗, 新巴尔虎旗和索伦也有说这种方言的。

(4) 喀尔玛克方言 主要分布在苏联境内阿斯特拉罕和高加索一带，我国新疆北部伊宁、塔城、焉耆以及宁夏，青海的某些区也有说这种方言的。

(5) 西藏东北蒙古方言 在西藏东北部有八个旗是说这种方言的。

(6) 阿富汗蒙古方言 在阿富汗赫拉特附近以至喀布尔一带有五十几万叫做赫萨拉和爱玛克的人是说这种方言的，但是有些现在已经改用伊朗语了。

蒙古语在十三世纪以前没有任何书面文献，直到 1204 年才开始用一种维吾尔的字体书写，从 1269 年到十四世纪中叶又改用了八思巴文，那是由西藏字体派生出来的，共有 41 个基本字体，其中 9 个是用来表示元音的。可是到了十四世纪下半期，他们觉得这种文字太复杂，不方便，又恢复了维吾尔字体，只把它略加改变，使之更便利于书写。直到现在所发现的最古的蒙古语的文物是一个成吉思汗时代刻在一块花岗石上的五行碑铭和一些官章等等，然后是一些用八思巴文书写的碑铭和文籍，他们自十四世纪起就已采用印刷术，印出的书籍包括有佛经，法典和医书等等，也有一些民间诗歌和故事。

6.50 关于蒙古族语言的研究

关于蒙古语的研究以俄文写作的为最多，也最重要。波勃洛夫尼可夫（Бобровников）于 1849 年在喀山出版的那本《喀尔玛克语语法》直到现在还是一本最好的蒙古语语法。1846—1848 年柯瓦列夫斯基（Ковалевский）出了一本词典，共三册。1893—1895 年哥尔斯吐纳斯基（Голстунский）又出了一本，也共有三册，1901 年他还跟卢德涅夫（Руднев）合作补充了许多材料。另一方面波波夫（Попов）、奥尔洛夫（Орлов），波德哥尔本斯基（Подгорбунский）也写了一些蒙古语的语法、文选和词汇，最后由于科特维奇（Котвич）、美里奥兰斯奇（Мелёранский）、波斯德尼也夫（Поздниев）和卢德涅耶夫（Руднеев）等人的努力，使蒙古语的研究在俄国得到了很大的发展。

在法国,伯希和解释了许多蒙古语的人名和地名,与蒙古语语言学有关的只有苏里耶(Georyes Soulié)的一本蒙古语语法1903年在巴黎出版。塞尔绥(de Sercey)也写过一本喀尔喀方言的语法和词汇,1897年在北京出版。在英国只有朱尔(Juille)写过一本蒙古语语法,1838年在伦敦出版。在德国,加伯伦兹(Gabelentz)曾写过一本《满洲·蒙古语语法》,1837年在格廷堡出版。施密德(I. J. Schmidt)用德文写过一本《蒙古语语法》,1831年在彼特洛格拉出版,并且其后翻译成了法文和俄文。他于同一年还编写过一本《蒙古语·德语·俄语词典》,在彼特洛格拉出版。芬兰加斯特伦曾写过一本布里亚特蒙古语的语法,1857年在彼特洛格拉出版。在我国,罗常培先生曾写过一本《八思巴字和元代汉语》,1959年在北京出版。近年科学院语言研究所和少数民族语言研究所曾派出调查队搜集了不少的材料。用历史比较方法研究的只有德尼于1924年写过一篇《蒙古语言》,载梅耶和柯恩主编的《世界语言》。苏联桑席耶夫(Г. Д. Санжеев)写过一篇《蒙古语族的语言及其方言》(Монгольские языки и диалекты),载《苏联科学院东方学研究所集刊》第4卷,于1952年出版,材料很丰富。

(三) 通 古 斯 语 族

6.51 通古斯语族的情况

通古斯语族又称满洲·通古斯语族,里面可以分为通古斯和满洲两个语支。

通古斯是我国东北一种原始民族的名称,源出于 donki,即"人"的意思,自公元前三世纪的时候起就居住于现在吉林省松花江和牡丹江合流的地区,其中分成许多小部落,七世纪的时候联合建立了一个王国,扩展到乌苏里江下游,十世纪中叶为契丹人所灭亡,一部分人迁移到了西伯利亚。1125年,契丹人的统治为通古斯部族女真所推翻,满洲人就是其中的一个支族。十六世纪八十年代满洲人在其酋长努尔哈赤统率下合并诸部,于 1616 年建立了一个王国叫做金,以后又改称为清,是为清太祖。他于 1621 年夺取了明朝的辽阳为首都,其后迁到沈阳。1626 年清太祖努尔哈赤死,他的儿子皇太极继位,是为清太宗,于 1636 年攻入山海关,占领了北京。那时皇太极已死,由他的儿子福临于 1644 年宣布为中国皇帝,直到 1911 年最后一个皇帝溥仪宣布退位止,在中国共统治了 267 年。

现在我们所说的通古斯语支包括:(1) 埃文基语,(2) 拉穆特语,(3) 涅格达语,(4) 索伦语,(5) 鄂伦春语,主要分布在苏维埃文基民族区,中下通古斯卡河流域以至我国东北一带;满洲语包括:(1) 满洲语,(2) 锡伯语,(3) 赫哲语,主要分布在我国东北、内蒙古和新疆一带。其他各省的满族同胞很多,但是都已不会说这种语言了。

通古斯族语言在古代没有特殊的文字,十二世纪起有一种女真文,字体有一千个以上,很是繁复,到了十六世纪才仿照蒙古语的办法采用维吾尔字母创造了一种满文。在康熙、乾隆时代曾用这种文字编纂过一些词典和书籍,并且规定凡应科举试的都要兼考这种文字,这个制度直到咸丰年间才废除。

6.52 关于通古斯族语言的研究

关于通古斯族语言的研究,还是以外国人做的比较多。用法文写作的有加伯伦兹(Hans Conon von der Gabelentz)的《满洲语语法初阶》(Éléments de la Grammaire Mandchoue),1832 年在阿尔廷堡出版,亚当(Lucien Adam)的《满洲语语法》(Grammaire de la Langue Mandchoue),1873 年在巴黎出版,《通古斯语语法》(Grammaire de la Langue Tonggouze),1874 年出版;用英文写的有莫伦多尔夫(Möllendorf)的《满洲语语法》(A Manchu Grammar),1892 年出版;用德文写的有哥斯天(A. Costien)的《通古斯语入门》(Grundzüge Einertung Sprache),1857 年在圣彼

得堡出版,加伯伦兹的《满洲语、德语词典》(Mantschu-Deutsches Wörterbuch),1864年在莱比锡出版;用俄文写的有奥尔洛夫的《满洲语语法》,1873年在圣彼得堡出版,瓦西里耶夫的《满州语、俄语词典》,1866年在圣彼得堡出版,此外奥尔洛夫和伊凡洛夫斯基且曾编纂过一些满洲语的文献。用历史比较法研究的只有德尼的那篇《通古斯族语言》,载梅耶和柯恩主编的《世界语言》,但是写得非常草率。

6.53 突厥·蒙古·通古斯系语言的历史比较研究

突厥语、蒙古语和通古斯语之间有许多共同的特征,尤其是突厥语和蒙古语的共同点更为显著。可是这些共同的特征多只在于词汇、语音和句法方面,而在形态方面却很难断定。由于说这几种语言的人民的历史还没有研究得很清楚,并且流动性很大,其中哪些词是他们本有的,哪些是外来的借词,一时很难决定。因此它们是否有个共同的来源,各语言学家之间的意见还很不一致。关于这一点,还须用历史的观点,结合它们的语音变化的规律,进一步去进行研究。为了要解决这个问题,芬兰的语言学家兰姆斯铁德和匈牙利的哥姆波斯(Gombocz)曾作过一些初步的试探。由他们研究的结果看来,蒙古语和通古斯语似乎还停留在一个更早的阶段,突厥语在发展过程中已经起了一定的变化。

七、伊伯利·高加索语系[4]

6.54 概说

高加索是一个多语言的地区,里面有印欧系语言,如俄语、乌克兰语、阿美尼亚语、奥塞特语等;有阿尔泰族语,如阿塞拜疆语、库米克语等;也有闪族语,如叙利亚语等。这里所说的伊伯利·高加索系语是这些语言以外的高加索语言。高加索语言分南北两部分。

6.55 南部高加索语言

南部高加索希腊语叫做伊伯利,就是指的这个地区的人和他们所说的语言,所以伊伯利语就是南部高加索语,其中包括:(1)格鲁吉亚语,(2)美格雷尔语,(3)拉色语,(4)斯凡语。

格鲁吉亚语是苏联格鲁吉亚苏维埃社会主义共和国的国语,里面包含有许多种方言,大多数分布在格鲁吉亚的东部和西部,另有一种在阿塞拜疆,一种在土耳其,一种在波斯,都是十七世纪被由这个地区驱逐出境的格鲁吉亚遗民所说的语言。

美格雷尔语分布在格鲁吉亚西部,拉色语主要分布在黑海沿岸巴统到土耳其一带,这两种语言很相近似,契科巴瓦教授认为只是散纳语的两种方言[①]。

斯凡语有四种方言,分布在高加索山南部山区,里面包含有许多伊伯利语的古代特征,对伊伯利语的历史研究很有价值。

格鲁吉亚语自五世纪起就有了书面文献,十二世纪发展成为新格鲁吉亚语,现在格鲁吉亚语形成于十九世纪后半期,斯大林的早期著作都是用这种语言写的。美格雷尔语、拉色语和斯凡语没有文字,他们写作时都用格鲁吉亚文字。

6.56 北部高加索语言

北部高加索语言很分歧,其中至少可以分成以下三个语支:

(一)阿布哈兹、阿第盖语支,包括:(1)阿布哈兹语,(2)阿第盖语,(3)乌比赫语。

阿布哈兹语有四种方言:阿布输方言和布斯伯方言在高加索山之南的阿布哈兹苏维埃社会主义自治共和国,塔崩特方言和阿什哈尔方言,合称阿巴辛方言,在高加索山之北彻尔克斯自治省和阿第盖自治省。

阿第盖语有两种书面语言:(1)阿第盖语,在阿第盖自治省,

---

① 参看契科巴瓦《语言学引论》,俄文本,第221页。

其中包含有好几种方言;(2)卡巴尔达语,在卡巴尔达苏维埃社会主义自治共和国和彻尔克斯自治省。此外在土耳其,也有约十三万彻尔克斯人说这种语言。

乌比赫语在土耳其伊斯密达地区,那是从高加索移去的。

(二)巴兹比·基斯丁语支,包括:(1)阿兹比语,在格鲁吉亚苏维埃社会主义共和国卡赫特区;(2)班基斯语,在格鲁吉阿赫美特区。这些地区的人都同时会说格鲁吉亚语。

(三)达格斯坦语支,包括三个语组:(1)阿瓦尔·安底·底多语组;(2)达尔金·拉克语组;(3)勒斯金语组。

阿瓦尔语是达格斯坦传播最广的语言,里面包含有四种方言,现代阿瓦尔的书面语言是以北方的匈萨赫方言为基础的,安底语、底多语和其他许多语言或方言都可划归这个语组。达尔金语和拉克语各包含有许多语言,现在都已有文字。勒斯金语流行在萨穆河流域,使用人数约有十四万,现在也已有书面语言。

6.57 关于伊伯利·高加索系语言的研究

高加索是世界上语言最复杂的一个地区。十九世纪,欧洲的学者如克拉普洛特、埃尔克尔特(Erkert)、乌斯拉尔(P. Uslar)、希夫纳(A. Schiefner)、狄尔(A. Dirr)等曾作过许多描写的研究,搜集了不少材料,但大多数都是错误百出,没有很高的科学价值。乌斯拉尔曾就阿瓦尔语和拉克语等写过五本语法,希夫纳还曾把它翻译成了德文,但是因为他缺乏必要的语言学知识,里面的错误很多。希夫纳的著作比较好些,但也不是完全正确的。比较可靠的只有狄尔的几本关于北部高加索语言的语法。并且他写过一本《格鲁吉亚语的理论和实用语法》(Theoretish-Praktische Grammatik der Georgischen Sprache),在维也纳出版,成了欧洲学者研究高加索语的唯一根据。

高加索语言的历史比较研究虽曾有温克勒(Winkler)、波尔克(Bork)、特龙伯提(Trombetti)和马尔等人曾试图做过,但都不是很成功,因此高加索语言和其他语系的关系也就存有许多不正确的推测。波普在1847年曾把卡尔特维尔语（即伊伯利语）归属于印欧语系，缪勒（M. Müller）于1855年认为伊伯利·高加索语是土兰语系（即乌拉尔·阿尔泰语系）的一个远支，都是不正确的。马尔首先认为格鲁吉亚语和其他卡尔特维尔语跟闪族语如阿拉伯语等有近亲关系，因此把这些语言叫做雅弗语，其后又把一切伊伯利·高加索语言都归入雅弗语系，仍然认为是语言发展的雅弗语阶段，同样是没有根据的。

伊伯利·高加索诸语言之间有许多共同的特征，由这些共同的特征我们可以断定它们不能归属于印欧语系，也不能归属于阿尔泰语系或闪族语系。它们应该自成一个语系。可是这语系诸语言间在历史发展过程中的关系怎样还有待于进一步研究。

八、南亚语系[5]

6.58 概说

南亚语系这个名称是由史密斯（W. Schmidt）确定的，用来指自印度东部到越南边界的许多种语言，其中包括扪达语（Munda）、孟语（Mon）和高棉语（Khmer）等。并且史密斯认为这些语言可以和南岛语（Austronesian）即马来亚·玻里尼西亚语（Malay Polynesian）合并起来构成一个语系叫奥斯特里亚（Austrian）语系。这其实只是一种推测，经过许多人的研究，其间确实存在很大的差别。

（一）扪达语族

6.59 扪达族语言的分布状况和特点

扪达语从前又叫做科尔语（Kol）、科拉利亚语（Kolarian）或克尔瓦里亚语（Kherwarian），主要流行在印度东部那格普尔（Nagpour）一带，里面包括着许多种语言或方言，靠东的有三塔

里语 (Santhali)、扣达里语 (Mundari) 等；靠西的有古尔古语 (Kurku)、喀里亚语 (Kharia) 等；在北部喜马拉雅山一带有些语言如曼查提语 (Manchati)、布南语 (Bunan) 等，与扣达语有些近似的地方，有些语言学家如普勒胥鲁斯基认为是扣达语族的北支，但是挪威学者科诺 (Sten Konow) 在《印度语言调查》一书里却把它们划归汉藏语系。这些语言在古代可能流行于印度东部和北部一个相当广阔的地区，可是后来不断受到藏缅族语、阿利安语和达罗毗荼语 (Dravidian) 的影响，已经变得很混杂了。

  扣达语的特点是有一种所谓"半辅音"，有点像词末的内破音，但是发音更为模糊，元音常起同化，例如三塔里语指示代名词 än（这个）后面跟着 a 或 o 变为 en，跟着 i 变为 in 等。一个词根可以加上前缀、后缀、中缀来改变它的词汇意义和语法意义，如三搭里语 dal 是"打"的意思，而 dapal 却变成"互相殴打"的意思；dapal 是"盖"的意思，而 danapal 却变成了"被窝"的意思等等。名词有单数、复数和双数的分别，复数加词尾-kō，双数加词尾-kin，并且分有生体和无生体二性。代名词很复杂。第一人称代名词除分单数、复数和双数外，复数和双数还有"包括式" (inclusive form, 如汉语的"咱们") 和"排除式" (exclusive form, 如汉语的"我们") 的分别，或者用附加成分来表示，或者用语音的交替来表示，要看它是主格、宾格或属格而各有不同。库恩 (E. Kuhn) 于1889年在一篇论文里开始把扣达语跟孟语和高棉语同列入一个语系，直到现代大家还认为是正确的。

(二) 孟·高棉语族

6.60 孟·高棉语族语言的分布状况和特点

  孟·高棉语族语包括孟语、高棉语和占语 (Djan)，主要在缅甸南部和柬埔寨一带，有些方言分布在阿萨姆、马来半岛和沙捞越等处，差别并不很大，但是已经受到了一些其他语言的影响。孟语又称北孤语（Peguan）或大另语（Talaing），其土人就是我国史书中所称的"骠"，自十一世纪起有书面语言，最早的是一些碑铭，详见于仰光出版的《缅甸铭志》（Epigraphia Birmanica）一书。高棉语最早的碑铭是七世纪的，现在是柬埔寨的国语，我国史书中称为"扶南"又称"真腊"。古占语的文献是什么时候的，现在还不能确定。费诺（Finot）的《铭志学札记》（Notes d'Épigraphie，载《远东法兰西学院集刊》1915 年，第 137 页起）和戈迪耶（H. Cordier）的《印度支那丛刊》（Bibliotheca Indosinica）里都载有一些这方面的资料。

孟·高棉语的语音是相当稳定的，尤其是在那些比较偏僻的语言里。高棉语的语音演变得比较快，因为它现在所用的文字还保存着古代的写法，所以其中的倾向很容易看得出来。在这种语言里，古代浊塞音和塞擦音都变成了清音。例如 b'nam > p'nam（山）、nagara（a）> nokor（城），dž'ö > tš'ö（木）等等；但是古代的清音反变成了浊音，例如 piy > bey（三），puon > buon（四），tiy > dey（地）等等，其他同族语言也有这种倾向。

孟·高棉语的构词法也像扪达语的一样，广泛采用前缀、后缀和中缀来构成新的派生词，可是有些语言已很少用后缀，而偏重于用前缀和中缀，并且有些除了拿来跟其他语言比较之外已不容易看得出来，例如"九"这个数词，孟语叫做 tami，高棉语叫做 t'mīg，而斯庭语（Stieng）却叫做 mêi。这些附加成分究竟有些什么功能，现在还没有研究清楚，但是有些迹象表明其中有些是可以用来表示使成式的，如古孟语 ār 是"去"的意思，而 pār 是"使去"或"驱逐"的意思，有些是表示不同的词类的，如孟语 put 是"凿"的意思（动词）而 pnut 是"凿子"的意思（名词）等等。至于整个语族的历史比较语法，还有待于进一步研究。

九、马来亚·玻里尼西亚语系[6]

6.61 概说

马来亚·玻里尼西亚(Malay-Polynesia)就是"马来亚群岛"的意思。这一语系包括北自台湾、夏威夷,南至新西兰,西自马达加斯加,东至圣诞岛的许多语言或方言,其中可以分成:(一)印度尼西亚(Indonesian,即"印度岛"的意思),(二)美拉尼西亚(Melanesian),即"黑岛"的意思,(三)密克罗尼西亚(Micronesian,即"小岛"的意思)和玻里尼西亚(Polynesian,即"群岛"的意思)几个语族。这些语族都属于奥斯特洛尼西亚(Austronesian)语系,即"南岛"语系。

(一)印度尼西亚语族

6.62 印度尼西亚族语言的分布状况和特点

印度尼西亚语族包括:(1)菲律宾,(2)锡礼比士,(3)婆罗洲,(4)爪哇、马都拉和峇里,(5)苏门答腊,(6)马来半岛南部,(7)马达加斯加,(8)经线120度以东诸小岛的语言或方言,流行区域北自台湾,南至苏门答腊、爪哇和峇里岛,东自新几内亚对面诸小岛,西至马达加斯加,面积很广,但是差别不是很大。

在这些语言里,唯一有最古老的书面文献的是爪哇语。古爪哇语又叫做加维语(Kawi),即"诗人的语言"的意思,最早的文献可以追溯到九世纪初,用的是一种印度的字母。古爪哇语和现代爪哇语的差别主要表现在语音方面和形态方面,例如古爪哇语的 abwat(重的)变成了现代爪哇语的 abot 等。其他如菲律宾、锡礼比亚、佛罗里斯、峇里、马都拉和苏门答腊等地也曾采用过印度字母书写,菲律宾直到1745年才改用了拉丁字母。另一方面,在马来半岛,苏门答腊和菲律宾有些语言和回教徒却用阿拉伯字母书写。近几十年来，在不少地方已改用了拉丁字母。

（二）美拉尼西亚语族

6.63 美拉尼西亚语族语言的分布状况和特点

美拉尼西亚语族包括所罗门群岛、圣克鲁兹群岛、俾斯麦群岛、卢伊西阿德群岛、新赫布里底群岛和菲济群岛诸岛屿的语言，流行区域自赤道起至南纬线17度，经线自140度至180度之间，由西北趋向东南。

这一语族的语言从来没有文字。十九世纪末有些西洋传教士曾经作过一些调查，写过一些有关的书籍，如科德灵顿（R. H. Cordrington）的《美拉尼西亚诸语言》（The Melanesian Languages, 1885年，牛津出版）和《塔糖岛、银行岛摩他语词典》（A Dictionary of the Language of Mota, Sugar Loaf Island, Banks' Island, 1896年，伦敦出版），伊文思（W. G. Ivens）的《所罗门群岛萨阿马来他语语法》（Grammar of the Language of Sa'a, Malaita, Salomon Islands, 载《人类》[Anthropos] 杂志，第6卷，1911年，第755页）和劳施（J. Rausch）的《德属所罗门群岛胥多斯特·布根维尔的语言》，(Die Sprache von Südost-Bougainville, Deutsche Salomoninseln, 载同上刊物，第7卷，1912年，第105页）等，但是其中有许多地方是不很可靠的。荷兰语言学家克尔恩（H. Kern）曾把这一语族的语言尤其是菲济群岛的语言跟印度尼西亚语相比较，确定了它们之间的关系。

（三）密克罗尼西亚语族

6.64 密克罗尼西亚族语言的分布状况和特点

密克罗尼西亚语族包括吉贝尔特群岛、马绍尔群岛、加罗林群岛和马里亚纳群岛诸岛屿的语言，流行区域在赤道北20度，经线 130 度至 176 度之间。其中有些语言或方言如帛琉群岛和塞班岛上所用的沙摩罗语与菲律宾语相近，应该属于印度尼西亚语族。

密克罗尼西亚族语言的美拉尼西亚语言在语音方面很相近，在形态方面和句法方面也没有很大的差别，唯一的特点是在代名词所表示的繁复和范畴。它们不仅有单数和双数的分别，并且有三数和四数的区别，并且第一人称代名词有"包括式"和"排除式"。领有代名词附加在有关的名词之后，还依照该名词的性质如身体的各部分、亲属、时间、地点等共分成十类。塔尔海默（A. Thalheimer）曾就这一点作过一个很有趣味的研究，写过《关于密克罗尼西亚语人称代名词和领有代名词的一些认识》（Beitrag zur Kenntniss der Pronomina Personalina und Possessiva der Sprachen Mikronesiens）一书，1908 年在斯图特加尔特出版。但是正如他所指出的，这个问题还有待于进一步去重新研究。

（四）玻里尼西亚语族

6.65　玻里尼西亚族语言的分布状况和特点

玻里尼西亚语族包括萨摩亚群岛、科克群岛、社会群岛、图阿莫图群岛、汤加群岛、圣诞岛、新西兰和查塔姆群岛诸岛屿的语言，全部在美拉尼西亚语的东部和南部。此外，在马克萨斯群岛和夏威夷群岛以至新赫布里底群岛、所罗门群岛等某些地区的语言也属于这个语族。

一般地说来，玻里尼西亚族语言和印度尼西亚族语言的关系是比较密切的，不过已经有了一种简化的倾向，例如马来语的 akar（树根）＞新西兰摩奥里语所谓的 aka＞塔希提语和夏威夷语的 aa；马来语的 ikan（鱼）＞马克萨斯语的 ika＞萨摩亚语的 i'a＞塔希提语和夏威夷语的 ia 等等。不仅语音方面如此，其他方面也如此。说这些语言的人民，因长期受到压迫，每年出生率和死亡率相差很远，人口已一年一年地减少了。

6.66 马来亚·玻里尼西亚系语言的历史比较研究

关于马来亚·玻里尼西亚系语言的历史比较研究，德国洪堡特（W. von Humboldt）在十九世纪三十年代就曾写了他那本有名的《论爪哇岛上的加维语》（Über die Kawi-Sprache au der Insel Java, 1836—1839 年在柏林出版），证实了印度尼西亚语和玻里尼西亚语有亲属关系。加伯伦兹（H. C. von der Gabelentz）于 1861—1873 年夏确定了美拉尼西亚语和印度尼西亚语以及玻里尼西亚语的关系。其后荷兰图克（H. N. van der Tuuk）专门研究印度尼西亚语，奠定了印度尼西亚语言学的基础，克尔恩（Hendrik Kern）和他的学生们还继续研究了许多种语言和方言，建成了一个莱登学派。勃兰德斯特（Renward Brandstetter）的《马来亚·玻里尼西亚语的研究》（Malaiopolynesi sche Forschungen）出版于 1893 年，是想就整个语系去作比较研究的。这种研究直到现在还没有完结。美国布龙菲尔德（L. Bloomfield）也曾分析研究过菲律宾语言的语音，对这个语系的历史比较研究也有一定的帮助。

史密斯曾把马来亚·玻里尼西亚语系叫做奥斯特洛尼西亚语系（Austronesian），认为可以与南亚语系合并起来成为奥斯特里亚语系（Austrian，按字面解即"南语系"），但是提不出足够的证据。

十、达罗毗荼语系

6.67 概说

达罗毗荼（Dravidian）语系又叫做南印度语系。"达罗毗荼"这个名称是由科尔德威尔（R. Caldwell）选定的。他于 1856 年曾著《达罗毗荼或南印度语系比较语法》（A Camparative Grammar of the Dravidian or South Indian Family of Language）一书，开始使用了这个名称。在这以前，一般人只把它叫做泰米尔（Tamil）

或泰木尔（Tamoul）语系。达罗毗荼是泰米尔的梵语形式，也就是它的古代的名称，实际上都是指的同一种语言。

我们现在所说的达罗毗荼语系包括的并不只泰米尔或达罗毗荼语，除此之外还有喀拿拉语（Canara）、铁鲁古语（Telugu）、库伊语（Kui）和婆罗呼语（Brahui）等。

6.68 泰米尔语

泰米尔语分布在印度及南科罗曼德尔海岸从马德拉斯到科摩林角以及斯里兰卡北部一带。马勒巴海岸从科摩林角到马赫一带的马拉雅拉姆语（Malayalam）也属于泰米尔方言的一种，但是自十三世纪以后已有了独立的文献。

泰米尔语文献是全印度除梵语之外最古老和最丰富的。最早的文籍是一部语法和一首古诗，大约是四世纪的产物，里面有许多古代的特点，一般人已不容易看懂。马拉雅拉姆的文献大部分是模仿泰米尔语或梵语的。

6.69 喀拿拉语

喀拿拉语主要分布在印度半岛迈索尔到海得拉巴西北一带，在马勒巴海岸从果阿南部到门格洛尔之间地区也使用这种语言。门格洛尔使用图鲁语（Tulu），是跟喀拿语很相近的一种方言。此外，在尼尔吉里高原还有巴达加语（Badaga）、科塔语（Kota）和托达语（Toda），使用人数不多，也都是喀拿拉语的方言。

喀拿拉语自五世纪起开始有书面文献，最早的是一些很简短的碑铭。最古的文献是九世纪的一些诗篇，在用语和风格方面都曾受梵语的影响很深。这些文献按照它们的用语可以分成三个时期，都是跟宗教的派别有关的。

6.70 铁鲁古语

铁鲁古语分布在印度半岛东海岸由马德拉斯到马汉德拉吉里山一带，北部与印欧语为邻，南部和西部与泰米尔语和喀拿拉语为邻,使用人数达二千四百万,是南印度诸语言中使用者最多的。

铁鲁古语最古的文献是十一世纪的一本语法和印度史诗《摩诃婆罗多》的翻译,由此可见这种语言的文献也和其他南印度语言的一样是在梵语的影响下建立起来的。最近发现了一种古代的碑铭,其中有些诗句是从喀拿拉语文献借来的,并且这两种语言一开始就都用的是相同的字母,由此可以证明它和喀拿拉语文献也曾有很密切的关系。

6.71 贡德语、科拉姆语、比尔语、库伊语、库鲁克语和马尔托语

在德干高原马哈德奥山附近还零散地流行着好几种这一语系的语言,其中以贡德语(Gondi)为最重要,使用的人数也最多,可是在印欧系语和扪达语的包围下,在三百万人中已经有半数失去了他们的母语。科拉姆语(Kolami)和比尔语(Bhili)流行在巴辛姆一带,使用的人数共只约二万四千人,也已有逐渐消灭的倾向。库伊语(又称孔德语或康德语)流行在马哈拿地豁口南北,使用人数约一百五十万,库鲁克语(Kurukh)或奥拉昂语(Oraon)流行在那格普尔,马尔托语(Malto)流行在拉伊马哈尔一带,周围都是扪达族的语言,所以也很受威胁。

6.72 婆罗呼语

此外,在俾路支东部还有一种婆罗呼语,也是属于这个语系的。这种语言距离其他南印度系语言很远,这使人想到在阿利安人没有来到印度以前,南印度语系语言曾流行于整个印度西部。这个问题现在还没有解决,但是在印度,当这两种语言碰在一起的时候,南印度语常为印欧语所制胜却是事实。

6.73 达罗毗荼系语言的特点

达罗毗荼语的特点是把名词分为"高级"和"低级"两类:

"高级"指上帝、魔鬼和人类,"低级"指动物和无生体。这在印度各种语言中是达罗毗荼系语言所特有的:印欧系语分阴、阳、中三性,扣达族语分有生体和无生体,没有像达罗毗荼系语这样的分法的。第一人称单数代名词分"包括式"和"排除式"两种,有些语言学家认为这是由扣达语借来的,但是有些语言如喀拿拉语和贡德语虽曾受扣达语的影响比较深,却没有这种分别,可见这个假设未能遽信。代名词作为词尾既可以表示动词的人称,也可以放在名词的后面表示主语,各依原有的规则变化。例如泰米尔语的 ēN 是"我"的意思,sey-d-ēN 是"我已做",koN-ēN 是"我是王帝"。动词只有"时"和"体",而没有"态"和"式"。每个词都只能有词尾,而没有前缀和中缀。由于一切谓语都有分词的性质,并且要放在句末,所以所有句子都成了名词句。这也是达罗毗荼系语所特有的。

6.74 达罗毗荼系语言的历史比较研究

达罗毗荼系语言的比较语法是由科尔德威尔于 1856 年建立起来的,他的《达罗毗荼或南印度系语比较语法》曾于 1875 年改编过,1913 年还出了一个简略的第三版。这本书现在看来已经陈旧了,但是其后许多从事达罗毗荼系语言研究的都把它当做唯一的依据。此外格里孙的《印度语言调查》第 6 卷也有许多关于这一系语言的新材料,那是由科诺执笔的。马德拉斯大学自 1919 年起由科林斯(M. Collins)领导刊印了三册《达罗毗荼研究》(Dravidian Studies),苏巴雅(K. V. Subbaya)于 1909—1911 年出过一本《印度古物学》(Indian Antiquary),里面都有一些很有用的材料。至于有关这一语系的个别语言的,如布雷(Denys Bray)的《婆罗呼语》(The Brahui Language,1909,加尔各答)和万松(M. Vinson)的《泰木尔语手册》(Manuel de Langue Tamoule,1903,巴黎)都是值得特别推荐的。

十一、班图语系和非洲诸语言[8]

6.75 概说

非洲是世界上仅次于亚洲的第二个大陆,它的面积约有三千万平方公里,大过欧洲三倍。

非洲的语言,除了我们上边所说的含·闪系语外,一般把它们分成班图系语和苏丹系语两大类。其实这个区分也不是很绝对的。这些语言的历史来源如何,现在还没法考明。光从形态、句法、语音和词汇的成分看,从非洲中部的苏丹、几内亚到南部的好望角,它们之间都有着一个极惹人注目的相似点,所以有人认为它们都是同一个语系的。尽管这样,但是假如我们把它们仔细加以比较,却又不能否认自赤道起到好望角一带,各语言之间的特点更为近似;赤道以北从苏丹到几内亚的语言构成另一个集体,从南纬线24°起到橘河下流之间的布施曼语(Bushman)和霍登托特语(Hottentot)也有许多特殊的特点。因此我们可以把这些语言分成三个语系:(一)班图语系,(二)苏丹、几内亚语系,(三)布施曼·霍登托特语系。

(一) 班图语系

6.76 班图系语言的分布状况和特点

班图(Bantu)语系这个名称是从刚达语(Ganda)中 ba-ntu 这个词来的,原是"人"的意思、由开浦殖民政府的一个图书馆馆员布列克(William Bleck)于1856年提出用来指这一系的语言,因为它的形式简单明了,以后就开始被使用了。

这一系语言分布的地区从好望角起沿东海岸直到索马里,沿西海岸到杜阿拉,北部从索马里起通过乌干达北部接近刚果直到大西洋,但是没有很确定的边界。现在看来,所有加蓬的语言和一部分喀麦隆的语言都是属于这一个语系的,而在喀麦隆以外,有些语言如帕呼因语(Patuin)和布鲁语(Bulu)虽然有许多近似的地方,却不属于这个语系。这不是说它们在古代不可能有共同的来源(这一点还没法考明),但是根据现有的特点看来,这样划分是比较合理的。

班图系语的特点,在语音方面是没有闭音节,那就是说,每个音节都是用元音收尾的,辅音的唯一可能的结合是鼻音+辅音或辅音+w, y,如 ba-ntu, ku-gwa, ku-lya 等,因此在外来语借词中,有跟这些发音习惯不相符的,就不能不把它们加以变更,如把 Christ(基督)说成 Kirisiti,英语的 silver(银)说成 silivera 等等。在整个语系的语言中,语音的差别并不很大,但是有些地区已起了一定的变化,并且在东南部分,有些语言有吸气音,那是从布施曼语和霍登托特语借来的。在构词法方面,每个词只能有前缀和词尾,而没有中缀,词尾可以改变词根的意义,前缀却只表示用法和关系。名词多靠前缀来表示类别,如 mu-ntu(人),ba-ntu(许多人), ka-ntu(小人), tu-ntu(许多小人)等。动词多靠词尾来表示"时"、"式"、"态",如 o bonile(他已看见),ula(坐), lulisa(使坐); opa(打), opana(互相打), ku laba(找到), ku labik(被找到)等等。

班图系语言虽然差别不大,但是在各地区也有一些不同的特点。根据这些特点我们把它们分成如下的十一个语组:(1)刚达语组,(2)卢旺达语组,(3)东北语组,(4)泰塔语组,(5)东非语组,(6)东南语组,(7)苏鲁语组,(8)中央语组、(9)西非语组,(10)刚果语组,(11)西北语组。每个语组都包括若干语言或方言。

6.77 班图系语言的研究

班图语系种类繁复,名目众多,据英国琼斯顿(H. Johnston)估计共有 366 种语言和 87 种所谓"半班图语"(Semi-Bantu)。在十九世纪和二十世纪初,西方传教士和殖民主义者曾做过许多调查工作，上面所说的各种语言或方言，差不多每种都有语法或手册。至于把它们加以比较研究的有布列克的《南非洲语言比较语法》（Comparative Grammar of South African Languages，1869，伦敦），洪堡尔格（L. Homburger）的《班图语历史语音学》（Phonétique Historique du Bantu，1913，巴黎）和琼斯顿的《班图语比较语法基础》（Basis for a Comparative Grammar of the Bantu Language，载《皇家亚洲学会学报》，1907）和《班图语和半班图语比较研究》（A Comparative Study of the Bantu and Semi-Bantu Languages，1919，伦敦）；可是因为这一系的语言缺乏古代的文献，它们的历史来源如何很难考明，所以正如他们所说的，许多规律都只是一种悬想，还没有得到历史上的证明。

（二）苏丹·几内亚语系

6.78 苏丹·几内亚系语言的分布状况和特点

苏丹·几内亚语系包括非洲除班图语，布施曼语和霍登托特语以外的一切黑人的语言。它的流行区域东起苏丹，西至几内亚，北与阿拉伯语交界，南与班图语接壤，其间差别并不很大。可是根据一些个别的特点，如名词复数的表示和人称代名词的特殊形式等等，可以把它们分成以下十六个语组：（1）尼罗·乍得语组，（2）尼罗·阿比西尼亚语组，（3）尼罗·赤道语组，（4）科尔多蕃语组，（5）尼罗·刚果语组，（6）乌班吉语组，（7）沙里·瓦代语组，（8）沙里语组，（9）尼日尔·乍得语组，（10）尼日尔·喀麦隆语组，（11）下尼日尔语组，（12）服尔塔语组，（13）埃布尔内奥·达荷美语组，（14）尼日尔·塞内加尔语组，（15）埃布尔内奥·利比里亚语组，（16）塞内加尔·几内亚语组。

苏丹·几内亚系语言一般没有文字，只尼日尔·塞内加尔语组法伊语自十八世纪末或十九世纪初起曾使用一种音节字母书写，尼日尔·喀麦隆语组蒙姆语于1900年曾由尼约雅王创制一种象形文字，后来演变为音节文字，现在有变为音素文字的倾向。尼罗·乍得语组奴巴语于四世纪到七世纪曾用科泊特文字翻译圣经，现代奴巴语所用的是阿拉伯字母，但是也有一些古闪语字母。此外，尼罗·乍得语组的喀奴里语、豪萨语和塞内加尔·几内亚语组的普拉尔语有时也采用阿拉伯字母书写，至其他伊斯兰教的知识分子只采用阿拉伯文字书写，而口头上说的都是他们的本族语言。

苏丹·几内亚系语言都采用前缀或词尾把名词分为若干种类，如与人有关的成为一类，水或其他液体成为一类，植物成为一类，年节成为一类等等。这些前缀和词尾不仅附加于名词的词根，而且附加于有关的形容词的词根。动词一般分否定、完成和命令三体，而时间却没有明显的表示。名词没有变格，因此在句法中，词的先后位置很重要。有些语言有表示不同意义的声调。构词法的类型差别很微，表示同一意义的常有几个不同的词根，有些语言喜欢用这一个词根，另一些语言喜欢用另外一个词根。在有些语言里前缀和词尾有简化的倾向，因此名词和动词的分别就不很明显。

6.79 苏丹·几内亚系语言的研究

有关苏丹·几内亚系语言的语法和词汇很多，但是就这些语言作全面研究的却不多见。喀斯特（R. N. Cust）的《非洲现代语言概述》（A Sketch of the Modern Languages of Africa, 1883, 伦敦，二册）现在看来已很陈旧。威斯脱曼（D. Westermann）的《苏丹诸语言》（Die Sudansprachen, 1911, 汉堡）企图就埃布尔内奥·达荷美语组的三种语言，尼日尔·喀麦隆语组的两种语言和尼罗·阿比西尼亚语组的两种语言用历史比较法重建共同苏丹语，但是只能算是一种尝试。米葛德（F. W. Migeod）的《西非诸语言》（The Languages of West-Africa, 1911—1913, 伦敦，二册）材料虽然很丰富，但是论断却很肤浅幼稚。迈恩霍夫（C. Meinhof）的《非洲语言研究导论》（An Introduction to the Study of African Langueges, 1915, 伦敦）写得比较认真和深入，但又常把这一系的语言和含·闪系语言纠缠不清。德列塞尔（A. Drexel）的《非洲诸语言的构造》（Gliederung der Afrikanischen Sprachen）1921—1922 年连载于《人类》（Anthropos）杂志，可以说是这方面的一种新尝试。

（三）布施曼·霍登托特语系

6.80　布施曼语和霍登托特语的分布状况

布施曼语和霍登托特语分布在西南非洲库内内河以南直到橘河一带，许多年以来一方面由于班图语的不断向南发展，另一方面由于欧洲殖民主义者的重重压迫，现在说布施曼语的已不及五万人，说霍登托特语的也只剩下一些散居在南纬线 24 度到橘河下游之间的拿马人了。

6.81　布施曼语的研究

布施曼在荷兰语原是"森林人"的意思，因为说这种语言的人大都居住在南非洲的大森林里。他们遇到有跟外人交际的需要的时候多采用附近的另外的语言，所以这种语言一向很少为人所注意，直到十九世纪末和二十世纪初才有人做过一些描写的工作，如贝尔廷（Bertin）的《布施曼人和他们的语言》（The Bushmen and their Language，1885，伦敦），维德（H. Vedder）的《布施曼语语法纲要》（Grundriss ciner Grammatik der Bushman Sprache，Z. f. Kolonialsprachen）和吴拉士（I. Wuras）的《布施曼语法大纲》（Outline of the Bushmen Language，Z. f. Eingeborenen Sprache，1920）等。

6.82　霍登托特语的研究

霍登托特这个名词也是由荷兰语来的，原意是"口吃"或"结舌"的意思，因为这种语言有几个吸气音，有个叫做达柏（Dapper）的说：这种语言有点像火鸡的叫声，不像人类的语言。

霍登托特语的词汇，欧洲人自十七世纪初起就曾有过一些零散的记载，但是有系统的语法直到十九世纪中叶才出现。汉（Hahn）是一个自小在霍登托特人当中长大的传教士。他的《拿马语》（Die Nama Sprache）出版于1870年，对于这种语言的结构有过比较全面的记述。其后普拉纳尔特（Planert）的《论霍登托特语和布施曼语》（Über die Sprache der Hottentotten und Bushmänner）1905年载于《东方语言研究所集刊》（M. S. O. S.），迈恩霍夫的《拿马语》（Die Nama Sprache）于1909年在柏林出版，都是这方面的较好的著作。

6.83 布施曼语和霍登托特语的主要特点

布施曼语和霍登托特语无疑地是两种有亲属关系的语言。它们都有一些吸气音，有表示不同意义的声调，用代名词性的词尾可以表示不同的"性"、"数"、"格"，第一人称的双数和复数有"排除式"和"包括式"的分别，用各种形态可以表示动词的"时"、"式"、"态"等等。这些都是这两种语言所共有的特点。但是其中也有许多不同的地方，例如布施曼语有七个吸气音，而霍登托特语却只有四个，所用的词尾和所表示的各种概念也不尽相同。

十二、美洲诸语言[9]

6.84 概说

这里所说的美洲诸语言是指美洲地区除印欧系语言以外的印第安人的语言。美洲印第安人究竟有多少种语言？它们在历史上的关系怎样？直到现在大家还很模糊。这有几个原因：（1）美洲印第安人自欧洲人侵入这个大陆以后，在种种的欺凌压迫下居住得非常分散，人数也一年一年地减少，他们的语言已起了急剧的分化。一般人所能搜集到的只是一些词汇，而词汇在语言的构成中是最不稳定的；（2）这些语言一般没有文字，个别有书面文献的最早也不超过十六世纪，因此它们相互间是否有共同来源就很难断定；（3）向来做这些语言的调查研究工作的大半是美国人，而美国语言学家习惯上有个特点，就是喜欢找些比较容易认识的语言"描写"一下，而不管这些语言跟另外一些语言间有什么关系，更不管它们的历史来源。因此我们所能看到的只是一些零零碎碎的材料，分辨不出其中哪些是语言，哪些是方言土语。由于以上种种原因，我们现在说到美洲诸语言，就只能按照它们在地理上的分布状况及其间近似的地方分为若干语组，而暂时没法说明它们在历史上的相互关系。

（一）北美洲诸语言

6.85 北美洲诸语言的分布状况

北美洲印第安人语言分布在北美洲一带。其中可以按地理的远近和相互间近似的程度分成二十五个语组：（1）阿尔共金（Algokin）语组，（2）贝奥图克（Beothuk）语组，（3）爱斯基摩（Eskimo）语组，（4）霍喀（Hoka）语组，（5）易洛魁（Iroquois）语组，（6）喀多（Kaddo）语组，（7）克勒斯（Keres）语组，（8）奇奥瓦（Kiowa）语组，（9）克拉马斯（Klamath）语组，（10）库特耐（Kutenai）语组，（11）穆斯克河基（Muskhogi）语组，（12）拿·顿（Na-Dene）语组，（13）佩奴提亚（Penutia）语组，（14）沙哈普廷（Shahaptin）语组，（15）萨里施（Salish）语组，（16）休（Syu）语组，（17）塔诺（Tano）语组，（18）提木夸（Timukua）语组，（19）齐马库姆（Tšimakum）语组，（20）图尼喀（Tunika）语组，（21）犹托·阿兹得克（Uto-Aztek）语组，（22）瓦伊拉特普（Waiilatpu）语组，（23）犹奇（Yuki）语组，（24）犹奇（Yutši）语组，（25）祖尼（Zuni）语组。每个语组中都包括若干语言，有的甚至包括若干语区，每个语区又包括若干语言，情况很复杂。

(二) 中美洲诸语言

6.86 中美洲诸语言的分布状况

中美洲印第安人语言分布在中美洲山区，可以分成以下二十个语组：（1）阿穆斯哥（Amusgo）语组，（2）圭卡得克（Kuikatek）语组，（3）圭特拉得克（Kuitlatek）语组，（4）连卡（Lenka）语组，（5）玛雅（Maya）语组，（6）密斯奇托·苏摩·马塔加尔帕（Miskito-Sumo-Matagalpa）语组，（7）密塞·佐克（Mixe-Zoke）语组，（8）密克斯得克（Mixtek）语组，（9）奥里夫（Olive）语组，（10）奥托密（Otomi）语组，（11）帕雅（Paya）语组，（12）苏布提亚巴（Subtiaba）语组，（13）塔拉斯克（Tarask）语组，（14）托托纳克（Totonak）语组，（15）齐南得克（Tšinantek）语组，（16）瓦伊库里（Waïkuri）语组，（17）哈南布勒（Xanambre）语组，（18）希卡克（Xikake）语组，（19）兴卡（Xinka）语组，（20）札波得克（Zapotek）语组。这里面以第五组玛雅语组最负盛名，它具有一种古老的象形文字，代表很高的文化。

(三) 南美洲和安的列斯岛诸语言

6.87 南美洲和安的列斯岛诸语言的分布状况

南美洲印第安人语言分布在南美洲一带，情况复杂，可以分成七十七个语组。安的列斯群岛的印第安人语言跟南美洲印第安人语言中的第五个阿拉瓦克语组和第二十七个卡里布语组有密切关系，也可以排列在一起。

南美洲印第安人语言的七十七个语组包括：（1）阿拉克鲁夫（Alakaluf）语组，（2）阿连提亚克（Alientiak）语组，（3）阿美哈（Amueixa）语组，（4）阿劳坎（Araukan）语组，（5）阿拉瓦克

(Arawak) 语组, (6) 阿尔达 (Arda) 语组, (7) 阿塔卡马 (Atakama) 语组, (8) 阿塔兰 (Atal'an) 语组, (9) 阿瓦刻 (Auaké) 语组, (10) 爱马拉 (Aymara) 语组, (11) 波罗波 (Borobo) 语组, (12) 第阿吉特 (Diagit) 语组, (13) 埃尼马加 (Enimaga) 语组, (14) 埃斯美拉达 (Esmeralda) 语组, (15) 瓜喜波 (Guahibo) 语组, (16) 瓜劳诺 (Guarauno) 语组, (17) 瓜托 (Guato) 语组, (18) 瓜伊库鲁 (Guaykuru) 语组, (19) 赫特 (Het) 语组, (20) 华里 (Huari) 语组, (21) 伊托那马 (Itonama) 语组, (22) 卡华帕那 (Kahuapana) 语组, (23) 卡里亚那 (Kaliana) 语组, (24) 卡那里 (Kanari) 语组, (25) 卡尼查那 (Kanitšana) 语组, (26) 卡拉雅 (Karaya) 语组, (27) 卡里布 (Karib) 语组, (28) 卡利里 (Kariri) 语组, (29) 卡图奇那 (Katukina) 语组, (30) 卡尤瓦瓦 (Kayuvava) 语组, (31) 奇楚瓦 (Kitšua) 语组, (32) 摩科亚 (Mokoa) 语组, (33) 科凡 (Kofane) 语组, (34) 勒科 (Leko) 语组, (35) 马库 (Maku) 语组, (36) 马斯科伊 (Maskoi) 语组, (37) 马输比 (Mašubi) 语组, (38) 马塔科·马塔瓜约 (Matako-Mataguayo) 语组, (39) 摩比马 (Mobima) 语组, (40) 摩塞屯 (Moseten) 语组, (41) 穆拉 (Mura) 语组, (42) 南比夸拉 (Nambikuara) 语组, (43) 奥托马克 (Otomak) 语组, (44) 帕诺 (Pano) 语组, (45) 布埃尔切 (Pueltše) 语组, (46) 普伊纳瓦 (Puinava) 语组, (47) 普鲁纳 (Puruna) 语组, (18) 萨里巴 (Saliba) 语组, (49) 萨穆库 (Samuku) 语组, (50) 萨纳维隆 (Sanaviron) 语组, (51) 沙宛特 (šavanté) 语组, (52) 塞克 (Sek) 语组, (53) 西里亚纳 (širiana) 语组, (54) 提摩特 (Timote) 语组, (55) 特鲁迈 (Trumai) 语组, (56) 查帕库拉 (Tšapakura) 语组, (57) 查鲁瓦 (Tšarrua) 语组; (58) 齐布查 (Tšibtsà) 语组, (59) 齐奇托 (Tšikito) 语组, (60) 齐里诺 (Tširino) 语组, (61) 乔科 (Tšoko) 语组, (62) 乔罗那 (Tšolona) 语组, (63) 冲 (Tšon) 语组, (64) 图卡诺 (Tukano) 语组, (65) 图披·瓜拉尼 (Tupi-Guarani) 语组,

(66) 图尤内里 (Tuyuneiri) 语组, (67) 维勒拉·楚鲁皮 (Vilela-Tšulupi) 语组, (68) 维托托 (Witoto) 语组, (69) 希巴罗 (Xibaro) 语组, (70) 希拉哈拉 (Xiraxara) 语组, (71) 雅干 (Yahgan) 语组, (72) 雅鲁罗 (Yaruro) 语组, (73) 云卡 (yunka) 语组, (74) 尤拉卡列 (Yurakare) 语组, (75) 尤里 (Yuri) 语组, (76) 札帕罗 (Zadaro) 语组, (77) 泽 (Ze) 或克兰 (Kran) 语组。这七十七个语组中,以第五个阿拉瓦克语组流行最广,且最复杂。

6.88 关于美洲诸语言的研究

以上所说美洲印第安人所使用的大约一百二十多种语言中,一般都没有书面文献。中美洲秘鲁印第安人在古代曾使用过一种用绳子编成的基布斯 (Quipus),达科塔的印第安人也使用过一种用贝壳穿成的贝带 (Wampum),那都只是一些利用实物来帮助记忆的办法,不能叫做文字,只有玛雅族的印第安人曾制造过一种象形文字叫做玛雅文,现在墨西哥的博物馆还存有一些遗迹,但久已不为人所使用。

近半个多世纪以来,美国语言学家和欧洲语言学家都曾对美洲诸印第安人语言做过好些调查研究工作,其中尤以波阿士 (F. Boas) 的《美洲印第安语言手册》(Handbook of American Indian Languages,华盛顿,1911—1912) 为最有名。接着萨丕尔 (E. Sapir) 先后写了《加利福尼亚阿尔共金语言,维约特语和尤洛克语》(Wiyot and Yurok, Algonkin languages of California, 载《美国人类学家》杂志,新 15 卷,1913);《拿·顿语初步报告》(The Na-Dene Languages, a Preliminary Report, 载同上杂志,新 17 卷,1915);《海达语语音学》(The Phonetics of Haida, 载《美国语言学国际杂志》,第 2 卷,1921—1923)。此外,乌伦贝克 (C. C. Uhlenbeck) 的《关于埃斯基摩语语法》(Zur Eskimo Grammatik, 载《德国东方学会杂志》,第 60 卷,1906) 和《北美洲直到里奥格朗德土著语言》(Die Einheimischen Sprachen Nord-Amerikas bis zum Rio Grande, 载维也纳《人类》杂志,第 3 卷,1908);托马

斯（C. Thomas）和斯旺屯（J. R. Swanton）合写的《墨西哥和中美洲印第安语及其地理分布》（Indian Language of Mexico and Central America and Their Geographical Distribution，载《美国人种学》专刊，第44期，华盛顿，1911）；张伯伦（A. F. Chamberlain）写的《南美洲印第安人语言系属》（Linguistics Stocks of South America Indian，载《美国人类学家》杂志，新15卷，1913年）。这些都是很有名气的。但是正如李维特（D. Rivet）所说的："虽然许多方言都有了很好的语法，但是还没有一个语系的真正的比较语法……。美国语言学的这个严重的缺陷，首先是因为关于每种方言的材料价值很不相等；并且美洲诸语言成为认真研究的对象还没有几年，而从事这种工作的人又往往缺乏语言学家的一般修养和科学训练"[1]，所以这些材料虽然很有参考价值，但是我们不能想象美洲印第安人的许多语言之间没有它们的亲属关系。

评注：

[1] 含·闪语系也叫闪·含语系、阿非罗·亚细亚语系。

[2] 芬兰·乌格尔语系现称乌拉尔语系。

[3] 突厥·蒙古·通古斯语系现称阿尔泰语系。

[4] 伊伯利·高加索语系又称高加索语系。

[5] 南亚语系又称澳斯特罗·亚细亚语系。

[6] 马来亚·玻里尼西亚语系又称南岛语系。

[7] 达罗毗荼语系又称南印度语系。

[8] 本书的非洲和美洲诸语系可分为尼日尔·科尔多瓦、尼罗·撒哈拉语系、科伊桑语系三语系（参见《中国大百科知识》语言文字卷，239、302、303页）。本书在几十年前所描绘的语系与当今语系的分类基本吻合，实属难能可贵。

---

① 参看梅耶和柯恩《世界语言》法文版，第602—603页。

普通语言学史

第七章 普通语言学的建立

一、绪 论

7.1 概说

语言科学成立于十九世纪初。它一方面产生了历史比较语言学，另一方面由于各种语言的历史比较研究又产生了普通语言学。普通语言学就是把各种语言的历史比较研究的结果加以概括化而成的。

普通语言学之所以区别于历史比较语言学，是在于它是就整个人类的语言从理论方面去进行研究的。在这以前，人们虽然也曾对人类的语言进行过许多观察，在十八世纪各国学者对于语言起源的问题且曾发生过很激烈的争论，但是一般只把语言看做一种"死的"机构，其中包含着许多没有生命的词和语法规则，而不是把语言看做一种"有生命的"东西，所以直到历史比较语言学建立后，由于各种语言的历史比较研究，大家才发觉人类的语言实际上并不是这样的。

二、普通语言学的奠基者洪堡特

7.2 洪堡特和他的学说

普通语言学自建立后分成了许多派别，但是穷本溯源，我们不能不首先说到德国十九世纪的一个政治家和学者洪堡特（W.

von Humboldt)。

洪堡特（1767—1835）是德国普鲁士的政治家，曾从事政治和外交活动，同时也研究过哲学、文学、古典语文学和人种学。他对许多语言——由欧洲的巴斯克语到亚洲的马来亚·玻利尼西亚系语和美洲的印第安人的语言——都有广泛的认识。这使他对语言学的问题发生了深厚的兴趣，作出了许多深刻的观察和总结。他的第一篇有关语言学的著作是1820年6月29日在柏林学会宣读的一篇报告《依照语言发展的不同时期论语言的比较研究》。在这篇报告里，他认为语言的比较研究，我们要把它当做一种独立的研究对象，并且完成了它的任务，达到了它的目的，才能得到有关语言、民族发展和人类形成的基本的、可靠的结论。其后他还写过《语法形式的发生及其对于概念发展的影响》（1822年）、《论字母文字及其与语言结构的关系》（1824年）、《论双数》（1827年）和《论文字和语言的关系》（1836年）等论文。他在晚年完成了他的巨著《论爪哇岛上的加维语》（Über die Kawisprache auf der Insel Jawa），共分三册，于1836—1840年出版，里面附有一篇绪论《论人类语言结构的差异及其对于人类心理发展的影响》（Über die Verschiedenheit des Menschlichen Sprachbaus und ihren Einfluss auf die Geistige Entwickelung des Menschengeschlechts），这是他最重要的一篇著作。[1]

洪堡特在这篇"绪论"里首先说明语言不是一件已经完成的工程（ergon），而是一种活动（energeia）（Sie selbst ist kein werk, ergon, sondern eine tätigheit, energeia）。所以语言只能在它的发生和发展中予以确定。人们利用声音来表达思想，这就是他的心灵活动。严格的说，这是就每个言语行为来说的，但实际上语言应该看做这些活动的总体。依照我们的意念构成语言的词和规则实际上只存在于连续的言语行为当中。我们把语言分成许多词和规则，那只是一种很粗糙的科学分析的死的产物。语言的一切都是动的，而不是静的；它的死的部分必须在人的心灵中不断予以复制；为了能够存在，它必须被人说出来或了解，所以必须全部为人所利用。这些都是针对以前一般把语言只看做一系列死的、与人民口语相脱离的、书本上的规范而说的话。[2]

洪堡特在这篇论文里还谈到了语言中社会的和个人的认识矛盾问题,因为语言一方面是与个人的认识和活动有关的,另一方面又是许多年代流传下来的遗产,是不依赖于个人的。他在这里企图用"一切人的本性都是相同的"这个原则来解决这个问题。他说:"因为我们行为变成现象,而这些现象都是由与我完全相同的人产生的,所以主观和客观、依附和独立等概念显然应该融成一片。语言是我的,因为我把它复制成了我自己的行为;但是我之所以把它复制成这样,而不把它复制成另外的一个样子,那是因为千百代以来人们都是这样说的,把它互相传授到现在,因此语言显然限制着我。可是语言之所以限制我,给我的活动以一定方向,那是因为我有一个与大家相同的人性的原故,所以在语言中对我格格不入的只是我个人生活中的某些因素,这是跟我的基本的和真正的本性无关的","语言使得每个人生动地感到他只是全人类中的一份子"。[3]

语言的实质虽然是一样的,可是世界上却有许多种语言,这些语言的形式都是不相同的,这又是什么原故呢?洪堡特认为,为了要解决这个问题,我们首先应该知道所谓语言的形式包括着三样东西:(1)语言的语音形式,(2)语言的语法形式,(3)语言的词源形式。这些都是语言的外部形式。语言的外部形式是由每种具体语言的内部形式规定的,而内部形式作为声音和概念的中介,是随民族而异的。它反映着一个民族对于周围世界的理解,规定着每种语言的特征。这好像一个魔术圈一样,我们要跳出这个圈子必须跳进另一个圈子,即学习另外一种语言。由一种语言过渡到另一种语言就会引起世界观的改变。"所以学习外国语就好象于先前的对于世界的理解中得到了一个新的观点"。在洪堡特看来,每种语言,甚至最为人所看不起的方言,都是使用这种语言或方言的人民的个性的表现,都是一个民族的心理的特征;它可以表明那个民族用来实现它的言语理想的特殊方法。每种语言或方言都应该看做一个有机的整体，这有机的整体是一种语言与另一种语言，甚至一种方言与另一种方言不同的。但是因为语言就是它的使用者的民族性格的象征，每种语言的许多成分起初都是用声音来代表概念的，有些声音和有些一般的概念之间存在着一种自然的联系，所以虽在毫无相互关系的语言中，我们有时也可以找到用类似的声音来表示相同或差不多相同的概念的现象。[4]

洪堡特极力反对当时流行的"普通语法"或"普遍语法"的概念，因为这种语法是以逻辑为依据，用演绎法去研究各具体语言的。他要拿许多不同的语言表示同一语法概念的方法互相比较来建立一种归纳的普通语法以代替当时的那种演绎的普通语法。例如他于1827年发表的那篇《论双数》就是出于这种企图的。他认为要通过这样的各种语言的内部形式的比较研究才有可能了解一般人类语言的不可理解的神秘的结构。[5]

洪堡特在《语法形式的发生及其对于概念发展的影响》一文中，还详细讨论了语法形式和它所表示的概念之间的关系问题。他认为语言在发展过程中起初只注意表示事物，任由听者去理解或猜想其间的关系。其后词序慢慢地固定下来，有些词失去了它们独立的用法和声音，所以在这一个阶段，语法关系是用词序和一些摇摆于具体意义和形式意义之间的词来表示的。这些词后来逐渐变成了附加成分，但是其间的接缝处还可以看得出来。所以在这一阶段，语言中所有的只是一些近似于形式的东西，还不是真正的形式，直到第四阶段，词才成了浑然一体的东西，只用屈折的形式来表示语法关系，每个词都属于一个确定的词类，形式词已没有任何具体的意义，纯粹用来表示语法关系了。

由此我们可以看出，洪堡特所谓语言的外部形式主要是指它的语法形式来说的。根据这一点，他继他的前辈奥古斯脱·威廉·史勒格耳之后创立了当时所公认的语言的形态分类法，把世界上的语言分成孤立语、粘着语、屈折语和合体语四个类型。这四个类型的语言虽然没有什么优劣的分别，"因为每种语言都是配合语言的原始能力的表现,所以我们对于任何语言,哪怕是最野蛮的部落的,也不应该予以歧视,或贬低它的价值"①;可是因为他认为语言是在它的使用者的变动着的心理能力的影响下不断地发展的,因此其中就有一些是完备的,一些是不完备的。在他看来,屈折语的词把其他比较"粗疏的"语言中的词和音节融合成一个整体,使人忘了其中各部分的意义,是语言中最完备的,孤立语是屈折语的另一个极端,所以是语言中最不完备的。这其实就已经寓有语言发展阶段论的论调了。[6]

大家知道,洪堡特的世界观完全是康德哲学的。他对于"客观世界"和"主观认识"的关系的理解也完全是以康德哲学的认识论为基础的。他一方面承认客观世界的存在,语言就是人们借以认识客观现实的媒介,另一方面又说:"语言就是心灵的全部,它按照精神的规律而发展",因此认为语言之所以有各种不同的形式,都是因为各民族精神发展不同的原故。

洪堡特在德国被认为是普通语言学的奠基者,"德国最伟大的人物之一"(汤姆森语)②。他对于普通语言学的问题确有许多很深刻的看法和宝贵的意见,这对于以后许多语言学家如波特、石坦达尔、古尔替乌斯、施莱赫尔和浮士勒等都曾产生过很大的影响。可是因为他的学说中存在着不少错误的观点,并且他的文章写得非常晦涩,抽象的推理多于具体的事例,常常使人可以有各种不同的解释,所以他的这些学说后来就成了欧洲许多唯心主义语言学家的理论基础。

评注:
[1]《论人类语言结构的差异及其对人类精神发展的影响》是"第一部关于普通语言学的巨著"(布龙菲尔德《语言论》,袁家骅等译,商务印书

---

① 参看洪堡特《论人类语言结构的差异及其对于人类心理发展的影响》,第304页。
② 参看汤姆森《十九世纪末以前的语言学史》,俄译本,第69页。

馆，1980，19 页；1997 年由姚小平翻译，商务印书馆出版）。全书共分 22 章：前 8 章是总论，突出语言与文化、语言与民族精神、语言与思维、语言的起源、语言的内部与外部形式、语言的一般与个别、语言的创造性、研究的"首要任务"是连贯的言语等思想；9—11 章侧重谈语音；12—14 章侧重谈词；15 章谈句子；17—20 章谈语言主要区别、语言的类型、各种语言的特性、相互生成的能力、诗歌散文；21 章是总结；22 章介绍梵语、汉语、缅甸语等"偏离纯粹规律的形式的语言"。

[2] 与索绪尔把语言学分为演化语言学（历时语言学）和静态语言学（共时语言学），并且认为当时应该首先研究共时、静态语言学有所不同，洪堡特强调"语言的一切都是动的，而不是静的"。与乔姆斯基的思想也有区别，他认为语言的创造性特征在于无法完全用语法加以概括的言语活动（参见胡明扬主编《西方语言学名著选读》，中国人民大学出版社，1988，56 页）。

[3] 洪堡特的语言著作中对"有限与无限"、"工具与运用"、"整体与个别"、"一种语言与特殊语言"、"语言与个人（我）"、"词"、"句子与言语"、"语言的一般现象与特殊现象"的阐述都说明洪堡特具有区分语言和言语的理念，并且强调言语是第一性的，但没有像索绪尔那样严格明确两者之间的定义与关系，没有明确提出语言的语言学和言语的语言学，更没有像索绪尔那样强调当时应该研究语言的语言学。

[4] 关于对洪堡特内部形式与外部形式的理解有不同说法：其一，外部形式是语音；内部形式是词汇、语义、语法规则。其二，外部形式是语音、词汇、语法的；内部形式是民族心理、民族精神文化等。

[5] 归纳法是经验论者、言语中心论者、参差论者相对比较喜爱用的方法。

[6] 关于语言的形态分类：

1. 弗·史勒格尔：二分，有机—无机；词形—词序
2. 奥·史勒格尔：三分，孤立—粘着—屈折；孤立—词缀—屈折
3. 洪堡特：两次三分最终形成四分，孤立语—粘着语—合体语（多式综合语）—屈折语
4. 施莱歇尔：三分，把合体语又归入粘着语
5. 萨丕尔：新四分法，简单纯关系—复杂纯关系—简单混合关系—复杂混合关系
6. 格林伯格：五类十五指数

[7] 把欧洲许多语言学家称为"唯心主义语言学家"有"过激与失实"成分,带有当时的历史烙印。

三、石坦达尔对于洪堡特语言学观念的解释和他所建立的心理主义理论

7.3 石坦达尔和他的心理主义观念

洪堡特的关于普通语言学的理论虽然大家认为很重要,但是因为他的文章的风格非常深奥晦涩,使人读了如堕入五里雾中,辨认不清方向,所以自他死后,替他做解释工作的很多,石坦达尔(Heymann Steinthal)就是其中最著名的一个。

石坦达尔(1823—1899)自命是洪堡特的一个最忠实的追随者,一生赞慕他的为人和语言学学说,1848年曾写《洪堡特关于语言哲学的著作》一书加以阐释,1850年写《作为语言观念发展的语言分类》(Die Klassifikation der Sprachen, Dargestellt als die Entwicklung der Sprachidee),1851年写《语言的起源》(Der Ursprung der Sprache),1855年写《语法、逻辑和心理学:它们的原理和相互关系》(Grammatik, Logik und Psychologie. Ihre Prinzipien und Verhältniss zu einander),1860年写《语言结构最主要类型的特征》(Charakterisitik der Haupträchlichsten Typen der Sprachbaues),1881年写《心理学和语言学导论》,1890—1891年写《希腊罗马语言学史》,企图根据洪堡特的语言哲学来建立他的语言学原理,但是实际上却距离得很远。

石坦达尔虽然高举洪堡特的观念当做反对贝克尔(B. Becker)的语言结构论的旗帜,其实是为了改变它,把个人言语和思维发展的心理学问题代替了洪堡特的关于语言、认识和存在间相互关系的认识论的问题。例如他在《语言的起源》一书的《绪论》中说:

> 洪堡特只想描绘出语言所由产生和应该产生的认识的情

况，只想揭露人类创造和应该创造语言的途径。在洪堡特看来，言语是属于形而上学之列的。……在我看来，那却与言语初形成时认识的情况的规律有关。……我认为这是经验心理学的问题。

他这里所谓经验心理学就是指的赫尔巴特（Herbart）的联想心理学，把一切人类的认识都归结为表象的自动，而表象的自动却是要受类化、统觉和联想的规律支配的。石坦达尔就是想要运用这种表象自动的规律去解释语言在个人方面的形成和发展以及语言在人类社会中的产生和发展的。他说：

> 为了要完成这个任务，我撇开了人类一切较高级的心灵活动，而只限于人类感觉的分析。……在这里，我要就这较低级的心理范围去跟寻出人类和其他动物的区别。我对于人类比其他动物优越这个结论不是从他的脑的结构得来的，这一点我们还研究得太少，而是从他的垂直的姿态得来的。因此他的身体和四肢特别灵活，尤其是他的头和带有指头，特别是大拇指的手，他的皮肤上的毛也因此而脱落了，他之所以能有很细致的感觉就有赖于他的头和手的发展。此外还有比其他动物外延较弱而内延较强的其他感觉，这些感觉活动的幅员不大，但是能够使人获得更多的性质不同的印象，在事物当中区别出更多的特征，或更正确些说，在许多事物里区别出同样的特征。由此产生了人类的巨大的智力以及对于理论的兴趣，首先用来为生产劳动服务，生产劳动又丰富了他的认识。劳动和认识这两个现象减轻了奋激和贪欲，提高了自觉，由此产生了审美的能力和对于美好和道德的喜爱。工作引起了新的要求，新的要求又引起了新的工作，这样，工作目标提高了就会导致人类的团结，导致社会，产生了要创造语言来扩大知识的新萌芽。

由此可见他把社会的因素只看做语言产生和发展的一种从属的重要情况，而不是人类语言活动的基础，因此语言研究的唯一对象就只是脱离人类社会实践的个人言语活动的行为。

石坦达尔既要就人类较低级的心理活动去解释语言的起源和发展，于是在他看来，在语言形成的过程中，仿佛并没有思维的份儿，语言和思维之间仿佛并没有什么关系，所以他说："语言的范畴和逻辑的范畴并不相符，并且很少相互间的关系"，结果就把全部注意力都集中到个人的言语行为上面，把它看做一种心理现象。可是个人究竟只是民族的一分子，其关系宛如"儿女之与父母"。在身体和心灵上面都带有这一民族的烙印，同一民族的个人在思想和语言方面都有许多类似的地方，因此他要通过个人心理的研究去了解各种集体——民族、政治、社会和宗教团体的"精神生活的规律"，并建立语言类型同民族思维和精神文化（民族心理）类型之间的联系，而最后的结论是：语言就是民族精神，语言学就是民族心理学[①]。

石坦达尔本人并不是一个实际语言的研究者，而只是一个空谈的理论家，企图把洪堡特的学说加以系统化，在他的著作中故意避开欧洲语言的事例，东拉西扯，使人很难捉摸，所以马克斯·缪勒（Max Müller）在给他友人的一封信里说："当我读石坦达尔的一本著作，甚至洪堡特著作的许多部分的时候，我觉得好像是踯躅于行云间"[②]。因此他对于欧洲语言学界的影响并不很大，可是他的要通过心理学去了解和解释语言的说法，在许多心理主义的语言学家和俄国的波铁布尼亚（А. Потебня）和德国的保罗（H. Paul）等方面都得到了一定的反应。

[①] 参看石坦达尔《语法、逻辑和心理学：它们的原理和相互关系》，柏林，1855 年。

[②] 参看《马克斯·缪勒传》，第 256 页。

第八章　语言学中的自然主义学派

一、绪　　论

8.1　概说

语言学中自然主义学派的观点是跟石坦达尔等的心理主义相对立的。他们把语言看做一种自然的机构，要采用自然科学的方法去研究语言。

"语言是一种机构"，"语言是一种自然的有机体"，本来在十九世纪初许多语言学家就曾有这样的说法，例如拉斯克早在1834年就曾说过："语言是一种自然的物体，它的研究很像自然历史"[①]；波普于1836年在《元音系统》（Vocalismus）一书中也曾说过："语言将被看做有机的自然物体，它们是按照确定的规律形成的，它们好像具有生命的内部原则而发展着，并且将不再被人了解而逐渐死亡"[②]；史勒格耳曾把世界语言分为有机体语和无机体语两种；贝克尔也曾写过《语言的机构》（Organismus der Sprache）一书为石坦达尔所反对。但是实际上这些都只是一种譬喻的说法。拉普（K. M. Rapp）于1836—1841年出版《语言生理学试探》（Versuch einer Physiologie der Sprache nebst Historischer Entwickelung der Abendländischen Idiome nach Physiologischen Grundsätzen）一书，共分四册，要就"生理学的基本原则"去探讨西方语言如希腊语、拉丁语和峨特语等怎样变成现代希腊语、意大利语、西班牙语等直到低德语、高德语和许多方言的历史发展，那

---

①　见拉斯克《论文全集》（Samlede Afhandlinger），哥本哈根，1834年，第502页。

②　见波普《元音系统》，1936年，第1页。

已经寓有把语言看做一种有机体的意思，但也还只是就语音方面说的。真正把语言当做一种自然界物体，要采用自然科学的方法去研究语言的，应该算是德国的施莱赫尔和马克斯·缪勒二人。

二、施莱赫尔的自然主义观点

8.2 施莱赫尔的生平和著作

施莱赫尔，我们在上边说过，是 1821 年生于德国波恩的，1868 年去世。他不只是一个实际语言的研究者，写过《教堂斯拉夫语的形态学》(Formlehre der Kirchenslawischen Sprache, 1852)，《立陶宛语手册》 (Handbunch der Litauischen Sprache, 1855—1857)，《德语》(Die Deutsche Sprache, 1860)，《印度日耳曼系语言比较语法纲要》(1861—1862) 等书，而且是一个著名的理论家，写过许多有关语言学理论的书，在语言学界产生了很大的影响，其中如《语言比较的研究》(Sprachvergleichende Unterssuchumgen, I. II. 波恩, 1848—1850)，《论语言的形态学》(Zur Morphologie der Sprache, 1859)，《达尔文学说和语言学》(Die Darwinische Theorie und die Sprachmissenchaft, 魏玛, 1863)，《论语言对于人类自然历史的意义》(Über die Bedeutung der Sprache für die Naturgeschicht des Menschen, 魏玛, 1865)《名词和动词》(Nomen und Verbum, 莱比锡, 1865) 等都是很有名的。

施莱赫尔的一生都是过的一种语言学家的生活。他自从很小的时候起就很注意对各种方言、民歌的搜集和语言的学习，长大后能通晓许多种语言，尤精于古斯拉夫语和立陶宛语。另一方面，他对于哲学和自然科学尤其是植物学也很有兴趣，早年在杜宾根（Tübingen）念书的时候就成了黑格尔哲学的一个热心的附和者，晚年虽很醉于达尔文学说，但是没法摆脱他青年时代所形成的思想体系，加以他的许多前辈如史勒格耳、波普、格里姆等对他所发生的影响，构成了他的语言学说的整个体系。

8.3 施莱赫尔的自然主义观点

施莱赫尔对于语言的观点，本来在他的《语言比较的研究》

一书中就已经开始露出了一些苗头,但还不是很完整的,因此里面有许多前后矛盾的地方。例如他在这书第一册的绪论里起先说:"语言的特点是人类的和心理的,所以它的发展与历史相同,因为它们都不断地向着新的状态前进",可是在同一书的第二册里却又说:"语言有它的将来,这将来就词的广义来说也可以叫做历史,但是这历史的最纯粹的形式,我们也可以在自然界比方一棵植物的增长里找到,语言是属于自然界的范围,而不是属于自由的心理活动的范围。"施莱赫尔的这个自然主义的观点其后特别表现在他的《达尔文学说和语言学》和《论语言对于人类自然历史的意义》二书中,而《德语》和《印度日耳曼系语言比较语法纲要》等都是这一观点的具体运用。[1]

他在许多著作中都把语言看做一种机构,即表示意义和关系的形式。根据这些机构,我们可以把语言分成若干种类。语言机构的增长即表现着语言的生命。语言的生命和动植物的生命并没有什么本质上的区别,就是说,都有增长的时期和衰老的时期。语言在增长的时期,由简单的结构变成了更复杂的形式;在衰老的时期,由它所能达到的最高的发展阶段逐渐衰退,它的形式也受到了损害。"自然科学家把这叫做相反的变形"①。

施莱赫尔根据他的这个理论又把语言的生命分成了两个完全不同的时期:语言发展的历史(史前时期)和语言形式衰败的历史(有史时期)。在前一个时期,他认为语言一切高级的形式都是由较简单的形式变成的,如由孤立形式变为粘着形式,由粘着形式变为屈折形式;在后一个时期,由于语言形式的衰败,因此在句子的功能和结构方面也起了很大的变化。"确定语言生命中变化的规律就是语言学的主要任务之一,因为不认识这些规律就无从理解语言的形式,特别是现存的语言的形式"。

施莱赫尔既然把语言的发展比之于一棵植物的生长,其中有发展的时期也有衰败的时期,于是一方面把它运用于全世界的语

---

① 见施莱赫尔《德语》,第 2 版,斯图加尔特,1869 年。

言,另一方面又运用于印欧系语和德语(实则是日耳曼族语)的发展,因为"时间上的顺序(Nacheinander)与空间上的顺序(Nebeneinander)相当"。世界上的语言可以分成孤立语、粘着语和屈折语三个类型(他把洪堡特和波特等所分出的合体语归入粘着语里面),按照它们的发展的阶段得到如下的一个表。

这就构成了他的所谓"语言进化的三阶段"。现在世界上有的不只是一个语系,每个语系都有它的一种原始语(Ursprach)。这种原始语好像一条树根,所有同系的语言都是由这树根茁长出来的枝条,例如由印欧系原始语这条树根先长出阿利安和南欧语(希腊语、意大利语、克勒特语)的一枝和北欧语(斯拉夫语、日耳曼语)的一枝,然后由阿利安和南欧语的一枝长出阿利安语和南欧语两个旁枝,由北欧语的一枝长出斯拉夫、立陶宛语和日耳曼语两个旁枝等等。所以就印欧系的各种语言我们可以画成如下的一棵谱系树。[2]

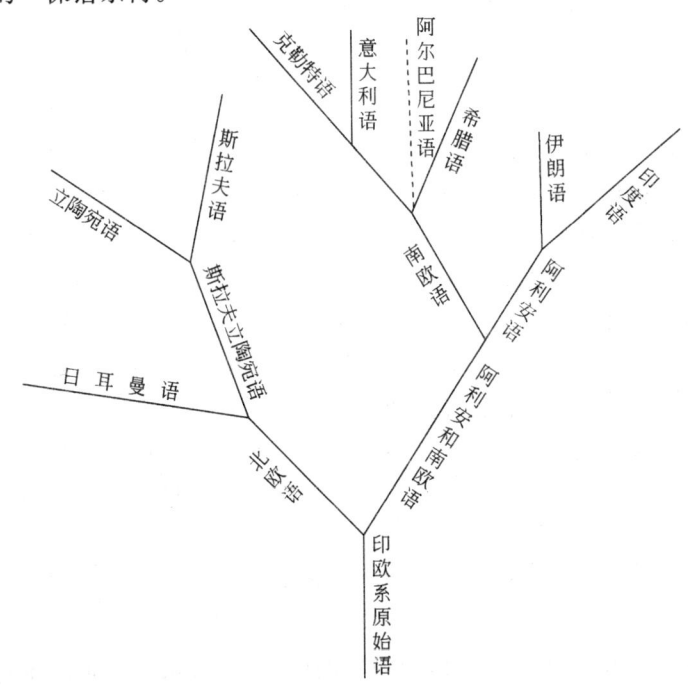

语言的结构	词的构造及其关系在句子中的表现		举例	在语言一般发展中所处的地位
1. 孤立的	A——纯粹词根 A + A'——词根 + 辅助词		古汉语、缅甸语等	古代型
2. 粘着的	Aa——词根 + 后缀 A ——词缀 + 中缀 a aA——词根 + 前缀	综合结构	突厥·鞑靼语、蒙古语、匈牙利语等	过渡型
	Aa（aA）+ A'——词根 + 后缀（前缀 + 词根）+ 辅助词—分析结构		西藏语	
3. 屈折的	A^x——纯粹内部屈折 aA^x（A^x）内部屈折和外部屈折	综合结构	闪族语、古印欧系语	最高发展型
	aA^x + A'——内部屈折和外部屈折 + 辅助词——分析结构		现代印欧系语	衰败时期的枯萎形式

注：A 表示词根，A'表示辅助词，a 表示附加成分，x 表示内部屈折。

由此我们首先可以看到，施莱赫尔对于语言形式起源的理解跟波普大体上是一样的：他们都认为语言中一切词汇都由一个单音节的词根构成；词根分两种，即动词的词根和代名词的词根。这些词根起初都是独立的词，后来才结合起来构成了派生词，其中有些构成了词干或词根，有些变成了名词变格或动词变位等的词尾。例如拉丁语的 amavi（我曾爱）是由词干 ama（爱）和动词 fui（是）的完成体形式 vi 构成的，scripsi（我曾写）也是由词根 scrib（写）和他们所假定的 as（是）的古代完成体形式 ēsi 构成的。这一点，他认为全世界的语言说来都是相同的；孤立语既然主要只有一个个独立的词根，因此在他的心目中就成了一种最原始的语言。

施莱赫尔的这种观念，我们在他的差不多任何著作中都可以找到，例如他的《论语言的形态学》一书就完全是就语言的形态标志把语言看做一种自然界的产物而加以分类的。在他看来，语言是由人的身体的各部分如脑、语言器官和神经、骨头、筋肉等联合发出的,人们的意志没法改变这些器官的结构,因此也就无法改变语言的有机的形式。他在《达尔文学说和语言学》一书里更要把达尔文关于物种起源和发展的学说运用于语言的领域,例如自然科学中的物种与语言学中的"语系"相当,自然科学中同一物种的类别与语言学中同一语系的语言相当,亚种与方言或土语相当,个别的物体与个别的语言相当;物种的分化和生存竞争的现象不仅在动植物界中可以看到,在语言的领域内也可以看到,因此他主张"把达尔文所建立的关于动植物物体的规律至少大体上应用于语言的机构"。

总而言之,施莱赫尔在他的全部著作中完全忽视了语言的社会本质,只把它当做一种自然界的产物去加以研究。他正如一般把达尔文主义移植于社会科学领域的学者一样,一方面固然使语言学摆脱了以前的僧侣主义的唯心观点,另一方面却造成了一种客观主义的邪恶学说。[3]

评注:

[1] 尽管历史比较语言学的先驱威廉·琼斯的印欧语假设比达尔文理论早,但整个历史比较语言学是在达尔文进化论的主流科学大背景下产生与发展的。

[2] 施莱歇尔的谱系树是整齐论的代表,如罗宾斯所说:它"对印欧语历史语言学,也对整个历史语言学,都是重要的贡献。这个模式提供了一个表示语族成员的方法,顺着构拟的母语往下看,我们就会对语言的历史以及各个语言之间的关系,有一个大致的认识。当然,这个模式也有欠妥之处……"施莱歇尔的学生施密特(Schmidt)为了补充施莱歇尔的谱系树模式,也不推翻这个模式,提出了波浪变化模式。他认为,只要语言之间有接触,包括音变在内的语言变化便会在特定地区的方言、甚至语言之间不断扩散(罗宾斯,1997,195—196页)。

[3] "邪恶学说"用词不当。

三、缪勒的自然主义观点

8.4 缪勒对于语言和语言学的看法

施莱赫尔的这种语言学中的自然主义学说当时曾为许多人所反对,但是也找到了一些拥护者,例如马克斯·缪勒就是其中最热心的一个。

缪勒的关于语言学自然主义的言论见于他在 1861 年出版的《语言科学讲话》(Lectures on the Science of Language) 一书。他在这书里也同其他自然主义者一样,把语言学跟历史科学对立起来,认为语言学和语文学不同;语文学以语言为手段去研究人类社会的道德、智慧、宗教和文学,属于历史科学,而语言学以语言为研究对象,应该属于自然科学。他一方面虽然承认"在自然科学中,没有一种像语言学一样跟人类历史有这样密切的关系的"[1],但是另一方面却又说语言的一切变化"都不是历史的变化,而只是自然的增长;艺术、科学、哲学和宗教可以有历史,而语言或任何其他自然界的产物,严格地说,没有历史,而只有增长",因为"我们必须考虑到语言虽不断起变化,但不是任何人所能产生或阻止的。要改变语言的规则,或随意创造新的词语,将好像变更血液循环的规律,或使我们的体长增加一分一寸一样的困难"[2]。

8.5 缪勒学说的反应

缪勒的这些话当时曾引起了许多人的争论,尤以美国语言学家惠特尼 (W. D. Whitney) 最为反对。他为了回答这些不同的意见,曾于 1875 年写成《德国工厂杂谈》 (Chips from a German

---

[1] 见缪勒《语言科学讲话》,伦敦,1899 年,卷上,第 39—40 页。
[2] 同上书,第 38 页。

Workshop）一书，仍坚持语言学是自然科学。惠特尼又于1892年出版《马克斯·缪勒和语言研究》（Max Müller and the Study of Language）一书予以反驳，说："这里的意义是：我们的著者有权利随便定下一个自然科学的定义，使这个名称能适用于这种人类智力特殊产物的研究……所以假如你能允许他定出鱼是什么的定义，那么他可以证明鲸鱼也是鱼类"[①]。

尽管这样，缪勒的这本著作因为取材新颖，文笔生动活泼，很受读者欢迎，因此他的这个把语言看做一种有机体的观念一直在西方语言学界得到了广泛的传播，虽在他的反对者惠特尼的《语言的生命和生长》（Life and Growth of Language，伦敦，1875）一书中也或多或少可以找到一些同样的论调。

---

① 见惠特尼《马克斯·缪勒和语言研究》，纽约，1892年，第23页。

第九章　语言学中的新语法学派

一、绪　　论

9.1　概说

语言学中的新语法学派，我们在上面已经说过，是由勃鲁格曼和他的朋友奥斯脱霍夫、雷斯琴（A. Leskien，1840—1916）、德尔勃吕克（B. Delbrück，1842—1922）、保罗（H. Paul，1846—1921）等于十九世纪七十年代在德国建立起来的。其他如丹麦的维尔纳、汤姆森、法国的亨利（V. Henry），意大利的阿斯戈里和俄国的佛尔图纳托夫等都属于这个学派。瑞士索绪尔起初也很接近于新语法学派，但是后来发展成了一个独立的学派。[1]

新语法学派，起初在德语叫做"青年语法学派"（Junggrammatiker）。"青年语法学派"这个名称只是当勃鲁格曼等人在莱比锡大学教书的时候，因为他们背叛了他们的老师古尔替乌斯，有些人给他们的一个绰号。后来勃鲁格曼欣然接受用来做他们的学派的名称。不过在法国和其他各国都把它叫做"新语法学派"。

二、新语法学派的基本理论

9.2　《形态学研究》发刊词

新语法学派的第一篇最重要的文献就是奥斯脱霍夫和勃鲁格曼于1878年在《形态学研究》第一期上登出的发刊词。这无异是宣告新语法学派成立的一篇宣言。他们在这篇论文里首先说明半世纪以来,一般语言学家所研究的只以印欧系语言为对象,而对于人类语言怎样生存,怎样发展,什么因素在人们的言语活动中起作用,这些因素怎样联合起来影响到语言材料进一步发展和改造,却没有很明确的概念。换句话说,大家所从事的只限于语言的研究,而很少注意到说话者个人方面的研究。其实人类言语的机构有心理的和物理的两方面。语言比较研究的首要任务就是要弄清楚这个机构活动的性质。只有对这个机构活动的组织和形式有更正确的认识才能够知道语言中的一切创新都是由个人产生的,才能够从语言历史中所发现的变化抽象、概括成方法论的原则。言语机构的纯物理方面是语音生理学所要研究的,这种研究在最近的二十年间获得了很大的成就,且自十五年以来就为早期的语言学所利用。但是这种语音生理学的单方面的研究不是没有缺点的,因为它不能使人对在言语活动中由个人说话时所产生的形式上的创新得到一个明确的概念。语音中通常所发生的变化,例如由 nb 变成 mb,由 bn 变成 mn,或由 ar 变成 ra,假如我们只用语音生理学的观点去考察是不能理解的。所以我们还须创立一种科学,拥有丰富的材料去观察心理因素功能的性质,这些因素会影响到无数语音的变化,他们管它叫"类推作用"。为了便利于这种个人心理因素的观察,他们并且要求首先研究活的语言或方言,因为它们比古代的死的语言更易于观察,能够提供更多的材料以便揭露语言发展的规律性。

9.3 语言变化中的两个原则

由于语言有这个两面性,即个人心理的和生理的,因此新语法学派认为在语言的变化中有两个极其重要的原则:(1)语音定律不容许有例外,(2)由类推作用构成新的形式。为什么语音定律不容许有例外呢?因为一切语音的变化都是缓慢的,自发的,奥斯脱霍夫在《语言形式结构中的生理和心理的因素》(Das Physiolgische und Psychologische Moment in der Sprachli chen Formenbiedung,柏林,1879)一书中说:"对说话的人说来是不自觉的，纯粹是机械的"，勃鲁格曼在《论语言学当前的情况》(Zum Heutigen Stand der Sprachwissenschaft，斯特拉斯堡，1888) 中并且指出这些变化起先是"这样的渺小，以致说话的人和听话的人都不觉察其间的差别"。所以"语音定律的活动完全是盲目的，依照自然的盲目需要而进行"。这些都是由语言变化中生理因素引起的结果，因此语音定律就跟物理学里面的定律一样严格，不容许有任何的例外。

可是语音定律虽然很严格，但是在各种语言或方言中我们却常常可以看到一些不合规律的变化，这是什么力量影响到和打乱了这些语音的发展呢？这是他们当时尤其是古尔替乌斯和勃鲁格曼之间争论最激烈的一个问题。依照新语法学派的看法，这里面有两个不同的力量：一种是外在的，一种是内在的。所谓外在的力量就是一种语言向另一种语言或方言借词或由于受了古代的书面语言的影响。一种语言的外来借词常常是经过一度语音的同化的，所以常会使人不觉察它是一个外来的成分，而认为是语音发展中不合规律的变化。例如英语 choose（选择，动词）和 choice（选择，名词）这两个词，表面上看来是不规则的，其实 choice 是向古代法语借来的。其次，古代的书面语言也会给语言的发音以一定的影响。例如法语 legs（遗产）这个词本来写成 lais 或 leis，它是跟动词 laisser（遗下）有关的，后来因为受古代法语拼写的影响变成了 legs。这些都是因为受了外在力量的影响而造成的不规则。

这种外在因素对于语音发展的影响虽然很大，但是还比不上内在的力量更为重要。其中最显著的就是语音变化中的类推作用。

所谓类推作用就是以语言中某些词和形式为标准使另一些词和形式向它们看齐，或构成新词和形式所起的一种变化。例如在由拉丁语发展为古代法语的过程中，依照语音变化的规律，amare（爱，不定式）变成了 amer（非重音的 a 保留着不变），amo（我爱）变成了 aim，amas（你爱）变成了 aimes，amat（他爱）变成了 aime（重音的 a 在 m，n 之前变成了 ai）。这样一来，同一个表示"爱"的词根就有了 am-和 aim-的分别。其后 am-以 aim-为标准而起变化,于是成了现代法语的 aimer,aime,aimes 和 aime。这些都是由于一种内在的力量使然。

这种内在的力量是什么呢?依照新语法学派的解释那就是一种心理的联想。这种心理的联想之所以能够产生,那是因为一个词或形式在说话者的心目中绝大部分都不是孤立的,而是跟其他的词或形式互相联系着的。保罗在他的《语言史原理》(Prinzipien der Sprachgeschichte, 1880) 一书中说:"同一名词的不同的格,同一个动词的不同的时、变位、人称,由同一个词根派生出来的不同的形式都互相联结成一种语音相同且在意义上有亲属关系的力量;其次是一切有同一功能的词,如一切名词,一切形容词,一切动词;其次是一切由不同的词根用相同的后缀构成的派生的形式;其次是有相同功能,如复数、属格、被动态、完成体、假定式、第一人称的形式的不同的词;其次是带有同类屈折形式的词,例如德语中一切与'强'动词相对立的'弱'动词,一切与没有变音相对立的用'变音'构成复数的阳性的名词;有部分相同屈折形式的词也可以结成一组,与距离更远的词相对立;其次,有相同的形式或功能的各种句子也互相联系着"[①]。正因为这样,所以它们在说话者个人的心灵中就容易因联想关系而起一种类推作用。由此可见新语法学派虽要拒绝自然主义学派把语言看做一种机构的"生物学的"观念,而实在没法摆脱他们的影响;他们只是企图把这种语言发展的自然科学的观念和石坦达尔的心理主义的学说结合起来罢了。

三、保罗的个人心理主义

9.4 保罗和语言研究中的历史主义观点

保罗是新语法学派里面的一个理论家。他的《语言史原理》

---

① 参看保罗《语言史原理》,第 2 版,1886 年,第 24 页。

是这一学派的一本非常重要的文献。他在这本书里特别强调语言历史研究的重要性,认为一切语言都是逐渐地、缓慢地发展的,研究语言也同研究其他现象一样应该采取历史的观点,近年来大家研究语言虽已逐渐知道采用历史的观点,但是多只限于一种语言的不同的发展阶段,所以还是很不完备的;语言的科学的研究应该着重于一个词的形式和意义是怎样发展的,这样才是真正的历史的、科学的研究。语言学的任务在于研究语言的历史,所以他的这本《语言史原理》其实就是语言学原理。

9.5 保罗对类推作用的解释

保罗在他这本著作里虽然也说到语言具有心理的和生理的两方面,但是因为他认为类推作用是"最重要的因素",它不仅在语音方面起作用,而且在任何有意义存在的地方都可以看到它的活动,而类推作用是跟说话者个人的心理有关的,因此他要运用史坦达尔《心理学和语言学导论》中的观点去研究语言的发展。这一点,他在另一篇论文中表现得特别清楚,里面有一段话这样说:

> 有一件简单的事实是我们永远不应该忽视的,就是甚至在古代印度日耳曼语未分裂以前许久就已不再有任何词根、词干和后缀,而只有一些现成的词,人们使用时并不想到它们的复合的性质。这些现成的词构成了一个仓库,每个人说话时把他所要使用的提取出来。在那仓库里并没有词干、词尾这样的东西,好让说话的人按照不同的场合构成所需要的形式。他所使用的形式不一定是他曾经听见过和在心里记下来的。这实际上是不可能的。他相反地却能够自己构成名词的格、动词的时等等,这些都是他从来没有听见过或特别注意到的;但是因为没有词干和后缀的组合,所以他可以按照他从他的同伴那里学到的一些现成的组合的模型把它们制造出来。这些现成的组合起初要一个一个去学习,然后逐渐联成一组一组,与语法范畴相适应,但是没有经过特殊的训练

就不可能很清楚地感觉到。这样的组合不但可以大大地帮助人们的记忆,而且使他们有可能制造出其他的组合。这就是我们所说的类推作用。

所以,很显然,每个人说话时都不断地制造类推的形式。"由于记忆的复制"和"利用联想构成新的形式",就是它的两个不可缺少的因素。把语言看做语法和词典所规定的,就是说,把全部可能的词和形式看做具体的东西,而忘记了它只是没有真实性的抽象,那是错误的;实际的语言只存在于个人当中。在科学研究中,假如要了解它的本质和发展,是离不开个人的。要理解每个个别口语形式的存在,我们不要问"它是不是语言中通用的?"或"它是不是跟语法学家所抽绎出来的语言规律相符的?"而是要问,刚才使用它的人是不是在他的记忆里早已有了它,还是他自己第一次把它制造出来的,如果是的话,那么是依照什么类推作用的。比方当一个人使用德语复数 milben(壁虱)的时候,很可能他是从别人学来的,或者他只听见过单数 milbe,但是他知道像 lerche(云雀)、schwalbe(燕子)这样的词的复数是 lerchen 等,于是 milbe-milben 的联系无意中就向他提示了出来。他也可能曾听见过 milben,但是记得很不完备,假如不是在他的心目中和一系列相同的形式联系起来,帮助他把它回忆起来,那么就会把它全部忘掉,所以在每个个别的场合,记忆和创造的幻想究竟占个怎样的份儿,往往就很难确定。[①]

由此可见他完全是着重从个人心理方面去解释语言的发展的。

---

① 这篇文章曾由英国斯维特(Henry Sweet)译出,载于他 1913 年在牛津大学出版的《文集》(Collected Papers),112 页以后;叶斯柏森的《语言的本质、起源和发展》也有转载,见该书第 94—95 页。

四、新语法学派的新发展

9.6 德尔勃吕克标志着新语法学派的新发展

无可否认,新语法学派关于语音定律和类推作用的理论在十九世纪七十年代欧洲的语言学研究中曾起过很大的推动作用,使人对于许多语言学的问题有了比较正确的认识,但是他们的这些理论并不是没有缺点的,在运用上也多只限于语音学方面,很少涉及形态学尤其是造句法方面。这种偏向直到德尔勃吕克才有了一定程度的改变。他在他最后的一本著作《语言研究导论》(Eeinleitung in das Sprachstudum,莱比锡,1908 年,第 5 版)里说:"我不能顺从把语音定律确定为自然界的定律。同化学的或物理学的定律相比,这些历史上的一致显然没有任何相同之点。语言是由人们的行为和动作积成的,所以语音定律不是属于自然界现象规律性的学问,而是属于人们行为规律性的学问,显然是任意的。"① 并且勃鲁格曼的《比较语法纲要》最后一部分造句法是由德尔勃吕克写成的,可见他无论在理论方面或实践方面都比新语法学派的其他诸人迈进了一步。

评注:

[1] 本书作者为《中国大百科全书》所写的新语法学派(青年语法学派)条目中,相关人名已被统一改动,勃鲁格曼、奥斯脱霍夫、德尔勃吕克、雷斯琴、佛尔图纳托夫分别译为:布鲁格曼、奥斯托霍夫、德尔布吕克、莱斯金、福尔图纳托夫。

---

① 见德尔勃吕克《语言研究导论》,莱比锡,1908 年,第 5 版,第 121 页。

第十章 语言学中的心理社会学学派

一、绪　　论

10.1　概说

语言学中的心理社会学学派又称法兰西学派，起初是瑞士索绪尔建立起来的，其后如法国梅耶、房德里耶斯（J. Vendryès）等都属于这个学派。

二、索绪尔的语言学理论

10.2　索绪尔和他的著作

索绪尔的语言学研究生涯，我们在上边说过，开始于他在1878年发表的那篇《论印欧系语元音的原始系统》。在这个时候，他的观点和方法跟新语法学派的很接近，所做的也多只限于印欧系语言的历史比较研究。从1881到1891年他在巴黎的这十年间，因为忙于教学，发表的文章不多，可是当时法国社会学家如涂尔于、达尔德、勒本等的社会学学说对他却发生很大的影响。1891年回日内瓦以后，他起初只在日内瓦大学讲授梵语和印欧系语言学，直到1906年才开始讲授普通语言学，1913年去世。1916年，他的学生巴利和薛施蔼把他的讲稿整理成《普通语言学教程》一书出版，成了他在这方面最重要的著作。1922年，他的学生又把他所发表过的文章编成一个论文集在日内瓦出版，全书约600页，但都比不上他早年的著作重要。

10.3 索绪尔的语言学理论

索绪尔的关于语言学的理论，大家知道，是以涂尔干的社会学学说为基础的，而涂尔干的社会学学说却直接导源于孔德。索绪尔把这些学说运用到语言学中去，造成了他的语言学的理论。

他在《普通语言学教程》中首先把语言现象分成语言（langue）、言语（parole）和言语行为（langage）三种。"整个说来，言语行为是多方面的、纷繁的；它同时跨着几个领域：物理的、生理的和心理的，它属于个人的领域，也属于社会的领域，不容许归入任何人类事实的范畴，因为人们不知道怎样去分解它的整体"①，言语是"言语行为的个人部分"②，"在言语里没有什么是集体的；它的表现是个人的和暂时的"③，"它常常是个人的，并且个人常常就是它的主宰④"；而语言呢，"它是言语行为的社会部分，是个人以外的东西，个人本身不能创造语言，也不能改变语言"⑤。言语是"人的说话的总和，它包括：（a）依赖于说话者意志的个人组合，（b）实现这些组合所必需的同样是与意志有关的发音动作"；而语言却"以每个人脑中所储存的印象的总和的形式在集体中存在着，有点像一部词典一样，印出许多相同的本子分派给每个人使用。所以它是每个人的东西，但是对于大家都是相同的，并且是在储存人的意志以外的"⑥。索绪尔在这书里虽然也谈到言语和语言的互相关系，例如他说："无疑地，这两个对象是紧紧地联系着，并且是互为前提的；要使言语让人家听懂，产生它的效果，就必须有语言；但是要使语言建立起来，也

---

① 见索绪尔《普通语言学教程》，巴黎，1922年，第25页。
② 同上书，第37页。
③ 同上书，第38页。
④ 同上书，第30页。
⑤ 同上书，第31页。
⑥ 同上书，第38页。

必须有言语"①,可是他却主张把它们分开和对立起来,因为"语言和言语有区别,它是我们可以分开来研究的对象"②。"把语言和言语分开来,一下子就把(1)什么是社会的,什么是个人的,(2)什么是主要的,什么是附属的和多少是偶然的分开来了"③。[1]

语言和言语既然都是言语行为的一部分,因此他认为:"言语行为的研究可以分为两部分:一部分是主要的,它以本质上是社会的和离开个人而独立的语言为研究对象,这种研究纯粹是心理的;另一部分是次要的,以言语行为的个人部分,即言语,里面包括发音为对象,它是心理物理的"④。语言的研究之所以是主要的,因为"只有它才是其中确定的一部分,确实是主要的一部分。它是言语机能的社会的产物,同时又是社会集体采用来容许个人实行这种机能所必需的全部规约","只有语言显得能有独立的定义,并且使精神有一个可靠的支点"⑤。它之所以是心理的,是由于"语言是一个表示观念的符号系统"⑥,而"语言符号联系的不是事物和名称,而是概念和声音形象。[2]这后者不是物质的声音,纯粹物理的事物,而是这声音的心理印象。……我们试观察一下我们自己的言语行为就可以看到我们的声音形象的心理性质。我们即使完全不动嘴唇和舌头也可以自言自语,或在心里默念诗篇。所以语言的词对我们说来就是声音印象"⑦。索绪尔既然把语言的研究看做是一种纯粹心理的东西,因此他认为"我们可以想象有一种科学在社会生活中研究符号的生命;它将构成社会心理学的一部分,因而也是普通心理学的一部分;我们把它叫

---

① 见索绪尔《普通语言学教程》,巴黎,1922年,第37页。
② 见索绪尔《普通语言学教程》,巴黎,1923年,第31页。
③ 同上书,第30页。
④ 同上书,第37页。
⑤ 同上书,第25页。
⑥ 同上书,第33页。
⑦ 同上书,第98页。

做'符号学'(sémiologie,来自希腊语 sémeion,'符号')……语言学只是这种普通科学的一部分"。"语言学的确实地位将由心理学家去决定;语言学家的任务只是确定由语言构成全部符号事实中特殊系统的东西①"。由此可见他的全部心理社会学的观点是怎样的。[3]

语言是一种符号系统。一种语言有它的内部要素,也有它的外部要素。索绪尔根据这一点把语言分为内部语言学和外部语言学两部分。外部语言学研究的是语言的历史和人种或文化的历史之间的关系、语言和政治史之间的关系、语言和各种制度(如礼拜堂、学校等)之间的关系、语言和方言之间的关系,总而言之,是跟社会制度和历史条件有关的。内部语言学研究的是语言的机构,语言的系统。索绪尔曾把这两部分的关系譬之于下棋。他说:"假如我把木头的棋子换成象牙的棋子,这种改变对于系统是无关轻重的;但是假如我减少或增加了棋子的数目,那末这种改变就会深深影响到棋法"②。一般地说来,一种语言的发展情况虽不一定要知道,但是"对这种区别给以一定的注意还是必需的"③。总之,"一切在任何程度上改变了系统的都是内部的"④。[4]

由于语言和言语的对立,索绪尔还引到了共时语言学和历时语言学的对立,并且认为"共时的和历时的这两个观点的对立是绝对的,不容许有所妥协"⑤。[5]

什么叫做共时语言学和历时语言学呢?索绪尔在这书里解释说:"有关我们的科学的静态方面的一切是共时的,涉及进化的一切是历时的"⑥。它们也可以叫做静态语言学和进化语言学。但

---

① 见索绪尔《普通语言学教程》,巴黎,1923 年,第 33 页。
② 同上书,第 13 页。
③ 同上。
④ 同上。
⑤ 同上书,第 119 页。
⑥ 同上书,第 117 页。

是为了更好地表明这两种现象的交叉和对立,不如称为共时语言学和历时语言学。这两种语言学的方法和原则都是对立的,重要性也不相等。"共时语言学研究的是联系各同时存在并且构成系统的成分间的逻辑的和心理的关系,这些成分是同一集体意识所感觉到的"①,在说话者的团体说来,它是真正的、唯一的实在物,所以是最重要的;"相反地,历时语言学将研究联系各不为同一的集体意识所感觉到的连续的成分间的关系,这些成分一个代替一个,互相间不构成系统"②,所以是不重要的。语言中一切历时的都只出于言语。在言语中可以找到一切演变的萌芽,起初由某些个人发出,然后成为普遍使用。例如古代德语直到十六世纪还说 ich was(我是,过去时)和 wir waren(我们是,过去时)(参看现代英语还说 I was 和 we were),其后变成了 ich war 和 wir waren,那是因为某些人依照 waren 的形式创造了 war,这就是一种类推作用,而类推作用就是一个言语的事实。[6]因为共时语言学比历时语言学重要,所以索绪尔断言波尔·洛瓦雅耳语法的方法,虽然在运用上不很完备,但是是正确的,因为它究竟企图描写路易十四时代的法语的状态,而不必顾到这种语言在中世纪是怎样的。[7]这样一来,在索绪尔的观念里,整个重心都移到对语言系统的静态分析方面来了。[8]

为了要了解索绪尔所谓语言系统这个概念的本质,我们必须先知道他所用的价值(valeur)这个词的意思。

什么叫做价值呢?索绪尔认为在语言学里和在政治经济学里一样,所谓价值都是指的"两种不同事物间的对等的系统"③;不过在政治经济学里,这两种不同事物是劳动和工资,而在语言学里却是所指和能指。在语言学里,价值和意义(significtion)不同。语言学的价值有它概念的一面,也有它物质的一面。就它的

---

① 见索绪尔《普通语言学教程》,巴黎,1923 年,第 140 页。
② 同上。
③ 同上书,第 145 页。

概念方面说，价值无疑就是意义的一个要素。可是一方面，概念在符号里固然是与声音形象相对立的一面，而另一方面作为联系概念和声音形象这两个要素间的关系的符号也跟语言中的其它符号相对立。"语言既是一个系统，它的一切成分都是互相连结着的。价值的定义既然这样，我们哪能把它跟意义，即与声音形象相对立的一面混为一谈呢"①？所以一个词"成为一个系统的一部分之后，它就不只有一个意义，并且特别是有一个价值"②。例如法语 mouton（羊、羊肉）这个词，它可以有和英语的 sheep（羊）相同的意义，但是没有相同的价值，因为法语的 mouton 可以表示"羊"，也可以表示"羊肉"，而英语的 sheep 却只能表示"羊"而不能表示"羊肉"，要表示"羊肉"就需要用 mutton。所以英语的 sheep 和法语的 mouton 价值不同，因为英语除 sheep 之外还有一个 mutton，而法语的 mouton 并不是这样的。

在同一种语言里，一切意义相近的词也是互相限制着的。例如法语 redouter（恐惧）、craindre（怕）、avoir peur（害怕）这几个同义词，只因为它们互相对立才能各有自己的价值，假如 redouter 这个词不存在，那么它的内容就要由其他的词来分担了。

这个价值的理论可以应用到语言的一切成分。例如在语法方面，法语复数的价值就不能跟梵语复数的相比，因为虽然它们的意义往往是相同的，但是梵语的数有三个而不止两个，遇到要说比方"我的眼睛"、"我的耳朵"、"我的胳膊"、"我的腿"等的时候都要用双数而不是用复数，法语却都要用复数，所以说梵语的复数和法语的复数有相同的价值是不正确的；"它的价值是有赖于它以外和它周围的东西来决定的"③。

关于词形变化的例子，那就更明显了。我们所熟知的时的区分有些语言是缺乏的，例如希伯莱语甚至连像过去、现在和将来

---

① 见索绪尔《普通语言学教程》，巴黎，1923 年，第 159 页。
② 同上书，第 160 页。
③ 同上书，第 161 页。

这样最基本的时也没有。原始日耳曼语没有适当的形式表示将来时；有时大家说它用现在时的形式表示将来时是不正确的，因为日耳曼语的现在时的价值和其它除现在时之外还有将来时的并不完全相同。斯拉夫族语言的动词可以很有规则地分别出完成和未完成两个体：完成体表示一个动作的整体，是在时间上的某一点做出的；未完成体表示正在做某种动作，是在时间上的某一段做出的。法语里没有这种范畴，所以对一个法国人来说就很困难。由此可见一个词不只有它的意义，而且有它的价值。词的意义是由它的内容决定的，而词的价值却是由它与其它相类似的价值的关系决定的，是由语言的系统发出的。[9]

至于语言各种成分的关系，索绪尔认为我们可以把它分成两种：一种是组合关系（rapports syntagmatiques），一种是联想关系（rapports associatifs）。这两种关系相当于我们的心理活动的两个形式，并且产生各种不同的价值。

什么叫做组合关系呢？因为当我们说话的时候，各个词或各个要素总是连续地发出的。这样，它们之间就发生一种关系。这种结合，我们管它叫组合单位（syntagme）。一个组合单位总是由两个或几个相连续的单位构成的，其中可能是词素，可能是词，可能是词组，可能是句子，也可能是分句。一个成分在一个组合单位里要跟它前一个、或后一个、或前后两个成分相对立才能有它的价值。例如法语 contre-maitre（监工）这个词，它一方面跟 contre（反对）相对立，另一方面又跟 maitre（主人）相对立。

什么叫联想关系呢？因为在我们的说话里，每个词或每个要素在说话者的记忆里总是跟某些跟它有共同点的东西联系着的。这样，它们之间就发生各种关系。例如法语 enseignement（教育）这个词，在说话者的脑子里和它相联系的可以有 enseigner（教育，动词），renseigner（报告）等等，可以有 armement（装备），changement（变化）等等，也可以有 éducation（教育）、apprentissage（见习）等等。这种不是在前后相继的环境中出现，而只在说话者的记忆中出现的联系就叫做联想关系。

索绪尔认为在整个语言的机构中，不外是这两种关系的运用。传统的语法学把语法分成形态学和造句法两部分，其实这两部分和词汇的界限是很难划分清楚的，所以他主张把它们归入组合关系和联想关系里去，形成一种新的语法体系。[10]

　　由上面所说的我们可以看到，索绪尔关于语言学的理论主要是从心理学的观点，特别是社会心理学的观点方面建立起来的。其中虽然也提出了许多有关语言学的新问题，揭露了一系列有关语言研究的重要方向，使人对于语言的特点得到进一步的更深刻的了解，但是同时也存在着不少的内部矛盾和缺点，特别是他那种反历史主义的倾向和把语言看做一种纯粹关系系统的观念是很难令人满意的。[11]

评注：

　　[1] 本书在这里比较详细地介绍了索绪尔语言和言语的理论。遗憾的是没有提到语言的语言学和言语的语言学。索绪尔区分语言和言语的最终目的是为了区分语言的语言学和言语的语言学。

　　[2] 语言符号是音义关系而不是用名称给事物命名的关系。音义关系是任意性的根本关系而具体民族用什么名称给事物命名则是理据性的问题，二者不应该混淆。索绪尔提出任意性的概念并认为它是普通语言学的基石。任意性在索绪尔书里是一个复杂的概念，试列图如下（参看《普通语言学教程》，高名凯译，岑麒祥、叶蜚声校，商务印书馆，1996）：

任意性的符号音义"内涵"	任意性的符号音义"外延"	
1. 能指和所指的联系是任意的（从个别与不同语言上证明）(p.102)	1. 任意与强制，个人不能随意改变 (p.104)（通俗地叫做"强制的牌"）(p.107)	
2. （符号）是不可论证的 (p.104)（音义）没有任何自然联系 (p.104)	2. 不变与可变性 (p.107)	→"表层"
3. 集体习惯、（习俗）约定俗成 (p.103)	3. 绝对任意与相对任意只有一部分符号是前者，后者主要在句段与联想关系上 (p.181)	
4. 没有内在关系 (p.103)	4. 任意性与传统性 任意性只承认传统，传统才有任意 (p.111)	→"深层"

现在有人在批评任意性时没有从索绪尔的综合性论点出发，有人用理据性或象似性批评任意性也没有看准对象。

[3] 无论是心理社会学，还是社会心理学，都说明索绪尔的学说既注意到语言的心理属性，也注意到语言的社会属性，这为后来"两线"上的各大学派都准备了丰富的理论资源。

[4] 内部要素和外部要素，内部语言学和外部语言学是索绪尔分出的一对语言学领域，他在当时强调前者也是必要的。

[5] 共时与历时是索绪尔所说的"第二个交叉路"，索绪尔在当时强调研究前者仍然是必要的，但不能认为他完全排斥历时，他的著作有近三分之一的篇幅讨论了历时语言学。语言学的发展常常像波浪、像钟摆：历史语言学强调历时；结构主义和形式语言学强调共时；社会语言学和现在的语法化、词汇化则强调泛时和历时，所以有没有泛时语言学是可以讨论的。

[6] 在语言和言语这一对概念中，个人的言语是语言起源、变化、发展的源泉，我们可以从言语中找到根子和萌芽。可见言语在语言研究中的重要性和言语的语言学的重要性。

[7] 波尔洛瓦雅的共时理论在索绪尔看来是正确的。本书在前面对他们的批评有过分之处。

[8] 静态语言学在当时是必要的，我们不能因为现在强调语言的动态研究而全盘否定索绪尔的静态语言学思想。

[9] 价值理论和系统关系理论是紧密相联的。正如索绪尔所说，价值理论"可以应用到语言的一切成分"。用钱币作例子，价值有两个特征：一是不同系统的交换价值；二是同一系统的相互关系价值。

[10] 用这两种关系代替传统的语法关系固然不完全可能，但它们存在于一切语言当中是谁也否定不了的。

[11] 索绪尔是现代语言学之父，他的学生在他死后编纂的教程尽管有这样那样的缺点与矛盾，但仍不愧为现代语言学最经典的著作。如果用最简单的话概括他全部的语言学思想，那就是"一、二、三"，即"一条红线、两个分叉路、三对语言学"。所谓"一"是指"一条红线"："语言现象总有两个方面，这两个方面是互相对应的，而且其中一个要有另一个才能有它的价值。"贯穿索绪尔语言学思想的就是二分法这一条红线；所谓"两个分叉路"，就是语言和言语、共时和历时；所谓"三对语言学"就是语言的语言学和言语的语言学、内部语言学和外部语言学、共时语言学和历时语言学。一是灵魂，二、三都应受其统帅。当然，在当时他主要根据时代的要

求,着重强调语言的、共时的、内部的语言学,但不能认为他永远排斥后三种语言学。此外,他在前三种语言学里又阐述了语言系统的符号理论、任意性理论、组合与聚合理论、价值理论等一系列重要的普通语言学理论。在他不朽的著作中唯独缺乏言语的语言学,这是他和他的学生们感到遗憾的地方。我们今天学习这部著作时应该既有历史主义观点又要有唯物辨证发展的观点,汲取其合理内核发展语言学理论(参见岑运强《言语的语言学导论》,北京大学出版社,2006,315页)。

三、梅耶和房德里耶斯的心理社会学观点

10.4 梅耶和他的著作

梅耶是印欧系语言的实际研究者。他一生的著作,据统计共有24本书和540篇论文,其中绝大部分都是跟印欧系的各种语言有关的,里面包括古代语言、现代语言、斯拉夫族语言、日耳曼族语言以至印欧系方言等等。除此之外,他也发表过一些有关语言学的方法和原理的论文,一部分已收入他那两本《历史语言学和普通语言学》论文集。1924年,他应挪威比较文化研究所的邀请到奥斯陆去作学术演讲,后来将讲稿整理成《历史语言学中的比较方法》①一书出版,这是讲历史比较法的一本很精练的书。[1] 此外,《印欧系语言比较研究导论》第一章讲方法的那一部分,对于了解梅耶关于语言学的观念也很有帮助。

10.5 梅耶的语言学理论

梅耶的语言学理论,无疑是以索绪尔的学说为基础加以发挥和调整而成的。这一点他于《历史语言学和普通语言学》第一册的序言里说得很清楚。他说:

> 每个世纪都有它的哲学的语法。中世纪曾试图在逻辑的

---

① 该书已有中译本,岑麒祥译,科学出版社1956年出版。

基础上建立语法,直到十八世纪,普通语法只是逻辑的延长。十九世纪把自文艺复兴以来在物理科学和自然科学里所用的观察事实的方法扩展到了心理事实和社会事实,以致每种语言的语法被表现成许多事实的总和。可是直到现在,这些事实差不多还没有整理。索绪尔的《普通语言学教程》笔记曾向我们指出了怎样去着手整理。但是要用语言本身的观点去整理语言事实还剩下一个很大的工程。

这个集子的目的就是要表明语言的演变在遵从一切语言普遍情况所决定的某些一般规则的同时,是跟文化的事实和使用这些语言的社会的状态联系着的。①

梅耶也和索绪尔一样把语言看做一种"社会事实",一种社会的产物。任何语言都是常常起变化的。十九世纪的语言学家已就语言的变化归纳成三个解释的原则,即"语音定律"、"类推作用"和"借贷"。这三个原则运用于不同时间和不同地点的各种语言,经验已经证明是正确的。这对以前一般语言的研究说来,不能不算是一个很大的变革。

这三个原则随着语文学、生理学、心理学、语言地理学和事物本身研究的进步日益精确和丰富了起来,但是一切历史的方法都有一个主要的缺点,就是只能解释一些特殊的事实,达到一些特殊的结论。这些解释也许都是正确的,但是不能构成一个系统,也将永远不能构成一个系统。语言历史的构拟在语言学的发展过程中有一个时期曾经是主要的;但是"历史对语言学说来只能是手段,而不是目的"②。

那么梅耶所祈求的是什么呢?

他认为,对于语言的演变,我们要考虑到它所从属的整个的发展才能算是有意义的。只试图解释一个细节而不考虑到那语言的整个系统永远是不正当的。因此他要确定的不是像"语音定

---

① 见梅耶《历史语言学和普通语言学》,巴黎,1948年,第8页。
② 同上书,第7页。

律"或类推的公式这些历史的规律，而是不仅适用于某一时期的语言的发展，而且适用于一切时期的语言的发展，不仅限于某一种语言，而且可以同样适用于一切语言的一般规律。这些不是生理学的规律，也不是心理学的规律，而是语言学的规律。一般规律的研究，无论是属于形态方面的，还是属于语音方面的，今后都应该是语言学的主要目标之一。它们将超出某些语系的范围，而可以应用于全人类的语言。

可是任何一般的历史规律都有一个缺点，就是它们只能表明一些可能性，而不能表明任何必然性。它们不能使人类预见到任何将来的进展，所以是不完备的。有些什么可变的条件允许和促使这些可能性变为现实还有待于进一步去发现。这可变的要素显然不能在生理器官的结构或这些器官的作用里去找到，也不能在心理的作用里去找到。唯一的要素是，它的情况足以引起永久的变化的（有时是突然的，有时是缓慢的，但常常是不断的），只有社会的结构。因为语言是一种有自主性的制度，所以要用一个纯语言学的观点去确定它发展的一般条件，这是普通语言学的目的；但是因为语言也是一种社会制度，语言学就是一种社会科学，唯一可变的要素，可以用来了解语言的变化的只有社会的变化。语言的变异不过是社会变化的结果（有时是立刻的，直接的，但常常不是立刻的，并且是间接的）。唯一能够改变语言存在的条件的只有社会结构的变化。所以他要确定某种语言结构和怎样的社会结构相当，社会结构的变化怎样在语言结构的变化中反映出来；也就是说，要认识语言发展和其他社会事实间的关系，确定语言变化的原因。

在各种语言事实当中，大家对社会原因的作用认识得最确实和决定得最确切的是词的意义的变化。梅耶在一篇论文《词怎样改变意义》里特别讨论了这个问题。他认为词的意义之所以能起变化有两个先决条件：一个是语言传授的非继续的性质，就是说，儿童学说话的时候不是把一套现成的语言原封不动地接受过来，而是要把他所听到的加以改造以求适合于他的使用，所以常

第十章 语言学中的心理社会学学派

会使某些词的意义发生变化；一个是某些词的孤立，就是说一个词在结构方面常常是跟许多其他的词联系着的，假如其中有些在形式上或使用上发生了变化，那么这个词就被孤立起来，因而影响到它的意义的改变。可是这些都只是一些必要的条件，光有这些条件是不够的。可以用来解释词义变化的一般原因可以归纳成三个类型：一个是因为一个词在某些句子的结构里有特殊的作用而引起的，例如法语的 rien 本来是"某些东西"的意思，因为它在句子里常常跟否定词 ne 一起使用，后来竟变成了"没有东西"的意思，这一类型的变化是非常少的。一个是因为词所表示的事物改变了而引起的，例如法语的 père 和 mère 是由拉丁语的 pater 和 mater 直接变来的，原来只有表示社会关系的"父亲"和"母亲"的意思，而没有表示生物关系的"男生育者"和"女生育者"的意思，表示"男生育者"和"女生育者"拉丁语另有两个词，即 genitor 和 genetrix。后来因为社会结构改变了，古代的家长制度已经消失，于是 père 和 mère 所表示的主要就是生物关系的意义，所以在通俗法语里其他动物也可以用 père 和 mère 来表示它是公的还是母的。拉丁语的 sponsa 是"答应"的意思，后来变成了法语的 épouse 却有"妻子"的意思，因为从前一个男子娶一个女子做老婆是要得到她的父亲的"答应"的。有些词由于"禁忌"也可以使得它的意义发生变化，例如法国人因为"妓女"这个词不好听，常常用 garce 和 fille（女孩子）去代替，于是这个词的意义就起了变化。这些都是由于社会的原因；词义的发展反映着社会结构和家庭结构的变化。另一个是因为一个社会的成员分成了不同的阶级和集团而引起的。一个词，它的使用范围由广而变狭，它的意义就会缩小；由狭而变广，它的意义就会扩大。同一个社会里，语音和语法基本上是一致的，但是词汇却常常起变化。每一个阶级，每一个职业，以至每一个集体都有它的特殊的词语，这些特殊的词语和普通话的词语之间常常互相交流，因此它们的意义就常常起变化。归根到底，梅耶认为语言发展的基本原因有两个：一个是心理的，一个是社会的。

10.6 房德里耶斯和他的语言学理论

房德里耶斯是梅耶的学生，精于欧洲古代语言和克勒特语，长期担任巴黎大学文学院的语言学教授。他的语言学观念主要见于他的巨著《语言》(Langage)。[2]

房德里耶斯的语言学的理论都是就索绪尔和梅耶的心理社会学学说加以系统化而成的，如语言是"社会事实"；语言符号是任意的；语音的新构成由个人产生复因全社会的需要而变成普遍；某一民族的文化发展和它的语言的语法范畴之间没有任何联系，因此不能确立语言和种族之间的关系；语法范畴由社会产生并且是由人们生活的社会条件规定的；类推作用使不规则的语法形式归于一致，并且促使语言的形态简单化；词的命运主要决定于社会因素，因此在词义的变化中不要过高估计语音的作用；在语言的发展中存在着两种力量的斗争，一种使语言趋于分化，一种使语言趋于统一；在两种语言的敌对中，语言的"威信"起着重大的作用；语言的混合是促使语言发展的重要因素，但是外来成分不足以改变语言的本质；要了解某种语言必须研究它的现状等等。另一方面，他也按照这一学派的精神讨论了许多有关语言学的新问题，其中包括表情语言、语言和思维的关系和所谓"外部语言学"中的许多问题，如语言和语言间的关系，共同语的形成及其与方言和"特别语"（行业语、宗教语、黑话等）的关系等等。房德里耶斯的这本书对于我国的语言学界曾发生过很大的影响，例如他认为每个句子包含有意义单位(sémantème)和形态单位(morphème)两种成分：意义单位是表示概念的，形态单位却表示概念间的关系，其中包括词形变化（外部的和内部的）、重音、声调、零形态、词序、辅助词（前置词、冠词等等）。这种对于形态单位的理解被介绍到我国来后，有些人为了要把词的形态和其他的"形态单位"区别开来，于是造出了"广义的形态"这个术语。其实形态单位是就形态学来说的，在一个词以外的各种成分，虽有表示语法意义的功用，我们也不应该把它叫做形态单位。

四、总　　结

10.7　心理社会学学派的理论基础及其来由

整个说来，心理社会学学派的理论是与法国社会学家涂尔干关于社会、社会发展、社会分化、民族与部族和原始社会的性质等方面的理解为基础的。例如索绪尔、梅耶和房德里耶斯都把语言说成是一种"社会事实"。什么叫做"社会事实"呢？他们对于这个名词就是根据涂尔干的理论去理解的。涂尔干曾说过："集体生活……是由表象（représentations）构成的"[①]，社会就是"观念的总体"[②]，社会学就是"关于集体心理的一切"，"集体心理学就是全部社会学"。根据这种理论去理解，因此在他们的心目中，所谓"社会事实"其实就是一种心理现象——表象，而语言学就是"社会心理学的一部分"，语言的研究"纯粹是心理的"了。

在涂尔干的理论中，表象分成两个基本的范畴：一个是以社会集团成员的特别意识为基础的"个人表象"，一个是与之相对立的"集体的表象"。关于这一点，当时涂尔干和塔尔德曾有过很激烈的争论。索绪尔认为言语是个人的，语言是社会的，并且把它们对立起来是根据涂尔干的学说的；可是他在强调语言的重要性的同时又对言语作了若干让步，那却是根据塔尔德的理论的。

无可否认，这一学派的诸语言学家，由于他们对于各种语言广泛的认识和语言研究的辛勤劳动，并且继承了语言学里面一些优良的传统，他们的著作中确有许多很高明的见解，也提出了一些新的问题，其中有不少是很有价值的；可是因为他们对于语言

---

① 见涂尔干《社会学和哲学》论文集，巴黎，1924年，第2页。
② 同上书，第47页。

和社会、语言和认识、语言的发展和社会的发展等之间的关系没有正确的认识,所以也不免有许多互相矛盾的地方。

评注:

[1] 这本书是本书作者于上世纪 50 年代翻译的,该书是对历史语言学的一次科学的总结。全书分为四部分。第一部分总结与确定历史比较法一般方法论原则。指出任何方法都有自己的客观根据。历史比较法的客观根据是语言符号音义结合的任意性和亲属语言之间的语音对应的规律性,如果以任意性为基础的语音符号之间出现有规律的语音对应关系,那么可以肯定,这决非偶然,而是同源成分的分化。当然,只有从形态、语音、词汇这三方面得到证明,才可以确定语言的同源关系。第二部分讨论方言研究、语言间的相互影响与语言史研究的关系,在谱系说与波浪说的对立中分析它们的内在联系。第三部分从系统的高度讨论语言历时演变的普遍现象。第四部分探讨新的精密研究的必要性(参看《西方语言学名著选读》,胡明扬主编,1988,167—182 页)。

[2] 房德里耶斯是本书作者在法国留学的业师。他与柯恩是法兰西学派第二代传人(梅耶等人是第一代;班维尼斯特、马丁内是第三代),房氏与梅氏都是索绪尔的学生,但他们不像巴利、薛施蔼的日内瓦学派那样严格区分语言和言语,偏重语言静态研究。房氏的代表作《语言》"文革"前已由本书作者岑麒祥和叶蜚声译出,直到 1992 年才由商务印书馆出版。译者在翻译时没有严格按照言语活动(或言语行为)、语言、言语的术语翻译,而是用"人类语言"和"具体语言"的译法翻译 langage 和 langue(见上书 8 页)。房氏在书中继承索绪尔语言是符号系统,既是心理的又是社会的思想;语言既是交际工具又是思维的工具;一定社会集体的语言和种族无关,也不是表现民族精神的行为。有多少集体就有多少种语言。社会既有阶级语言又有共同语;语言既有分化趋势又有统一趋势;语言既有静态又有动态;语言即有历时态又有共时态;语言具有语音、词汇、语法三要素;句子的语言成分有义素和形素;他提出"万花筒"的理论,要素组合可以千变万化,语言发展是通过现有要素的改变,而不是通过创造;支配词义变化的是引起多义现象的种种用法的任意性等等(参看《西方语言学名著选读》,胡明扬主编,1988,265—281 页)。

第十一章 语言学中的结构主义及其主要派别

一、绪 论

11.1 概说

语言学中的结构主义是由索绪尔的关于语言系统的理论发展出来的,现在分成了三个学派,即布拉格学派、哥本哈根学派和美国学派。

依照索绪尔的学说,语言的特点不是由声音和意义构成的,而是声音和意义间的关系组成的。这些声音和意义间的关系的各种联系就是语言的系统,因此语言学的主要对象应该就是这些关系的各种联系。这关系的概念最先被特鲁别茨科依(Н. С. Трубецкой,1890—1938)采用来运用于语音的研究,其后发展成了音位学。这音位学的经验跟着扩展到语言的其它方面的研究,结果形成了结构语言学。结构语言学是以语言的结构为研究对象的,所谓的"结构"其实就是索绪尔的"系统"。

11.2 结构语言学及其主要派别的历史[1]

结构语言学的急速发展是从1929年开始的。1926年,特鲁别茨科依和捷克的语言学家马德修斯(V. Mathesius)、特尔纳卡(B. Trnka)、雅各布孙(R. Jakobson)等在布拉格成立布拉格语言学学会(Cerele Linguistique de Prague),从事音位学、文学语言和语言修养等的研究。1928年,语言学家第一次国际会议在海牙开会,他们在会议上积极活动,提出了特鲁别茨科依和雅各布孙的好几篇有关音位学的著作，被称为布拉格音位学学派。1929年，《布拉格语言学学会会报》(Travaux du Cerele Linguistique de Prague) 出版，奠定了布拉格结构主义的基础。这个刊物自 1929 年到 1939 年共出了七期，里面所载的论文，如第一期的《纲目》(Thèses) 和特鲁别茨科依的《论音位学上元音系统的一般理论》(Zur Allgemeinen Theorie der Phonologishen Vokalsysteme)，第四期雅各布孙的《历史音位学原理》(Prinzipien der Historischen Phonologie) 和第七期特鲁别茨科依的《音位学纲要》 (Grundzüge der Phonologie) 等都是其中很重要的文献。

结构主义的另一个活动中心是在丹麦首都哥本哈根语言学学会。他们于 1939 年出版《语言学学报》(Acta Linguistica) 作为结构语言学的国际评论，第 1 卷第 1 分册里载有布龙达尔 (V. Bröndal) 的《结构语言学》 (Linguistique Structrurale) 一文。这就是他们的纲领。这个学会其后由叶尔姆斯列夫 (L. Hjelmsev) 领导，他的主要著作有《普通语法原理》(1928)，《语言理论纲要》① (1943) 和《语言学中的结构分析法》(载《语言学学报》第 6 卷，第 2—3 分册，1950—1951) 等，都是这一学派的代表著作。

美国的结构主义语言学又叫做"描写"语言学。"描写"语言学本来是波亚士 (F. Boas) 等在调查研究美洲印第安人语言的实践中建立和发展起来的，其后他们还采用这种方法去研究英语和其它印欧系语言以及土耳其语、闪族语等等。布龙菲尔德和派克 (K. Pike) 等并且企图把它运用于教学方面去。后来他们发现这种方法跟叶尔姆斯列夫的学说有许多共同的地方，于是把它们结合了起来。他们首先把这种方法运用于语言的语音系统方面，然后推广到形态学和造句法方面，专门去研究语言的各种结构，

---

① 原名 Omkring Sprogtheoriens Grundlæggelse, 1943 年在哥本哈根出版，英译名 Prolegomena to a Theory of Language, 1953 年在美国巴尔替摩尔印出，作为《美国语言学国际学报》第 19 卷，第 1 期的副刊第 7 种。这是叶尔姆斯列夫最有代表性的一本著作。

认为在这些结构中意义和概念没有任何联系,企图从此建立一种适合于一切语言的普遍范畴。可是在研究实践过程中,他们认识到语言的意义方面究竟是不能置于研究之外的,"哲学侵入语言"是必要的,于是要把语言的这些因素和逻辑范畴联系起来,于语言学之外创立一种所谓"后语言学"(metalinguistics)①,认为语言学是研究语言的结构的,而"后语言学"却是研究语言的意义方面的。近年来许多美国的语言学家都有这个想法。②

二、结构语言学的基本原理

11.3 结构语言学的基本原理和索绪尔的语言学原理

这三个学派有它们的共同的地方,也有它们相异的地方。共同的地方是在于它们都是以索绪尔的关于语言系统的理论为基础的。我们在上边说过:索绪尔认为语言的符号有它的"能指"一面,也有它的"所指"一面。例如汉语"马"这个词,它的声音 [ma] 就是"能指",它的意义"马"就是"所指"。语言单位的机能可以用这样一个基本的原则表示出来,即:不同的"能指"应与不同的"所指"相当,也就是索绪尔所说的:"语言的系统就是一系列声音上的差异和与它结合在一起的一系列意义上的差异……语言组织的特点就是要在这两系列的差异之间保持平行"③。索绪尔指出在这一点上,有些历时的事实是很可以作为特征的。许多事例表明"能指"的改变常会引起意义上的改变,有

---

① 现通常译为"元语言学",以区分在语言分析中语言学家所观察的语言(即目的语)和语言学家用以观察的语言。

② 特雷格(Trager)等人主张把语言学分为三部分:(1)研究语音的叫做前语言学(prelinguistics),研究语法的叫做语言学(linguistics),研究词汇的叫做后语言学(metalinguistics)。后来又有人主张用后语言学专指解释语言的语言。

③ 见索绪尔《普通语言学教程》,第 166--167 页。

区别的意义上的数目在原则上常与有区别的符号的数目相当。假如两个词由于语音的变化混同了起来［例如法语 décrépit（衰老）＝拉丁语 dēcrepitus；décrépi（驳落）由 crépus（涂抹）构成］，那么它们的意义也将有混同的倾向［现在许多法国人都把 un mur décrép（一道驳落的墙）的 décrépi 和 un home décrépit（一个衰老的人）的 décrépit 联系起来；其实就语源上讲，这两个词毫无关系］。反过来，一个词变成了两个词［例如法语的 chaise（椅子）和 chaire（讲座）］，它的意义也会起分化。"一切心里感觉到的意义上的差异都会用不同的'能指'表示出来；两个意义在心里没有区别了也会用一个相同的'能指'混同起来"①。这个原则是跟语言学中的一致和差异直接有关的。"差异不过是一致的反面，整个语言的机构都在一致和差异上面打滚，所以人们到处都碰到这一致的问题"②。

叶尔姆斯列夫在《语言理论纲要》里管这原则叫接换原则（principle of commutation）。接换原则和一致的问题有着密切的联系。

例如我们上边所举的例子，法语的 mouton（羊，羊肉）和英语的 sheep（羊）和 mutton（羊肉）相当，这就是说，法语的 mouton 可以作英语的 sheep 解，也可以作英语的 mutton 解。可是作英语的 sheep 解也好，作英语的 mutton 解也好，法语的 mouton 都不是不同的词，而只是一个词。为什么呢？因为在法语里，这个意义上的差异并不与任何声音上的差异相当，在任何情况下它都只有一个相同的"能指"［mutõ］，可是在英语里，sheep 和 mutton 却是不同的词，因为不同的意义有着不同的"能指"。所以按接换的原则说，"羊"和"羊肉"这两个意义在英语里成了两个不同的语言单位，而在法语里却只是一个相同的语言单位。

在语法方面也有这同样的情形。例如俄语的 жена（妻子）这个词的词尾 -a 在某种情况下有主格的意义，在另一种情况下有

---

① 见索绪尔《普通语言学教程》，第 166—167 页。
② 同上书，第 151 页。

呼格的意义。可是有主格的意义也好，有呼格的意义也好，它都不是不同的形态单位，而只是一个形态单位，因为在任何情况下它都只有一个相同的"能指"-a，而没有与语法意义上的差异相当的语音上的差异，可是在波兰语里就不是这样。在这种语言里，与俄语 жена 的主格相当的有一个 żona，与呼格相当的有一个 żono，所以按接换的原则说，俄语主格的意义和呼格的意义用相同的形态单位-a，而在波兰语里却用不同的形态单位-a 和-o。

由此可见就语言单位的一致问题来加以分析可以使我们得到这样一个结论，即：语言单位的意义，就它的本质来看，即用语义学的观点来看，对语言来说是外在的东西。例如"羊"和"羊肉"这两个意义，就它们的本身来看，其间的差异对世界上一切语言说来应该都是同样重要的，所以这些意义的本身不能看做这种语言或那种语言的特别要素。可是就符号学的观点来看，即就接换原则的观点来看，情形就根本改变了。就接换原则的观点来看，"羊"和"羊肉"这两个意义间的差异，对比方英语来说是重要的，而对法语却是不重要的；主格与呼格这两个意义的差异，对波兰语是重要的，而对俄语却是不重要的。问题的本质在于：语言单位的意义只有成为互相关系的要素时才能算是某种语言的特别要素。可以作为某种语言的特别要素的意义是不能在逻辑上预先规定的，用索绪尔的话来说，"那是纯粹有区别的，不是按它们的内容来肯定地确定，而是按它们与系统中其他成分的关系来否定地确定。它们最确实的特点就在于它们与其他成分有所不同"[①]。所以语言单位的意义具有两个方面：语义学方面和语言学方面，这两个方面是不能混为一谈的。

以上是就词汇和语法方面来说的。此外，这一致的问题也可以应用于语音方面。每种语言都有它的语音系统，在每种语言的语音系统中都有一定数目的语音。这些语音若用物理学的观点来看，都应该算是不同的声音，例如辅音 [k] 和 [g]，元音 [ɛ]

---

① 见索绪尔《普通语言学教程》，第 162 页。

和［e］等等。可是同一些语音，比方［k］和［g］，在某一种语言里（比方俄语）可以算是不同的声音，在另一种语言里（比方荷兰语），其中一个却只能算是另一个的变体；同样，［ɛ］和［e］在法语里可以算是两个不同的声音，在俄语里，其中一个只能算是另一个的变体。这是什么原故呢？显然不能就物理学的观点来加以解释，因为就物理学的观点来看，它们确实是四个不同的声音，各有各的不同特征。我们之所以说［k］和［g］在俄语里是不同的声音，那是因为在俄语的某些词里，例如колос（穗）和голос（声音），这两个声音是互相对立的，表示着不同的意义①；可是在荷兰语里，［g］只能出现在浊辅音之前，如 zakdoek（手绢）之念为［zagduk］，［k］可以出现在任何语音之前，因此这两个语音之所以不同，那是由它们的位置来决定的，这些声音上的差异没有语言单位的意义上的差异与之配合，所以［g］只能算是［k］的变体。同样，我们说［ɛ］和［e］在法语里是两个不同的声音，在俄语里不是两个不同的声音，其中一个只能算是另一个的变体，那也是因为在法语的某些词，例如 dais［dɛ］（天遮）和 dé［de］（骰子）里，这两个声音的差异表现着语言单位的意义上的差异，而在俄语里却没有这种情况。哪些声音可以算是某种语言的特别要素，那也是依照接换原则看它们是不是相互关系的要素来决定的。由此可见语言的声音也具有两个方面：物理学方面和语言学方面。这两个方面也是不能混为一谈的。索绪尔说："可以作为它们的特征的，不是如大家所相信的它们所固有的肯定的性质，却只因为它们之间是不能混同的。"②

所以无论从语言的意义方面说，还是从声音方面说，它们的差异都具有两个方面：语言学方面和非语言学（物理学）方面。意义和声音本身对语言来说都是外在的东西，只有它们的语言学方面，即作为相互关系的要素，才是属于语言的。把语言的意义和声音互

---

① 应该说是构成表示不同意义的词的形式。
② 见索绪尔《普通语言学教程》，第 164 页。

相对立作为它们本身的相互关系的要素就是索绪尔所说的"价值"。

这"关系"的概念在索绪尔看来是非常重要的。他说:"在一种语言的状态中,一切都建立在关系的基础上"①。语言学的真正的对象不应当是声音和意义本身,而是声音和意义间关系的各种联系。

传统的语音学只研究语音的物理学方面和生理学方面,为了要研究作为相互关系的要素的语音,即"音位",于是产生了一种新的学科"音位学"。音位学是语言学的一个专门学科,从事研究语言的音位;语音学对音位学来说只处于辅助的地位。

传统的语法把语言单位的语言学方面和语义学方面混淆起来,需要加以改造,使从事于研究它的真正对象——语言单位意义的语言学方面,即作为互相关系要素的语言单位的意义。这种语法叫做结构语法,它是以语言单位意义的语言学方面为研究对象的,与研究语言单位意义的语义学方面的语义学不同。对结构语法来说,语义学是一种辅助学科,正如语音学是音位学的辅助学科一样。

音位学和结构语法就是以语言的声音间或意义间关系的各种联系为研究对象的两个部门。因为语言的声音间和意义间关系的各种联系都叫做"语言结构",所以研究这些"语言结构"的理论就叫做结构语言学。

结构语言学也像索绪尔一样不赞成把语法分为形态学和造句法两个部门,而要代之以组合关系理论和聚合关系(rapports paradigmatiques)理论②;所谓聚合关系实际上就是索绪尔的联想关系③。总而言之,音位学和结构语法就是结构语言学的两个主要部门,而语音学和语义学只是它们的辅助学科。

---

① 见索绪尔《普通语言学教程》,第170页。
② 参看叶尔姆斯列夫《形态单位理论试探》(Essai de une Théorie des Morphémes),载《语言学家第四次国际会议记事录》(Actes du Guatrième Congrès International de Linguistes),哥本哈根,1938年,第140页。
③ 叶尔姆斯列夫之所以把索绪尔的"联想关系"改为"聚合关系",是因为他认为"联想"这个词带有太浓厚的心理学色彩。

三、结构语言学的方法论原则

11.4 结构语言学方法论的三个原则

至于方法方面,结构语言学反对传统语言学中所习用的归纳法,认为那是一种已经过了时的东西,在理论上会引起许多严重的甚至是无可克服的困难,而主张用演绎分析法。[2]关于这一点,本来布龙达尔在他的《结构语言学》一文中已经有过一些原则上的说明。近来有些结构语言学家如库里洛维茨(J. Kurylowicz)、马迪内(A. Martinet)①等更把它归纳成了同类性、一贯性和统一性等三个原则。

同类性原则,就是说,我们用一些事实解释另一些事实,这些事实就理论的对象方面看必须是同类性质的;在这理论的范围内不能用它的对象以外的事实来作科学的解释。库里洛维茨在他的著作《辅音变化的意义》中就运用这个原则去解释阿美尼亚语和日耳曼族语言中关于辅音变化原因的问题。他认为有些人要根据古印欧人的发音基础和前日耳曼族底层的发音基础间所发生的差异去解释阿美尼亚语和日耳曼族语辅音变化的原因,所得结论无论是否正确,是不会引起语言学家的兴趣的,因为这只是生理学的事实和与它有关的底层论的事实,而不是语言的事实。音位学的对象既是要把语音当做相互关系的要素去加以研究,就不能拿这些对音位学的对象来说是非同类性质的事实来做解释。就音位学的观点看,阿美尼亚语和日耳曼族语辅音变化的真正原因是在于它们的清浊塞音的对立如 [p]-[b]、[t]-[d]、[k]-[g] 等在 [s] 之后变成了中和化,结果扩大了浊塞音的使用范

---

① 参看库里洛维茨的《辅音变化的意义》(Le sens des Mutations Consonantiques),载《语言》(Lingua 杂志,第Ⅰ卷,第一期,哈尔勒姆,1948)和马迪内的《音位学是功能语言学》 (Phonology as Functional Phonetics, London, 1950)等。

围，也相应地缩小了清塞音的使用范围。在阿美尼亚语和日耳曼族语里，这种清浊音的对立是一种所谓的"否定对立"，就是说，其中一个成分是有肯定的区别特征的，而另一个却有否定的区别特征。在这种对立中，音位的使用范围越小，它的内容越丰富；使用范围越大，它的内容越贫乏。所谓内容是就它的区别特征的总和来说的，所以有肯定的区别特征的音位，它的内容就比有否定的区别特征更丰富。在阿美尼亚语和日耳曼族语的辅音未发生变化以前，浊塞音的使用范围不及清塞音的大，所以浊音性是肯定的区别特征，而清音性是否定的区别特征。可是等到清浊塞音的对立在［s］之后变成了中和化，于是浊塞音的使用范围扩大了，而清塞音的使用范围反而缩小了。这样一来，有肯定的区别特征就不是浊塞音，而是清塞音了。可是清音之所以为清音，只在于它缺乏浊音性，清音性不能成为肯定的区别特征，于是肯定的区别特征就转移到了用劲的发音（按：即强音）这一点上，而非用劲的发音（按：即弱音）成了否定的区别特征。由于清音性和浊音性失去了音位学的意义，即一般失去了作为区别特征的意义，于是塞音从前所没有的要素——用劲的发音和非用劲的发音——就成了区别特征。这才是辅音变化中的语言学事实。用这种语言学的事实才能解释阿美尼亚语和日耳曼族语辅音变化的真正原因。至于在这种音位变化中，辅音对立的物理学变化，如浊塞音清音化，清塞音变成了擦音和一部分塞擦音，那只是辅音变化的外部表现，是不能跟辅音本身混为一谈的。所以库里洛维茨说："语言学的事实只能用语言学的事实来解释，不能用非同类性质的事实来解释。需要解释的语言学事实应当归结为最简单的或至少是比较简单的语言学的事实"[1]，"辅音变化的真正的语言学解释是在于要把这种现象归结为原有的音位系统的比较简单的现象，例如两个音位并成一个音位和音位的消失等等"[2]。

---

[1] 见库里洛维茨《辅音变化的意义》。
[2] 同上。

一贯性原则,就是说,在该理论的范围内不容许有逻辑上的矛盾。因此,承认了理论的某些原理是真理,那么由这些原理引出来的一切结论都必须承认是真理,不管这些结论是否有经验的事实予以证实。与这原则有关的就是想象实验的运用。所谓想象实验,就是一种演绎法,从被承认为真理的原理中引出结论,这种结论虽没有经验的事实予以证实,但在原则上却应该是可能的。这种方法使人由可能排除现象的外部表现,深入到现象的实质中去。

一贯性原则和想象实验在结构语言学中的运用,我们可以举马迪内在《音位学是功能的语音学》一书中对于韵律本质的分析做例子来加以说明。他在这本书中讨论到了重音和声调与韵律的关系问题。在他看来,重音和声调的物理学本质不能看做是韵律的主要属性,因为就物理学的观点看,音位的区别特征和韵律之间没有任何原则上的分别。马迪内就是利用想象实验来证明他的这个论证的。他首先设想一种语言只能有像［ma］或［ba］这一类的音节,即完全鼻音的音节和完全非鼻音的音节。假如在这种语言里每个词只能有鼻音的音节,那么在有些语言,比方说,汉语、俄语或英语里,鼻音的发音在原则上就有与重音相同的功能。这样一来,在这假定的语言里,音节的鼻音的发音就不应当看做是与辅音音位或元音音位相当的区别特征,而要看做是韵律了。在马迪内的观念里,音位的区别特征和韵律之间唯一主要的分别是在于前者是音位的特征,而后者是加在一个词上面用来调整这个词的各个音节间的韵律。从这里,我们很容易看出,他是把想象实验和一贯性联系起来的。假如承认了他这个论证是真理,那么在音位学的理论里,不容许有逻辑上的矛盾,我们就得承认由这论证所引出的一切结论都是真理,不管是否有经验的事实予以证实,而想象实验竟使马迪内有可能用抽象的方法排除了韵律的外部表现去揭露它真正的语言学的实质。

统一性原则,就是说,任何理论都应当把它的对象的各个部门依照统一的原则联系起来。为了联系一种科学的各个部门,就必须找出这些部门所固有的共同规律。在结构语言学里,因为无论在组合关系方面还是聚合关系方面，音位系统单位和语法系统单位在作用上都存在着同类的关系，所以也可以应用统一性原则。把这些关系加以分析就可以发现与音位系统和语法系统有关的同类的规律。

我们在上边提到过库里洛维茨所建立的关于音位使用范围和内容的相互关系的规律。他认为在音位的否定对立中，使用范围越小，它的内容越丰富；使用范围越大，它的内容越贫乏。比方 [p] 和 [b] 这两个音位，[p] 的使用范围比 [b] 大时，[b] 可以具有肯定的区别特征，[p] 的使用范围比 [b] 小时，[p] 不能具有肯定的区别特征。这是什么原故呢？因为 [b] 的使用范围小时，它的内容可以表示成：[p] +浊音性，而 [p] 的使用范围小时，这种内容是不可能的。可见 [b] 的内容是在 [p] 的内容的基础上构成的，而 [p] 的内容却是不依赖于 [b] 的内容。在语法系统的转成中也有这种否定对立。例如俄语 волк（狼）和它的派生词 волчица（母狼）这两个词，它们都是语法上的否定对立的成分。волк 的使用范围比 волчица 的大，因为 волчица 只表示阴性，而 волк 却不只可以表示阳性，而且可以表示不确定性，即阳性或阴性。由于 волчица 的使用范围比 волк 的小，所以它的内容就比 волк 的丰富：волчица 这个词所表示的阴性应当看做是它的肯定的区别特征。这两个语法上否定对立成分间的相互关系和上边所说的音位上否定对立成分间的相互关系是相同的。волчица 的内容是在 волк 的内容的基础上构成的，而 волк 的内容是不依赖于 волчица 的内容的①。由此可见语法系统单位关系的规律跟音位系统单位关系的规律是相同的：语法系统单位的使用范围越小，它的内容越丰富；语法系统单位使用范围

---

① 根据这一点，汉语的"学生"和"学生们"也有这种否定对立。"学生们"表示复数，使用范围小，内容比较丰富，"学生"不只表示单数，也可以表示不确定数，即单数或复数，使用范围大，内容比较贫乏。"学生们"的内容是在"学生"的内容的基础上构成的，而"学生"的内容是不依赖于"学生们"的内容的。

越大，它的内容越贫乏。根据这一点，库里洛维茨还想把这个规律推广到一切符号上面去，因此他在《语言学和符号理论》(Linguistique et Théorie de Signe) 一文里说："符号的使用范围越小，它的内容越丰富，符号的使用范围越大，它的内容越贫乏"①。这也是根据索绪尔"语言是一种符号系统"，"语言是符号学的一部分"这一原则引申出来的。索绪尔说过，"语言是一种表示观念的符号系统，因此可以比之于文字、聋哑人的字母、象征的仪式、礼节的形式、军用的信号等等"②。叶尔姆斯列夫在《语言学中的结构分析法》中也说过"在符号学的计划里，语言可比之于一些简单的符号系统，如十字路口的光信号、挂钟和钟塔上的响声、莫尔氏电码"③，更进一步把语言比之于化学、数学和数理逻辑中的符号系统。他们企图把语言的研究和其他各种符号系统的研究相比较，认为这样一方面可以深入到语言结构的实质中去，另一方面又可以研究符号学的各种系统，使成为一般的符号科学，这种企图都是根据这统一性原则作出来的。[3]

四、结构语言学三个主要派别的差异

11.5 布拉格学派、哥本哈根学派和美国学派间的差异及其意义

以上所说的各种原因和方法都是结构语言学各学派所共有的，但是我们不能说这些学派在任何一点上都是完全相同的。

首先，试就布拉格学派和哥本哈根学派来说，他们在对于确定语言的声音和意义的语言学方面应该根据一些什么具体的标准

---

① 见《心理学杂志》(Journal de Psychologie)，第 11 卷，第 2 期，巴黎，1949 年，第 172 页。

② 见索绪尔《普通语言学教程》，第 33 页。

③ 参看叶尔姆斯列夫《语言学中的结构分析法》，《语言学学报》，第 6 卷，第 2—3 分册，哥本哈根，1950—1951 年，第 66 页。

这一点的理解上就存在着不同的意见。哥本哈根学派把语言的声音和意义的语言学方面叫做"形式",非语言学方面叫做"实体"。在他们看来,要研究语言的声音和意义的形式必须把音位系统单位和语法系统单位的分布关系①详尽地记载下来,超出了这些分布关系的范围的一切都属于语言的实体,不是结构语言学的研究对象。布拉格学派却认为分布关系不可能是确定语言的声音和意义的语言学方面的唯一标准,除此之外还有其他的标准。比方试以西班牙语 [k] 这个音位来说,哥本哈根学派认为它是按照组合关系和其他音位发生关系的,布拉格学派却要从聚合关系方面分析它跟其他音位的对立,藉以确定它的区别特征。西班牙语的 [k] 从发音部位方面看是舌根音,与舌尖音 [t] 相对立;从声带作用方面看是清音,与浊音 [g] 相对立;从发音方法看是塞音,与擦音 [x] 相对立,所以舌根性、清音性和塞音性都是它的区别特征。我们试把西班牙语 [k] 和法语 [k] 相比较,它们的物理学方面虽然相同,但语言学方面却不一样,因为它们所具有的区别特征的数目多少不同,法语 [k] 没有塞音性这个区别特征,因为法语里没有和它相对立的擦音 [x]。哥本哈根学派不赞成这种区别特征的分析。他们认为这样进行分析已涉及音位的"实体",即它的物理学的特性。这不是结构语言学的对象。

平心而论,布拉格学派在分析音位的区别特征的时候,虽然采用了一些与语音学相同的术语,如舌根性、清音性、塞音性等等,其实它们的含义是不相同的,因为他们确定一个音位的区别特征是要看在这一方面是否有与之相对立的其他音位的,例如法语的 [k] 没有与之相对立的 [x],所以不能说它有塞音性这个区别特征。这是跟语音学的观点不相同的。问题是在于不分析音位的区别特征,光靠音位的分布分析去划分界限,是否能够确定一种语言的音位成分。回答只能是否定的,因为正如雅各布孙所说,若拒绝了区别特征的分析,那么要确定音位的同一性就只能

---

① 分布关系即索绪尔的组合关系。

依靠"外部的（物理学的或生理学的）'相同点'这个不可靠的标准，或主观上认为是'同样的'这个更不可靠的标准"①。因此，布拉格学派认为要确定语言的声音和意义的语言学方面不能以分布关系为唯一标准，此外还要进行音位系统单位和语法系统单位的区别特征的分析是正确的。可是实际上，他们却把全部注意力都集中在区别特征的分析而忽视了分布的分析。哥本哈根学派却认为只能进行分布关系的分析，超出了这个范围就不是结构语言学的研究对象。这两个学派的最大的分歧点就在这里。其实分布分析是以组合关系为对象的，区别特征的分析是以聚合关系为对象的，这两种分析是互相补充的，只进行任何一种分析都会失去结构语言学的意义。

美国学派也像哥本哈根学派一样，坚持要确定音位系统单位和语法系统单位，分布分析应该就是语言学的标准。在这一点上他们是一致的。它们之间的差别，正如美国郝根（E. Haugen）所说，并不在于理论的实质上，而只在于术语的使用上②。所以我们不妨认为他们基本上是同一个学派。哥本哈根学派和美国学派在一方面，布拉格学派在另一方面，它们分别研究结构语言学中的各个问题，两方面不是互相排斥的，而是互相补充的。[4]

五、总　　结

11.6　结构语言学的哲学基础评论

结构语言学虽然导源于索绪尔的语言学观念，例如把语言和言语相对立，共时语言学和历时语言学相对立，语言是一种符号

---

① 参看雅各布孙《论音位实体的辨认》（On the Identification of Phonemic Entities），《哥本哈根语言学学会会报》，第5卷，1949年，第212页。

② 参看郝根对叶尔姆斯列夫《语言理论纲要》一书的评论，载《美国语言学国际学报》（International Journal of American Linguistics），第20卷，第3期，波尔替摩尔，1954年，第250页。

系统,"在语言系统里只存在着关系"和"语言是形式,而不是实体"等等,可是他们的理论却是以胡塞尔(Husserl)的现象学为哲学基础的,其对象就是要就"纯粹"认识的现象及其与"想象"事物的关系进行分析,这特别表现在它们的几个方法论的原则上面。我们当然不能说其中毫无可取的地方,例如它们对各种语言事实进行分析研究,找出其间的相互关系和价值,这对语言研究来说是很有用的。可是他们那种反历史主义的倾向和把语言只看做一种脱离现实、脱离社会生活的"符号王国"的观点在语言学里面却是不足取的。

评注:

[1] 根据《中国大百科全书》语言文字卷,这一章里的一些语言学家的名字统一翻译如下:

马德修斯——马泰休斯　　雅各布孙——雅柯布逊

波亚士——博厄斯　　　　马迪内——马丁内

关于结构主义语言学产生的背景补充:20世纪初的科学思潮牛顿机械论让位相对论,物理、化学对原子、分子的发现与追求,完形心理学的流行,语言学领域的历史比较语言学从顶峰开始滑落,索绪尔语言学理论的崛起,系统论开始酝酿,孤立关系的原子主义让位重相对关系的结构主义。

[2] 结构主义"符号派"的哥本哈根学派把索绪尔"语言是形式而不是实体"的思想发挥光大,所以他们的学说用了不少演绎的方法,后来的乔姆斯基更是发挥到极致。但"功能派"的布拉格学派,特别是美国的"描写语言学学派"则比较多的运用归纳法,正如该学派的主将布龙菲尔德所说:"对于语言,唯一有用的概括是归纳的概括。"(参见布龙菲尔德《语言论》,袁家骅等译,商务印书馆,1980,21页)

[3] 关于结构主义方法论,本书除了马丁内外大量引用前苏联学者库里洛维茨的观点,反映了当时的学术气候。今天我们可以从新的角度分析。

[4] 结构主义的三大学派中,美国学派对中国影响最大,可结合中国情况参看本书240页。

第十二章 语言学中的"词与物"学派、唯美主义学派和新语言学学派

一、绪　　论

12.1 概说

语言科学自十九世纪后半期，由于新语法学派方法的运用，在各方面有了许多新的发现，取得了巨大的成就之后，到了二十世纪初，显然转入了一个相对沉寂的时期。在这期间酝酿着一个反对新语法学派的暗潮，一方面表现在法国心理社会学学派和由这一学派发展出来的结构主义学派，另一方面表现在舒哈尔德（Hugo Schuchardt）的"词与物"（Wörter und Sachen）学派、浮士勒（K. Vossler）的唯美主义学派和其后形成的所谓新语言学学派。"词与物"学派和唯美主义学派有许多不同的地方，但是也有不少共同的特点，并且都是反对新语法学派的。[1]

二、"词与物"学派

12.2 舒哈尔德和"词与物"学派

舒哈尔德是奥国语言学家，生于 1842 年，卒于 1927 年。在"词与物"学派中，他是一个主要代表人物。"词与物"学派成立于 1909 年。那时因为他们出版了一种杂志叫做《词与物》，由梅林格（R. Meringer）主编，其后就用这个杂志的名称来做他们的学派的称号。

"词与物"学派，顾名思义，是要研究"词"与"物"之间的关系，借以了解词的历史的。那时新语法学派正处在盛极一时的时候，关于语音变化规律的研究获得了显著的成就。舒哈尔德认为他们对于语音变化的规律性了解得太绝对，曾于1885年写成《论语音定律，斥新语法学者》(Über die Lautgesetze Gegen die Junggrammatiker)一书予以驳斥。接着他在《词与物》杂志上发表了好几篇论文，主张从词义方面去研究词的历史，因为"词只依物而存在"，最后企图把这种"词与物"的研究转变成一种"物词史"(Sach Wortgeschichte)。这些论文后来辑成《简论》(Brevier)一书，于1922年出版，1928年还出了一个增订第二版。

舒哈尔德本来是研究罗曼族语言的，可是因为工作上的需要，他还接触到了许多其他的语言和方言，1885年曾写过一本《斯拉夫·德语和斯拉夫·意大利语》(Slawodeutsches und Slawoitalienisches)，其中理论都足以表明他的语言学观念。

12.3 "词与物"学派基本理论评议

在舒哈尔德看来，语言只是说话者个人的产物，个人的生活情况、条件，他的性格、文化、年龄等都直接影响到语言，造成一定的个人"风格"，这些"风格"后来由于互相模仿而普遍化起来。语言是由词组成的，因此要研究语言的历史必须研究词的历史，而研究词的历史单纯以语言分析为依据而忽视了与它有密切关系的文化的历史是不可能的。在语言研究中，语义学先于语音的考究，"语音定律"只是一种"辅助的结构"；为了解释语义的历史和物质文化的历史间的联系，除各种语言以外必须研究活的方言。

由于各种语言和方言研究的结果，舒哈尔德认为不独方言与方言之间没有一定的界限，语言与语言之间也没有一定的界限。例如意大利北部方言逐渐侵入法国南部方言，并且逐步对法国北部方言发生影响，我们很难断定它是起于何处和止于何处。"无穷的语言分裂（Sprachspaltung）和无穷的语言混合（Sprachmischung）携手同行"。因此，他一方面反对语音变化的规律，另一方面又反对按语言的亲属关系作谱系的分类。在这里，他提出一种"地理均匀"的学说，认为一种语言是不断地按照地理的形势过渡到另一种语言的，并且企图按照人类共同的心理本质建立语言的"基本"亲属关系。

舒哈尔德在实践工作中特别注意词源学、语义学和语言学的个别问题，但是由于他的论断矛盾百出，解决得不能令人满意，所以很难引起他人的共鸣。虽然他的个别结论常为人所引用，可是他的学派在语言学史中实是一个寡头的学派。[2]

三、唯美主义学派

12.4 浮士勒和唯美主义学派

浮士勒是德国的语言学家兼文学家，生于 1872 年，死于 1947 年，历任符次堡（Wurzburg）、明兴（Menchen）等大学罗曼语文学教授，1904 年出版《语言学中的实证主义和唯心主义》（Positivismus und Idealismus in der Sprachwissenschaft），这是他的最重要的一本著作，书中所提出的理论，为他一辈子所遵守，直到他的生命的最后一天。其后继续出版的有《语言作为创造与发展》（Sprache ais Schöpfung und Entwicklung, 1905）、《语言哲学论文集》（Gesammelte Aufsätze zur Sprachphilosophie, 1923）、《语言中的精神和文化》（Geist und Kultur in der Sprache, 1925）等许多论文，都是研究语言和言语、宗教、科学和诗歌等的关系的。1929 年，他还把他于 1913 年出版的《法国语言发展中所反映的法国文化》（Frankreichs Kultur in Spiegel seiner Sprachentwicklung）一书改编成《法国的文化和语言》（Frankreichs Kultur und Sprache），这是把他的理论具体运用于法国语言历史研究的一本著作。

12.5 浮士勒语言学观念的三个基础

浮士勒的语言学观念，就方法论方面说，有三个不同的基础：一个是一般的唯心主义的哲学基础，一个是洪堡特的语言哲学基础，再一个是意大利哲学家兼美学家克洛齐（Benedetto Croce）的美学哲学观点。他在《语言学中的实证主义和唯心主义》一书中就是要用他的唯心主义观点去对抗新语法学派的实证主义的。

浮士勒号称是唯心主义者，但是他所谓唯心主义和实证主义是另有他的特殊意义的。他说："我所说的实证主义和唯心主义不是指两个不同的哲学体系，而只是指我们认识方法中的两个主要方向"[1]。在语言研究中，一切企图建立语言事实间的因果关系，并且采用历史方法来加以解释的，在他看来，都是属于唯心主义的。这两种方法间的区别在于"唯心主义者要从人类理性中去寻求因果原则，而实证主义却要从事物和现象中去寻求"[2]。根据这个原则，凡他认为是跟唯心主义相敌对的就随便加以谩骂。例如他说："谁也比不上唯物主义者、实证主义者、神秘主义者和骗子之间相处得更好"[3]。由此可见他对于哲学思想的了解并不是很清楚的，但是这并不妨碍他是语言学中一个彻头彻尾的唯心主义者。

浮士勒的唯心主义观念在很大程度上是从洪堡特的语言学观念来的。洪堡特曾提出过语言的内部形式这个概念（与词的内部形式不同）。在他看来，语言的内部形式是跟民族性密切地联系着的，因为语言表现民族活动的范围，并且确定民族的性质。所以他肯定地说："语言就是民族性的外部表现；民族的语言就是

---

[1] 见浮士勒《语言学中的实证主义和唯心主义》，海德堡，1904年，第1页。

[2] 同上书，第2页。

[3] 同上书，第4页。

民族的灵魂，民族的灵魂就是民族的语言。"因此语言的历史就是民族文化的历史。并且他曾把语言叫做思想的创造器官；语言不是事物，而只是民族精神的不断活动。这就决定了语言的不断发生变化。语言一方面是千百年代流传下来的遗产，另一方面又是与个人的认识和行动有关的；浮士勒认为个人的成分在语言的发展中是非常重要的，因为个人就是民族这个共同体的成员，或多或少有点创造才能的个人的灵魂是集体灵魂的组成部分，个人的言语活动无意中改变了民族语言的基本特点。

其次，浮士勒所受克洛齐的影响也是很深的。这位意大利的学者曾把语言看做许多要受美学管辖的现象。在他看来，灵魂的最纯正的活动就是直觉，而"任何真正的直觉同时就是表现"[①]。语言是精神的"最原始的表现"，所以语言和艺术，语言学和美学，其实是相同的。他在他的名著《美学作为表现科学和普通语言学》（Estetica come Scienza dell Espressione e Linguistica Generale）一书中说："艺术科学和语言科学，美学和语言学，作为真正的科学，就这个词的严格意义来看是没有什么分别的，而只是相同的。这不是说语言学这个特殊的科学部门不存在，可是真正的语言科学——普通语言学，就它可能与哲学发生相互关系的范围内看，实在只是美学。研究普通语言学即哲学语言学的人与美学的问题有关，反过来也是一样。语言哲学和艺术哲学其实是一样的"[②]。他的意思就是说，语言和艺术一样，都是采用物质的资料来表现直觉的，所采用的资料不同是不关重要的，那只是一些细节上的问题。浮士勒就采用克洛齐的这些理论去攻击新语法学派。自称是唯心主义者，凡与他的原则不相符的，并不加以详细的分析，就随便说是"非科学的"，人为地把他跟新语法学派分成了两个不同的阵营，一切语言学家不属于他这一边，就是属于

---

① 见克洛齐《美学作为表现科学和普通语言学》，巴黎，1922，第11页。

② 同上书，第155—156页。

专喜"打小算盘的"实证主义者新语法学派的一边,二者必居其一,好像除他们之外并没有过也不会有任何语言学家似的。

12.6 唯美主义学派的基本理论

根据上面所说的这些理论,浮士勒于是断言:"语言就是精神的表现","如果'语言就是精神的表现'这个唯心主义的定义是正确的,那么语言发展的历史不过就是精神表现形式的历史,因而也是最广义的艺术的历史。语法就是包括在一般精神历史或文化历史里的风格学或文学史的一部分"[1]。

浮士勒反对新语法学派把言语分成句子、句子成分、词、音节和音素,认为那只是为了研究上的便利,这好像把一个人的身躯分成了四肢等等,其实"机构的统一不在于肢体和关节,而在于它的灵魂"[2]。他认为由音素构成音节,由音节构成词,由词构成句子,由句子构成言语表示不出语言的因果性,其实是"由言语中的精神构成句子、句子成分、词和音素"[3]。这言语中的精神是什么呢?他认为"假如唯心主义的因果原则在语言的发展中得到真实的反映,那么一切属于低级学科——语音学、形态学、构词法和造句法——的现象都应当在高级学科——风格学——中找到最后的、唯一的和真正的解释。所谓语法应当完全溶解在语言的美学研究当中"[4]。所以在他看来,风格学就是语言学里一个最高的,最基本的部门。

风格学在浮士勒的观念中是一个非常重要的关键性的因素。他认为只有通过风格学才能很容易地发现语言发展事实和文化史事实以及社会史事实间的联系,从而确定语言和民族精神的相互制约性;只有借助于风格学才能明显地揭露个人的创造对于语言

---

[1] 见浮士勒《语言学中的实证主义和唯心主义》,第10—11页。
[2] 同上书,第9页。
[3] 同上书,第10页。
[4] 同上。

发展的影响,好把语言发展过程看做个人创造的行为;只有在风格学的基础上才能把语音学的事实、形态学的事实和造句法的事实解释为美学的同时又是语言学的现象。

浮士勒和克洛齐一样都认为最先促使语言发生变化的只能是美学的因素,即与风格直接有关的因素。什么是风格呢?它的定义是这样的:"风格就是与一般不同的个人的语言使用。……语言使用变成了社会的制度,就是说,变成了规范,那是造句法所要记述的。语言使用既是个人的创造,那是风格学所要研究的。可是归纳的道路总是由个别的引向一般的,由个别的事例引向规范,绝对不会是相反的。所以先有风格学,然后有造句法。任何表达手段,在没有变成规范的和造句法的以前,早已是个人的和风格的……换句话说,一切语言的要素都是风格的表达手段"①。[3]

依照浮士勒的见解,一切一般的造句法的现象都是由个人的风格的现象变来的,那么这些造句法的现象和风格的现象之间的界限是怎样的呢?是不是一切个人的都会变成一般的呢?浮士勒认为由实证主义者看来,常为许多人所习用的表达手段都会变成造句法的规则,但是唯心主义者不满足于这种使用频率和是否有规则的估计,而是要知道为什么一个表达手段被人用得多些,而另一个却被人用得少些。一个表达手段之所以被人用得多,那是因为它符合于大多数说话者的精神上的需要和倾向,"造句法规则是以民族的占优势的精神特点为基础的。它是由民族精神产生的"②。所以只有那些符合于语言精神的个人现象才有可能由个别的变为一般的,由风格的变为造句法的。一个作家或普通的个人在他的有意的或无意的语言创造中,假如没有料想到或意识到语言的精神,那么他所创造出来的新的表达手段就不可能变成规则加进语言的基础里去。总之,一切语言的发展都是以精神为领

---

① 见浮士勒《语言学中的实证主义和唯心主义》,第16页。
② 同上。

导的。

以上是就语言的个别方面来说的。除此之外,他还接触到了许多有关语言学的一般问题。例如他说:

> 唯一正常的道路是由风格学引导到造句法。实际上任何语言的表达都是个人的精神创造。为了表达人们的内部心情只存在着一个唯一的形式。有多少个人就有多少风格。翻译、模仿、迂回说法——所有这些都是新的个人创造,可能或多或少接近于独创,可是永远不会相同。造句法的规则和规范都是粗糙的、不精确的、固定于外部的、经验的、实证主义的看法基础上的概念,是经不起严格的、科学的、唯心主义的批评的。假如人们借助于语言而达到互相了解,那么作为这种了解的可能性的基础的不是语言习惯的共同性,也不是语言材料或句法结构的共同性。而是语言天赋才能的共同性。任何语言的共同体、方言的共同体等实际上一般并不存在……值得一并加以否认,……假设有两个人或几个人,他们起初属于不同的语言共同体,并没有任何共同的语言习惯,可是在互相接触的条件下,由于每个人都具有语言的天赋才能,很快就会达到互相学会说话。例如英语和其他一切语言都是这样产生的。……①

可见在他看来,人们之所以能够由互不了解达到互相了解,那并不依靠于什么语言材料的共同性或句法结构的共同性,也不依靠于语言习惯的共同性,而只依靠于"语言天赋才能"的共同性。可是什么叫做"语言天赋才能"呢?这是很难加以解释的。假如万不得已把它理解为人类语言的心理条件和生理条件,它还是缺少不了这"互相接触的条件"的。这"互相接触的条件"也可以勉强解释为一种广义的社会条件。可是这社会的条件在浮士勒的观念中是毫无地位的,至多只能起一种如化学中的"触媒"的作

---

① 见浮士勒《语言学中的实证主义和唯心主义》,第37—38页。

用,促使语言自然渗出,所以他不惜一再重复地说:"语言就是精神的创造。语言,按本质说,是不能教会的:它正如洪堡特所说,只能'唤醒'。学舌只是鹦鹉的能事"。而这不能叫做语言,"因为鹦鹉没有风格"①。最后他进一步断言:"把语言看做社会的制度和规范就意味着从非科学的观点出发。所以造句法不是科学,形态学和语音学也不是科学"②,因为这些都是由实证主义者建造起来的陵墓,把语言中死的部分埋葬在里面。所以他要在造句法和风格学之间建造起一座桥梁,把那些僵尸唤醒起来!

浮士勒要怎样去唤醒他所说的这些"僵尸"呢?他在《语言学中实证主义和唯心主义》和《法国的文化和语言》中确曾施用了不少法术,拿来跟新语法学派相比较,作为攻击的口实。例如拉丁语名词的变格在现代罗曼族语言中差不多已经消失得无踪无影了,只有古普罗旺斯语和古法语直到十三世纪还保存有两个格,如古普罗旺斯语的单数主格 cars(车),宾格 car;古法语的单数主格 chars,宾格 char。可是到了十三世纪以后,连这一点形态上的痕迹也没有了。古普罗旺斯语和古法语的这个词尾 s 的消失,新语法学派认为有两个原因:一个是由于这个音的逐渐缩减,那纯粹是语音学上的现象;一个是由于词序的改变和固定,那是造句法上的现象。浮士勒认为第一个理由不能成立,因为西班牙语虽然也已"失去了主格和宾格有区别的感觉",但是还保存着这个词尾 s,可见其他罗曼族语言也可以把它保存下来。在罗曼族语言里,尤其是在法语里,由于变格的词尾逐渐消失,词序虽已逐渐固定了下来,那只是一个纯粹的语言的原因,不能用来解释语言中何以会有新规则或新规范出现,因为这样一来,就破坏了文化现象和语言结构中的变化有直接关系的原则。所以在他看来,最先促使语言发生变化的只能是美学的因素,即风格,也只有这个因素才能引起形态的变化。法语的词序之所以改变,

---

① 见浮士勒《语言学中的实证主义和唯心主义》,第 37—38 页。
② 同上。

那只是新法语的精神即一种经济的和逻辑的倾向的产物。根据这种精神,旧的词尾逐渐变成不合理了,所以终于消失了,也根据这种精神产生了一个合理的新的词序。

甚至语音的变化,浮士勒也认为是由于语言的精神。在他看来,语音的变化没有什么规律可言。一切语音变化都是在一定的条件下在个别的词里发生的,所以都是一个一个的。但是如果合乎语言的精神,它就起类推作用而扩展开来。所以我们应该把创造性的语音变化(Schöpfung)和这种变化的历史发展(Entwickelung)区别开来;前一种是有意识的,后一种是无意识的。因此他认为语言的变化可以分为绝对的和相对的两种:凡能产生新的结构的都属于绝对的变化,这新结构逐渐扩展开来,那就是相对的变化。绝对变化事实的根源都出于个人的创造行为,所以只能就美学方面去进行研究;相对变化的现象却是随时代而发展的,所以要就美学方面同时也就历史方面去进行研究。因此新的和"彻底的唯心主义的语言学体系"可以分成两个基本部门:(1)纯粹美学的语言研究,(2)美学和历史的语言研究。"美学的和历史的这两个术语指的是同一种方法的两个不同方面,这种方法基本上只能是比较的。如果比较的是与心理的直觉相当的语言表达形式,那就是美学的研究,即表达形式的"意义"的解释。任何人听到或读到讲的或写的东西,起初自然只是无意识地和非科学地进行这种活动。但是只要他开始有意识地和熟练地进行,深长地考虑到他的解释,那么他就已经进入语言学的领域了"[①]。

12.7 浮士勒理论的评价

浮士勒是以建立这种美学的语言学的创始者自居的。他所用的唯心主义的这个名词虽然跟一般人所了解的有所不同,但实际上他确实是一个完全的、彻底的唯心主义者。这不只限于他所说的方法方面,他整个观念都是这样的。无可否认,在他的著作

---

① 见浮士勒《语言学中的实证主义和唯心主义》,第37—38页。

中，他曾提出了一些与语言学有关的新任务，如风格学的语言学研究、作家语言和全民语言间的相互关系、语言发展和文化史的关系等等，可是照他的看法（把语言中的一切都归结为心理的直觉，个人精神的创造，而否定了语言的社会本质）和所用的方法是不可能得到解决的，并且只会把这些问题都带进一条死胡同。

浮士勒不仅是一个语言学家，而且是一个文艺学家，研究的范围多只限于罗曼族的语言和文学。他的学派也只有为数不多的几个关于这方面的语文学家，如研究法语造句法的列尔赫（Eugen Lerch），研究罗曼族语言风格学、语义学和词源学的斯丕彻（Leo Spitzei）和洛尔赫（Etienne Lorch）、别尔多尼（Giulis Bertoni）等人；此外大多数的语言学家和罗曼语文学家都是反对他的。罗马尼亚语言学家约尔登（Iorgu Iorden）在所著《罗曼族语言学导论》（Intraducere in Studiul Limbilor Romanice）① 一书中曾给了他一个很严正的批评，说："这样把直觉强行引入语言学研究中去，我们将会遭受到完全陷入无政府状态，同时给语言学的科学性质带来无可挽救的危害的危险，……这样"依照我们的感觉去解释语言事实，到处揭露我们所不同情的精神痕迹，……语言的研究应该是为人民团结服务的，最后将会得到完全相反的结果，代表这种科学的人在真理和人类面前将是有罪的"②。

四、新语言学学派

12.8 新语言学的倡导者

近三十年来，在欧洲语言学界还出现了一个新的学派叫做新语言学（Neolinguistic）学派，由巴尔多利（Matteo Bartoli）和别

---

① 英译本名为"An Introduction to Romance Linguistics"，1937 年在伦敦出版，在某些地方略有删改。

② 见约尔登《罗曼族语言学导论》英译本，第 122—123 页。

尔多尼等领导，同样是标榜着要以语言学中的唯心主义去反对新语法学派的实证主义的。

新语言学学派的原理和方法最先见于巴尔多利于 1925 年出版的《新语言学导论》（Introduzione alla Neolinguistica）一书。同时，他还和别尔多尼合编有一本《新语言学简论》简单说明了这一学派的一般原理和技术标准。1947 年，朋芳德（G. Bonfante）在《语言》（Language）杂志第 23 卷第 4 期上发表《新语言学的立场》（The Neolinguistic Position）一文，那是要就一般理论方面来说明他们与新语法学派的差别的。

12.9 新语言学的一般理论评价

新语言学学派反对新语法学派，说他们把语言只看做语法，类似名词变格、动词变位、语音范畴等的目录，而新语言学学派却要把语言看做语言，即美学表达的总和，所以新语法学派实际上只是语法学家，而不是语言学家，新语言学学派却要做语言学家，努力研究语言学中一切复杂的问题。

新语言学学派为了要反对新语法学派，于是把洪堡特、克洛齐以至舒哈尔德、浮士勒等人的一切唯心观点都包揽了起来，加以折衷的说明，并且企图把它跟法国语言地理学家席业隆（M. Gilliéron）的理论相结合，造成他们的语言学观念。[3]

在新语言学学派看来，语言并不是什么事物，而只是一种精神活动，不断的艺术创造，所以语言是属于人类科学和心理科学的范畴的，应该用由维哥（G. Vico, 1666—1744，意大利哲学家）建立起来的历史方法去研究。语言的变化都是由个人产生的，其后由于模仿而扩展开来。语言和语言之间没有确定的界限，因此就没有什么语系可言。在发展过程中，语言互相联合起来，构成混合语。他们并且引用了舒哈尔德和浮士勒的许多话来向新语法学派进攻。

新语言学学派虽然说要研究语言学中一切复杂的问题，但实际上却只限于用地理的因素去研究语言的发展，并且夸大了它的意义。这是跟他们的研究方法有关的。方言的空间关系被提到了第一位,企图专就同语线去考察各个"创新"的界限和发展阶段,因此语言在他们看来实只是一种同语线的机械的总和。例如这一学派的一个重要分子比萨尼(V. Pisani)就曾说过:"我们可以把语言的定义下为:联合个人言语行为的同语线的系统"。这是非常明显的。

新语言学学派的理论是跟浮士勒的观念有血肉关系的,所以一切对于浮士勒的批评意见对他们说来也都是完全适合的。[4]

评注:

[1] 根据《中国大百科全书》语言文字卷,本章的一些语言学家译名统一为:

舒哈尔德——舒哈特　席业隆——吉耶龙

[2] 由于持整齐论的新语法学派(青年语法学派)在语言学史上一度占有绝对优势,所以反对新语法学派、突出文化、风格、地理均匀学说的舒哈特的"词与物"学派以及后来的唯美主义学派和新语言学派等参差论者都不占主流。本书介绍他们的学说,客观上阐述了这一时期的两线之争,也客观上反映了洪堡特与索绪尔之后的不同影响,在很长一段时期里索绪尔的影响是占了上风的。

[3] 浮士勒的风格学既有洪堡特民族精神说又强调语言运用的言语说,他的美学也属于所与的言语范畴,他的学说突出的实际上是索绪尔所说的外部语言学和言语的语言学。

[4] 新语言学派确实是与洪堡特、舒哈特、浮士勒一脉相连的,在新时期有必要对他们加大研究的力度。

第十三章 现代美国语言学中的
心理主义和机械主义

一、绪 论

13.1 概说

美国语言学,一般认为创始于惠特尼(W. D. Whitney)。他当时在耶鲁大学担任语言学和梵语教授,曾写《语言和语言研究》(Language and the Study of Language)和《语言的生命和成长》(The Life and Growth of Language)等著作,无论在取材方面或所用方法方面,都跟西欧语言学家的没有多大差别。到1891年,波威尔(J. W. Powell)把他尽可能搜集到的美洲印第安人的语言按结构类型编成他那本《墨西哥以北的美洲印第安语语系》(Indian Linguistic Families of America North of Mexico),1911至1939年博阿斯(F. Boas)又对这些语言作了综合研究,分别写成那三大册《美洲印第安语手册》(Handbook of American Indian Languages),卷首附有一篇总结性的《绪言》,指出美洲印第安语的结构特殊,不应该用欧洲语言学界的传统方法进行研究,结果竟成了美国描写语言学的理论基础。萨丕尔(Edward Sapir)和布龙菲尔德(Leonard Bloomfield)都是其中最重要的人物。

二、萨丕尔的心理主义

13.2 萨丕尔的生平和著作

萨丕尔是美国的著名语言学家。1884年他出生于德国劳恩堡(Lauenburg)一个犹太人家庭,1887年跟随他的父母渡海到美国,其后就一直在纽约接受教育,1900年进哥伦比亚大学,一心想做个日耳曼语专家,后来因受到博阿斯的影响,决意改学普通语言学和人类学。他于1905年开始学习华盛顿印第安人的威施兰姆语(Wishram),1901年学习俄勒冈的塔克尔马语,并据此写成《塔克尔马语语法》一书。1907至1908年他到加利福尼亚大学新成立的人类学系工作,又学习了雅纳语(Yana);1908至1910年转到宾夕法尼亚大学从事研究工作,又到费拉德尔菲亚学习派乌德语(Paiute);1910年到加拿大担任渥太华国家博物馆地质调查所人类学组主任,仔细研究了奴脱卡语(Nootka)和整个阿萨巴斯干(Athabaskan)组的语言;1925年到芝加哥大学任教,1931年起担任耶鲁大学人类学和语言学教授,直到1937年逝世。

萨丕尔钻研学问的兴趣非常广泛。在语言学方面,他不仅学习了印欧系语言和美洲好些印第安语,而且对于非洲的含·闪系语言和亚洲的汉藏系语言都下过很大苦功,并提出过一些很大胆的设想。比如西藏语对于吐火罗语的影响以及汉语和美洲的某些印第安语是否有亲属关系等等。作为业余活动,他不只是一个小提琴的能手,而且能作出很好的诗。他一生的著作并不很多,除了几本关于印第安语的语法以外,其中最重要的是1921年在纽约出版的《语言论:言语导论》(Language:An Introduction to the Study of Speech)①[1]。其他如1925年在《语言》杂志第一期上发表的《语言中的声音模式》(Sound Patterns in Language),1929年在同一杂志第五期上发表的《语言学作为一种科学的地位》(The Status of Linguistics as a Science),1933年在巴黎《正常的和病理的心理学学报》(Journal de Psychologie Normale et Pathologique)第30期上发表的《音位的心理真实性》(La Reálité Psychologique de Phonème),同年在纽约出版的《社会科学百科全书》上登载的《语言》(Language)条,都是跟他的教学研究工

---

① 我国有陆卓元中译本,1964年商务印书馆出版。

作密切相关的。1949 年孟德尔葆姆（D. G. Mendelbaum）把他发表过的论文辑成一部《萨丕尔有关语言、文化和人格的论文选集》（Selected Writings of Edward Sapir in Language, Culture and Personality）在伯克莱出版，1957 年又出了一部简编《文化，语言和人格文选》（Culture, Language and Personality Selected Essays），他所有重要的论文差不多都已收集在里面了。

13.3 萨丕尔的心理主义

萨丕尔的语言学思想主要表现在他的《语言论》一书中，其他各种论文的立论都是跟它一致的。所以我们谈到萨丕尔的思想，这本书就是一个很重要的根据。

萨丕尔的《语言论》全书共分十一章。第一章引论，什么是语言；第二章语言的成分；第三章语言的音；第四章语言里的形式：语法程序；第五章语言里的形式：语法概念；第六章语言结构的类型；第七章语言，历史的产物，源流；第八章语言，历史的产物，语音规律；第九章语言怎样交互影响；第十章语言、种族和文化；第十一章语言和文学。总括起来说，第一章是讲语言的本质的，第二章至第六章都是讲语言的成分，语音、语法和各种结构的类型；第七章和第八章讲语言的历史演变、源流和语音演变规律；第九章讲语言种族和文化的关系；第十章讲语言和文化的关系。在每一项目里，除印欧系语的例子以外，都引用了好些亚洲的、非洲的，特别是美洲印第安语的例子。这样可以使研究的范围扩大，所得的结果更为周详。例如他对于语言的成分，把语法程序分为词序、复合法、附加法、内部元音或辅音的变换、重叠和重音的改变，把语音结构中所反映的概念分成基本概念、派生概念、具体关系概念和纯关系概念等等，都极为精细恰当。最为人所称颂的是他所提出的语言形态分类法。他首先按照纯粹关系或混合关系把语言分成（A）简单的纯粹关系语言、（B）复杂的纯粹关系语言、（C）简单的混合关系语言、（D）复杂的混合关系语言等四大类，每一大类又按照它最常用的改变根本成分的方法再分为黏着的、融合的和象征的三个亚类。在 A 类里，又另外分出一个亚类，孤立类；它的特点是没有任何附加成分，根本成分也没有任何改变。在孤立语里，造句关系是用词在句子里的位置来表达的。许多 B 类的语言也是这样。它们所以称为"黏着的"、"融合的"、"象征的"，只是就它们怎样处理派生概念说的，而不是就关系概念说的。这样的语言可以说是"黏着—孤立的"、"融合—孤立的"、"象征—孤立的"。有了这个形态分类法，世界上任何语言都可以找到适当的归类了。

更可贵的是萨丕尔在书中并没有忘记谈到语言的演变（源流）和演变规律（语音规律）。在谈到语言和文学的关系时一再提到意大利克罗齐（Croce）的美学观点。这在美国描写语言学中是很少见的。

对萨丕尔来说，最特异的是常用心理观点来观察语言事实。试举个语言方面的例子，他在《语言论》第三章"语言的音"里说："在一种语言特具的纯粹客观的，需要经过艰苦的语音分析才能得出的语音系统背后还有一个更有限制的、'内部的'或'理想的'系统。'它'是一个完整的模式[1]、一个心理机构。内部的语音系统虽然会被机械的、不相干的现象掩盖起来，却是语言生命里一个真正的、非常重要的原则"[2]。他这里所说"理想的"语言系统显然就是指的"音位系统"，而在原注中所提到的"模式中的点"就是指的"音位"。萨丕尔于 1925 年在《语言》杂志第一期上发表的《语言中的声音模式》和 1933 年在《正常的和病理的心理学学报》第 30 期上发表的《音位的心理真实性》里都把它看做心理现实，后因受外界的激发才转变为实际的语音。他的这个看法，正如特鲁别茨科依（N. S. Trubetskoy）所指出的，"不是来自博杜恩・德・库尔特内（Bauduin de Courte-

---

[1] 英语叫做 Pattern。陆卓元在《语言论》中译为"格局"，见该书第 33 页。

[2] 见萨丕尔《语言论》，陆卓元译，第 33 页。

nay），甚至也不是来自德·索绪尔"，实际上是由他的前辈洪堡特那里得来的。洪堡特在十九世纪初就曾用过"语言的内部形式"（innere sprach form）这个术语。这与萨丕尔的语言学心理观点不能说没有关系。

萨丕尔的关于"模式"的概念，不仅适用于语音，而且适用于各种族的文化类型。他在上述《语言学作为一种科学的地位》中认为语言事实只是一种符号行为的特殊形式；语言的符号和敲门的声音完全一样，因为敲门的声音也是一种"符号"，人们听见这种声音就会跑去开门，所以也是一种"人类的非语言行为"。就心理方面说，语言不过是社会创造的一系列最复杂的符号。"语言的模式化（Patterning）"，他说，"在很大程度上虽然是独立的，不依赖于非语言类型的模型，可是语言模式的'纯洁性'和'透明性'却可以帮助它们成为了解人类行为的非语言模式的钥匙"[1]。在他看来，任何社会中模式的生命都大大地依赖于用来作为它的表达工具的语言，因此，"任何文明的文化模式网（network）都在表现这文明的语言中编成了索引（indexed），在这个意义上去对任何一种文化作科学研究，语言就显得更为可贵"[2]。

13.4 萨丕尔思想的进一步发展和美国的民族语言学

萨丕尔认为每种语言都各有它自己的模式化系统和自己的结构模式；语言大大地制约着人们的思维。每个民族既然各有它自己的特殊的语言，因此不同民族的思维就不可能是相同的。萨丕尔的这一观念在他的好些门徒的著述，如宾涅狄克特（R. Benedict）于1934年出版的《文化的模式》（Patterns of Culture），克鲁克·洪尔纳（C. Kluckhaln）于1941年在《语言、文化和人格。萨丕尔纪念论文集》上发表的《以那瓦贺文化做例子的模式化》（Patterning as Exemplified in Navaho Culture）以及霍伊

---

[1] 见《语言》杂志，第5卷，第4期，第212页。
[2] 同上书，第209页。

泽（Harry Hoijel）1951年在《语言》杂志上发表的《那瓦霍语某些语言范畴中所蕴含着的文化意义》（Cultural Implications in Some Navaho Linguistic Categories）等文中都有所反映，构成了美国当代语言学中的一种特异的原则和方法。最惹人注意的是沃尔夫（B. L. Wholf）把这种观念加以发展运用于他所研究的印第安人的河比语（Hopi）连续写成《一个美洲印第安人的宇宙模型》（An American Indian Model of the Universe）、《思想和行为对于语言的关系》（The Relation of Thought and Behavior to Language）、《语言学作为精确的科学》（Linguistics as an Exact Science）和《语言、思想和真实性》（Language，Thought and Reality）等文章，先后发表于《工艺学评论》（Technological Review）和《美国语言学国际学报》（International Journal of American Linguistics）等杂志，宣扬河比语的模式和欧洲语言的模式不同。欧洲语言的模式把物质、实体与形式相对立，而河比语的模式没有这种对立；欧洲语言对时间和空间的概念有"真实的"和"理想的"之分。而河比语没有这种分别。① "语言模式"就是"语言思维"的范畴；河比人的一切行为以及他们的宗教仪式和他们的世界观都是这"语言小天地"的反映，他们的语言模式里对时间、空间和实质等既没有相同的表示，可见他们的世界里也就没有客观上相同的时间、空间和实质等的概念。由此可以证明河比人的"真实世界"在本质上是跟使用欧洲语言的人们不同的。我们就按照语言为我们铺设的道路去开发自然界。在他看来，人们对于周围现实的观念，他们的认识，并不是客观世界在他们的脑子里的反映，而只是由他们的语言结构派生出来的；各民族的语言的结构不同，因此它所产生的思想也自然不同。最后，他仿效德国新康德

---

① 例如英语的 ten men（十个人）中的 men 是"真实的复数"，因为我们可以客观地观察得到，ten days（十天）中的 days 却是"理想的复数"，因为它不是经验中所能有的。可是河比语只能说"十人"，不能说"十天"。对"他们在那儿停留了十天"，只能说"他们在那儿停留到第十一天"。如此等等。

学派哲学家茅特纳（Mauthner）所说"语言的范畴规定逻辑的体系，语言规定意识和人们对于世界的认识。假如亚里士多德说汉语或达可他语，那末，他所创立的将是完全另一种逻辑，无论如何完全是另一种范畴学说"① 的口吻断言："近十年来物理学化学的发展都是由使用欧洲语言模式的人推动的，或可以说，所有这些科学都是由使用欧洲语言的人创造出来的。现代土耳其人或中国人的学说也像西方人一样去描述世界，但是须知这是因为他们完全接受了西方人的推理方法，而不是他们自己创造出来的。"②这种毫无道理的奇谈怪论是很难令人信服的。

三、布龙菲尔德的机械主义

13.5　布龙菲尔德的生平和著作[2]

布龙菲尔德是与萨丕尔齐名的美国语言学家。他本来出生于美国。1913 年至 1914 年到德国从雷斯琴和勃鲁格曼学习语言学后，深受新语法学派的影响，竭力撰文宣扬"语音变化没有例外"的言论，1914 年写有《语言研究导论》（Introduction to the Study of Language）一书，一直被采用作大学课本或主要参考书。1933 年他把这本书改编成《语言论》③，篇幅增加了许多，内容也有很大改变。他在这书的《序言》里说，他 1914 年在《导论》中所阐述的道理，是以当时被人广泛接受的威廉·冯德（Wilhelm Wundt）的心理体系为基础的。可是从那时起到现在，心理学方面已经发生了很大的变化，他已了解到他的这位大师感受的是什么，不必引证任何一种心理学的论点也能从事语言的研

---

① 见 Manthner, Zus Grammatik und Logik.

② 见 B. L. Whorf, The Relation of Thought and Behavior to Language, p. 88.

③ 我国有中译本，袁家骅等译，1980 年，商务印书馆。

究,而且可以保证所取得的成果对有关领域的工作者更有裨益。他要避免这种依赖性而采取机械主义,因为他相信机械主义的观点是科学探讨所必需的形式,以自己的立足点为基础的论述总比起仰仗他人或变化无常的论点更为扎实,易于掌握①。

布龙菲尔德所说的"机械主义"究竟是什么呢?那就是指的美国心理学中由华生(I. B. Watson)和魏斯(A. P. Weiss)等所领导的行为主义学派。他们企图创立一种不要反省,不用自我观察的客观的心理学。心理学于是变成了一种研究人类行为的自然科学,包括一切刺激和反应,不必借助于"精神的"因素。而且人不过是生物学上的生物,我们对他可以像对其他动物一样进行研究。我们要了解布龙菲尔德的学术思想,这一点是非常重要的。

例如,什么叫做语言呢?布龙菲尔德在《语言论》第二章设想出一个叫做杰克(Jack)的男子和一个叫做季儿(Jill)的女子来。他们走下一条小路。季儿的肚子饿了,看见树上有一只苹果,于是用喉咙、舌头和嘴唇发出一些声音来。杰克听见了就跳过篱笆,爬上树去,把那苹果摘下来递给季儿吃。布龙菲尔德从这里看出了一连串的刺激和反应:(A)说话者的刺激,(B)言语,(C)听话者的反应。这一连串的事项可以从很多方面来加以研究,例如(A)还可以包括言语行为以前的实际事项,(C)也可以包括言语行为以后的实际事项,而(B)代表言语。现在试用 S 代表刺激,R 代表反应。一个实际的 S 可以促使听话者讲话而不是作出实际的反应,那就是语言的代替性刺激(s);同样,在某种情况下,听话者的反应也可能没有实际的刺激,那就是语言的代替性反应(r)。用刺激引起反应,无论是人类或其他动物都会做出的。它的图式是 S→R,没有言语的反应;但如果是以言语作中介的反应,那图形就是 S→r……s→R,用虚线来表示其

---

① 参看上述书 iii-iv。

中的联系①。语言学的主要任务就是要研究这种作为刺激和反应中介的言语。

布龙菲尔德的《语言论》全书共分28章,第1至第4章讨论语言学的一般问题,第5至第8章讲语法和语汇,第17至第28章讨论语言地理、历史比较法、语言借贷和语言演变等问题,方面很多,材料十分丰富。我们上面所说的,只是属于第二章语言的用途的一部分。此外,最能表现他的特点的,莫若他对于语法的看法。

首先,布龙菲尔德对于语言的意义,是有他的特殊理解的。他在《语言论》第九章对语言所下的定义是:"说话人发出语言形式时所处的情境和这个形式在听话人那儿所引起的反应",可以画成如下的图形:

说话人的处境──→言语──→听话人的反应②

说话人的处境包括人类世界中每一件客观事物和发生的情况,为了给每一个语言的意义下一个科学的准确的定义,我们对于说话人的世界里每一件事物都必得有科学的精确知识。这在现有的科学水平上是办不到的。现在人们所能做的只有采用种种方式按照各种事物所具有区别性特征各定出一个语言的意义,即词典上所用的意义。布龙菲尔德在书中所提到的意义就是指的这种意义。

布龙菲尔德确定了"意义"的界说,即把它应用于语音方面去。他认为语音的数目虽然可能很多,但不是每一个都能和意义直接发生联系的,只有一部分具有区别意义的特征的才能说是与意义有密切关系。这就是音位。根据这一点,他把语音的特征分为区别特征和非区别特征两种。这是随语言而不同的,因为在某种语言看做有区别特征的语音在另一种语言可能是非区别特征。

---

① 在这里,S = 英语的 stimulus(刺激),R = 英语的 response(反应),小写的 s = 语言的代替性刺激,小写 r = 语言的代替性反应。

② 参看布龙菲尔德《语言论》,袁家骅等译,第166页。

重要的是要看说话人用作刺激的在听话人方面是否会引起相应的反应。

布龙菲尔德这种关于音位的理论，不仅适用于元音和辅音，而且适用于因音高、音强或者音长引起的变化。他在书里把元音音位和辅音音位叫做正音位，其他因音高、音强和音长而造成的音位都叫做次音位。在布龙菲尔德看来，语音学本身不能确定声浪中什么是有区别的，什么是没有区别的，因为它不能告诉我们一组组声音意味着什么。要想知道英语 man（人，单数）和 men（人，复数）中两个元音的差异是有区别意义的，必须知道英语的这些言语形式是在不同的环境中使用的。有意义的言语声音的研究，布龙菲尔德叫做音位学或实用语音学。对音位所下的定义是"有区别的声音特征的最小单位"，就是说，把不同的话语加以分析所能得到的最小单位。要找出音位必须把不同的话语加以比较。像英语 pin（大头针）这一组音，我们可以把它分析成三个单位，因为除它以外还有 fin（鳍）、sin（罪恶）、tin（锡）等等。我们可以把 p- 当一个单位分解出来，而不管它跟后面的音有什么联系，因为在 pay（支付）、path（小路）、pound（英镑）等等里也可以找到这个要素。此外，我们也可以把最后的 -n 分解出来，因为除 pin 以外还有 pig（小猪）和 pit（坑）等音组和它对比。最后，我们还可以在 sit（坐）和 kid（小山羊）等音组中找到 pit 的中间的 i，甚至在 pan（平底锅）、pun（双关语）和 pen（笔）等音组中找到 pit 的开头的 p-，尽管第二个和第三个音都跟 pit 的不同，但是在比方 sag（下垂）、can（能够）、fall（跌下）等词里，那就没有一个音是跟 pit 相同的了。所以我们只能把英语的 pin 分成 p + i + n 三个独立的单位，一个不多，一个不少。这就是所谓最小的单位，即音位。音位学或实用语音学就是研究这种有意义的言语声音的。

在一句话中，各个成分决定于它们在一个系统内部的关系，即它们跟其他成分的关系，特别是指它们间的结合关系。这种关系音位学上叫做分布（distribution）。在音的组合中，某个音位在一定情况下发生了变化,但它的关系并没有改变。例如英语的 p 本来是一个送气清塞音,可是在 s 之后,如 speak(说话)、spin(纺纱)等,却念成非送气音。语音中的这种关系就叫做补充分布(complimentary distribution)。

布龙菲尔德在语法分析和词汇分析方面,最特异的是把一般语法分成形态学和句法,又把词的构造分成构词法和构形法的办法一概置之不理。他经常把一个句子或一段话比之于数学中的连续统(continuum)。我们可以把它切分成各种形式或单位。语言信号的具有意义的特征分语法形式和词汇形式两种。语法形式中不具有意义的最小单位叫法位(taxeme),具有意义的最小单位叫法素(tagmeme),法素的意义叫法义(episememe);词汇形式中不具有意义的最小单位叫音位(phoneme),具有意义的最小单位叫词素(morpheme),词素的意义叫词义(sememe)。就整个语言来说,语言的不具有意义的最小单位叫做语位(pheneme),具有意义的最小单位叫做语素(glosseme),语素的意义叫做语义(noeme)。可是布龙菲尔德理论中重要的不在于这些抽象的原理的陈述,而是要制定一些描写语言形式的严格的方法。他在第十章中把语言形式分为自由形式和粘附形式两种;自由形式可以单独使用,而粘附形式是不能单独使用的。成分(constituent)包含在合成形式里面。词素是简单形式,它是由直接成分组成的。一种语言的具有意义的形式的配列构成语法。语言形式的配列有四种方式:(一)词序,如 John hit Bill(约翰击中了比尔)~ Bill hit John(比尔击中了约翰)。(二)变调,如 John!(约翰!)~ John?(约翰?)。(三)语音变换,如 do not(不要)~ don't(不要)。(四)选择,属于不同形类或次类的形式,如动词、名词、形容词等。

在每个句法结构中,我们都可以看到两个或更多的自由形式结合成一个短语。这个短语可能属于一个与任何成分的形类都不相同的形类,如英语的 John ran(约翰跑了),既不是主格形式如 John,也不是定式动词如 ran,所以英语的施事—动作结构是离心结构（exocentric construction），这个短语不属于直接成分的形类。另一方面，比如英语的 poor John（可怜的约翰）是一个专有名词词语，John 这个成分也是这样。John 和 poor John 从整体看具有同样的功能。因此我们说它们的结构是一种向心结构（endocentric construction）；John 是中心词，poor 是它的修饰语①。

13.6 布龙菲尔德学说的继承人及其影响

布龙菲尔德的语言学说建立后，他即自称是机械主义者，他于1924年筹办了一份语言学杂志《语言》（Language）作为美国语言学会的机关刊物，用来作自我宣传和与他人辩论的场地。其后参加《统一科学的国际百科全书》的编辑，更公然宣称他与当时的逻辑实证论者站在同一条路线，1936年在《语言》杂志第12卷第2期上发表《语言呢？还是观念呢？》一文，极力主张"真正的唯物主义"②。从此他所建立的机械主义的势力日益扩大。许多大学纷纷成立语言学系，不少的学者、传教士以至商人竞相去对美洲印第安语和非洲各地的语言从事调查研究，其中有些后来就成了他的门徒和他的学说的继承人。

布龙菲尔德的门徒有好几种类型。有的简直把布龙菲尔德的《语言论》和其他文章当做"圣经"，悉心加以研究，唯恐有所违失。有的把这部著作当做基础进一步加以形式化，甚至认为不管意义也可以进行分析，造成了一个"没有意义的语言学"。但是大多数都只采取其中一些有用的理论和方法重新加以组织，便成了今天的"描写语言学"，如霍凯特的《近代语言学教程》（A Course in Modern Linguistics）、格里逊（H. A. Gleason）的《描写语言学导论》（An Introduction to Descriptive Linguistics）以及派克

---

① 参看布龙菲尔德《语言论》，袁家骅等译，第239页。

② 实际上，布龙菲尔德在这里所说的"唯物主义"不是一般所说的辩证唯物主义和历史唯物主义，而是美国行为主义心理学家魏斯在他的著作《人类行为的理论基础》（A Theoretical Basis of Human Behavior）中所说的唯物主义，也即机械主义。

(Kenneth L. Pike) 的《音位学·根据语言创立文字》(Phonemics: A Technique for Reducing Language to Writing) 和《声调语言·确定语言中音高对比的数目和类型的技巧》(Tone Language: A Technique for Determining the Number and Types of Pitch Contrasts in a Language) 等等都属于这一类型。[3]

评注：

[1] 萨丕尔《语言论》的副标题是"言语研究导论"（陆卓元翻译，陆志韦校订，商务印书馆，1985，第2版），但这不意味他把言语作为研究的主要对象，更不能理解为言语的语言学。该书比较严格地区分语言和言语，主要还是研究语言，但他是比较注意联系言语、思维、民族、社会、文化、文学研究的。他认为语言是一个听觉符号系统（p.7，p.16），具有任意性（p.9）。语言与思维的关系有如工具与产品的关系，"工具使产品成为可能，产品又改良了工具"（p.15）。他甚至假定"语言是先理性地兴起的"（p.15）。语言成分是包装思维的"胶囊"；语言是能奏出心灵活动的"乐器"（p.12—13），书面形式是口语的第二重符号——符号的符号（p.17），语音、词汇、语法是语言要素（3—5章）。他用纯关系和混合关系作为语言结构类型分类标准（p.129）。他分析了个人变异与方言的变异，认为语言里其他的一切都有自己的"沿流"，方言会统一出普通话，普通话会分裂成方言（p.136），没有任何东西是完全固定的，这正是语言的生命（p.154）。萨丕尔的观点还有：语音变化是由总沿流、重新调整的趋势、保护性的趋势三股基本势力拧成（p.168），语言交互影响，没有完全孤立的语言或方言（p.173），语言不脱离种族、社会、文化（p.186），语言史和文化史沿着平行的路线前进，但语言、种族和文化没有因果的内在关系（p.196）（语言决定思维的语言相对论是后来他的学生发展起来的），语言是文学的媒介（p.199）。以上内容分布在全书的第11章。

有人认为萨丕尔是人类语言学或文化语言学的奠基人（胡明扬主编，1988，202页），该书至今对语言学研究具有积极意义。

[2] 在布龙菲尔德的《语言论》（袁家骅、赵世开、甘世福译，钱晋华校，商务印书馆，1980）里，语言和言语这两个概念是严格区分的。语言是音义结合的符号系统（p.29、p.31），语言是工具（p.59）；言语是说（p.33、p.34、p.39、p.42、p.43、p.88）和所说（p.23、p.38、p.41、

p. 40、p. 89)。他认为应该首先研究语言（p. 24）。言语是千变万化的，"没有两个人的言语完全相同，甚至可以说没有一个人的言语，在不同的时间说得完全一致。"（p. 48）"文字不是语言，而只是利用看得见的符号来记录语言的一种方法。"（p. 22）"文字是图画的产物。"（p. 357）"运用语言本领最大的人，就是文学天才。"（p. 49）语文学有很大成绩，但是"古代却从没有人对于语言变化建立任何仔细的研究"（p. 3）。和乔姆斯基相比，他更加重视归纳法，认为"对于语言，唯一有用的概括是归纳的概括"（p. 21）。他把言语行为概括成三件连续发生的事件：A. 说话人的情境；B. 他所发出的语音和语音对听话人的耳膜的冲击；C. 听话人的反应。他认为"从原则上讲，研究语言的人只管实际的言语（B）；要是研究清楚说话人的情境和听话人的反应（A 和 C），那便是人类知识的总合了"。他又说"在说话人的情境和听话人的反应，话语本身也是个因素"（p. 87）。可见他的言语行为观具有四大因素。从中我们仍然能够体会到索绪尔语言的语言学和言语的语言学思想。对语言研究，布龙菲尔德从音位、词汇、语法诸方面进行阐述。该书也涉及历史比较法，对谱系说和波浪说同样给予重视。

[3] 美国结构主义之后乔姆斯基的理论可参看《普通语言学人物志》（岑麒祥著，世界图书出版公司，2008）；社会语言学的著作以及近来的功能语言学和认知语言学的著作则举不胜举。

附录一：美国的形式语言学（Formalist Linguistics）

第一节　形式语言学产生的背景

1. 自然科学背景：计算机和老三论（系统论、信息论、控制论）
2. 语言学背景：结构主义语言学的缺陷

第二节　乔姆斯基和他的形式语言理论

乔姆斯基的硕士和博士学位论文分别是《希伯莱语语法》和《转换分析》。1955 年的《语言理论的逻辑结构》未发表，1957 年，荷兰冒顿公司出版了马丁内不予发表的紧缩本《句法结构》引起轰动，被称为达尔文革命。开始如下转变：

1. 研究对象由语言转为语法；
2. 研究范围从语言转为语言能力；

第十三章 现代美国语言学中的心理主义和机械主义

3. 研究目标从观察分类描写转为解释；
4. 研究方向从处理语言素材转为评比语法假设；
5. 语言研究的哲学基础从经验主义转为理性主义。

总之，乔姆斯基设想人类有一种语言习得装置 LAD（language acquisition device）：

原始材料 L→LAD→语法 G

（结构主义）（乔氏）（传统语法）

乔氏认为语言学的研究对象是语言的"人脑黑箱装置"的生成能力怎样用有限的规则生成无限的句子，还把索绪尔的语言和言语改为语言能力（competence）和语言运用（performance）。

第三节 生成规则

生成规则包括一套短语结构规则和词汇插入规则以及音素音位规则。

一、短语结构规则

短语结构规则是乔氏形式化的主要手段，也叫改写规则。它的普遍形式是 X→Y 读为"把 X 改写为 Y"，相当于计算机程序的一条指令。

S→NP + VP；NP→D + N；VP→V + VP 如：The girl kicked the boy

(1) S→NP + VP   NP + VP
(2) VP→V + NP   NP + V + NP
(3) NP→D + N   D + N + V + D + N
(4) D→the   the + N + V + the + N
(5) N→girl boy   the girl + V + the boy
(6) V→kicked   The girl kicked the boy

这种演变方式叫"演变公式"（derivation）。由于这种演变方式的表达比较麻烦，而且不清楚，后来就改用"树形图"。

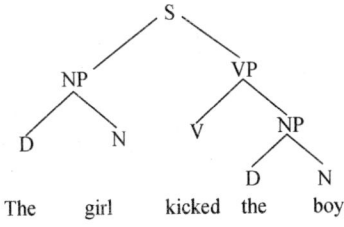

索绪尔——线条性、任意性与强制性；结构主义——层次性、直接成分；乔氏——短语结构规则树形图，表层与深层。树形图的优点：1. 有标

记；2. 更加清楚。

二、词汇插入规则

词汇插入规则是乔氏生成合格句子的保证，这个规则对句子各成分加以限制。其采用的形式如下：

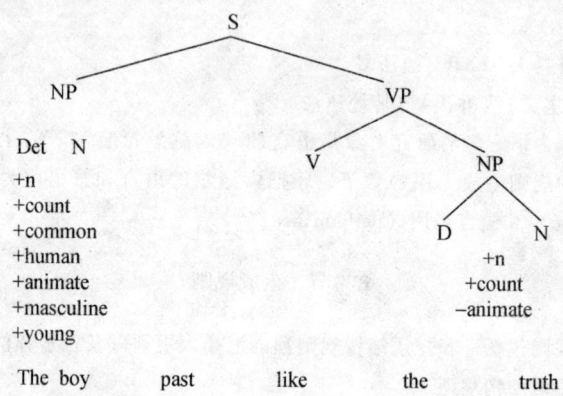

三、音素音位规则

音素音位规则是最后一道手续把词改成音，使语言的底层表现形式变为表层的语音表现。用区别特征描述。如：英语词在词首读送气音［p、t、k］→［pʻ、tʻ、kʻ］。

第四节 转换规则

以上的生成规则还是建立在层次分析基础上，树形图更是明显反映直接成分分析法的原则。为了提高理论的解释力，乔氏又提出"转换语法"的概念。他从法国波尔·洛瓦雅尔修道院唯理语法（阿尔诺）和他的老师哈里斯的理论中得到启发。

The invisible God created the visible world.
God who is invisible has created the world which is visible.
God has created the world.
God is invisible.（核心句）
The world is visible.（核心句）

转换的初步概念是哈里斯最先提出，他认为一个句子的由一定数量的单纯句（simplexes）组成，这些单纯句叫核心句（kernels），复杂的句子是应用一系列规则的产物，这个规则叫转换规则。

第十三章 现代美国语言学中的心理主义和机械主义

乔氏的转换起先主要是核心句与非核心句的转换，如主动句转为被动句、肯定句转为否定句、陈述句转为疑问句或命令句等。如：The man opened the door.

The man did not open the door. （否定）
Did the man open the door. （强调肯定）
Didn't the man open the door. （强调否定）
The door was opened by the man. （被动肯定）
The door was not opened by the man. （被动否定）
Was the door opened by the man? （疑问肯定）
Wasn't the door opened by the man? （疑问否定）

后来，乔姆斯基放弃了核心句的提法，改用表层（surface）结构和深层（deep）结构的概念。他没有明确说明这两个概念的明确含义，只说与下列概念相关：1. 每个词的意思；2. 这些词的排列方式。

一般认为，表层结构是声音或文字表现出来的可感知的结构；深层结构是潜在于人们意识中，不能直接感知的结构。

哈特曼、斯托克认为，表层结构是实际上形成的句子各成分进行线性排列的结果；深层结构是短语或句子成分之间内在的语法关系，是不能直接从线性序列上看出来的。如：

John expected mother to bring a present.
John persuaded mother to bring a present.

后来菲尔墨以施受关系决定。

Flying planes can be dangerous. （一表层，两深层）
The student has taken the book away.
The book has been taken away by the student. （两表层，一深层）

直接成分分析法和树形图只能分析句子的表层结构。

无论核心句与非核心句的转换还是表层结构与深层结构的转换都要运用一套转换程序，如：移位、插入、删除、复写等。

第五节 转换生成语法的发展过程

一般认为，转换生成语法从 1957 年到现在大致经过六个阶段：古典模式阶段；标准理论阶段（S.T）；扩展的标准理论阶段（E.S.T）；修正的扩展的标准理论阶段（R.E.S.T）；GB 理论阶段；最简方案理论阶段。

一、古典模式（第一模式）阶段　这一阶段以 1957 年的《句法结构》(Syntactic Structures) 为代表，也叫初期转化语法。

传统语法如图解法——根据意义；结构主义语法的层次分析法——根据形式，但对一些同形异构、歧义句无能为力，如"他爱吃糖"和"糖他爱吃"及"鸡不吃了"等。

初期转换主要用三大法宝：短语结构规则、转换规则、语素音位规则（还没有词汇插入规则）。

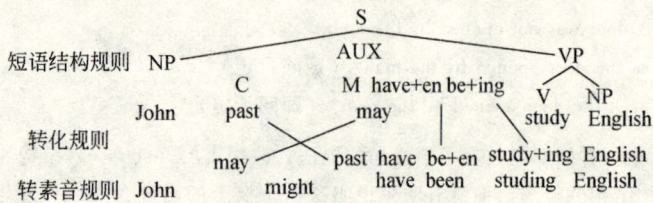

这个例子可以产生任何这类的句子，如：

John should have worked.

John is working.

John has worked.

这一时期采用核心句与非核心句的转换，<u>不重视意义</u>，认为意义不在语法研究之列。

但一些语言学家指责他的语法不能生成全部合格的句子。如：John married Mary，按规则转换是 Mary was married by John，但意思是"约翰牧师为玛丽举行婚礼"。看来不管意义是行不通的。于是乔氏对原理论进行了修正。

二、标准理论（Standard Theory）(S. T.)　这一阶段的理论以乔姆斯基 1965 年出版的《句法理论的若干问题》(Aspects of the Theory of Syntax) 为代表。

这一时期的理论改变了几个重要原则：

1. 初期转换可任意转换，现在规定转换不能改变意义，而且需转换成为合格的句子。

2. 要加上语义的因素，选择限制，即前面所说的词汇插入规则。

3. 放弃核心句与非核心句，采用深层结构和表层结构，并且认为语义是由深层结构决定的。

第十三章 现代美国语言学中的心理主义和机械主义

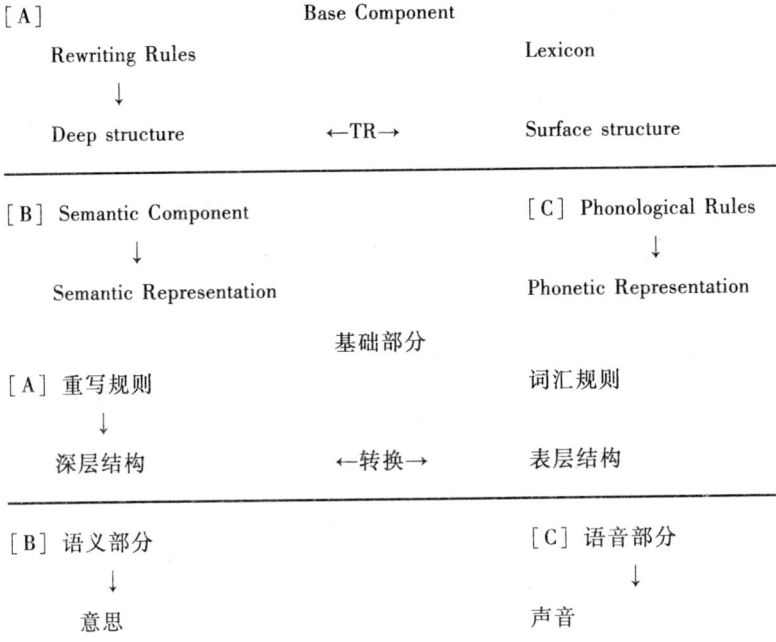

A 是句法部分；B 是语义部分；C 是语音部分。乔的"语法"把三者全包括在内。

三、扩展的标准理论（Entended Stanbdard Theory）（E. S. T.） 以乔氏 1972 年的《深层结构，表层结构和语义解释》（Deep Structure, Surface Structure and Sematic Interpretation）为代表。

二期语法出笼了几年，受到菲尔墨等人的攻击。他们攻击乔氏的表层不表义，深层不确切，关系概念和范畴概念不清楚。菲尔墨认为许多介宾词组用乔的关系概念无法表达，如：

by the janitor	（表施事）
with a knife	（表工具）
in a week	（表时间）
for your friend	（表受事者）
on the street	（表地点）

1968 年，菲尔墨写了《格辩》（The Case for Case）。但他并没有说明到底多少格，后来确定的格的数量多达 66 个。乔氏没有采用这一理论，而是提出了"前提"和"含义"的概念。

在这一阶段,他承认表层不表意是不对的,因为语义和语音有一定的关系;语义和语法也有一定的关系,所以,表层结构对语义也起一定的作用。

四、修正的扩展的标准理论（Revised Extended Standard Theory）（R. E. S. T.） 这一时期的理论以 1977 年乔氏的《关于形式和解释的论文集》（Essays on Form and Interpretation）为代表。

这一阶段最明显的变化是:把语义解释放到了表层结构,表述如下:

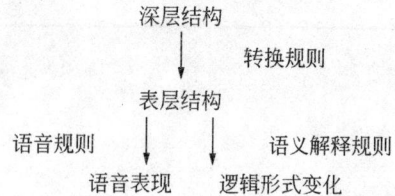

五、管辖约束理论 这一阶段以乔氏 1980 年《约束论》（On Binding）和 1981 年《管辖和约束讲话》（Lectures on Government and Binding）为代表。

乔氏的生成语法不断修正,每次修正都增加新规则,结果是有利于描写,不利于解释。为了解决这个矛盾,乔氏把注意力转到普通语法方面,认为语法能力不一定假设具体规则来生成一切合格的句子,也可以依靠更普遍、更概括的原则来排除那些不合格的句子,掌握语法主要就是掌握这些抽象的普遍语法原则。这表现在两方面:

1. 管辖成分之间的支配限制关系,它要说明:（1）短语的各个成分是否在同一管辖区内;（2）在管辖区内什么是主管成分,什么是受管成分（空位）。如:

(1) 小王喜欢他。

(2) 小王说小李喜欢他。

(3) 小王喜欢他自己。

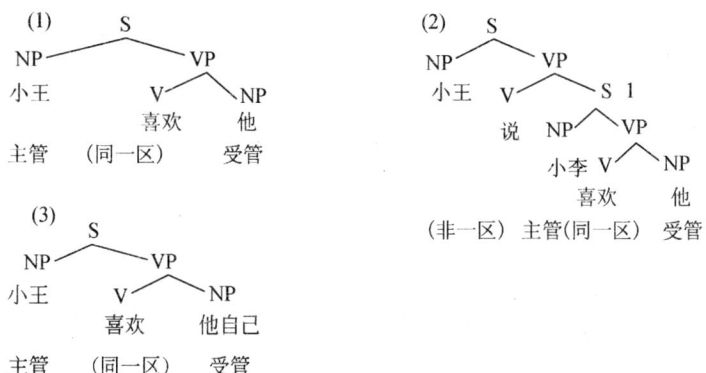

管辖的作用是限制句子结构,如"他不怕跳舞。"可改为"跳舞,他不怕。"。但是"他因为跳舞没有来。"不可以改为"跳舞,他因为没有来。",这是因为"怕"能管辖后面的"受管"(空位)"跳舞",而"因为"不能管辖后面的"空位"。这种空位必须受到严格控制,否则就不成句。

2. 所谓"约束"是语义解释的照应关系。他要说明,在管辖区内什么是自由的,什么是受约束的。乔氏提出三条约束原则:

甲、照应词(指反身代词 himself)在管辖区内受约束(bound)。

乙、代名词(him、her、他类)在管辖区内是自由的。

丙、指称词(人名、小王、小李类)总是自由的。

根据丙,(1)中的小王、小李总是自由的,在任何情况下不受别的词约束。

根据乙,(1)中的"他"是自由的,不受主管成分"小王"的约束,因此,"小王"和"他"不会是同一个人。同样,在(2)中,"他"不受小李约束,不会指同一人,但乙不限制"他"与管辖区 S 1 外的小王指同一人,所以"他"不可以指小李,但可指小王或其他人。

根据甲,(3)中的"他自己"受主管成分"小王"的约束,只能指同一人。再如,"小张说小李批评了他自己。"中,"他自己"只指小李,不指小张。而在"小张说小李批评了他。"中,"他"可指小张或其他人不能指小李,因为"他自己"约束在一定范围,而"他"不是。

六、最简方案(A Minimalist Program)

上世纪八十年代,乔氏放弃了管辖概念,把精力集中在对参数变异的限制上,进入原则与参数变异时期。在管辖论阶段,他虽然多次重申参数的值是有限的,但理论上没有设置参数的根据。从儿童的习得现象出发,得出的必然结论是：变异是受到严格控制的，参数的数量是有限的。实验证明：1. 儿童可以在嘈杂语篇的基础上得出某种语法假设；2. 儿童可以在新的语言输入的基础上形成新的语法假设，可以等于也可不等于原来的假设；3. 在结果相同的基础上，儿童倾向选择简单的而不是复杂的语法，即简单语法优先性。如果不同语言的语法在数量上真是有限的，为什么语言数量实际是无限多的呢？这主要是语言的词库部分造成的。

乔氏最简方案的变异理论是把句法分为词库和计算系统两大部分，把参数变异限制在词库中。词库有两个主要部分：一是概念与声音结合的方式，由于这种结合有约定俗成性，即索绪尔任意性，所以成为语言差异的重要来源；另一方面是词库的形态特征，即常规意义上的形态。词库的词项在进入计算系统后必须受到核查，核查理论受经济原则制约。计算系统本身是没有变异的，变异除索绪尔任意性外，主要是由词库形态特征决定的。1992年，乔氏说："人类语言只有一个计算系统和一个词库，让我们尝试性地把这个也许极端，但似乎并非不可行的假设采纳为最简方案的另一个因素。"把变异局限于词库，把参数的设置控制在语言中可觉察的部分（主要是形态特征），这就是最简方案的一个核心的改革。

参考文献：

赵世开.《现代语言学》. 知识出版社. 1982 年

程 工.《语言共性论》. 上海外语教育出版社. 1999 年

附录二：社会语言学（Sociolinguistics）

第一节 社会语言学产生的背景

一、科学背景　交叉科学的产生。

二、社会背景　独立国家与发达国家的并存。

三、学术背景

（一）结构主义语言学、形式语言学的成绩与不足

戴尔·海姆斯指出：（形势语言学）这一生命之花正在盛开，但是围绕着她出现了另一种概念的萌芽，并且可能在本世纪末之前取而代之。如果这一点成为现实，是因为：正如转换理论吸取了前人的成果并超出了前人所能控制的结构关系一样，新的关系即包含无法排除的社会关系，将会显得十分突出，需要一种更为广泛的理论来容纳和处理这些关系。

第十三章 现代美国语言学中的心理主义和机械主义

(二) 社会联系研究有悠久的历史

方言地理学派的施密特、吉耶龙,社会心理学派中法兰西学派的梅耶、房德里耶斯、马丁内,日内瓦学派以及结构主义的布拉格学派,都很重视语言的社会因素。

伦敦学派的弗斯和他的学生韩礼德是社会语言学的直接奠基者。

1. 弗斯(1890—1980)与情景意义和形式意义

情景上下文 { 情景意义(参与者、事物事件、效果)——语言之外
形式意义(搭配、语法、语音)——语言之内

2. 韩礼德(1925—)和他的功能系统语法

索绪尔——语言(langue)和言语(parole)(speech—language, speaking)

叶尔姆斯列夫——习惯用法和修辞手段(布拉格学派也把模式与常规认为是语言,如同琼斯的习惯用法、萨丕尔的模式)

乔姆斯基——语言能力(competence)和语言运用(performance)代替语言和言语。到了最简方案阶段,乔氏的计算系统和词库实际上继续体现了索绪尔的任意性,词形态特征。

韩礼德——潜势系统(linguistic potential)和实际运用(linguistic behaviour)。虽然不提倡语言和言语,但他的观点与索绪尔的十分接近。他的根本论点是强调只研究语言本身是不够的,还要对语言的社会功能进行研究。1978年,他在《语言学是社会的符号学》一文里指出:"语言学有两种观点,一种研究有机体内部,研究心灵的活动;另一种研究有机体与有机体之间的关系,即人与人的关系。这两者可以是互相补充的。我认为如果两者受到同样的对待,语言学就会健康发展。过去十年到十五年的特点是,人们集中巨大的力量去研究有机体内部,这主要是由于乔姆斯基的影响,他的观点是心理学的观点,把语言学当做知识。我非常高兴地看到,现在又有一种观点,回过头来研究有机体与有机体之间的关系,也就是说人们不仅说话,而且是互相交谈。"

韩礼德早年还提倡一种"阶与范畴语言学",后来他建立系统功能语法(具体参见本书有关部分)。

3. 社会学家和人类学家的传统

社会学和人类学的相关学者有马林诺夫斯基、博厄斯、莱维·施特劳斯、戴尔·海姆斯(人类学派)、拉波夫(语言学派)、菲希曼、甘柏兹(社会学派)等。

海姆斯提出交际能力与乔姆斯基的语言能力对抗,其特征有:1. 可能性;2. 得体性;3. 可接受性;4. 或然性。

第二节 社会语言学的性质

一、定义

对社会语言学的定义主要有如下几种:

(美)尤金·奈达:从社会环境的角度考察语言,是一种社会现实的语言学。

(英)特鲁杰:联系社会对语言的研究。

(苏)阿赫玛诺娃:研究语言和社会生活的因果关系。

(中)陈原:研究语言与社会多方面关系的学科。研究语言与社会之间的共变现象。

二、任务

美国的海姆斯认为社会语言学的任务是解释和分析社会共同体的各种谈话方式以及使用这些方式的条件和意义。美国布赖特于 1964 年第一次提出"共变论",认为社会语言学的任务是描述语言和社会结构的共变。

佐依基则认为社会语言学是要研究"Who says what to whom on which occasion"。

三、疆界

语言的共变理论决定两个变数:社会和语言。第一个领域是社会变化引起语言诸因素的变化;第二个领域是从语言诸因素的变化探讨社会诸因素的变化。

韩礼德把语言学研究分为 15 个具体领域:1. 语言的宏观社会学;2. 集团双语现象,多语现象,多方言现象;3. 语言规划,语言发展和规范化;4. 语言的洋泾浜化和克里奥尔花现象;5. 社会方言学,对非标准体的描写;6. 社会语言学和教学;7. 言语的人种史,语言环境;8. 语域,言语能力,一种语言向另一种语言的过渡;9. 语音和语法变化的社会因素;10. 语言和社会化;11. 社会语言学的发展和儿童语言的发展;12. 语言体系的功能理论;13. 语言相对性;14. 人种方法论的语言学;15. 话语理论。

语言学研究还可分为宏观社会语言学和微观社会语言学。

第三节 社会语言学的模式、框架、概念体系

一、模式

1. 韩礼德的社会语言学模式(社会——语言)

第十三章 现代美国语言学中的心理主义和机械主义

```
                    社会体现
社会结构                              语言系统
                    文化传统
阶级、阶层                             定域语言
社会方言                              语篇
```

2. 布莱特的文化模式（语言行为——语言内容）

```
语言行为                              语言内容
特殊的个人言语                         个人谈的万物
    ↑                                ↑
   [a]                              [b]
    ↓                                ↓
共性的社会语言      ←[c]→            社会文化结构
```

（参见《中国大百科全书》"社会语言学"条）

二、框架

（一）美式框架

海姆斯：

1. 语库—言语共同体使用多种语言变体，不是一种。个人需掌握的语言变体、语码或次语码以及他们之间的语码转换。

2. 语言习套—超出句子范围的连贯的结构。

3. 语言行为领域—语境包括通常的和非常的。

（二）尤金—奈达：功能—语境—得体性—言语

1. 功能：

（1）表达功能

（2）认识功能

（3）人际功能

（4）信息功能

（5）指令功能

（6）执行功能

（7）情感功能

（8）美感功能

2. 语境

3. 得体性

礼仪的语体

正式的语体

非正式的语体

随便的语体

亲切的语体

4. 言语和言语变异

层次变异

情节变异

小结：所谓社会语言学就是用社会学的方法研究语言，这里面包括很多内容，总起来可以说研究语言的变异性。我们平时说某一种语言，比如说汉语、英语、阿拉伯语等等，都是一种抽象的东西，说汉语的人有九亿多，究竟谁说的话可以代表汉语？严格说，没有两个人说的汉语是百分之百的相同，从事静态分析的人也早就注意到这一点，所以才有只能以个人语言（idiolect）为分析对象的说法。这就从反面证明了语言的变异性：不同民族、不同地区、不同阶层、不同行业、不同场合，使用的语言或者很不相同，或者大同而又小异。社会语言学主要研究对象是一个社会里的多语言现象（吕叔湘）。

第四节 社会语言学的研究方法——定量分析

既然社会语言学研究的核心内容是语言的变异。如何测定这些变异就是社会语言学研究的方法问题，其中最重要的方法就是定量分析。陈原认为开始不注意量的分析，只是到了 20 世纪 70 年代末 80 年代初，郝德森等人才专门讨论定量分析。其实，"在美国定量的社会语言学研究语言变化和社会变量之间的关系，这一学术领域基本上是由拉波夫建立起来的"（佐依基）。

拉氏方法诞生于 1972 年，即著名的《纽约市百货公司（r）的社会分层》一文。拉波夫采用的"快速隐秘观察法"去调查下东区的三家百货公司。步骤如下：

1. 预查：70 次个别谈话和许多次隐秘观察，目的是明确研究的价值。

2. 假设：假如纽约市本地人中有任何两个集团在社会分层的阶梯上处于高低不同的地位，那么他们在发（r）音上也会表现出相应的体现声望高低的差异。

3. 设计：调查方法和检验方法。

第十三章 现代美国语言学中的心理主义和机械主义

4. 确定调查对象：曼哈顿高、中、低档三家百货公司的售货员。

5. 预测：高级百货公司的售货员出现（r）是最高值；中级百货公司的售货员是中等值；低级百货公司的售货员是最低值。

6. 选择：萨克斯（Saks）、梅西斯（Macy's）、克拉恩斯（S. Klein）。如何知道它们代表高、中、低三级呢？

（1）地段：萨克斯位于第五大街，靠近时髦商业中心，与其他名气大的公司并列；梅西斯位于先驱广场，与名气中等的公司并列；克拉恩斯位于联邦广场，位于14街和百老汇交叉处。

（2）广告和价格策略：《纽约时报》是中产阶级的报纸，《每日新闻》是工人阅读的报纸。前两家在《纽约时报》登广告，而第三家只占很小一条。在《每日新闻》第一家根本不登，而后两家大登特登。对价格登的方法不同。第一家有时不提价格，有时用小号铅字标价；第二家用大号铅字刊登有时附加价廉物美和从整数刨掉几分钱的做法，如49.95元、56.90元等方法；第三家则常常用大降价手段招徕工人们。

7. 调查记录：假做普通顾客故意问"4楼在哪儿？"得到随便的 fouth floor 和强调的 fouth floor。交谈是"有计划的诱导"。

8. 分析：三家记录分别是（萨）62%、（梅）51%、（克）21%

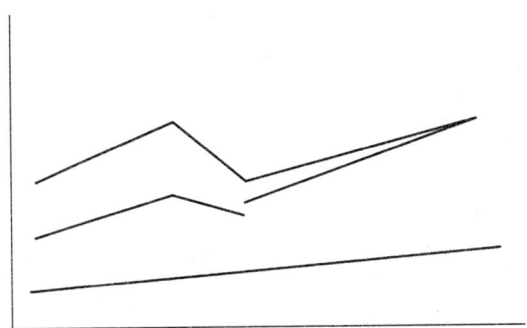

9. 其他因素：

（1）种族：克拉恩斯的黑人＞梅西斯＞萨克斯。说明黑人越多说的越少。

（2）职业：巡视员的比例是46%；售货员是18%；送货员是0%。说明职业越低的人说的越少。

（3）年龄：拉波夫起先预测，由于青年人和老年人有心理上的差距，青年人一定多发有标志文化修养的音。在高档的萨克斯里调查结果与预测的一样；在低档的克拉恩斯年龄变化与发音关系不大；可是在中档的梅西斯正相反，年龄大的比年龄轻的更爱说。为什么？原来是社会地位起作用。

10. 结论：

定量计量方法小结：

收集阶段：1. 预备性调查；2. 提出假设；3. 落实调查对象；4. 预测调查结果；5. 快速隐秘观察法；6. 填表法；7. 参与观察法；8. 自我评价测试法；9. 口语直接观察法。

分析阶段：1. 百分比计算和比较法（1）面积法；（2）趋势法；（3）列表法；2. 标准记分法。

参考文献：

《中国大百科全书》（语言文字卷）．中国大百科全书出版社，1988年

陈松岑．《社会语言学导论》．北京大学出版社，1985年

［美］佐伊基．《社会语言学演讲录》．北京语言学院出版社，1989年

第十四章 英国语言学

一、英国古代有关语言研究的特点

14.1 英国十八世纪关于词典的编纂和文字拼写改革的讨论

英国对于语言的研究，源远流长，从很早的时候起，就有人从事这种工作，但多偏重于词典的编纂和个别语言学问题的探讨。在词典方面，自十九世纪起就先后出现了《牛津词典》、《词源词典》、《英国方言词典》以至《大英百科全书》等巨著，驰名于世。在语言方面，威廉·琼斯爵士（Sir William Jones）1786年在加尔各答东印度公司亚细亚学会所作报告，指出印度梵语与拉丁语、希腊语和日耳曼族语言在历史上有亲属关系，不独引起了人们对于印欧系语言的比较研究，而且激发了怎样把像梵语、波斯语等这样的不是用拉丁字母拼写的语言转写的问题。接着他还写了一篇《关于亚洲语词用罗马字母正写论》的文章①，极力赞扬印度梵语天城体音节文字的合理，反而附带指责英语正词法的混乱，认为在教科书上说"英语只有五个元音，那是毫无道理的"②。

威廉·琼斯的这一番议论，当时在英国引起了很大的反响。埃利斯（A. S. Ellis）和皮特曼爵士（Sir Isaac Pitman）合作发起研究字母改革的问题。到1885年，勒普修斯（C. R. Lepsius）根

---

① Dissertation on the Orthography of Asiatik Words in Roman Letters Works, vol. 8, London, 1807, pp. 257—318。

② Ibid, p. 264。

据言语发音的生理学原则拟出了一种《标准字母》,连电话发明人格拉汉·贝尔(A. Graham Bell)的儿子美尔维尔·贝尔(Melville Bell)也根据他的实验拟出了一种以发音器官动作为基础的"可见的话"(又译"视识话")①。这两种设计其后虽然都没有实行,但是对当时语音学研究却起了一定的推动作用。

二、语音学问题的研究

14.2 亨利·斯威特和但尼尔·琼斯的语音学研究

亨利·斯威特(Henry Sweet)生于 1845 年,卒于 1912 年,他是英国著名的语音学家和英语教学的领袖。他的重要著作有 1877 年出版的《语音学手册》(Handbook of Phonetics)和 1890 年出版的《语音学初阶》(Primer of Phonetics),都是讲理论的书。此外他还有两本与教学有关的著作:一本是 1890 年写的《英语口语初阶》(A Primer of Spoken English),另一本是 1900 年写的《语言的实际研究,教师和学习者指南》(Practical Study of Language: A Guide for Teachers and Learners),都是为了指导语言学习之用的。直到这个时候,语音学家最关心的还是拼写改革的问题,包括设计增加些什么样的字母符号,以及制定普遍适用的语音符号系统的问题。经过多方面的仔细研究,斯威特发现在用新决定的罗马字母为各种具体语言注音中,有些差别是有区别意义的作用的,有些却没有区别意义的作用。他根据这一点就把语言中按有区别意义的差别标音的叫做"宽式标音",连没有区别意义作用的声音也用音标标出的叫做"严式标音"。后来为国际语音学会所采用成了国际音标的两种标音法。自从音位学产生后,"宽式标音"其实就是"音位标音",而把其中没有区别意义作用的差别叫做"音位变体"。

---

① 参看罗常培、王均,《普通语音学纲要》。

斯威特关于语音学的工作后来为但尼尔·琼斯（Daniel Jones）所继承，并加以发扬光大。他积极参加国际语音学会和布拉格语言学会的工作，为他们的刊物写文章，另一方面与美国语言学家斯瓦德施（M. Swadesh）等也取得了相当密切的联系。1914年写《英语语音学纲要》（Outline of English Phonetics），1917年写《英语发音词典》（English Pronouncing Dictionary），把国际音标的应用和英语的"标准发音"（received pronunciation）带到了全世界。

那时，音位学经布拉格语言学会大力推动之后，正在欧美各国蓬蓬勃勃地发展。但尼尔·琼斯也曾助一臂之力。他于1950年出版《音位：它的性质和用途》（The Phoneme: Its Nature and Use）一书，并写有《关于音位的某些想法》（Some Thoughts on the Phoneme）和《"音位"这个术语的历史和意义》（History and Meaning of the Term "Phoneme"）。二文分别登载于牛津《语文学学会议事录》（Transactions of the Philological Society），立论深透正确，深为读者所赞赏。

三、英国语言学中的"伦敦学派"

14.3 弗斯和他所领导的"伦敦学派"

1936年，英国曼彻斯特维多利亚大学教授帕默尔（L. R. Palmer）在他所著的《语言学概论·序言》中说："语言是所有人类活动中最足以表现人的特点的，而在英国，语言的研究却被人忽略，甚至被人藐视，这真是怪事。'语言学家'已经变成温和的鄙薄之词。"[1] 帕默尔的这番话，大概是指与欧洲大陆

---

[1] 参看 L. R. 帕默尔《语言学概论》，李荣等译，1983年商务印书馆出版，第 iii 页。本书英语原叫做 Introduction to Modern Linguistics，即"近代语言学导论"的意思。

几个国家和美国相比,从总的方面对人类语言作理论性的研究来说的。这话说了没有几年,到 1944 年,在伦敦大学东方和非洲语言研究所竟然开设了一个普通语言学讲座,这个讲座的第一任教授就是弗斯(J. R. Firth)。他所领导的小组叫做"伦敦学派"。

弗斯是英国东方学者和语言学家,早年曾在亚洲居留多年,懂很多种东方语言,所以他的著作中有许多地方都举东方语言做例子。他在学问上极端推崇两个人:一个是瑞士语言学家德·索绪尔(F. de Saussure),一个是原在波兰出生的人类学家马林诺夫斯基(B. Malinnowski)。但在许多问题上并不拘泥于他们的成说,时常具有他自己的见解。

弗斯一生并没有写过什么巨大的著作,而只是随时写出了一些关于语言技巧和理论的文章登载于牛津出版的《语文学会会报》(Transactions of the Philological Society,简称 TPS)或伦敦大学《东方和非洲语言研究所集刊》(Bulletin of the School of Oriental and African Studies,简称 BSOAS),如《语义学的技巧》(The Technique of Semantics, TPS, 1935)、《声音与韵律学》(Sounds and Prosodies, TPS, 1948)、《语言理论概要:语言分析研究》(A Synopsis of Linguistic Theory: Studies in Linguistic Analysis, TPS, 1957)、《印度和缅甸的字母和音位学》(Alphabets and Phonology in India and Burma, BSOSAS, 1935—1937)等等,1966 年由帕默尔(F. R. Palmer)把他于 1952—1954 年所写的文章编成一本《弗斯 1952—54 年文选》(Selected Papers of J. R. Firth 1952—54)在伦敦出版,他的重要著作差不多都包括在内了。

弗斯的关于语言的研究牵涉到语言的各部分,而以与语音学(特别是音位学)和语法有关的为最重要。

弗斯的音位理论与美国的结构主义派的大不相同,与布拉格学派以至法国功能主义学派如马迪内(A. Martinet)的倒有些接近。美国结构主义学派把一个人所说的话譬做一条语链,人们把它割切成许多既有语音又能区别意义的最小单位叫做音段(segment),在音位学上就是音位,主要是指辅音音位和元音音位。

但是语音中具有这种区别意义功能的不只限于辅音和元音，有些语言中还存在由于音高、音强或音长的对立而具有区别意义功能的现象。这算不算音位？美国结构主义学派认为也应该算是音位，不过因为这样的音位所管辖的领域多半是音节，有些甚至是词、词组以及句子，因而造出了好些比如音节音位、词的音位、词组音位和句子音位等名称。弗斯和布拉格学派等不赞成这个方法。他们认为诗歌中的韵律学也是以音高、音强和音长等为基础的，不如把这个术语移用到音位学来，就把它们叫做韵律单位（Prosodeme）。

弗斯在音位理论中另一个独特之处是提出了"多系统"（Polysystemic）论。什么叫做"多系统"呢？弗斯的所谓"系统"是跟"结构"连在一起使用的。"系统"即等于德·索绪尔的"聚合关系"（paradigmatic）①，"结构"即等于"组合关系"（syntagmatic）。试举个汉语的例子来看。大家知道现代汉语普通话有两个收音节的辅音-n 和-ŋ，广州话有六个收音节的辅音-m、-n、-ŋ、-p、-t、-k。这些辅音如果跟音节开始的相同的辅音合并成为一个音位叫做"单系统"的办法。这是很不合理的，因为（1）汉语和汉语方言的这些收音节的辅音都是"内破音"，与音节开始的辅音显然不同；（2）这些收音节的辅音不一定有音节开始的辅音跟它相配，如汉语普通话的-ŋ。在这种情况下不如把这些收音节的辅音另列成一类，与音节开始的辅音系统不同，这就叫做"多系统论"。

在各种语言的发音中，音位总是跟各种韵律单位结合在一起的。所以我们进行音位分析时必须把其中所包含的韵律要素剔开才能得出真正纯净的音位。有人把这一程序列成如下的一个公式：phoneme-prosody = phonematic units。② 其中所说的 phonematic

---

① 德·索绪尔原叫做"联想关系"（rapport associatif），后因避免带有心理主义色彩特改为"聚合关系"。

② F. D. Dinneen, An Introduction to Central Linguistics, New York, 1967, p. 312.

units（音位学上的单位）就是指的纯净的音位。

上述"系统"（system）和"结构"（structure）这两个术语，在弗斯的语言学理论中是有它们的特殊意义的。大致说来，"结构"就等于德·索绪尔的"组合关系"（rapport syntagmatique），"系统"就等于德·索绪尔的"聚合关系"（rapport paradigmatique）①。它们不仅可以应用于语音方面，也可以应用于语法方面。例如英语 John invited him（约翰邀请他），John greeted him（约翰迎接他）和 John welcomed him（约翰欢迎他）这三句话的"结构"是相同的，即"主语+动词+宾语"。在这个"结构"中，三个动词 invite, greet 和 welcome 共同构成一个"结构"，其中任何一项都是动词这个"系统"中的成员。因此"结构"是"语言成分的组合排列"（syntagmatic ordering of elements）。而"系统"却是"一组聚合单位"，这些单位能在"结构"里的同一位置上互相替换②。

弗斯还指出，"一个结构的各个成分，特别是语法关系的各个成分，在排列中是各有呼应关系的，但是排列并非仅仅是指序列"。有人认为，他的意思是说，一个语法结构，例如主—动—宾组合，在时间上不一定是先主语，次动词，后宾语。当然，有些语言如英语的 the boy loves the girl（男孩爱女孩）是按照这个时间顺序排列的，但是另一些语言如拉丁语，因为名词有语格变化，我们无论把它排成主—动—宾如 puer amat puellam（男孩爱女孩）、主—宾—动如 puer puellam amat（男孩爱女孩）或者动—宾—主如 amat puellam puer（男孩爱女孩），语法关系都没有变，由此可见弗斯当时已经像乔姆斯基（N. Chomsky）一样注意到了"深层结构"和"表层结构"的区别③。

---

① 德·索绪尔原叫做"联想关系"（rapport associatif），后人改称为"聚合关系"。

② J. R. Firth, A Synopsis of Linguistic Theory, Oxford University Press, 1957.

③ J. C. Catford and J. R. Firth, British Linguistics, in A. Hill (ed), Linguistics To-day, pp. 225—226.

至于语义学方面,弗斯参照马林诺夫斯基的"情境上下文"(context of situation)的说法把意义分成了"情境意义"和"形式意义"或"内部意义"(internal meaning)两种。那时马林诺夫斯基正在南太平洋特布里安岛(Trobriand Islands)担任把当地土人的语言翻译成浅白的英语。他发现当地土话中有些词,如把划船的桨叫做"木",因为这些桨都是用木头做的,但假如我们不知道这种情境,就无法理解它的意义。马林诺夫斯基就把语言中的这种意义叫做"情境意义",并进一步认为语言不过是"行为的方式",而不是"思想的信号"。弗斯接受了马林诺夫斯基的这种主张并给以更确实的定义,认为"情境上下文"就包括(一)话语参与者的有关特征,(二)有关事物与非语言性和非人格性的事件,(三)言语行为的效果等等①。

至于"形式意义",弗斯认为应该包括几个层次:(一)"搭配层"(collocation),(二)语法层,(三)语音层。

所谓"搭配",是指语言中某些词常与某些词连在一起使用,不能乱凑,否则就会变为语义不通,或造成笑料。例如英语的 milk 用作动词是"挤奶"的意思。它通常要与 cow(母牛)同用,如 to milk the cow 即"挤牛奶"的意思,但不能与 tigress(母老虎)或 lioness(母狮子)同用。可见在"搭配"层里,cow 的"形式意义"与 tigress 或 lioness 的不同。

语法有各种语法范畴。就这一点看,在语法层里也有她们的"形式意义"。例如"数"这个语法范畴,有些语言只有单数和复数,如英语,有些语言除单数和复数之外还有一个双数,它们的"形式意义"也各不相同。

关于语音层的"形式意义",弗斯在他的著作中没有举出例子加以说明。但柯福德(J. L. Catford)在他的《弗斯和英国语言学》中替他补充了一个例子。他说比方某一个语言有三个元音

---

① J. R. Firth, A Synopsis of Linguistic Theory, in Studies in Linguistic Analysis, TPS, 1957.

[i-a-u]，另一种语言有五个元音 [i-e-a-o-u]，那么 [i] 这个元音在第一种语言里的"形式意义"是与 [a] 和 [u] 相对立，而在第二种语言里却与 [e] [a] [o] [u] 相对立。它们的"形式意义"显然是不同的。①

由此可见弗斯所说的"形式意义"是由于语言项目作为个体与总体的关系，作为成员与组织的关系，某一项东西与所属的系统的关系而产生的。语言是有系统的，每一系统有许多项，各项互有关系，因而各有它的"价值"。在这里我们不难看出德·索绪尔向他投射的影子。

弗斯是英国伦敦学派的领导人。他的学说在他的同事中很受欢迎，但是因为文字晦涩难懂，所举例子又多出自东方许多大家不很熟悉的语言，因此读者逐渐不免觉得有些不耐烦。弗斯于1960年逝世。他的事业由韩礼德（M. A. K. Halliday）继承，某些方面略有所改变，号称新弗斯学派。

四、韩礼德的系统·功能主义

14.4 韩礼德的生平和著作

韩礼德（M. A. K. Halliday）② 是英国语言学家。1925年出生于英格兰约克郡利兹（Leeds）城。早年曾在伦敦大学修习中国语文。1947—1949年到中国进修汉语。返国后即在剑桥大学弗斯（Firth）等语言学家的指导下从事研究。1955年写《中国〈元朝秘史〉的语言》获得哲学博士学位。接着在剑桥大学和爱丁堡大学任教，1965—1970年任伦敦大学语言学教授，其后到美国担任耶鲁大学、布朗大学、内罗毕大学等校的客座教授，1972—

---

① J. C. Catford and J. R. Firth, British Linguistics, in A. Hill (ed), Linguistics To-day, p. 229.

② 又译"哈里迪"或"哈利迪"。韩礼德是他自己取的汉名。

1973 年担任加利福尼亚州斯坦福行为科学高级研究中心研究员，1973—1975 年担任伊利诺州立大学语言学教授，1975 年移居澳大利亚筹建悉尼大学语言学系并担任系主任。

韩礼德的著作宏富，种类繁多，都是跟他的经历有关的。1956 年出版《现代汉语的语法范畴》(Grammatical Categories in Modern Chinese)，1959 年出版他的博士论文《中国〈元朝秘史〉的语言》(The Language of the Chinese "Secret History of the Mongols") 都是 1951 年后在剑桥大学准备博士论文时在弗斯的指导下写的。1956 年进一步写成《语法理论的范畴》(Categories of the Theory of Grammar) 一书①，内分单位、词类、结构、系统等四个范畴，一般都是以弗斯关于系统和搭配 (collocation) 的观点为基础的，1964 年跟麦印托施 (A. Mcintosh) 和斯特雷文斯 (P. D. Strevens) 合写《语言科学和语言教学》(The Linguistic Science and Language Teaching) 才完成了他的"阶和范畴语言学"的设想。

所谓"阶和范畴语言学"包括四个基本范畴，即单位、结构、词类和系统，以及三个阶，即级阶 (rank)、说明阶 (exponence) 和精密阶 (delicacy)。

"单位"是指体现一定模式的语段；"词类"是指在一定结构位置上出现具有共同特征的词类；"结构"是指各个成分按一定顺序的排列；"系统"是指对在各种语言形式中出现的某一项目而不是另一项目的选择。

语法中的这四个范畴是跟"级阶"、"说明阶"和"精密阶"有密切联系的。

"级阶"表明各范畴自上而下的联系。如句子、子句、短语、词、词素顺序的联系。音位学中由音节群、音节到音段的关系也可以这样说。

---

① 我国有中译本。见《语言学译丛》第二辑，1979 年，中国社会科学出版社出版。

"说明阶"表明范畴与资料的关系。如由子句结构中的语法单位过渡到名词,又由名词过渡到"人",最后又由"人"过渡到"单位"范畴的说明。

"精密阶"是指把词类和结构再加细分。例如"不及物动词"和"让步子句"就比"动词"和"附属子句"更加精密。

以上所说都是韩礼德从弗斯的理论引申得来的,直到 1963 年他写《语言中词类与链和选择轴的关系》(Class in Relation to the Axis of Chain and Choice) 一文还常援引弗斯的话来加以说明。可是到 1966 年写《"深层"语法札记》(Some Notes on "Deep" Grammar) 的时候,因受乔姆斯基(N. Chomsky)深层结构之说的影响,已把"系统"提高到第一性的地位,因而把他所提倡的语法改称为"系统语法"了。另一方面,韩礼德自到美国后,与萨丕尔学派的成员如沃尔夫等人来往甚密,受他们的感染,逐渐注意到语言的功能和语言跟文化的关系等问题,从而建立了他的"系统·功能语法",到 1970 年连续写成《语言结构和语言功能》(Language Structure and Language Function) 和《语言功能的探索》(Exploration in the Functions of Language) 二书,更把对语言功能的研究提到了很高的地位,从而完成了他的"系统·功能主义"。

谈到语言的功能,其实也并不是韩礼德的首创。从很早的时候起,西欧的哲学家和心理学家就常提到语言的表达功能和交际功能,后来德国心理学家布勒(Karl Bühler)在他的《语言理论》(Sprachtheorie, 1934) 一书中更添上了阐述功能,其后语言学家对语言功能的数目虽迭有增加,但总摆脱不了这几种基本功能。

韩礼德在他的著作中把语言的功能分为概念功能、交际功能和话语功能三种。语言的每一部分都由这三个功能部分组成。例如组成英语语义的功能部分是:(一)概念部分,包括及物性、语态和情态意义等;(二)交际部分,包括语气、情态和语调;

(三) 话语部分，包括主位结构、信息理论和接应（cohesion）[①]。从此以后，他早期所主张的"阶和范畴语法"就为"系统·功能语法"所代替了。

由此可见韩礼德所说的功能，与一般心理学家和语言学家所说的语言的功能不是同一样东西。他所说的功能不是指语言在社会上的职能，而是指语言内部的各种结构在表意方面所能起的作用。这些理论曾有人把它应用于文艺作品中各种人物的对话，证明语义的概念部分、交际部分和话语部分是分别要受社会语境中的场（field）、意旨（tenor）和方式（mode）三种因素制约的。场是指话语范围，决定题材；意旨是指话语的正式，方式是指传递中介。三者中任何一种有所不同都会影响到它的功能的变化。

韩礼德的这些理论应用于研究儿童语言的发展和语言教育也曾收到很好的效果，更重要的是他们整个学派的各种活动不断推进着英国语言学研究的发展，近些年来出版的，如鲁宾斯（R. H. Robins）的《语言学简史》（A Short History of Linguistics）和莱昂斯（John Lyons）的《理论语言学导论》（Introduction to Theoretical Linguistics）等等，都是其中很好的成果。

[①] M. A. K. Halliday, Language Structure and Language Function, 1970.

第十五章　苏联语言学

一、绪　　论

15.1　概说

苏联语言学是在旧俄国语言学的基础上按照马克思主义的观点和方法加以改造和发展而形成的,其间曾走过非常错综复杂的曲折道路。

二、十月革命前俄国的语言学

15.2　十月革命前俄国语言学的状况

十月革命前俄国的语言学,经过罗蒙诺索夫、伏斯托科夫、波铁布尼业等学者的枳极推动后,到二十世纪初,主要分成了两个学派:一个是由弗尔图那托夫领导的莫斯科学派,一个是由博杜恩·德·库尔德内领导的喀山学派。

弗尔图那托夫(1848—1914)是莫斯科大学教授。自 1876 年起开始讲授印欧系语言比较语法,其后还先后开过普通语言学、印欧系语言、比较语音学和形态学、古斯拉夫语、立陶宛语、峨特语、古印度语等课程。他的许多著作都是用石印印出来,分发给他的学生作为讲义的。

弗尔图那托夫所用的方法,大致跟当时德国新语法学派的相接近,特别着重语音变化的规律性,尤其是语音的类推变化,其中不同的地方是:新语法学派诸学者是站在个人心理学立场的,而弗尔图那托夫学派却特别强调语言的社会性和语言历史跟社会历史的联系。他对语言和思维的关系也很注意,企图根据这些关系去解决语言研究的具体问题。他在所著的《比较语言学教程》和《中学俄语语法教学》讲义中还详细讲到词的结构和一般语法理论的问题。他把语言的语法形式只限于词的词形变化形式,例如他对"语法形式"所下的定义说:"单个词的形式,就这个术语本有的意义说,就是指从这个词分离出来为说话者所意识到的形式部分(按:即指词尾)和基本部分(按:即指词干)的能力。词的形式部分就是能使词的基本部分的意义产生各种变化的语言形式。这个基本部分同时存在于别的词中,但是具有别的形式部分",而把其他语法特征如词和其他词的联系、重音、词的句法作用等等都排斥在它的范围之外,并由此拟定他的词组学说。这种对于语法形式的狭隘的理解就构成了世人所称的"形式主义"的理论。

弗尔图那托夫的这一学派当时培养了许多杰出的语言学家,其中如沙赫马托夫、乌良诺夫、波克洛夫斯基、托姆宋、乌沙可夫、彼得宋等都是很有名的。许多外国的语言学家如德国的贝尔涅克(Berneker)、法国的波瓦耶(P. Boyer)和丹麦的裴德森(Pedersen)等都跟他有密切的关系。

博杜恩·德·库尔德内(1845—1929)曾先后任教于喀山(1874—1883)、茹里耶夫(1883—1893)、科拉克(1894—1899)、彼得堡(1900—1918)、华沙(1918—1929)等大学。青年时曾听过德国施莱赫尔和雷斯琴、意大利阿斯戈里等人的课,但是并不属于他们所建立的学派。喀山学派是他在喀山大学任教时建立起来的,特别注意语言活动的心理方面和语音方面的研究,并且创立了实验语音学和音位理论,当时许多杰出的语言学家如克鲁舍夫斯基、保哥洛纪茨基、布立次、阿历山德洛夫等都出于他的门下。后来他到彼得堡大学又培养了许多有名的语言学家,如谢尔巴、伏拉纪密尔切夫、拉林、巴兰尼可夫、拉德洛夫等。

博杜恩·德·库尔特内在新的语法学派未成立之前就曾采用类推原则去研究语音变化的过程,但是他很不满意于新语法学派诸人把这原则运用得太机械,认为这不能算是语音变化的规律。他也反对新语法学派专门鼓吹对语言事实进行历史研究的方法,认为语言的描写研究也应该有它的合法地位。他把语言研究分为静态的和动态的两种,即索绪尔后来所说的共时语言学和历时语言学。他并且批评当时许多历史比较语言学家专门从事语言"重建"的工作,主张应该着重研究活的语言和方言,用这些语言和方言的材料去揭露语言发展的过程。

在一般语言研究中,博杜恩·德·库尔特内特别强调要采用心理学观点。他说:"语言现象的解释只能是心理学的,或在一定限度内是生理学的。"但是他同时也主张要顾到语言的社会性,认为语言只有把它看做人们相互交际的工具才是有价值的。

博杜恩·德·库尔特内是俄国语言学家中最先注意到语音学研究的一个,并且在研究过程中建立了他的音位理论,后来通过他的学生克鲁舍夫斯基和谢尔巴发展成为音位学。

三、苏联的语言学[1]

15.3 十月革命后苏联语言学的状况

以上所说的是苏联十月革命以前旧俄国语言学的一般情况。他们在理论基础方面虽然存在着种种缺点,但是对个别语言如俄语、法语和许多东方语言的研究在普通语言学和语音学方面是曾作过许多很有价值的贡献的。

十月革命后,苏联的学者们开始并发展了马克思主义的研究,有些语言学工作者,特别是有些在苏维埃成长起来的语言学干部,发觉弗尔图那托夫的所谓"形式主义"和博杜恩·德·库尔特内的心理学观点里存在着种种唯心主义观点,于是对他们的著作采取了一种虚无主义的态度,要把它们踢在一边另行找寻语言学的新途径。本来，假如要用马克思主义的观念和方法去清理旧俄国语言学著作中那些不正确的理论，那是很应该的。遗憾的是，这些语言学工作者并没有直接依靠马克思列宁主义的经典作家，而不自觉地受到了当时一些专喜爱争吵的马克思主义的"解说家"——实际上是马克思列宁主义的庸俗化者和歪曲者——如波格唐诺夫和波克洛夫斯基的影响胡作非为。就在这样的情况下，马尔的所谓"雅弗学说"在"语言新学说"的外衣下被捧上了苏联语言学界的统治地位[①]。

15.4 马尔和他的"语言学新学说"

马尔本来是格鲁吉亚的一个农民的儿子，后来到彼得堡大学东方学系念书，专攻古阿美尼亚语和古格鲁吉亚语。他曾几次到过高加索去调查研究当地的语言。由于比较研究的结果把这些语言归成一个"雅弗语系"，跟闪语系和含语系并列起来。十月革命后，他的思想起了急剧的转变，开始学习马克思列宁主义的理论，企图把它贯彻到他的业务里去。可是实际上他并没有从马克思列宁主义的经典著作中去寻找理论依据，只抓住当时一些"解说家"的片言只语硬塞到语言学中去，结果造成了"一种为马克思主义所没有的、骄横的、妄自尊大的腔调，这种腔调轻率地空口否定尼·雅·马尔以前语言学中的一切成就"[②]，"他同'无产阶级文化派'和'拉普'派一样，只是把马克思主义简单化、庸俗化了[③]"。

马尔的"语言新学说"的出发点是把语言学看做同美术和一般艺术一样的经济基础上的上层建筑，力图削弱语言本身发展的

---

① 参看苏联《语言学问题》1952 年第 6 期社论《十月革命 35 周年和苏联语言学》，载《语言学论文选译》第二辑，1956 年，科学出版社，第 56—57 页。

② 参看斯大林《马克思主义和语言学问题》，《斯大林选集》下卷第 522 页。

③ 同上书，第 522—523 页。

内部规律的意义,把重心转移到社会经济因素所决定的语言现象的制约性上去①。在这种理论的指导下,于是在他的眼中,甚至像名词的变格和形容词的三级(即原有级、比较级和最高级)都成了社会上相互关系的反映。因此一切语言,哪怕是还没有阶级出现以前的远古的语言,在他看来,都是有阶级性的。他说:"阶级以外的语言直到现在还没有过,自有声语言发生的时候起,语言就是有阶级性的。这就是占有那个时代的生产工具(包括魔术生产在内)的那个阶级的语言"②。苏联各族人民既然经历了最深刻的社会革命,资本主义经济已为社会主义经济所代替,所以对待语言的研究必须像对待阶级的语言一样,要采取"爆发的"方式去进行语言革命。马尔的这些理论显然是跟马克思主义的原理不相容的。例如恩格斯于 1890 年 9 月 21 日给布洛赫的信中明确地指出不能用经济的原因去说明语音变化的起源③,而他却要力图削弱语言发展内部规律的意义;恩格斯认为阶级的起源是氏族制度造成的结果,他在《迫切问题……》一文中却说要对恩格斯的这个"假设"加以认真的修改④。他就是以这样的态度对待马克思主义的经典著作的。

其次,在语言和思维的相互关系这一点上,马尔尤其是暴露出了他的唯心主义观点。他在《语言和思维》一文中认为原始人类还不能"思想"。人类那时是用前逻辑的思维进行思考的。还没有抽象的思想,而只有形象化的"表象"。在他看来,人类当时的思维是图腾的思维,其特征就是关于神秘魔力(图腾)的象征观念。这一时期的人神话式地(即虚幻地)思维着。他们的思维适合于当时的"手的语言",所以这种思维就是"手的思维"。

---

① 参看马尔《语言学说普通教程》,《马尔选集》俄文版,第 2 卷,第 117 页。

② 参看马尔《关于雅弗学说与马克思主义的巴库讨论会》(俄文版),第 10 页。

③ 参看《马克思恩格斯选集》第 2 卷,第 468 页。

④ 参看《马尔选集》(俄文版)第 3 卷,第 75 页。

"手的语言"不仅使人有可能表达自己的思想、形象化的概念,并与集体中的全体人员交往,而且可以作为人们与别的部落和本部落交际的工具,使人有可能发展他们的概念①。

这样说来,人类的思维其后是怎样发展的呢?马尔把它分成了三个阶段。在第一个阶段,宇宙的思维代替图腾。这是跟有声语言的产生和天空观念相联系的。其后过了许久,到了有声语言发展的第二阶段,即工艺思维的阶段,统治阶级创造了形式逻辑的思维,语言和思维相比较,语言占了上风。最后,到了第三阶段,作为阶级社会财产的形式逻辑思维已为无产阶级的辨证唯物主义的思维所代替,思维与语言相比较,思维却占了上风。马尔预言再往后,在新的无产阶级社会里将产生一种与有声语言完全不同的统一的语言,即一种完全摆脱自然物质的思维。因此"语言之所以存在,仅仅是因为它以声音表露出来;思维的活动没有表露也可以进行。……。语言(有声的)现在已开始把自己的职能让给那些绝对战胜空间的最新的发明了,而思维则藉其未加利用的过去的积累和新的成就而上升,并且能排挤和完全代替语言,未来的语言就是在完全摆脱自然物质的技术中成长起来的思维。在它面前,任何语言都站不住脚,甚至有声的,仍然与自然规范相联系的语言也莫不如此"②。他这样把思维和语言割裂开来,认为人们的交际只借助于那完全摆脱语言的"自然物质"和"自然规范"的思维就可以办到,那就完全陷入唯心主义的泥坑里去了。

在语言研究的方法上,马尔极力鼓吹他的古生物学的要素分析法,而排斥在十九世纪至二十世纪初在欧洲语言学研究中获得了巨大成功的历史比较法,认为那是"和衰落的资产阶级社会有血肉关系的"资产阶级的印欧语言学。在他看来,世界上一切语言的一切词都是由 сал,бер,йон,рош 这四个原素组成的,只要

---

① 参看《马尔选集》(俄文版)第 3 卷,第 119 页。
② 同上。

我们依照要素分析法加以分析就可以找出它们在意义上的联系。例如格鲁吉亚语 муха（橡树）这个词，му 属于 бер 要素，ха 属于 сал 要素，第一个要素 му 可以跟汉语的 му（木）、摩尔达维亚语的 лу（木），希腊语的 баланос（橡树果），格鲁吉亚语的 лур-ц（粮食）等相联系，第二个要素 ха 可以跟格鲁吉亚语的 хе（木）等相联系，所以这两个要素和它们的各种变形可以表明这些词在古代都起源于古代的词干，因而断定当初人类曾以橡树果为粮食。一切语言都出于相同的原始材料，都有个共同的来源，现代各种语言之所以不同，那只是发展阶段不同的结果。

在马尔的这种"理论"占统治地位的时候，很多苏联语言学家被迫停止了他们对于像斯拉夫、芬兰·乌戈尔、蒙古、伊朗等这样的民族语言亲属关系的研究，并且把许多关于语法结构的研究斥为"形式主义"而加以压制以致无法进行，尤其是在普通语言学方面陷入混乱的状态。

尽管这样，在苏维埃政权下，马尔和他的门徒们要凭借他们的特殊地位而扼杀一切也是办不到的。因而，在这时期，有些语言学家如谢尔巴、维诺格拉多夫、奥勃诺尔斯基等还是继续做他们的研究工作，以新的材料和结论丰富了苏联的语言科学。谢尔巴在他的深刻的和独特的著述中申述了划分俄语词类的一般原则和见解，使其他民族语言和东方各种语言的语法研究也受到了他的影响。奥勃诺尔斯基于1946年以他的卓越的著作《古代俄罗斯文学语言史纲要》获得了斯大林奖金。维诺格拉多夫的名著《俄语》专门分析现代俄语的形态系统，也于1947年荣获斯大林奖金。其他有关语言学的著作还有不少。

15.5 斯大林关于语言学的著作及其影响

1950年5月9日起，苏联共产党机关报《真理报》发动和组织了一次关于语言学问题的讨论。该报编辑部于开始时写道："由于苏维埃语言学现在所在的情况不能令人满意，编辑部认为有在《真理报》上组织自由讨论的必要，为的是用批评和自我批评的办法来克服苏维埃语言学发展中的停滞，并给这一方面的科学工作进一步提供一个正确的方向"。为了这次讨论，他们还临时增加了一个专刊，每周一次，直到7月4日结束，共收到论文二百余篇，发表了二十七篇，其中包括斯大林的《论马克思主义在语言学中的问题》（6月20日）、《论语言学的几个问题》（7月4日）和三篇《给同志们的回答》，其后把这些论文结集起来编成一本单行本叫做《马克思主义和语言学问题》。

《真理报》组织的这次讨论，主要检查了苏联语言学中的几个根本问题，如语言和上层建筑、语言与阶级、词汇学和语法、语言的阶级性发展、语言学的历史比较法、语言学的遗产和马尔语言学的评价等，而斯大林在他的著作中就是环绕着这些问题来发表他的意见的。

斯大林的这些著作用许多实例生动地、令人信服地驳斥了马尔认为语言是经济基础的上层建筑、语言有阶级性和语言的发展必须经过"爆发"的荒谬议论，按马克思主义的理论用高度的科学性阐述了语言的特征和语言学各部门的应有地位，并且指出了马尔的古生物学要素分析法的唯心观点和语言学中历史比较法的特殊作用，尽管这种方法也还有它的严重的缺点。最后，他还申斥了马尔和他的门徒们对于语言学遗产所采取的虚无主义态度以及他们这个小集团在语言学中的军阀式的统治制度对于苏联语言学所带来的损失，并且号召苏联的语言学家取消这种制度，抛弃马尔的错误，把马克思主义灌输到语言学中去。

经过这次讨论后，苏联的语言学界为了响应斯大林的号召，马上采取了各种必要的措施，一方面建立了苏联科学院语言研究所等机构，另一方面在各高等学校和语言学机关巩固或重新建立了语言学教研室，并且创办了《语言学问题》杂志，使成为所有苏联语言学工作者的自由论坛。许多以前被压制下来的科学著作经过修改后都得到了出版的机会，许多以前被制止的研究都恢复了它们的正常工作，并且由苏联科学院语言研究所通过《语言学问题》杂志制定了各种工作计划。他们一方面批评马尔和他的门徒们的庸俗唯物主义观点,另一方面重新编纂各级学校有关语言学的教科书和从事各种语言的研究,使苏联语言学呈现出了一种蓬勃发展的现象。

自从斯大林逝世后,由于情势的改变,苏联语言学某些方面受到了一定的挫折,但是总的方面并没有什么重大的变化。

评注:

[1] 苏联的语言学对解放后我国语言学影响极大。斯大林逝世后,中苏关系恶化,影响开始减少,"文革"期间基本停顿。改革开放后,中国的语言学研究才真正走上正轨。关于苏联解体后的语言学研究请参阅有关资料。

第十六章 中国语言学

一、中国传统的语文研究

16.1 中国传统的语文研究及其特点

我国对于语言文字的研究发轫甚早。在先秦时代就已有了一些关于语文的探讨。汉代以后并且先后发展成了文字学、训诂学和音韵学三个部门，直到清朝末年没有完全间断过，尤其是音韵学方面，经过顾炎武、段玉裁、王念孙、江有诰、钱大昕、陈澧诸大师的精心研讨，在古音研究和等韵学方面有了很大的进展。清代戴震、王念孙、王引之、俞樾等把古音的知识和字义的研究结合起来，在训诂学方面又作出了卓越的贡献。在文字研究方面，除传统的文字学以外，阮元的《积古斋钟鼎款识》和吴大澂的《愙斋集古录》等相继问世。1899年在河南安阳小屯村发现甲骨文，由刘鹗、罗振玉、叶玉森等人拓印成书。1900年在甘肃敦煌发现大量的六朝唐人写本。这些对于研究我国古代和其他考古工作都增添了许多新鲜血液。

我国过去对于语言文字研究有一个特点，即都是以古书和古代文物为研究对象的，对于当前语文似乎不值一顾，即使有些人偶尔注意到"绝代语释，别国方言"，也只着重于就今考古，而不是要寻求语言发展的轨迹。这种风尚一直延续了很久而没有很大的改变。

二、鸦片战争后我国语文研究的转变

16.2 鸦片战争后我国对于语言文字的研究

鸦片战争后,我国学者和西方学术界有了比较频繁的接触。许多有识之士,于痛定思痛之余,深感非向他们学习将无以挽回颓势,于是纷纷派人到英美和日本去留学,形成了一种西学东渐之风,其中对我国语言文字研究有明显影响的约有两端:一是汉语语法的建立,一是汉字改革的创议。

16.3 汉语语法建立

我国古代没有语法的研究。虽然从很早的时候起,好些古籍注释家就用上了"辞"、"词"、"语助"、"助字"以至"虚词"等字样,并且到明、清二代有人把这些词或助字收集起来编辑成书加以解释,如明朝卢纬的《助语辞》,袁仁林的《虚字说》,清朝刘淇的《助字辨略》和王引之的《经传释词》等等,但是一般都把它归入训诂一类,而并不把它看做语法的一部分。自古以来,以中国人讲汉语语法的,马建忠实在是第一人。

马建忠(1845—1900),字眉叔,江苏丹徒人。早年曾留学法国,精通拉丁文。返国后模仿拉丁体系撰《马氏文通》十卷。他在该书《序言》中说这本书是他费了十几年的"力索之力",把《四书》、《三传》、《史记》、《汉书》和韩愈的文章当做历代文词升降之宗,兼及诸子和《国语》、《国策》等,为之"字栉句比,繁称博引,比例而同之,触类而长之"才辑成的,其中所谓名字、代字、静字(即形容词)、动字、状字(即副词)、介字、连字、叹字等都是采取自拉丁文和西洋语法习用的术语,加上汉语所特有的助字成为九类字,并且参照我国传统习惯把它们分为实虚二类,前五类是实字,后四种是虚字。整个说来,其中虽然不无曲为比附之处,但是因为它能够"引导中国学者不是把语法研究当做训释儒家经典的附带工具,而是作为一门独立的科学来研究",所以仍不失为一本划时代的著作,"标志着中国国内研究中国语言的一个新阶段"①。

马建忠的这本《文通》显然是为了给一般要阅读古书和学习写文章的人提供参考之用的,因为当时被人看重的只有文言文。此书问世后,许多为中等以上学校编写语法书的,如吴明浩的《中学文法要略》、章士钊的《中等国文典》等,都仿照它的体例。只有个别在大学里教书的,如刘复和杨树达,对它颇有烦言。

刘复(1891—1934),曾留学英法,从事实验语音学研究,写有《四声实验录》。归国后任教于北京大学,将他出国前在北大用过的讲义加以整理改编成《中国文法通论》一书。研究资料以先秦古文为主,研究方法则以英国斯威特的《新英语语法》(A New English Grammar)为准则,在好些地方批评《马氏文通》"曲为比附,凿孔钻胡须",大有非全面加以修订不可之势。

杨树达(1885—1956),字遇夫,湖南长沙人。长期任清华大学教授。著有《词诠》、《高等国文法》和《马氏文通刊误》等书。《词诠》是专门诠释汉语虚词的。后二书以划分词类为中心的语法体系详细订正了《马氏文通》的谬误,颇具独到的见解。

16.4 汉字改革的倡议

在这期间,另一个引人注目的问题就是关于汉字改革的问题。我国汉字有悠久的历史,数量随着事态的发展而不断增加,可是文字的形体却很少改变,于是在形义之间,文字与学习之间矛盾日益严重,与西方拼音文字比较起来更显出学习上的困难。正如音韵学家劳乃宣所说:"中国文字奥博,字多至于数万,通

---

① 见穆德洛夫《斯大林关于语言学的著作发表以来的中国语言学》,译文见《新建设》1952年9月号,第47页。

儒不能遍识，不如欧美二十六字母，日本五十假名，括一切文字。"因此许多有识之士如王照、卢戆章等纷纷提出要求进行改革。当时虽因种种关系未能实现，但是对于往后文字改革的进行也多少起了一定的推动作用。

三、五四运动后的语言文字研究

16.5 关于我国语言文字改革和研究的状况

五四运动是我国破除旧文化，建立新文化的重要标志。一切古老的规章制度、风俗习惯都要重新加以估价，进行革新，语言文字自然也不例外。

我国自辛亥革命后，即由国语统一委员会经过多年的反复研究，决定了注音字母四十个，代替以前的反切上下字，并编辑出版了《国音常用字汇》作为标准注音。接着胡以鲁著《国语学草创》，黎锦熙著有《国语学讲义》，从理论方面予以全面阐述。在发音方面，除汪怡等各著有《国语发音学》以外，为了便利于各方言地区的人用比较方法学习国音起见，并由赵元任仿照等韵图体例和参考高本汉的韵表制成方言调查表到各地进行调查研究，结果如赵元任所写的《南京音系》、《钟祥方言记》、《临川音系》，罗常培所写的《厦门音系》，陶燠民所写的《闽音研究》和王力所写的《两粤音说》等都多少含有这种意味。至于赵元任所编写的《湖北方言调查报告》等，那已经接近语言地理学的性质了。

关于国语文法之类的书，黎锦熙于1922年出版《新著中国语言学概说》之后继续写成了《新著国语文法》一书，极力推荐当时英语语法教科书中所用的"图解法"，并且运用国语资料初步建立了"凡词，依句辨品，离句无品"的"句本位"学说。这句话解放后他觉得不够正确，特于1955年出的22版中改为"凡词,依靠句形,显示词类"①。

如上所述,中国人所写的汉语语法,自《马氏文通》开始,到以后一段相当长的时间,都曾向西方的一些语言学家如叶斯柏森(O. Jespersen)、布龙菲尔德(L. Bloomfield)、斯威特(H. Sweet)、房德里耶斯(J. Vendryès)、马伯乐(H. Maspèro)等人引用了好些话来自圆其说。这些话如果引用得当,并加以说明,那是无可厚非的。但是有些人的做法却不是这样,因此不免会引起人们的物议。1938年有些人如陈望道、方光焘和傅东华等先后发表好些讨论语法研究的文章,1940年由陈望道编成《中国文法革新讨论集》,其目的据说就是为了革新"机械模仿、机械照抄照搬的风习"②。

其实,汉语语法有它自己的特点,不能照抄照搬西洋语法中现成的说法,关于这一点,王力于1936年在《清华学报》11卷1期上发表的《中国文法学初探》和1937年在同一杂志12卷1期上发表的《中国文法中的系词》中都曾有所论述,到1943年和1944年先后在重庆出版的《中国现代语法》和《中国语法理论》二书中确能将汉语特有的句子结构分成了"能愿式"、"使成式"、"处置式"、"被动式"、"递系式"、"紧缩式"、"次品补语"、"末品补语"等七种为人所接受;把基本单句分成"判断句"、"描写句"和"叙述句",源出于房德里耶斯的"名词句"和"动词句"也已为人所习用,至叶斯柏森的"三品说"是否妥当已有许多人表示怀疑,王力本人也已于1955年4月《汉语语法理论》新版"自序"中予以否定。

吕叔湘,江苏丹阳人,曾留学英国。据他自己说,在1940年左右才开始发表关于语法研究的论文③。1941年采用比较的方

---

① 参看黎锦熙《关于语法体系的批判与自我批判》,载《中国语文》1958年12月号。
② 参看该书1943年重庆版编者说明。
③ 参看吕叔湘《汉语语法论文集》,1955年。

法,从"文言、白话和英语的比较中找出各种语文的共同之点和特殊之点"写成《中国文法要略》三册①。这本书的最大特点是把上卷称为"词句论";中卷称为"表达论:范畴";下卷称为"表达论:关系"。"表达论"从(1)正反·虚实;(2)传信;(3)传疑;(4)行动·感情;(5)离合·向背;(6)异同·高下;(7)同时·先后;(8)释因·纪效;(9)假设·推论;(10)擒纵·衬托等十个角度来对句子加以分类。他虽然也采用过叶斯柏森的"词级说"(rank),但是与王力的"三品说"有所不同②。

高名凯,福建人,曾留学法国,攻读语言学。1941年发表《怎样研究中国的文法》一文,载《文学年报》第7期。归国后,他在燕京大学教书,写了一本《汉语语法论》,内分"句法论"、"范畴论"和"句型论"三部分,其中"句法论"将句子分成"名词句"和"动词句"两种。在分析这些句子构造时特别注意词与词的关系,把它们归纳成"规定"、"引导"、"对注"、"并列"和"连络"等类型。"句型论"从"句型"的观点把整个句子的感情表现加以分析归纳成"否定"、"询问"、"疑惑"、"命令"和"感叹"等五个类型。这显然是以房德里耶斯的《语言论》中的语法部分为基础加上自己的一些意见写成的。

在这个时期,为了适应各高等学校教学上的需要也出版了一些与语言学有关的教科书,如张世禄的《语言学原理》(商务),岑麒祥的《语音学概论》(中华)和《方言调查方法论》(广州中山大学文科研究所《语言文学专刊》连载)等等。另外还有一些没有正式出版。

最可贵的是对日抗战期间,北京大学、清华大学和天津南开

---

① 吕叔湘《中国文法要略》上卷,例言。
② 1956年修订本将三册合为一册,分上下两卷,上卷为"词句论",下卷为"表达论"。在"序"中指出该书的一些缺点,特别是对"无批判地采用了叶斯柏森的'词级说'",作了自我批评。

大学联合在云南昆明成立西南联合大学，在极端艰苦的情况下在那里招收几批研究生，以当地丰富的少数民族语言为教学调查研究的标本，不仅写出了好些水平很高的毕业论文，并且培养和锻炼了一批优秀的语言学干部。

四、解放后我国语言文字研究的大改革

16.6 解放后中国语文研究概述

1949年是我国在政治、经济、文化各方面开始大转变的时期。为了工作顺利进行，每个人除参加政治学习以外，都要从事业务学习。就语文工作者来说，斯大林的《马克思主义和语言学问题》就是必读的学习资料之一。

1952年进行院系调整。全国各大学的工、农、医和师范学院都成了独立的专科学院或大学，其余的按地区各归并成综合大学，另外为了贯彻少数民族政策，好些地区并且设立了民族学院。1950年6月，中国科学院语言研究所成立，后将有关少数民族语言部分改为少数民族语言研究所。以上凡与语言文字有关的院系都开设了许多语言学和各具体语言的课目或研究小组，指定人员编成讲义或论文，其中有些如"普通语言学"、"语言学史"、"历史比较语言学"等等都是以前从来没有人开设过的课程。

为了发表各方面研究成果，曾先后创刊了《中国语文》、《语文学习》、《语文知识》、《民族语文》和《西方语文》等各种定期刊物，各地高等学校编印的学报也间或登载过一些与语言学有关的论文。各种专著，经初步整理，正式出版的有岑麟祥的《普通语言学》（1957，科学出版社）、《语言学史概要》（1958，科学出版社）、《历史比较语言学讲话》（1981年，湖北人民出版社）；王力的《汉语史稿》（1957，科学出版社）、《中国语言学史》（1981，山西人民出版社）、《汉语讲话》（1955，北京出版社）；高名凯的《普通语言学》（1954，上海出版社）和《语法

理论》（1957，商务印书馆）；董少文的《语音常识》（1954，文化教育出版社）；罗常培、王均的《普通语音学纲要》（1957，科学出版社）；吕叔湘、朱德熙的《语法修辞讲话》（1952，开明书店）；吕叔湘的《语法学习》（1953，中国青年出版社）；张志公的《汉语语法常识》（1953，中国青年出版社）；丁声树等的《现代汉语语法讲话》(1954，商务印书馆）等等。种类繁多，难以殚述。在十年动乱期间，这些著作备受压制。在党的十一界三中全会以后，我国的语言文字研究在已取得成就的基础上得到了更大的发展。

评注：

[1] 本章是1988年修订时所加的，有挂一漏万之感。好在近二十年来，有关我国语言学史的文献有如雨后春笋般出现，读者可详细参看。

参考文献

岑麒祥.《应当学一点语言学史》. 载《汉语学习》1985年第1期, 吉林省延吉市: 延边大学

汤姆逊.《十九世纪末以前的语言学史》. 黄振华译. 北京: 科学出版社, 1956

裴特生.《十九世纪欧洲语言学史》. 钱晋华译. 北京: 科学出版社, 1958

王　力.《中国语言学史》. 太原: 山西人民出版社, 1981

王力达.《汉语研究小史》. 北京: 商务印书馆, 1957

Arens, H. Sprachwissenschaft: der Gang ihrer Entwicklung von der Antike biszur Gegenwart. Freibung, Alber, 1955.

Bertjl Malmberg. *Les Nouvelles Tendances de la Linguistique.* Paris: a zeéd, 1968.

Giulio C. Lepschy. *A Survey of Structural Linguistics.* London, 1972.

Maurice Leroy. *Les Grands Courants de Linguistique Moderne.* Bruxelles: zeéd, 1971.

Meillet, A. and M. Cohen. *Les Langues du Monde.* Paris: zeéd, 1952.

Milka lvic. *Trends in Linguistics.* Mouton: La Haye, 1965.

Mohman, C., A. Sommerfeld and J. Whatmough (eds). *Trends in European and American Linguistics*, 1930—1960. Utrecht, 1961.

Mohman, C., F. Norman and A. Sommerfeld (ed). *Trends in Modern Linguistics.* Utrecht, 1963.

Mounin, G. *La Linguistique du xxe Siècles.* Paris: Presse Univeritaires de France, 1972.

Mounin, G. *Histoire de la Linguistique des Origines au xxe Siècles*. Paris, 1974.

Mounin, G. *Histoire des Problemes Linguistique*. Mouton: La Haye, 1964.

Robins, R. H. *A Short History of Linguistics*. London, 1961.

Sebeok, T. A. *Portraits of Linguists*, 2 Vol. Bloomington: Indiana University Press, 1963.

В. А. Звегинцев. История Языкознания xıx-xx веков в очерках и извпчёниях. Москва, 1960.

В. А. Звегинцев. Хрестоматия по истории xıx-xx веков.

评注参考文献：
曹述敬主编.《音韵学辞典》. 长沙：湖南出版社, 1991
岑运强.《言语的语言学导论》. 北京：北京大学出版社, 2006
何九盈.《中国语言学史》. 广州：广东教育出版社, 1995；北京：北京大学出版社, 2006
胡明扬主编.《西方语言学名著选读》. 北京：中国人民大学出版社, 1988
李葆嘉.《中国语言文化史》. 南京：江苏教育出版社, 2003
罗宾斯.《简明语言学史》. 许德宝等译. 北京：中国社会科学出版社, 1997
邵敬敏、方经民.《中国理论语言学史》. 上海：华东师范大学出版社, 1991
汤姆逊.《十九世纪末以前的语言学史》. 黄振华译. 北京：科学出版社, 1960
唐作藩.《音韵学教程》. 北京：北京大学出版社, 2002
王　力.《中国语言学史》. 太原：山西人民出版社, 1981
徐通锵.《语言论》. 长春：东北师范大学出版社, 1997
徐志民.《欧美语言学简史》. 北京：学林出版社, 2005
游汝杰.《中国语言系属研究述评》.《云梦学刊》, 1996 年 3 期
《中国大百科全书》. 北京：中国大百科全书出版社, 1988

把握语言学发展史的总脉络
——试论"五段两线三解放"

岑运强

摘要:"五段两线三解放"是语言学发展史的总脉络,所谓"五段"是指"语文学"、"历史比较语言学"、"结构主义语言学"、"形式语言学"和"交叉语言学";所谓"两线"是指贯穿语言学史的"参差论"与"整齐论"的斗争;所谓"三解放"是指以"历史比较语言学"、"索绪尔"、"社会语言学"为代表的三次突破性进展。"五段两线三解放"是"点"、"线"、"面"三结合研究语言学史的有效框架,它可以给我们许多有益的启示。

关键词:语言学史;五段;两线;三解放

语言学是以语言为研究对象的一门独立的学科。狭义的语言学是指普通语言学和狭义理论语言学;广义的语言学也包括个别语言学和广义理论语言学。人类有语言的历史已有几万到几十万年的历史,有文字记载人类语言活动的历史也有几千年。语言学史更是流派纷杂、头绪万千,学习与研究语言学史应从哪里入手?我们认为,抓住一个总脉络是十分必要的,它可以使人以简驭繁,并从中找到一些规律性的东西。这个总脉络就是——"五段两线三解放。"

一、"五段"

狭义的语言学一般认为是从历史比较语言学或索绪尔开始

的。广义的语言学则可以追溯到文字的诞生后各国学者对古经典文献的整理与注释。广义的语言学比狭义的语言学多了一个"语文学"阶段。

1. **语文学** 这是一个研究古代文献和书面语的阶段。众所周知,文字的发明标志着人类步入文明时代。最早发明了系统的古文字的有古印度、古希腊和古代中国,它们就成了世界上最早的三个文明发源地。文明发源地的祖先用不同的文字为他们的后人留下了不同的书面文献。公元前4世纪,印度学者巴尼尼在整理、注释梵语诗歌集《吠陀》时,写出了杰出的《梵语语法》。古希腊学者亚里士塔库斯对荷马史诗进行编辑与整理,他的学生狄奥尼修斯·特拉克斯写出了第一本被称为"语法最伟大的权威"的——《希腊语法》。古罗马学者借鉴希腊人的经验研究拉丁语,代表人物是瓦罗和多纳图斯。他们的代表作分别是《论拉丁语》和《语法术》。与此不同,中国的语文学有着自己独特的道路。中国是一个重文字的国家,自秦代以来,虽然方言纷杂,但文字基本保持同一。人们要研究古文献,必须围绕汉字的字形、字音、字义来进行,于是便产生文字学、音韵学、训诂学,统称为"小学",出现了《尔雅》、《说文解字》、《广韵》等大批不朽文献。到了清朝,我国"小学"取得的成就达到了顶峰。古阿拉伯是后起的文明发源地。它们的语文学相对出现较晚,大约7到8世纪,围绕对《古兰经》的研究,也出现了不少学者与学派。总的说来,语文学的特点是:(1)研究的对象主要是古代文献中的文字和书面语而不是活的语言。(2)开方性。外国给词"开方";中国给字"开方"。主要做些辨别、归类、命名的工作。[1](p.7)(3)主要采用归纳法,缺少演绎法。(4)有主观臆断,缺乏微观描绘。(5)对象主要是一种语言,极少有不同语言的对比。(6)非独立性。主要是注释、理解别的学科,对语言本体还缺乏科学、系统的研究。(7)应用性。目的在于应用而不在于理论研究。(8)基础性。为纯语言学提供了丰富的资料,奠定了坚实的基础。一些研究成果已进入个别语言学或应用语言学的范畴。语文学是语言学的初级阶段,是不带贬义的,我们也可以把它称为古代语言学。

2. 历史比较语言学 历史比较语言学的诞生有着各种背景:(1) 社会背景。同长期封建闭关自守的语文学的社会背景不同,历史比较语言学的社会背景是:18世纪末、19世纪初,资本主义迅速发展并努力向外扩张。语言的横向交流也愈加扩大、频繁。(2) 科学背景。唯理主义转向历史主义(社会科学);达尔文的进化论标志着科学的新时代(自然科学)。(3) 语言背景。其一,对古印度梵语的深入研究创造了印欧语对比研究的条件;其二,世界语言标本的收集为不同语言的历史比较奠定了基础。19世纪初,在寻求"物种起源"热潮中,西方学者开始运用历史比较法研究语言本身的起源及其亲属关系。英国人威廉·琼斯以他的"印欧语假设",一举成为历史比较语言学的先驱(值得一提的是,这个假设比达尔文的进化论早近50年)。[2] (p.4) 德国学者施列格尔也看到梵语和欧洲许多语言的共同点,第一个提出"比较语法",应该被追认为历史比较语言学的草创者。这以后,被公认为奠基人的拉斯克、葆朴、格里木、沃斯托克夫以及他们之后的施莱赫尔、维尔纳以及所谓的"青年语法学派"把历史比较语言学的研究推向高潮,建立了一整套较为科学的方法,努力找出不同语言的亲属关系并企图把一些古老的原始母语重建出来。他们的研究使语言学摆脱了过去的附庸地位,标志着语言学已成为真正独立的学科。相对来说,历史比较语言学的特点是(1) 独立性。其目的不是为了研究、整理、注释古书(如古印度的《吠陀》、古西方的《荷马史诗》、《圣经》、古中国的四书五经、古阿拉伯的《古兰经》等)而是在于探讨语言本身来源及发展规律。(2) 历史性。主要研究语言发展历时的对应规律,拟测原始的母语。(3) 对比性。重在多种语言的历史比较。(4) 研究的对象(尤其是早期的历史比较语言学)主要是"死"的语言并限于文献记录,对"活的"口语当代语重视不够。(5) 重视掌握各种语言资料,重视科学的研究方法,但也具有一定的主观臆断成分（如在重建原始母语方面）。(6) 不区分语言和言语，对语言的内部结构缺乏深入细致的系统研究。(7) 由于历史比较语言学涉及多种语言，又重视语言的共同点和对应规律，这就为从理论上研究人类语言的共同规律的普通语言学的诞生奠定了坚实的基础。

19世纪中期，德国的洪堡特奠定了普通语言学的基础；20世纪初，瑞士人索绪尔全面发展了普通语言学，被称为"现代语言学之父"。这两位语言学巨匠除去他们具有的共同点外，又各自具有一些不同的特点：在洪堡特的语言理论里，语言的民族精神及文化性的亮点引人注意；而索绪尔在他的《普通语言学教程》（该书是他去世后由他的学生编纂的）中提出一系列的二分内容，如语言的语言学和言语的语言学；共时语言学和历时语言学；内部语言学和外部语言学。他当时主张优先研究前者，即语言的语言学、共时语言学、内部语言学。这在当时是完全正确的，但我们不应因此理解他主张永远完全排斥后者。普通语言学是一种理论方法不限于某一个阶段。

3. **结构主义语言学** 19世纪是历史比较语言学的时代，从琼斯到青年语法学派，历史比较语言学家取得了很大的成绩，以至有人被这些成绩冲昏了头脑，例如保罗在1890年公然宣称："只有研究语言历史的语言学才是科学，其它都不是科学。"这就预示着历史比较语言学从顶峰开始滑落。另一方面，20世纪初科学思潮发生巨大变化，出现量子力学的新学说。敏感的语言学也出现了突破，研究重点由无关系的原子主义转向研究关系的结构主义。被称为结构主义语言学鼻祖的索绪尔就是在这样的学术背景与科学背景下诞生的大师。在索绪尔的影响下，出现了两大学派。一派叫心理社会学派，以梅耶、房德里耶斯（法兰西学派）、巴利、薛施蔼（日内瓦学派）等为代表，他们认为语言既是社会事实，也是心理现象。另一派是结构主义语言学派。结构主义语言学派又分三派：1. 布拉格学派。以马泰休斯、特鲁别茨柯依、雅柯布逊等为代表。他们发挥了索绪尔的语言社会观，重视语言的社会功能,在音位和音位区别特征理论方面取得重大突破、被称为功能派。2. 哥本哈根学派。以布龙达尔、叶尔姆斯列夫为代表。该派将索绪尔的语言符号说发展到极端,认为语言只是一种内容形式和表达形式所构成的符号系统。这种符号系统不依赖语音和现实世界而存在,因此研究的不是语言结构,而是抽象的关系结构。他们常常用一些同数学符号很相近的符号系统来代替传统的术语。他们的描写方法讲究精密。这一派被称作"符号派"。3. 美国学派。代表人物有博厄斯、萨丕尔、布龙菲尔德(前两位是人类语言学者,第三位是典型的结构主义语言学者)。美国学派重视记录实际语言,重断代描写。布龙菲尔德认为无须穷尽性地研究语言的意义。他们在描写中注重分布,并在其基础上对语言各单位进行切分、归并分类和组合。这一派被称为"描写派"。以上三派,在中国影响最大的是美国描写语言学派。美国后期结构主义语言学派推崇直接成分分析法,"各结构主义学派在研究方法的共同性表现在区分观察平面和结构平面(即言语和语言、话语和系统、行为和模式),表现为对聚合结构采用对立的方法,对组合结构采用分布的方法"(柯杜霍夫 1987)。结构主义语言学对中国的语言研究产生过巨大的影响。结构主义的主要特点是:(1) 共时性。区分共时和历时,一反历史比较语言学研究历史的语言,转向研究共时的语言。(2) 当代口语。研究重点不在于"死"的书面语言,而在于"活"的当代口语。(3) 纯语言学。在研究当代口语时严格区分语言和言语,强调研究语言的语言学、内部语言学。(4) 描写性。从言语、话语入手,着重发现与描写共时语言系统的各类结构。(5) 归纳的方法多于演绎的方法,如布龙菲尔德所说"对于语言唯一有用的概括是归纳的概括"[3](p.21)。(6) 客观性。由于要细致归纳描写当代语言,因此较少主观臆断,比较客观。(7) 重视语言表面结构,对后来乔姆斯基提出的语言深层结构缺乏了解。(8) 重视静态的语言结构,忽视动态的言语行为。

4. **形式语言学** 结构主义语言学称雄西方几十年,直到50

年代中后期，转换生成语法学的崛起才打破它的一统天下。转换生成语法的科学背景是计算机和老三论（系统论、信息论、控制论）的出现，这些理论及数学、数理逻辑的长足发展，要求语言学形式化的突破。转换生成语法的创始人是乔姆斯基。乔氏认为，语言学的目的不在于分类，而在于研究人的语言生成能力，即怎样用有限的成分和规则生成无限的句子。他的目标是提出一个能产生所有句子的语法，包括生成和转换两个方面。生成规则又包括一套短语结构规则和词汇插入规则。转换主要指句式和结构的转换。开始时，转换是指核心句与非核心句的转换，并制定了一套转换程序，如换位、添加、省略、替换、复写等。后来乔氏又提出表层结构和深层结构的转换。由于乔氏在转换与生成的过程都采用形式化的符号表达，所以人们把他的学说称为"形式语言学"。围绕着语义的作用和对语义的态度，转换生成语法大致经历了古典模式理论阶段（以1957年的《句法结构》为代表，基本不考虑语义）、标准理论阶段（S.T.理论，以1965年的《句法理论的若干问题》为代表，认为深层结构决定语义）、扩展的标准理论阶段（E.S.T.理论，以1972年的《深层结构、表层结构和语义解释》为代表，认为表层结构对语义也起一定的作用）、修正的扩展标准理论阶段（R.E.S.T.理论，以1977年《关于形式和解释的论文集》为代表，语义解释放到表层结构）等不同阶段，后来又有GB理论（以1980年的《管约论》、1981年的《管辖和约束讲话》为代表）、最简方案理论等若干理论。最简方案包括词库与计算系统两部分，句法的变化主要在词库。词库又包括形态特征和索绪尔的任意性两方面。形式语言学的主要特点是：（1）语法形式化。企图建立能产生所有合格句子的语法（语音、语义、句法都包括在其内），并力图做到像数学公式那样形式化。（2）解释性。该语法的目的不在于分类，而在于解释生成语言的机制（乔氏认为人类有一种天生语言习得的 LAD (language acquisition device)，有人把它称为"黑箱装置"）；不在于描写语言的事实，而在于解释产生语言事实的原因，解释人生成语言的能力（competence）。（3）演绎性。由于多采用形式化推理，所以该理论演绎性多于归纳性。（4）深层性。和结构主义相比，形式语言学更重视语言的深层结构。（5）共性。强调世界语言具有共同的底层。（6）纯科技性。由面向人的语言学转向面向机器的语言学，一方面显示出其飞跃进步的特点，另一方面又暴露其脱离社会不研究语言运用即具体言语活动的弊端。

  5. *交叉语言学阶段* 随着当代社会的飞跃发展，语言学和社会科学与自然科学的关系越来越密切。它们之间相互渗透，形成一些交叉性、边缘性学科。例如，语言学和社会学交叉，产生了社会语言学，克服了结构主义语言学和形式语言学孤立地研究语言的内部结构与形式的缺点，被称为语言学的"第三次解放"。再如，语言学和心理学、认知学、人类学、数学、病理学交叉，产生了心理语言学、认知语言学、人类语言学、数理语言学、病理语言学。此外，语言学和模糊理论、应用理论、文化理论交叉，产生了模糊语言学（也有人把它归入认知语言学）、应用语言学、文化语言学……目前，人们不但重视微观语言学，而且更加重视宏观语言学；不但重视语言的语言学，而且开始重视言语的语言学。我们的时代，正如科学家所预言的那样，"从本世纪到下世纪将是交叉科学的时代"。和这个时代相适应，交叉性、边缘性是新时期语言学的最大特点，我们不妨把当今的语言学称作交叉语言学，它是交叉科学的一个分支。随着交叉性、边缘性的出现，必然是多极性、多样性，一两种流派一统天下的局面已不再存在。语言学进入百花齐放、百家争鸣的时代。

二、"两线"

  从某种意义上说。语言学史的历史就是一部两线的斗争史。是指"整齐论"与"参差论"的两条路线。正如徐通锵所说："整齐论强调语言编码的规则性，参差论强调语言编码的不规则性。编码的这种规则与不规则的争论在语言史上构成不同流派相

互竞争的一条主轴,不同的理解大体上都围绕着这一主轴而展开自己的论述。"[4] (p.27)

  1. 上古时期的两线之争 围绕着"正名"问题,两线斗争之源在西方与东方的上古几乎同时涌现。在西方,曾经有过两次争论:公元前469—399年期间,苏格拉底的两个学生赫尔摩根与克拉底洛展开了上古的第一次争论。克拉底洛主张名实相应的本质论(physis)。他认为:"一切存在的东西只有一个正确的、根据本质产生的名称,所谓名称不是有些人约定怎样称谓就怎样称谓,人们只不过说出了自己的言语的一小部分而已;名称乃是既为希腊人也为野蛮人产生的,对一切人都是一样的。"本质论者必定要借助词汇中的拟声现象,千方百计挖掘词源。赫尔摩根则相反,他主张名由人定的习惯约定论(nomos),他认为:"我不能相信名称正确性在于别的什么东西而不在于约定俗成。因为我认为,如果有谁确定一个名称,那个名称也就是正确的名称;若是他在后来改用别的名称而不再使用原先的名称来称呼,那么后来这个名称的正确性丝毫也不次于前者,这正如我们改变奴隶的名字一样,因为任何人的某个名字都不是按本质产生的,它乃是在法律和习惯的基础上属于确立这种习惯,并且这样称谓他的人们的。"[5] (p.9) 约定论者认为词汇可以任意改变,只要人们接受改变,语言同样有效。他们请苏格拉底谈自己的看法。苏格拉底开始支持克拉底洛的本质论,指出了许多词的来源。正当克拉底洛洋洋得意时,苏格拉底又批判地说,词的按本质的正确性是在语言当中根本不存在的。谁也不能超越习惯的范围之外。[5] (p.9) 苏格拉底的言论似乎近于折中与狡辩,但用新的观点看,笔者认为,这位为真理献出生命的苏格拉底才是真正的智者!因为他看到两种对立的观点实际上是互补的,它们都具有相对的真理。至于西方的第二次争论比第一次的争论长得多,几乎贯穿整个古代时期。以亚里士多德(公元前384—322年)为代表的一方坚定支持"约定论",并提出"类比论"(analogia),认为语言的特性是规律性,如词形变化的规律性与形式和意义联系的规律性。亚里士多德是形式逻辑的鼻祖,他与赫尔摩根一样,实际上主张"整齐论",重类似与规则性。后来的亚历山大里亚学派继承这理论。与此相反,以芝诺(约公元前315年)创立的斯多噶学派为另一方偏爱"本质论",他们的理论被称为"不规则论"(anomalia)认为语言的特性是非规律性。他们与克拉底洛一样,实际上主张"参差论",重驳杂与不规则。[6] (p. 25)

我国关于"名""实"问题的讨论开始得更早。从孔子(公元前551—479年)到荀子(公元前313—238年)各家都有不少论述,如老子:"道可道,非常道。名可名,非常名。无,名天地之始。有,名万物之母。"讨论了名与物的关系;孔子"名不正则言不顺,言不顺则事不成",讨论了名与言、言与事的关系;墨子"名物,达也,有实必待文名也",讨论了名与物,名与实的关系;公孙龙"物莫非指。天下无指,物无可以谓物",讨论了指与物的关系;荀子"名无固宜,约之以命,约定俗成谓之宜,异于约则谓之不宜。名无固实,约之以命实,约定俗成谓之实名",这段话无论理解为大众约定,大众俗成,还是王者约定,大众俗成,都表达了事物与名称之间没有自然和必然的关系,用什么名称来指什么事物完全取决于社会的自由选择这一语言学的基本原理,与西方占主流地位的"约定论"和"类比论"相呼应。

2. 中古时期的两线之争　　到了7—8世纪,古阿拉伯在巴施拉和苦法两个城市形成了以西巴维希为代表的巴施拉学派和以基塞为首的苦法学派。两派围绕阿拉伯语的基本问题展开激烈辩论。巴施拉学派偏重古典阿拉伯语法强调整齐严谨;苦法学派着重研究许多活的游牧部落的语言强调参差与差异。[7] (pp. 17—58) 不难看出,巴施拉学派属于"整齐派",而苦法学派属于"参差派"。中古的两线之争还体现在13—14世纪的摩迪斯泰学派与古代文献、普利西安语法的争论。摩迪斯泰学派与普利西安语法都把研究的重点放在语法上,但摩迪斯泰学派强调普遍语法和语法的思辨性。他们批评普利西安语法只重视拉丁语语料记录，而忽视理论上的解释。摩迪斯泰学派整个语法明显贯穿着按照经院哲学所解释的亚里士多德学说，他们在句法方面取得的成果最大，建立了一整套句法体系，并以存在方式、理解方式和表意方式的形式提出语言理论。即意识将存在方式从事物中抽象出来，把它看做理解方式，语言通过表意方式使这种抽象方式得以交流。他们假定所有的人完成这种过程的方式都是一样的，各种语言无论表面上如何不同，进行交流的方式相同，这就是语言的共性。正如罗宾斯指出的那样："用现代的话来说，摩迪斯泰学派面向理论，而古代文献和普利西安语法的拥护者则是面向语言材料。两者的不同表现在例证的选择上。"[6]（p.104）总之，摩迪斯泰学派重理论，重程式化形式，不考虑实际言语情景；普利西安语法则重材料，立足文学文献，重实际用法。

3. 近古时期的两线之争 到了17世纪，伴随着哲学界经验主义（empiricism）和唯理论（rationalism）的论争，语言学界的两线之争仍然明显。波尔·罗瓦雅耳修道院的唯理普通语法就是唯理论的突出代表。他们认为语言是思想的表现，所以语言与思想之间有一种内在的联系，而属于语言的语法和属于思想的逻辑之间也应有必然的联系。思想是普遍的，所以语法也是普遍的。他们以笛卡尔哲学为基础，企图揭示不同语言各自的语法在交流思想，包括概念、判断、推理的过程所隐含的同一性。这种理论把语言看做人的天赋、看做人类理性的表现，是从人类语言内部研究语言。他们的理论与在他们之前的摩迪斯泰学派以及在他们之后的叶尔姆斯列夫、布龙菲尔德，特别是乔姆斯基有着天然的联系。与此相反，被一些人尊为现代欧洲语义学鼻祖的洛克发扬了培根、贝克莱、休谟的经验主义哲学思想，他们认为人类的一切知识都来自外部、感官的印象，以及人类大脑对这些印象所进行的抽象概括活动。休谟等人否认人类头脑会存在任何先于经验的观念。"经验主义和唯理论的对立，以不同的形式，贯穿整个语言学历史。在一定程度上也反映在两种对立的研究方法上：一种是通过观察到的语言用法，不管成名的作家，还是社会所认可的普通说话者的用法,从外部对语言进行研究;另一种是把语言看做天赋才能的一部分,看做人类理性的表现,从语言内部研究语言。"[6] (p.145) 显然,主张从内部研究语言的,如唯理理论,属于索绪尔所说的内部语言学或语言的语言学,可归入"整齐派";主张从外部研究语言的经验主义,属于索绪尔所说的外部语言学或言语的语言学,可归入"参差派"。到了18世纪,人们普遍对语言的起源问题产生极大的兴趣。法国的孔狄亚克与德国的赫尔德可以说是两线的代表。孔狄亚克坚持洛克的理论主张唯理主义与经验主义结合,而以《论语言的起源》一书获得普鲁士科学院奖金的赫尔德"虽然用词激烈,但并没有背离唯理论的观点"[6] (p.151),尔后,两线的代表人物应是英国的哈里斯与霍恩·图克。哈里斯高扬普遍唯理的大旗,宣扬笛卡尔和亚里士多德的理论。成为"普遍语法哲学理论在英国的杰出代表。"而霍恩·图克则坚持洛克是一个强烈的经验主义者。

4. 现当代时期的两线之争 现代语言学的两线之争首先表现在"谱系论"与"波浪说"之间以及青年语法学派与方言地理学派之间的斗争。"谱系论"的典型代表是德国的施莱歇尔。在达尔文进化论的影响下,施氏与缪勒等人把语言当做自然界物体,企图采用自然科学的方法研究语言。他认为,世界上有不同的语系,每个语系都有它的原始语。这种原始语好像一条树根,所有同系的语言都是由这树根生长出来的枝条,所以每种语系都可以画出一棵完整的谱系树。这样,自然科学中的物种与语言学中的语系相当;自然科学中同一物种的类别与语言学中同一语系的语言相当。[7] (p.256) 施莱歇尔的学生施密特不完全同意老师的观点,他提出了"波浪说"来补充。波浪说认为语言之间的关系不像树干与树枝那样整齐的关系,只要它们之间有接触,就会形成各种波浪的关系,包括音变在内的语言变化便会在特定地区的方言,甚至语言之间不断扩散。[5] (p.88)[6] (p.195) 历史比较语言学的高峰期是青年语法学派(新语法学派)时期。该学派的代表是勃鲁格曼、奥斯托霍夫以及雷斯琴、德尔布吕克、保罗、维尔纳等人于19世纪70年代在德国建立的。他们总结了语言变化的两个规律，即语音定律无例外和类推原则。格里木总结了古德语辅音变化的普遍规律，但其中仍存在一些例外。青年语法学派对这些例外进行研究，发现例外也是有规律的。于是他们提出"语音规律无例外，每一个例外都有规律"的口号。显然，这一口号充分体现了"整齐论"的精神。与此相反，以舒哈尔德"词与物"学派、浮士勒唯美学派和新语言学派站在"参差论"的立场顽强表现他们自己。舒哈尔德是奥国语言学家，他们的代表刊物是《词与物》，舒氏认为新语法学派对语音变化规律理解得太绝对，主张从词义方面研究词的历史；认为按语言亲属关系做谱系的分类也是绝对的作法，提出一种"地理均匀"的学说。舒哈尔德的学生吉耶龙在绘制法国方言地图的同时提出了与新语法学派"语音规律无例外"完全对立的口号"每一个词都有自己的历史"。[7]（p.298）[6]（p.207）浮士勒是德国语言学家和文学家。他吸收了洪堡特的语言哲学和克洛奇的美学哲学观点，强调人类语言中的独特性与创造性，强调个人在语言变化中的有意识的作用。[7]（p.300）[6]（p.208）至于新语言学学派则更是发挥洪堡特、克洛奇、舒哈尔德、浮士勒甚至吉耶龙的观点宣扬语言是精神活动、艺术创造。语言的变化都是由个人产生的。他们是站在与青年语法学派对立面的一边，如果说青年语法学派是"整齐派"，那么他们就是"参差派"了。应该特别指出，普通语言学的两个巨人索绪尔与洪堡特，如前所说，他们除了共同点外，又具有各自的不同点。笔者认为他们最大的共同点是善用二分法，比较全面、深刻地论证了语言学的各种领域。他们最大的不同点在于：索绪尔在全面论述的基础上较倾向"整齐派"，强调语言的是一个组聚合关系差异的价值系统，强调语言的、内部的、共时的语言学，从而成为结构语言学的鼻祖；而洪堡特在全面论述的基础上则较倾向"参差派"，他一生研究人类学，认为语言是一门经验科学，强调语言形式与世界观的联系，强调语言的民族性、文化性、创造性。洪堡特与索绪尔之后，整齐论的捍卫者是结构主义语言学和形式主义语言学；而与参差论结下不解之缘的则是索绪尔之后的社会心理学派、伦敦学派、系统功能语法和社会语言学、心理语言学等交叉语言学。结构主义语言学集中体现了索绪尔共时的、语言的、内部的语言学（当然，也有不同的流派，见前）。形式主义语言学也不研究言语运用、轻视语言与外部的关系、基本不研究语言的历时状态。社会心理学派（包括法兰西学派和日内瓦学派）虽然都高举索绪尔的大旗，但和布拉格学派相仿，比较重视语言的社会功能。社会心理学派的重要人物梅耶强调研究语言发展的一般规律而不是特殊规律，他认为这种一般规律是由社会结构决定的，语言学是一种社会科学。梅耶的学生房德里耶斯同样强调语言是社会事实，挖掘决定语言诸要素的社会因素，并探讨了不少外部语言学的问题。[7]（p.277）房氏甚至认为"有多少集体就有多少语言"，"甚至两个贴邻的家庭也没有完全相同的语言。"[8]（p.270）法兰西学派的第三代传人马丁内则干脆提出："语言学研究对象是言语活动和为人类言语活动而研究言语活动"的口号来与"语言学的唯一的、真正的对象是就语言和为语言而研究的语言"的口号对抗。[9]（p.140）[10]（p.10）伦敦学派的弗斯重视人们在不同的交际场合使用不同的词语、结构。他的学生韩礼德则提出一套系统功能语法，他们被认为是社会语言学的直接奠基人物。索绪尔提出"语言"（langue）和"言语"（parole）的重要区分，乔姆斯基把它改为"语言能力"（competence）和"语言运用"（performance），韩礼德则区分"语言潜在系统"（linguistic potential）和"实际运用"（linguistic behaviour）。而后发源于美国的社会语言学是在与乔姆斯基的形式语言学的对抗中成长起来的。戴尔·海姆斯提出"交际能力"来与乔氏的"语言能力"抗衡，实际上把注意力放到索绪尔所说的言语和言语活动上。社会语言学批判形式语言学脱离社会，主张研究言语、功能、语境、得体性；主张研究现实社会中的语言使用的变异性。1987年后，兰盖克出版《认知语法基础》、雷可夫出版《女人，火，危险》、约翰逊出版《心中之身》

这三部书和 1989 年的第一次国际认知语言学会议以及 1990 年《认知语言学》杂志诞生标志着认知语言学渐成规模。如果说结构主义语言学研究语言的结构，社会语言学研究语言的功能，心理语言学则是研究语言习得与使用的过程，认知语言学研究人对语言的认知关系。社会语言学、心理语言学、认知语言学、神经语言学，以及在国内影响很大的王士元的词汇扩散等理论显然可以归入参差论一线。一般认为现在当今语言学界，虽然流派林立，但大致可以分成两大学派：一个是形式语言学派；另一个是功能主义学派，这正是整齐论与参差论在新形式下的集中表现。形式派是整齐论；功能派是参差论。其它各种流派都是它们的分支学派而已。我国是两线之争的源头之一，贯穿在世界语言学史的两线之争必然会在我国语言学史上得到体现，远的不用说，在（上世纪）90 年代就有本文作者与范晓为代表的关于语言和言语的争论（见《汉语学习》1994 年 2—4 期）；索振羽与李葆嘉为代表的关于索绪尔的任意性的争论（见《语言文字应用》1994 年 3 期和 1995 年 2 期）以及关于任意性与理据性、象似性的争论（见香港《语文建设通讯》75 期）看来，梳理我国语言学史两线之争也是十分必要的。

5. 小结 矛盾斗争是事物发展的根本动力。科学史向我们表明，近一百年来，一直困扰着科学家并促使他们不断研究与探索的是两个相反的理论——达尔文的进化论和克劳修斯与汤姆逊的热力学理论。前者认为，自然界是向越来越有秩序的方向发展；后者则认为，自然界是向越来越混乱的方向发展。[11]（p. 26，p. 173）上述语言学界"整齐论"与"参差论"的两线之争与科学史的两线之争遥相呼应，还应该指出，语言学界的两线之争远比科学史上的两线之争长远得多。总的说来，语言学的"整齐论"一方的研究偏重于超社会的、有规则的、整齐的、同质的、相对静态的、理论的、语言的语言学和内部语言学，这派学者善于运用公式与推理；"参差论"一方则偏重于社会的、不规则的、差异的、参差的、异质的、相对动态的、实际的、言语的语言学和外部语言学,这派学者善于运用调查与统计。人有两条腿才能走路,应该说两线既是斗争的,又是互补的。从某种意义上说,一部语言学史就是两线的斗争史。

三、"三解放"

吕叔湘是我国语言学界的泰斗,他的意见无疑是最具权威的。关于语言学史,他有这样一段精彩的议论:"回溯语言学的历史,最初是为读古书和学作文服务的,到了19世纪中期,历史比较语言学的兴起,才摆脱狭隘的使用目的,以寻求语言发展的规律为号召,这可以说是一次大解放。但语言学仍然被识为历史科学的一支。到了20世纪初,以索绪尔为代表,提倡为语言本身而研究语言,这是第二次解放。半个多世纪以来,虽然陆续形成许多流派,但目的只有一个,就是以语言本身为研究对象,以探讨语言的规律为唯一任务,直到20世纪50年代,尤其是60年代,才有一部分学者不愿意以此为满足,要求把语言作为一种社会现象来研究,这可以说是又一次解放。"[12](p.47)"为语言本身而研究"的语言学应属于整齐论的语言的语言学;"把语言作为社会现象来研究"的语言学往往属于参差论的言语的语言学。吕老的话已过去20多年了,至今仍有现实意义。和形式语言学、各种生成语言学为代表的整齐论相对的社会语言学至今方兴未艾,与此同时,与社会语言学同属于参差论的功能语言学、心理语言学、应用语言学、文化语言学、认知语言学……正在语言学的百花园里争相斗艳!

总　结

语言学史的"五段两线三解放"实际是点、线、面三结合的关系。"五段"是语言学史的五个断面;"两线"是贯穿语言学史的两条路线;"三解放"是语言学史上三个里程碑的起点。从内容上说，三者是递减的："五段"最丰富（本文中未能列举的许多流派学说大都可放入其内）；其次是"两线"；"三解放"最简单。研究语言学史应该从点、线、面不同的角度上把握，并把它们作为一个整体来看待，只有这样才能更好地、立体地发现语言学自身发展的规律。当然，段与段之间；线与线之间；点与点之间并没有精确的界限。语言学史上有不少流派和学说到底属于哪一段、哪一线仍需仔细梳理。但无论如何，建立起这样一个框架是有必要的。从"五段两线三解放"这一语言学史的总脉络上，我们可以清楚地看到：一方面，语言学始终处在两线的矛盾斗争中，因此具有无穷的生命力；另一方面，语言学无时不在灵敏地反映着时代的要求，及时地配合该时代最重大的科技理论，迅速形成自己一套独特的、对其他学科富有启迪意义的理论系统，有的语言理论甚至走在某些科技理论或其他理论的前列。所以，我们仍然有理由认为：语言学过去是一门领先的学科，今后也仍将是一门领先的学科！综观语言学的历史，我们可以得出以下三点结论：一、语言学史不同的阶段是一部否定之否定、波浪式前进或螺旋式上升的历史。每个阶段都有过辉煌的成就，同时也会逐渐暴露新的问题。我们既不能因为是以前的成就就不予重视，也不能迷恋在某一阶段而裹足不前；二、语言学史的两线斗争最能体现矛盾斗争是推动事物前进的根本动力这一颠扑不破的真理。两条线的任何一方都有一定的道理但也并非真理独占，我们必须坚持两条腿走路的方针，对两线的任何一方都给予充分的重视；三、语言学史上的每个里程碑都很令人神往，但都永远不是终点。历史发展的经验告诉我们，一条道路的终点就是另一道路的起点。"与时俱进，不断创新"应该成为学者们永远的座右铭。总之，我们一定要用马列主义唯物辩证法分析各种学说，汲取一切精华。我们应当鼓励各种流派，哪怕它一时还很弱小，在"百花齐放、百家争鸣"的旗帜下把新世纪的语言学推向前进！

参考文献：

[1] [美] 陆孝栋.《现代语言学讲座》[M]. 苏州：苏州地区师范印刷厂, 1981.

[2] 伍铁平.《语言学是一门领先的科学》[M]. 北京：北京语言学院出版社, 1994.

[3] [美] 布龙菲尔德.《语言论》[M]. 北京：商务印书馆, 1980.

[4] 徐通锵.《语言论》[M]. 长春：东北师范大学出版社, 1997.

[5] [丹麦] 威廉·汤姆逊.《十九世纪末以前的语言学史》[M]. 北京：科学出版社, 1960.

[6] [英] 罗宾斯.《语言学简史》[M]. 北京：中国社会科学出版社, 1997.

[7] 岑麒祥.《语言学史概要》[M]. 北京：北京大学出版社, 1988.

[8] 胡明扬主编.《西方语言学名著选读》[M]. 北京：中国人民大学出版社, 1988.

[9] 岑运强. 论言语的语言学之由来、实质及意义 [J].《北京师范大学学报》,.1999 专刊.

[10] 岑运强主编.《语言学基础理论》[M]. 北京：北京师范大学出版社, 1994.

[11] 欧阳沼, 傅华.《现代科学技术概论》[M]. 北京：华夏出版社, 1994.

[12] 吕叔湘. 语言作为一种社会现象 [J].《读书》. 1980 (4).

[13] [苏] 柯杜霍夫.《普通语言学》[M]. 北京：外语教学与研究出版社, 1987.

中国文库·哲学社会科学类

（已出书目）

【第一辑】

马克思主义哲学纲要	韩树英主编	人民出版社
中国哲学史新编（上中下册）	冯友兰著	人民出版社
中国哲学史大纲（卷上）	胡适著	东方出版社
科学与哲学	张东荪著	商务印书馆
知识论（上下册）	金岳霖著	商务印书馆
法相唯识学（上下册）	太虚著	商务印书馆
大众哲学	艾思奇著	人民出版社
中国伦理学史	蔡元培著	商务印书馆
中国近三百年学术史	梁启超著	东方出版社
西方美学史（上下册）	朱光潜著	人民文学出版社
通货新论	马寅初著	商务印书馆
资本主义的起源	厉以宁著	商务印书馆
改革：我们正在过大关	吴敬琏著	生活·读书·新知三联书店
发展的道理	樊纲著	生活·读书·新知三联书店
价值体系的历史选择	李从军著	人民出版社
汉语史稿	王力著	中华书局
音韵丛稿	何九盈著	商务印书馆
中国修辞学史	周振甫著	商务印书馆
中国翻译简史（五四以前部分）	马祖毅著	中国对外翻译出版公司

【第二辑】

马克思主义哲学史（修订本）（共九卷）	黄楠森等主编	北京出版社
文化与人生	贺麟著	商务印书馆
中国佛教哲学要义（上下卷）	方立天著	中国人民大学出版社
中国哲学史方法论发凡	张岱年著	中华书局
基督教哲学年	赵敦华著	人民出版社

海德格尔哲学概论　　陈嘉映著………生活·读书·新知三联书店
现象学及其效应——胡塞尔老生代德国哲学
　　　　倪梁康著……………………生活·读书·新知三联书店
东西文化及其哲学　　梁漱溟著………………………商务印书馆
形式逻辑　　金岳霖主编………………………………人民出版社
论逻辑经验主义　　洪谦著……………………………商务印书馆
德国古典美学　　蒋孔阳著……………………………商务印书馆
美学概论　　王朝闻主编………………………………人民出版社
两汉经学今古文平议　　钱穆著………………………商务印书馆
汉代学术史略　　顾颉刚著……………………………东方出版社
中国资本主义发展史（全五册）
　　　　许涤新　吴承明主编…………………………人民出版社
中国官僚政治研究　　王亚南著……………中国社会科学出版社
江村经济——中国农民的生活　　费孝通著…………商务印书馆
微观经济学纵横谈　　梁小民著………生活·读书·新知三联书店
用辩证的眼光看市场经济
　　　　董辅礽著……………………………生活·读书·新知三联书店
刑法学原理（共三卷）　　高铭暄等主编………中国人民大学出版社
物权法研究　　王利明著…………………………中国人民大学出版社
汉语语法史　　王力著…………………………………商务印书馆
语法修辞讲话　　吕叔湘　朱德熙著………………辽宁教育出版社
汉语现象论丛　　启功著………………………………中华书局
启功讲学录　　启功著………………………北京师范大学出版社
中国学术思想史随笔　　曹聚仁著……生活·读书·新知三联书店
外国教育史（修订本）（上下册）
　　　　王天一等编著………………………北京师范大学出版社
当代翻译理论　　刘宓庆著…………………中国对外翻译出版公司
财政学与中国财政——理论与现实（上下册）
　　　　马寅初著……………………………………商务印书馆
英语史　　李赋宁著……………………………………商务印书馆

【第三辑】

毛泽东哲学著作五篇　　毛泽东著………………………人民出版社
胡适选集　　胡适著………………………………吉林人民出版社
论道　　金岳霖著……………………………中国人民大学出版社
中国政治史　　周谷城著………………………………中华书局
中国近百年政治史（1840～1926）　　李剑农著……复旦大学出版社

中国文化史（上中下册） 柳诒徵著 ……………… 东方出版中心
生育制度 费孝通著 ……………………………… 商务印书馆
中国文化与中国的兵 雷海宗著 ……………………… 商务印书馆
中国法律与中国社会 瞿同祖著 ………………………… 中华书局
20世纪西方哲学东渐史（1—4）
　　汤一介主编 …………………………… 首都师范大学出版社
老庄新论 陈鼓应著 …………………………………… 商务印书馆
通俗哲学 韩树英主编 …………………………… 中国青年出版社
晚清政治思想史论 王尔敏著 ……………… 广西师范大学出版社
中国传统政治哲学 周桂钿主编 ………………… 河北人民出版社
哲学通论 孙正聿著 ………………………………… 复旦大学出版社
简帛古书与学术源流 李零著 …… 生活·读书·新知三联书店
中国反贪史（上下卷） 王春瑜主编 ………………… 四川人民出版社
中国现代化历程（三卷） 虞和平主编 …………… 江苏人民出版社
竞争法论 徐士英著 ……………………………… 世界图书出版公司
金翼 林耀华著 …………………… 生活·读书·新知三联书店
马氏文通 马建忠著 ……………………………………… 商务印书馆
乾嘉学派研究 陈祖武 朱彤窗著 ……………… 河北人民出版社
科学翻译学 黄忠廉 李亚舒著 ……… 中国对外翻译出版公司
禅宗思想渊源 吴言生著 ………………………………… 中华书局
丝绸之路宗教研究 李进新著 …………………… 新疆人民出版社

【第四辑】
中国伦理思想研究 张岱年著 ……………………… 江苏教育出版社
中国古代哲学的逻辑发展 冯契著 ……………… 东方出版中心
魏晋玄学论稿（增订版）
　　汤用彤著 …………………………… 生活·读书·新知三联书店
易学哲学史 朱伯崑著 ……………………………… 昆仑出版社
儒家辩证法研究 庞朴著 …………………………………… 中华书局
唯物辩证法大纲 李达主编 …………………………… 人民出版社
郭象与魏晋哲学（增订本） 汤一介著 ………… 北京大学出版社
逻辑经验主义的认识论 当代西方科学哲学
　　江天骥著 ………………………………………… 武汉大学出版社
中国古代思想史论 中国近代思想史论 中国现代思想史论
　　李泽厚著 …………………………… 生活·读书·新知三联书店
思·史·诗——现象学和存在哲学研究
　　叶秀山著 …………………………………………… 人民出版社

中国思想史　葛兆光著……………………………复旦大学出版社
有无之境　陈来著………………………生活·读书·新知三联书店
中国社会主义经济问题研究　薛暮桥著………………人民出版社
社会主义经济论稿　孙冶方著………………中国大百科全书出版社
中国经济体制改革的模式研究
　　刘国光著………………………………中国社会科学出版社
农业与工业化　张培刚著………………………华中科技大学出版社
财政信贷综合平衡导论　黄达著………………中国人民大学出版社
非均衡的中国经济　厉以宁著………………中国大百科全书出版社
论竞争性市场体制
　　吴敬琏　刘吉瑞著…………………中国大百科全书出版社
中国奇迹：回顾与展望　林毅夫主编…………北京大学出版社
版权法（修订本）　郑成思著…………………中国人民大学出版社
国际法　周鲠生著……………………………………武汉大学出版社
国际私法新论　韩德培主编…………………………武汉大学出版社
刑法哲学　陈兴良著…………………………………中国政法大学出版社
法理学（第二版）　沈宗灵　张文显主编…………高等教育出版社
民法解释学　梁慧星著………………………………………法律出版社
民俗学概论　钟敬文主编……………………………上海文艺出版社
中国心理学史　高觉敷主编…………………………人民教育出版社
心理学简札　潘菽著…………………………………人民教育出版社
冷眼向洋　资中筠等著…………………生活·读书·新知三联书店